# 기업법강의

이래풍 · 박상섭

세학사

# 머리말

세계는 자본주의(資本主義) 경제사회로 확대·발전하고 있다. 자본주의 꽃이라고 하는 주식회사제도(株式會社制度)는 각국의 경제의 기초가 되고 있다. 최근 글로벌 경제사회 환경이 복잡·다양해지고 특히 자본시장의 개방 등으로 주식회사제도 역시 근본적이며 구조적인 변화가 요구되고 있다. 이 같은 요구에 우리나라 주식회사제도도 여러 차례의 상법개정을 통하여 변화하여 왔으며, 양적으로 방대해 졌다.

본 저서는 양적으로 가능한 간략화하면서 한편으로는 기본적인 맥락(脈絡)을 파악할 수 있도록 하고자 하였다. 주요 학설(學說)과 판례(判例)를 정리하면서 기본적인 것을 넘어 전공자로서 숙지하여야 할 깊이 있고 세부적인 것에 해당하는 부분은 이를 충분히 담고 있는 다른 전공서적을 참고하도록 안내하였다.

본서는 다음과 같은 것에 중점을 두어 집필하였다.

**첫째** 양(量)적으로 대학의 한 학기 강의교재로 부담이 되지 않도록 하였다.

**둘째** 학생들의 한문 및 학문의 전문적인 지식이 부족함을 감안하여 국문으로 집필하였고, 법률적인 다툼이 필요한 낱말은 괄호 속에 한문으로 표기하여 그 뜻의 명확함이 담기도록 하였다.

**셋째** 판례를 해당하는 항목의 주석으로 제시하여 실제 실무적인 문제 해결능력이 함양되도록 하였다.

**넷째** 전공자로서 깊이 있게 접근되어야 할 부분은 이를 충분히 담고 있는 다른 전공저서를 안내하였다.

**다섯째** 주식회사제도와 관련된 서류의 서식례(書式例)를 도시(圖示)하여 실무에서 유용하도록 하였다.

**여섯째** 내용을 가능한 한 그림화하여 빠르고 정확하게 이해하고 기억 속에 오래 머물 수 있도록 하였다.

**일곱째** 법률적인 다툼이 필요치 않은 한자는 가능한 풀어 썼다.

이 같은 저자의 의도가 얼마나 실현 되었는지는 자못 의심스러우며, 이 책에서 미흡한 부분이 있을 것으로 사료된다. 독자의 아낌없는 충고와 지적을 바라고 이에 힘입어 질적으로 충실한 저서가 되도록 노력할 것이다.

끝으로 이 책의 출간을 위하여 많은 도움을 주신 세학사 사장님과 편집을 맡아 애써 주신 편집부에 심심한 감사를 전한다.

2025. 2.
저자 씀

# 차 례

## 제01장 회사의 총설

## 제02장 주식회사의 총설



## 제03장 주식회사의 설립

## 제04장 주식과 주주

# 제05장 주식회사의 기관

## 제06장 자본의 증가

## 제11장 주식회사의 정리

## Appendix 부 록

## 참고서적 및 인용약어 표

朴(新會)·························· 朴相祚, 新會社法論, 2003.
崔(會)···························· 崔埈璿, 會社法, 2004.
李(商)···························· 李範燦, 崔埈璿, 商法槪論, 1999.
延(新商)·························· 延正悅, 新商法, 1997.
鄭(會)···························· 鄭燦亨, 會社法講義, 1997.
鄭東(會)·························· 鄭東潤, 會社法, 1996.
李李(會)·························· 李泰魯, 李哲松, 會社法 講義(第五版),1996.
李(判)···························· 李泰魯, 判例敎材 會社法,1982.
李(會)···························· 李基秀, 會社法學, 1996.
孫(商上)·························· 孫珠瓚, 第九訂增補版 商法(上), 1999.
孫(商下)·························· 孫珠瓚, 第七訂增補版 商法(下), 1999.
梁(商)···························· 梁承圭, 商法事例硏究, 1995.
崔(商上)·························· 崔基元, 第七全訂增補版 商法學新論(上), 1996.
朴(全)···························· 朴元善, 李楨漢, 全訂會社法, 1979.
蔡(商)···························· 蔡利植, 改訂版 商法講義(上), 1996.
李(全)···························· 李炳泰, 全訂商法(上).1998.
金(圖)···························· 金容奭, 圖解商法講義, 1997.
姜(會)···························· 姜渭斗, 會社法, 1990.
金(會)···························· 金英鎬, 會社法總論, 1990.
鄭(商)···························· 鄭熙喆, 商法槪說, 1997.
尹(新商)·························· 尹柱漢, 李炳鐵, 新商法要論, 1997.
李(晨商)·························· 李康龍, 新商法講義, 1998.
서(벤)···························· 서종상, 벤처 중소기업창업실무, 세학사, 2002

大判··········· 大法院判例
서울고법······ 서울고등법원
민·············· 민법
증거··········· 증권거래법
기준··········· 기업회계기준
사증··········· 공사채등록법
파··········· 파산법
회정··········· 회사정리법
주배···········주식배당보장에 관한 법률
독···········독점규제법

공증인··········· 공증인법
판례외감··········· 주식회사의 외부감사에 관한 법률
자재··········· 자산재평가법
상부··········· 상법부칙
산은시···········산업은행 시행령
신··········· 신탁법
화의··········· 화의법
외감법········ 외부감사법

1

CHAPTER

# 회사의 총설

Chapter

# 01 회사의 총설

## 01 회사의 개념

회사(會社)란 상행위(商行爲)나 그밖의 **영리(營利)**를 목적으로 하여 설립한 법인을 말한다(상. 169조).

### 1. 사단성(社團性)

사단이란 공동의 목적을 가진 복수인의 단체로서 조직적 일관성을 가진 통일적인 결합체이다. 사단은 단체의 실질적인 성질로 볼 때 복수인의 단체와 그 구성원과의 관계에 있어서 구성원의 개성은 희박하고 단체로서의 단일성이 강하다. 사단의 구성원을 사원(社員)이라고 하며 구성원간은 사원관계의 단체를 통하여 간접적인 결합관계에 있다는 점에서 구성원의 개성이 농후하고 구성원간은 계약관계에 의하여 직접적인 결합관계에 있는 조합(組合)의 단체와는 구별된다.

회사는 복수인의 단체로서의 사단이므로 회사의 구성원인 사원은 2인 이상이어야 하며 2인 이상의 복수사원의 존재는 회사의 성립요건(成立要件)일 뿐만이 아니라 존재요건(存在要件)이기도 하다(상 227조 3항). 2인 이상의 사원의 존재는 합명회사(合名會社), 합자회사(合資會社), 유한회사(有限會社)에 있어서 성립요건이며 존재요건이다. 그러나 주식회사에 대해서는 사원이 1인이 될 때 회사의 해산사유(解散事由)가 된다는 명문규정이 없을 뿐만이 아니라 주식회사 설립시 사원수의 요건은 1인 이상이면 된다. 1인 회사(one man company)란 회사의 주식(株式) 또는 지분(持分)의 전부가 1인에게 귀속되어 그 구성원이 1인뿐인 회사로 회사의 본질인 사단성에 반하고 유한책임(有限責任)의 개인회사를 인정하는 것과 같은 결과가 되기 때문에 1인회사의 존속을 부정하는 견해도 있다.

## 2. 법인성(法人性)

우리 상법은 모든 회사를 일률적으로 법인으로 하고 있다[1](상 169조). 회사에 법인격을 인정하여 권리능력(權利能力)을 인정하는 것은 회사의 구성원의 변동성에는 관계없이 단일 실체(實體)로서 독립적인 영속성을 유지하고, 대외적으로 법률관계의 당사자능력을 갖게 됨으로서 스스로 법률행위를 할 수 있으며 기업거래의 원활을 기할 수 있기 때문이다. 그러나 합명회사와 합자회사는 실질적으로 조합적 성질을 가진 것도 있음으로 해서 회사의 대외적인 관계에 있어서 조합의 규정이 준용(準用)되는 경우도 많다.

상법상 회사는 법인이기는 하나 법인격이 악용(惡用)되는 경우에는 그 특정한 사안(事案)에 대해서는 법인격을 부인하고[2] 그 법인의 배후에 있는 실체(사원)를 대상으로 법률적 취급을 하는 경우가 있는데 이에 대한 이론을 법인격부인론(法人格否認論)이라고 한다.

---

1) 영국과 독일은 합명회사, 합자회사에 대해 법인격을 부여하지 않기도 한다.

2) 大判 1995. 5. 12. 93 다 44531 ;
Y회사와 A회사가 기업의 형태 · 내용이 실질적으로 동일하고, Y회사는 A회사의 채무를 면탈할 목적으로 설립된 것으로서 Y회사가 A회사의 채권자에 대하여 A회사와는 별개의 법인격을 가지는 회사라는 주장을 하는 것이 신의성실의 원칙에 반하거나 법인격을 남용하는 것으로 인정되는 경우에도, 권리관계의 공권적인 확정 및 그 신속 · 확실한 실현을 도모하기 위하여 절차의 명확 · 안정을 중시하는 소송절차 및 강제집행절차에 있어서는 그 절차의 성격상 A회사에 대한 판결의 기판력 및 집행력의 범위를 Y회사에까지 확장하는 것은 허용되지 아니한다.

서울民事地判 1991. 10. 18. 90 가합 55832 ;
위와 같은 사실에 의하면, 위 A회사는 외형상으로는 주식회사의 형태를 갖추고 있었으나, 실질적으로는 Y 1인회사와 다를 바 없다 할 것이고, $X_1$ 등이 위 A회사를 상대로 손해배상청구소송을 제기하여 위 확정판결을 받자, $X_1$ 등의 위 확정판결에 기한 위 A회사에 대한 강제집행을 피하기 위하여 위 A회사의 유일한 수입원인 T은행 등과의 청소용역계약을 모두 해지하여 위 A회사를 무자력 상태로 만든 다음 위 T은행 등 대부분의 위 A회사의 거래처를 Z회사에게 인계한 Y가 위 A회사와 Y 개인과는 법인격을 달리한다는 이유로 X 등에 대하여 위 확정판결 인용금원의 지급을 거절하는 것은 신의성실의 원칙에 위반하거나 법인격을 남용하는 것이라 할 것이므로, $X_1$ 등에 대한 위 확정판결 인용금원의 지급에 있어서는 위 A회사에게 Y 개인과 다른 별개의 법인격을 인정할 수 없다 할 것이다.

大判 1988. 11. 22. 87 다카 1671 ;
X · T · C의 회사는 외형상 별개의 회사로 되어 있으나 X회사 및 T회사는 본건 선박의 실제상 소유자인 C회사가 편의치적을 위하여 설립한 회사들로서 실제로는 사무실과 경영진 등이 동일하므로, 이러한 지위에 있는 X회사가 법률의 적용을 회피하기 위하여 별개의 법인격을 가지는 회사라는 주장을 내세우는 것은 신의성실의 원칙에 위반하거나 법인격을 남용하는 것으로서 허용되어서는 아니된다 할 것이다.

이 이론은 영국·미국의 판례 및 학설에서 발전된 이론이다.

법인격부인론은 회사의 설립무효(設立無效)·취소(取消)와 해산명령(解散命令)·해산판결(解散判決)과 같이 회사의 법인격을 전면적으로 박탈(剝脫)하는 것에 비해서 회사의 법인격을 유지하면서 법인격을 악용하는 특정한 법률관계에 한하여 그 법인격을 부인하는 법리(法理)이다. 법인격부인론의 적용에 있어서는 그 적용요건 등을 한정하여 구체적인 사안을 엄격히 판단(判斷)하는 매우 신중을 기하지 않으면 아니 된다. 우리나라에서도 이 법리를 승인하는 학설과 판례(判例)[3]가 나타나고 있다.

## 3. 영리성(營利性)

회사는 상행위 기타 영리를 목적으로 상법 규정(상 169조)에 따라 설립한 것이므로 영리법인(營利法人)이다. 영리를 목적으로 한다는 것은 회사 자체의 경제적(經濟的) 이익(利益)을 도모할 뿐만이 아니라 획득된 경제적 이익을 사원에게 이익배당(利益配當)이든 잔여재산분배(殘餘財產分配)이든 어떠한 형태로든지 귀속한다는 것이다. 그러나 단체(團體)의 영리사업을 통하여 얻어진 이익을 사원에게 분배하는 것이 아니고 단체 활동을 통하여 직접 구성원이 경제적 이익을 도모하는 협동조합(協同組合), 상호보험회사(相互保險會社) 등은 명칭에 관계없이 회사가 될 수 없다.

〈표 1-1〉 사단과 조합의 비교

| 항 목 | 사 단 | 조 합 |
|---|---|---|
| 설립상의 차이 | 주무관청의 허가와 등기 | 구성원의 계약 |
| 내부규칙 | 정관 | 특정개인을 당사로 하는 계약 |
| 조직 | 계속적·단체적조직 | 독립조직체가 아니다 |
| 구성원의 수 | 2인 이상 다수 | 일반적으로 소수 |
| 구성원의 가입·탈퇴 | 비교적 자유롭다 | 일반적으로 불인정 |
| 단체성여부 | 단체성이 강하다. | 개인성이 강하다. |
| 존속기간의 장단 | 장기간 | 단기간 |
| 대외적 거래의 주체 | 단일체로의 단체 자체 | 개개의 단체구성원 |

3) 서울고판 1974. 5. 8. 77나 2582, 大判 1977. 9. 13. 74 다 954.

| 항　　목 | 사　　단 | 조　　합 |
|---|---|---|
| 업무집행 | 대표이사집행 | 계약에 의한 업무사원의 집행 |
| 법인격유무 | 법인격 있음 | 법인격 없음 |
| 재산의 소유 | 회사 | 조합원(합유) |

✦ 참조 : 金(商), 237면.

## 02 회사의 종류와 특색

회사의 종류는 그 분류기준에 따라 다음과 같이 분류할 수 있다.

### 1. 상법상의 분류

우리 상법 제170조는 회사의 종류로 합명회사(合名會社), 합자회사(合資會社), 유한책임회사(有限責任會社), 주식회사(株式會社)와 유한회사(有限會社)의 다섯 종류를 규정하고 있다.

회사의 종류를 가름하는 표준이 되는 것은 사원의 책임에 있다. 이 사원의 책임은 직접책임과 간접책임, 무한책임(無限責任)과 유한책임(有限責任)으로 나눌 수 있다.

직접책임은 사원이 회사의 채권자(債權者)에 대하여 직접 변제(辨濟)의 책임을 지는 경우를 말하며, 간접책임은 회사의 출자의무(出資義務)만 지고 회사 채권자에 대하여 직접변제의 책임을 지지 않는 경우를 말한다. 그리고 이 변제의 책임이 일정액(一定額)에 한정되는 경우를 가리켜 유한책임이라 하며, 그렇지 않은 경우를 무한책임이라 한다. 이와 같은 사원의 책임을 표준하여 회사의 종류가 가름된다.

#### (1) 합명회사(合名會社)

합명회사(partnersh)는 전(全) 사원이 무한책임사원이며, 전 사원은 회사의 재산(財產)으로 회사채무(會社債務)를 완전히 변제할 수 없을 경우에 회사채권자에게 직접 · 연대 · 무한의 책임을 진다(상 212조). 그리고 회사 업무의 집행 및 대표의 권한을 가지며(상 200조), 그 지분(持分)의 양도는 전 사원의 동의를 필요로 함으로 그 지위를 타인에게 자유로이 이전할 수 없는 회사이다(상 197조).

그러므로 합명회사는 회사로서 사단으로 규정되어 있으나(상 169조), 그 실질은 조합이므로 내부관계에 관하여는 정관 또는 상법에 다른 규정이 없으면 조합에 관한 민법의 규정이 준용된다(상 195조). 따라서 인적 신뢰관계가 깊은 2인 이상의 소인수의 공동기업에 적합하다.

### ⑵ 합자회사(合資會社)

합자회사(limited partnership)는 무한책임사원과 유한책임사원으로 구성된 이원적 조직의 회사이다(상 268조). 여기서 무한책임사원은 합명회사의 사원의 책임과 완전히 같고, 유한책임사원은 회사채무에 대하여 정관(定款)에 정한 출자액의 한도 내에서 직접 연대책임(連帶責任)을 지며, 업무집행(業務執行)에는 참여하지 않는다. 그리고 그 지분(持分)의 양도(讓渡)는 무한책임사원의 동의만 있으면 되므로 전 사원의 동의를 필요로 하는 무한책임사원에 비하여 자유롭다.

합자회사도 회사로서 사단으로 구성되어 있으나 그 실질은 합명회사와 같이 조합이므로 내부관계(內部關係)에 관하여는 정관 또는 상법에 다른 규정이 없으면 조합에 관한 민법의 규정이 준용된다(상 195조, 상 269조).

### ⑶ 유한책임회사(有限責任會社)

유한책임회사(limited liability company)는 회사의 주주들이 채권자에 대하여 자기의 투자액의 한도 내에서 법적인 책임을 부담하는 회사를 말한다. 유한책임회사는 내부적으로는 조합의 형태를 띠면서 외부적으로는 유한책임을 지므로, 유한책임회사의 내부관계에 관하여는 정관이나 상법에 다른 규정이 없으면 합명회사에 관한 규정을 준용한다.

유한책임회사는 유한회사와 주시회사와 달리 감사를 두지 않아도 되며, 또한 사원 아닌 자를 업무집행자로 선임할 수 있음이 유한회사와 다른 점이다. 회사자체에 대한 세금이 없고, 회사이익은 구성 사원 개인에게 분산되어 사원 개인의 소득으로 하여 세금이 계산된다.

주식회사의 경직된 지배구조 보다 신속하고 유연하며 탄력적인 지배구조를 가지고 있고, 유한회사나 주식회사보다 쉽게 설립과 운영이 가능하다.

### ⑷ 주식회사(株式會社)

주식회사(corporation)는 주식의 인수가액(引受價額)을 한도로 회사에 대하여 출자의무(出資義務)를 질 뿐, 회사 채무에 대하여는 출자한도(出資限度) 내에서 간접책임을 지는, 유한책임사원의 주주(株主)만으로 구성된 물적회사(物的會社)이다(상 295조, 303조, 331조). 주주(株主)는 주주총회(株主總會)의 의결에 참가하나(상 361조), 업무집행에는 참여하지 못한다. 주식회사는 합명회사와 같은 인적회사와 달리 사원의 개성이 문제가 되지 않기 때문에 주식의 양도는 원칙으로 자유이다(상 335조 1항). 그러므로 대 자본을 요하는 사원수가 많은 대기업에 적합하다.

### ⑸ 유한회사(有限會社)

유한회사(private company)는 출자액을 한도로 하는 간접유한책임을 지는 사원만으로 구성된 회사이다(상 543조). 단, 자본금결손과 같은 특정한 경우에 대하여는 연대전보책임(連帶塡補責任)을 진다는 점에서 다른 회사의 유한책임사원과 다르다. 이 회사는 균등액(均等額)의 출자로 성립하고, 지분의 양도는 사원총회(社員總會)의 특별결의가 필요로 한다. 이는 유한회사가 주식회사의 조직의 복잡성을 간이화(簡易化)하고 합명회사적인 점이 내포되게 하는 것으로 주식회사와는 다르다. 이런 점에서 중소기업(中小企業)에 적합하다.

## 2. 학문상의 분류

### ⑴ 인적회사(人的會社)·물적회사(物的會社)

학설상의 인적회사와 물적회사의 구별기준은 대체적으로 사원의 개성과 회사기업과의 관계가 밀접한가아닌가에 있다고 할 수 있다. 인적회사(personengesell-schaften)는 회사의 구성원인 사원간의 결합관계를 사원의 신용이나 개성과 같은 인적요소에 중점을 두는 회사이다. 따라서 대외적으로는 채권자에 대하여 직접적인 연대책임을 지며, 대내적으로는 인적중심의 관계가 두터우므로 사원의 지분양도가 곤란하고 모든 사원이 원칙적으로 업무집행에 관여한다. 그러나 물적회사(Kapitalgesellschaft)는 사원의 결합관계가 자본적 중심의 결합이어서 인적회사의 특색의 반대의 입장에 있다. 상법상의 회사 분류인 합명회사는 인적회사의 전형이며, 주식회사는 물적회사의 전형이다. 합자회사와 유한회사는 양자의 중간형태로 전자는 인적회사의 성격이 농후한 반면, 후자는 물적회사의 성격이 농후하다.

**〈표 1-2〉 주식 · 합명 · 합자 · 유한 회사 비교**

| 구분 \ 회사 | 사원(社員) | | | | | | 설립과정 | 회사대표 | 의사결정 | 업무집행 기관 |
|---|---|---|---|---|---|---|---|---|---|---|
| | 종류(種類) | 책임(責任) | 출자목적물(出資目的物) | 지위(地位) | 양도(讓渡) | 수(數) | | | | |
| 합명회사 | 사원 | 무한 | 재산, 노무, 신용 | 지분 | 불자유 | 2인 이상 | 정관작성<br>설립등기 | 무한책임 사원 | 무한책임 사원 | 사원 |
| 합자회사 | 사원 | 무한, 유한 | 재산, 노무, 신용 | 지분 | 약간 불자유 | 각각 1인 이상 | 정관작성<br>설립등기 | 무한책임 사원 | 무한책임 사원 | 무한책임 사원 |
| 유한책임 회사 | 사원 | 유한 | 재산 | 지분 | 약간 불자유 | 1인 이상 | 정관작성<br>납입징수<br>설립등기 | 업무집행 사원 | 사원 동의 | 업무집행 사원 |
| 유한회사 | 사원 | 유한 | 재산 | 지분 | 약간 불자유 | 1인 이상 | 장관작성<br>납입징수<br>설립등기 | 대표 이사 | 사원 총회 | 이사 |
| 주식회사 | 주주 | 유한 | 재산 | 주식 | 자유 | 1인 이상 | 정관작성<br>주식인수<br>설립등기 | 대표 이사 | 주주 총회 | 이사회 |

**〈표 1-3〉 인적회사와 물적회사의 차이**

| 구 분 | 인적회사 | 물적회사 |
|---|---|---|
| 상법상의 적용법규의 성질 | 내부관계에 관한 규정은 임의법규, 외부관계는 강행법규 | 내 · 외부관계 모두 강행법규 |
| 출자 및 자본 | 금전, 기타 재산, 노무, 신용출자 모두 가능 | 노무, 신용출자는 할 수 없다. |
| 사원의 책임과 지위의 양도 | 사원의 수가 적고 각자가 직접 · 연대 · 무한책임을 지며 지위의 양도 제한 됨 | 사원수가 많고 간접 · 유한 책임을 지며 지위의 양도가 비교적 자유로움 |
| 회사의 운영 | 소유와 경영이 일치하여 사원이 경영에 참여하고 회사의 의사결정은 전 사원의 일치를 원칙으로 한다. 재산의 독립성도 약하다. | 회사와 경영이 분리되어 회사는 제3자 기관에 의하여 운영되고 의사결정은 다수결이 원칙이며 회사재산의 독립성이 강하다. |
| 회사의 소멸 | 회사설립취소의 소가 인정되고, 사원이 1인으로 된 때 해산사유가 되며, 사원의 퇴사제명제도가 인정되고, 회사의 임의 청산도 가능하다. | 1인회사가 인정되고(주식회사), 법정청산만이 가능하며, 회사의 정리제도가 인정된다. |

✦ **참조** : 李(商), 277면.

### ⑵ 개인주의적 회사와 단체주의적 회사

개인주의적 회사와 단체주의적 회사를 분류하는 기준은 회사의 기업경영과 기업소유가 동일인에게 속하는가 속하지 않는가를 기준으로 한 것이다. 개인주의적 회사는 소유와 경영이 일치하며, 사원의 자신이 원칙적으로 업무집행을 하는 회사이고, 단체주의적 회사는 기업의 소유와 경영이 분리되며, 사원이 업무집행을 하는 것이 아니라 제3자기관에 의하여 행해지는 회사이다.

## 3. 경제상의 분류

### ⑴ 지배회사(支配會社)와 종속회사(從俗會社)

일반적으로 어떤 회사가 다른 회사를 지분참가(持分參加) 또는 계약·임원 겸임 및 파견 등에 의하여 지배하는 경우 전자를 지배회사 또는 모회사(parent corporation)라고 하며, 후자를 종속회사 또는 자회사(subsidiary corporation)라고 한다.

상법은 어느 회사가 다른 회사의 발행주식총수의 100분의 50을 초과하는 주식을 소유하는 경우에 어느 회사를 지배회사(모회사), 다른 회사를 종속회사(자회사)로 하고 있다(342조의 2). 또한 모회사와 자회사가 함께 가지는 주식의 합계나 자회사가 단독으로 가지는 주식의 수가 다른 회사의 발행주식총수의 100분의 50을 초과하는 경우에 그 다른 회사도 모회사의 자회사로 보도록 되어 있다.

### ⑵ 상장회사(上場會社)와 비상장회사(非上場會社)

증권거래법에 의하여 회사가 발행한 주식이 증권거래소에 상장되어 매매 유통되고 있는 회사를 상장회사(법인)라고 하고(증거 3조 3호), 그렇지 아니한 회사를 비상장회사(법인)이라고 한다[4](증거 3조 2호). 또 회사가 발행한 유가증권이 코스닥시장에 상장된 회사를 코스닥상장법인이라고 한다(증거 2조 15항).

### ⑶ 내자회사(內資會社)·외자회사(外資會社)·합자회사(合資會社)·다국적회사(多國籍會社)

국내자본으로 회사의 자본이 구성된 회사를 내자회사, 외국자본으로 구성된 회사를 외자외사라고 하고, 내외국 자본이 합쳐진 회사를 합자회사(joint venture corporation)라고

4) 코스닥 및 제2 증권시장에 상장되어 있는 회사는 상장회사가 아니다.

한다. 다국적회사(multinational or transnational corporation)란 동일자본이 다수의 국가에서 동종영업을 위하여 출자되고, 이 자본으로 다수 회사가 설립되어 그 회사들이 모자회사를 중심으로 상호연결되어 활동하는 기업을 말한다.

### ⑷ 관계회사(關係會社) · 관련회사(關聯會社)

기업회계기준에서 관계회사란 회사간의 발행주식총수(의결권없는 주식은 제외한다. 이하 같다)의 100분의 20이상의 주식을 소유하거나, 출자총액의 100분의 20이상을 출자하고 있는 관계에 있거나, 동일인(법인 및 자연인)이 둘 이상의 회사의 발행주식총수의 100분의 50이상 또는 출자총액의 100분의 50이상을 소유하고 있거나, 그 외에 실질적으로 경영권 지배관계에 있는 회사를 말한다(기준 9조 2호).

관련회사란 관계회사이외의 회사로 재무제표작성회사와 직접 또는 간접으로 상당한 이해관계가 있다고 인정되는 회사를 말한다(기준 9조 3항).

### ⑸ 기업집단(企業集團) · 계열회사(系列會社) · 지주회사(持株會社)

독점규제 및 공정거래에 관한 법률에서 기업집단이라 함은 동일인이 주식 또는 지분의 소유나 임원파견 등의 기준에 의하여 사실상 그 사업내용을 지배하는 회사의 집단을 말한다. 동일인이 회사인 경우 그 회사가 지배하는 하나 이상의 회사의 집단을 말하고, 동일인이 회사가 아닌 경우에는 그 동일인이 지배하는 둘이상의 회사집단을 말한다.

계열회사란 독점규제법 제2조 3호의 독점규제 및 공정거래에 관한 법률상의 개념으로 둘 이상의 회사가 동일한 기업집단에 속하는 경우에 이들 회사는 서로 상대방의 계열회사라 한다.

지주회사란 주식의 소유를 통하여 국내회사의 사업내용을 지배하는 것을 주된 사업목적으로 하는 회사를 말한다. 어떠한 사업도 하지 않고 오직 다른 회사의 주식을 소유하여 그 회사의 사업내용을 지배하는 것을 목적으로 하는 순수지주회사와 직접 다른 사업을 영위하면서 다른 회사의 사업내용을 지배하는 사업지주회사로 구분된다.

순수지주회사의 설립은 외국자본의 유치와 기업구조조정의 필요성 및 적대적M&A가 허용됨에 따라 1999년 이후에 허용되었다.

### ⑹ 내국회사 · 외국회사

내국회사는 대한민국의 근거법에 의하여 설립된 회사이다. 외국회사는 외국의 근거법에 의해 설립된 회사이다. 외국회사는 그 영업소의 설치에 관하여 대한민국에서 설립되는 동종의 회사 또는 가장 유사한 회사의 지점과 동일한 등기를 하여야 한다. 등기에서는 회사설립의 준거법과 대한민국에서의 대표자의 성명과 그 주소를 등기하여야 한다.

## 03 회사의 능력

회사는 상행위를 통한 영리추구(營利追求)를 목적으로 설립된 사단으로서 법률에 의하여 그 법인격이 부여되어 있음으로, 회사도 원칙적으로 자연인(自然人)과 같이 권리능력뿐만이 아니라 의사능력·행위능력도 인정되어야 한다. 그러나 회사의 능력에는 자연인과는 다른 법인이라는 성질 때문에 제한을 받는다.

일반적으로 법률행위가 유효하기 위하며 권리능력, 행위능력, 의사능력이 있어야 한다.

권리능력이란 권리의무의 주체가 될 수 있는 능력을 말한다. 자신의 명의로 재산을 소유하거나 계약을 체결할 수 있는 권리를 말한다. 자연인(인간)과 법인은 태어나면서 권리능력을 가진다.

행위능력이란 유효한 법률행위를 할 수 있는 자격 또는 능력을 말한다. 자신의 행위로 법적효과를 발생 시킬 수 있는 능력을 말한다. 행위능력의 제한과 관련하여 성년후견제도 등이 있다.

의사능력이란 본인이 한 행위의 결과나 의미를 판단할 수 있는 정식적 능력을 말한다. 자신의 의사를 명확히 표현하고, 그 결과를 이해할 수 있는 능력을 말한다. 의사무능력자와의 법률행위는 무효로 간주한다.

### 1. 회사의 권리능력(權利能力)

우리 상법상 모든 회사는 법인이므로 원칙적으로 자연인과 같이 일반적(추상적)인 권리능력이 있다. 그러나 개별적(구체적)인 권리능력에는 다음과 같은 몇 가지 제한이 있다.

### (1) 성질에 의한 제한

회사는 자연인과는 다르므로 자연인이 갖는 특유한 권리인 신체, 생명, 친족관계 등과 관련된 권리는 가질 수 없다. 그러나 자연인의 특유한 권리이외의 권리는 모두 가질 수 있다. 재산권뿐만이 아니라, 유증(遺贈)을 받을 수 있는 권리, 명예권(名譽權), 상호권(商號權), 신용권(信用權) 등을 가질 수 있으며, 발기인, 유한책임사원, 주주 등이 되는 것을 인정하다. 그러나 인적개성(人的個性)이 중시되는 지배인(支配人)은 될 수 없다. 또한 이사(理事), 감사(監事), 검사인(檢査人), 청산인(淸算人)이 될 수 있는가에 대하여는 긍정설과 부정설로 나누어져 있으나 이들의 업무 또한 인적개성과 경험이 중요시되는 것이기 때문에 부정설이 지배적이다.

| 허 용 | 발기인, 유한책임사원, 주주 |
|---|---|
| 제 한 | 지배인, 상업사용인, 친족권, 상속권, 신체권 |

### (2) 법률상에 의한 제한

회사의 법인격은 법률이 부여한 것이므로 회사의 권리능력이 법률에 의하여 제한되는 것은 당연하다. 상법상 회사는 다른 회사의 무한책임사원이 되지 못한다(상 173조). 이것은 회사가 다른 회사의 채무에 대해서 무한책임을 지게 됨으로 해서 회사의 독립성을 위태롭게 한다는 것과 법인(회사)은 경영에 직접참여 할 수 있는 자연인의 요소를 갖지 못한다는 것이다.

### (3) 목적에 의한 제한

회사의 권리능력의 범위가 회사의 정관소정의 목적에 의하여 제한을 받는가하는 문제에 대해서는 학설의 대립이 있다.

#### 1) 제한설(制限說)

회사의 권리능력의 범위가 회사의 정관소정의 목적에 의하여 제한하는 근거를 들어보면 다음과 같다.[5]

① 민법 제34조는 회사를 포함한 법인일반에 공통되는 기본원칙이므로 상법에 이를 배제하는 규정이 없는 한 회사에도 동 규정이 적용 또는 유추적용 된다.

5) 鄭(會), 59～60면.

② 법인은 특정한 목적을 위하여 설립된 것이므로 그 목적범위 내에서만 존립할 수 있다고 하는 것이 법인의 본질상 당연하며, 이러한 본질이 목적단체인 회사에 있어서도 적용된다는 것이다.

③ 회사의 목적은 정관에 기재하고 등기되는데 그 목적에 의한 제한을 받지 않는 다면 상법상 등기제도의 근본원칙이 거래의 안전 때문에 배척되어 정당한 사유가 없는 선의자(善意者)에 대하여 까지 회사가 대항하지 못하는 결과가 되어 이론상 시인될 수 없다.

④ 회사의 사업목적을 믿고 투자한 사원 또는 제3자의 기대이익을 보호해 주어야 한다. 이를 소홀히 하면 투자행위가 저하되어 대 자본을 흡수하여야 하는 회사는 그 존립자체가 곤란해진다.

### 2) 무제한설(無制限說)

법인격이 인정된 회사는 성질상의 제한과 법률상의 제한 이외에 정관 소정의 목적에 의하여 능력이 제한되지 않는다는 것이다.6) 그 근거를 들어보면 다음과 같다.

① 민법 제34조의 규정은 공익법인에 대하여 정책적으로 인정한 특칙으로 활동의 범위가 넓은 영리법인(營利法人)인 회사에 유추적용 할 것이 아니며, 상법상 이를 적용한다는 규정이 없다.

② 회사의 활동범위가 실제로는 대단히 넓은 것으로 그 능력을 제한 하면 제3자가 목적범위내의 것인지 판단하기 어렵고, 회사가 그것을 남용하여 책임을 회피함으로서 거래의 안전을 해치게 된다.

목적에 의한 능력의 제한을 인정한다면 상법의 기본이념인 거래의 안전을 해칠 우려도 있으며 또한 등기사항을 일일이 확인할 수 없는 현실을 고려해 볼 때 목적에 의하여 회사의 권리능력을 제한하지 않는 무제한설이 타당하다고 여겨진다. 우리 나라에서는 다수설이 지배적으로, 판례는 제한설을 취하면서도 목적범위를 매우 넓게 해석함으로써 사실상 무제한설과 결론을 같이 한다.7)

---

6) 大判 1991. 11. 22. 91 다 8821 ;
법인의 권리능력은 법인의 설립근거가 된 법률과 정관상의 목적에 의하여 제한되나 그 목적범위 내의 행위라 함은 법률이나 정관에 명시된 목적 자체에 국한되는 것이 아니라, 그 목적을 수행하는 데 있어 직접 · 간접으로 필요한 행위는 모두 포함되는 것이다.

7) 大判 1987. 10. 13. 86 다카 1522 ;
회사도 법인인 이상 그 권리능력이 정관으로 정한 목적에 의하여 제한됨은 당연하나 정관에

## 2. 회사의 의사능력 · 행위능력

회사는 법인으로서 그 의사능력이나 행위능력은 법인의 조직일부를 구성하고 있는 기관을 통해서 갖게 되며, 회사의 행위는 기관을 통해서 하므로 기관의 행위는 회사의 행위가 된다. 따라서 회사도 의사능력 행위능력이 인정된다.

## 3. 회사의 불법행위능력

회사의 행위능력을 인정하는 한 불법행위능력(不法行爲能力)도 당연히 인정된다. 따라서 회사를 구성하는 사원이 그 업무집행으로 인하여 타인에게 손해를 가한 회사는 그 사원과 연대하여 배상책임을 진다(상 210조, 269조, 389조 3항, 567조). 회사가 전부 또는 일부 배상을 하였을 때에는 회사는 대표기관인 개인에 대하여 구상할 수 있다. 이는 피해자를 두텁게 보호하기 위하여 상법상 특별규정이다(형법상의 범죄능력은 인정되지 않는다).

## 4. 회사의 공법상의 능력

회사는 민사소송법(民事訴訟法)상의 당사자능력과 소송능력을 가지나(민소 60조, 형소 27조), 일반적으로 형법상 범죄 능력은 인정되지 않는다. 그리고 공법상의 권리 · 의무의 주체가 되는 경우가 있다. 예컨대, 행정소송권(行政訴訟權), 납세의무(納稅義務), 상공회의소(商工會議所)의 선거권(選擧權) 등이다.

---

명시된 목적 자체에는 포함되지 않는 행위라 할지라도 목적수행에 필요한 행위는 회사의 목적범위 내의 행위라 할 것이고, 그 목적수행에 필요한 행위인가의 여부는 문제된 행위가 정관기재의 목적에 현실적으로 필요한 것이었던가 여부를 기준으로 판단할 것이 아니라 그 행위의 객관적 성질에 비추어 추상적으로 판단할 것이다. 또한 주식회사의 대표이사가 그 대표권의 범위 내에서 한 행위는 설사 대표이사가 회사의 영리목적과 관계없이 자기 또는 제3자의 이익을 도모할 목적으로 그 한계를 남용한 것이라 할지라도 일응 회사의 행위로서 유효하고, 다만 그 행위의 상대방이 그와 같은 점을 알았던 경우에는 그로 인하여 취득한 권리를 회사에 대하여 주장하는 것이 신의성실의 원칙에 반하므로 회사는 상대방의 악의를 입증하여 그 행위의 효과를 부인할 수 있을 뿐이다.

# 04 개인기업과 법인기업의 차이

## 1. 개인기업(個人企業)과 법인기업(法人企業)간의 개요

기업은 법률적으로 크게 개인기업과 회사(법인)기업의 형태로 나누어진다. 개인기업은 법률적으로 법인격이 없으므로 소유자에게 종속되는 기업이며, 회사형태의 기업은 법률적으로 법인격을 가지고 스스로의 권리와 의무의 주체가 되며 기업의 소유자로부터 분리되어 영속성을 지닌 기업이다.

법인격을 지닌 회사는 회사사원의 회사 채무에 대한 변제책임(辨濟責任)의 한계에 따라 주식회사, 합자회사, 합명회사, 유한회사로 나누며, 우리나라에 산재해 있는 회사는 대부분 주식회사이다. 개인기업은 주식회사에 비해 재무구조, 경영규모, 조직 등에서 협소하나 기업 수는 월등히 많이 존재한다. 특히 창업초기에는 대부분 개인기업 형태를 취하고 있으며, 기업이 성장 발전하여 기업규모가 중기업이상으로 발전하는 경우에는 주식형태의 기업이 경영합리화상 장점을 많이 지닌다. 그러므로 어떤 조직의 형태로 기업을 운영하는 것이 유리할 것인가 하는 문제가 항상 기업을 창업하는 사업자에게 관심의 대상이 되고 있다. 왜냐하면 기업을 창업하여 경영을 하다가 기업의 조직 형태를 전환하려고 하면 경영상 사업의 승계 문제 등 여러 가지 제약을 받게 되고, 세무처리 문제 등에서도 법률적인 문제가 대두되기 때문이다. 그러므로 사업의 개시시점에서부터 사업의 종류·규모 등 기업 내적인 상황과, 대외공신력·자본조달방법 등 외적인 요인에 맞게 조직의 형태를 결정하는 것이 중요하다.

일반적으로 기업의 영속성·성장성 측면에서 주식회사 형태의 기업을 창업(創業)하는 것이 유리하다. 주식회사는 개인기업보다 대외공신력과 신용도가 높기 때문에 신주(新株) 및 회사채(會社債) 발행을 통한 자금조달(資金調達)이 용이하고, 영업수행에 있어서도 기업의 이미지가 제고되어 유리한 점이 많다. 특히, 벤처기업을 창업하는 경우에는 개인기업보다는 주식회사의 형태로 하는 것이 더욱 유리하다고 할 수 있다. 개인기업과 법인기업을 비교 설명하면 다음과 같다.

## 2. 개인기업과 법인기업의 비교

기업형태는 크게 나누어 개인기업과 법인기업으로 나누어지며, 법인기업은 다시 합명회사, 합자회사, 유한회사 및 주식회사 형태로 나누어진다. 그러나 창업시 개인기업이나 주식회사 형태로 설립하는 경우가 대부분이다. 따라서 이 두 기업을 중심으로 그 차이를 비교하고자 한다.

### (1) 개인기업과 주식회사의 차이

개인기업과 주식회사의 설립형태를 비교하여 살펴보면 <표 1-4>와 같다.

〈표 1-4〉 개인기업과 주식회사의 차이

| 구 분 | 개인기업 | 주식회사 |
|---|---|---|
| 적정규모 | 소·중 규모 | 중·대 규모 |
| 법적근거 | 업종별 관계법(인·허가) | 상법 및 업종별 관계법 |
| 성 격 | 개인 | 법인 |
| 사원(대표자)책임 | 무한책임 | 유한책임(출자지분 범위내) |
| 법적출자인원(발기인수) | 대표자 | 발기인 1인 이상 |
| 기 관 | 대표자 개인 | • 의결기관 : 주주총회<br>• 대표기관 : 대표이사<br>• 업무집행 : 이사회 |
| 법적성립요건 | • 해당 업종 관계법에 의한 인·허가<br>• 사업자 등록 | • 정관인증 및 창립총회<br>• 법인설립등기<br>• 법인설립신고 및 사업자 등록 |
| 조직변경 | 주식회사, 유한회사 등으로 법인 전환가능 | 유한회사로 변경가능 |

### (2) 세제상의 특징 비교

개인기업은 소득세법(所得稅法)의 적용을 받으므로 과세기간(課稅期間)은 매년 1월 1일부터 12월 31일까지이며, 과세소득은 총수입에서 필요경비를 공제한 금액이 되며, 대차대조표(貸借對照表) 공고의무는 없다.

이에 반해, 법인은 법인세법(法人稅法)의 적용을 받고, 그 과세기간은 정관과 규칙에서 정하는 회계기간에 따라 달라지며 과세소득(課稅所得)은 익금총액(益金總額)에서 손금총액(損金總額)을 공제한 금액이다. 대차대조표의 공고의무가 있으나 세부담(稅負擔)은 여러 가지 상황에 따라 차이가 있을 수 있다. 세부담 측면에서 기업을 설립한 후 연간 매출총액이 5억원 이상으로 예상되면 법인기업으로 하는 것이 유리하다.

〈표 1-5〉 개인기업과 법인기업의 세제상의 특징

| 내 용 | 개 인 기 업 | 법 인 기 업 |
|---|---|---|
| 과세근거법 | 소득세법 | 법인세법 |
| 과세기간 | 매년 1월 1일부터 12월 31일까지 | 정관에 정하는 회계기간 |
| 과세소득 | 총수입금액 – 필요경비 | 익금의 총액 – 손금의 총액 |
| 과세범위 | 특정소득에 대해서는 종합과세를 하지 않고 원천징수만으로 분리과세 | 분리과세가 인정되지 않음 |
| 이중과세여부 | 하나의 원천소득에 대해 이중과세가 되지 않음 | 법인에게 법인세 과세후, 주주의 배당에 대해 소득세 과세 |
| 세율구조 | 세 율 : 6%~38%로 누진적용<br>주민세 : 소득세의 10% | 세 율 : 10%~22%<br>주민세 : 법인세의 10% |
| 납 세 지 | 개인기업의 주소지 | 법인등기부등본상의 본점/주사무소 |
| 기장의 의무 | 수입금액에 따라 일기장 의무자, 간이장부 의무자, 복식부기 의무자로 구분 | 수입금액에 관계없이 복식부기의무자 |
| 외부감사제도 | 적용되지 않음 | 자산총액이 100억원 이상인 경우, 공인회계사의 감사를 받음 |
| 대차대조표 공고 | 대차대조표 공고의무가 없음 | 법인세 신고기간내에 일간신문에 공고의무가 있음 |

### (3) 회계처리상의 특징 비교

대표자의 인건비(人件費)에 있어서 법인의 대표이사는 고용관계에 의하여 근로(勤勞)를 제공하므로 그 대가(代價)인 임원보수(任員報酬)와 상여금(賞與金)을 손금에 산입한다. 이에 반해, 개인기업의 대표는 사업의 경영주체로서 고용관계에 있지 아니하므로 급여를 지급받을 수 없다. 급여를 지급 받아도 그것은 출자금의 인출에 불과하므로 필요경비에 산입하지 아니한다.

퇴직급여충당금(退職給與充當金) 설정에 있어서는 법인세법은 1년 이상 근속한 모든 임직원에 대해 퇴직급여충당금을 설정할 수 있다. 따라서, 대표이사도 퇴직급여충당금의대상이 될 수 있으나 개인기업의 대표는 소득세법상 퇴직급여충당금 설정 대상이 아니다.

이연자산(移延資產)의 종류에 있어서는 법인세법은 법인의 이연자산을 창업비(創業費), 개업비(開業費), 신주발행비(新株發行費), 연구개발비(硏究開發費), 사용 수익기부(收益寄附) 자산가액 등 6가지로 인정하고 있으나, 개인사업자는 설립등기가 필요 없고, 신주를 발행하지 못하므로 소득세법은 개인기업의 이연자산을 개업비, 연구개발비, 사용수익기부자산가액 등 3가지만 인정하고 있다.

대손충당금(貸損充當金) 설정대상에 있어서는 법인세법은 대손충당금 설정대상 채권을 소비대차계약(消費貸借契約)에 의한 대여금(貸與金)과 미수금(未收金)을 포함하고 있으나, 소득세법은 사업과 관련된 채권만 대손충당금 설정대상으로 규정하고 있으므로 소비대차계약에 의한 대여금과 정상적인 사업거래에서 발행하지 않는 투자자산(投資資產), 유형자산(有形資產) 처분미수금은 대손충당금을 설정할 수 없다.

기타의 차이로 출자금의 자금인출에 대한 인정이자 익금산입, 시설개체기술 낙후로 인한 생산설비의 폐기손실 손금산입, 양도자산 상각부인액 손금산입, 이자비용 손금불산입 부인규정, 일시상각 충당금 설정 등에 있어서 회계처리상에 상당한 차이가 있다.

## 3. 개인기업과 법인기업의 장 · 단점[8)]

개인기업과 법인기업은 나름대로 장 · 단점을 갖고 있다. 개인기업의 경우, 기업이윤 전체를 기업주가 독점할 수 있으며, 경영의사결정이 신속하다는 등의 장점이 있는 반면, 기업주 1인의 무한책임성과 납세상의 불이익 등을 단점으로 지적할 수 있다.

반면 법인기업의 경우에는 조직위주의 경영이 용이하고 기업의 법적 공시성으로 인하여 대외신용도가 비교적 높은 대신, 의사결정의 지연성, 창업절차의 복잡 등의 단점도 갖고 있다.

따라서 창업자는 이와 같은 양 제도상의 장 · 단점을 비교하여 자신의 실정에 맞는 기업형태를 결정하는 것이 필요하다.

8) 서(벤), 131～139면.

## (1) 개인기업의 장 · 단점

개인기업의 장점은 법인기업에 있어서는 단점이 될 수도 있고, 반대로 개인기업의 단점은 법인기업에서는 장점이 될 수 있는 것들이 많으므로 서로 비교하여 이해를 하면 좋을 것이다.

### 1) 개인기업의 장점

**(가) 기업이윤 전부를 기업주가 독점할 수 있다.**

법인기업은 이익금이 발생하면 주주나 출자자 등과 주식소유비율 또는 출자비율로 이익금을 분배해야 하지만, 개인기업은 벌어들인 전 이익금을 혼자서 독점할 수가 있어서 가득액이 많기 때문에 법인기업보다는 장점이라고 할 수 있다.

**(나) 법적 절차가 비교적 간단하여 기업설립이 용이하다.**

법인기업의 경우 상법상의 규정에 의하여 정관작성, 발기인(發起人) 구성, 창립총회 등 설립절차가 복잡하나 개인기업의 경우 법적 절차가 없이 간단한 사업자등록 신청만으로 사업을 개시할 수 있다.

**(다) 창업비용 및 창업자금이 비교적 적게 소요되어 소자본을 가진 창업자도 창업이 가능하다.**

개인은 사업계획이 수립되면 사무실이나 점포를 임차하여 바로 사업을 시작할 수 있어 비교적 쉽게 기업을 창업할 수 있다.

즉 개인기업은 단독기업이므로 한 개인의 의사결정에 의해서 간단하게 기업을 창업할 수 있지만 법인기업은 공동기업이므로 개인과는 달리 기업에 참여할 자본주 또는 동업자를 구하고 공동의사 결정이 필요함은 물론, 법원에 설립등기를 할 때 등록세 등의 비용도 많이 들어갈 뿐만 아니라 창업 및 설립 절차와 법원의 등기 절차 등 상법상 정해진 절차가 복잡하고 시일이 많이 소요된다.

따라서 개인기업은 법인기업에 비하여 상대적으로 창업이 용이하고 창업비용이 적은 것이 장점이다.

**(라) 기업활동상의 경영정책수립, 집행, 계획, 변경 등을 자유롭고 신속하게 결정할 수 있다.**

개인기업은 소유와 경영권이 대표인 사장에게 집결되어 있기 때문에 경영에 관한 의사결정이 신속하게 처리될 수 있다.

그러나 법인기업의 경우 중요한 사항은 주주총회나 사원총회 또는 이사회의 의결을 거쳐야 하기 때문에 상대적으로 의사결정이 지연될 수도 있는 것이다.

**㈒ 개인기업은 긴밀한 인적조직체이므로 경영방침, 제조방법, 판매정책, 자금운용상의 비밀유지가 가능하다.**

개인기업은 법인기업과 달리 사업의 비밀이나 노하우 또는 고객업무를 대표인 사장이 독점할 수 있기 때문에 기업비밀 유지가 용이하다.

**㈓ 자금 증자(增資)·인출의 용이성을 들 수 있다.**

법인기업에 있어서는 일단 자본금으로 들어간 돈과 기업의 거래에서 발생된 자금은 출자자나 주주와는 별개로 독자적인 경제주체가 된다.

따라서 법인기업에 아무리 이익이 많이 나거나 여유자금이 많다고 하더라도 그 법인의 주주나 출자자가 마음대로 법인의 돈을 인출해 갈 수가 없다.

그런데 개인기업의 경우 이익금은 물론 여유자금 모두를 기업주가 마음대로 인출해서 다른 사업에 투자를 하든지, 부동산에 투자를 하든지 아무런 제약이 없다.

그리고 기업의 자본금이 부족하여 증자를 하는 경우에도 개인기업의 경우는 필요시 언제든지 아무런 제약 없이 증자가 가능하나 법인기업의 경우는 법적인 절차에 의해 납입자본금에 대한 은행예금 및 법원에 자본금 변경등기를 하여야 한다.

**㈔ 세무관리 측면에서의 편이성을 들 수 있다.**

기업을 경영하는 과정에서는 본의 아니게 세무조사를 받는다든지 매출을 누락하는 경우 등이 발생하게 될 수도 있다.

이 경우 개인기업은 세무조사를 받는 과정이나 과실로 매출누락 등이 발생되면 매출누락금액에 대한 부가가치세(附加價値稅)와 종합소득세를 추가 납부하면 되겠으나, 법인기업의 경우는 매출누락이 적출되면 개인기업과 같이 부가가치세와 개인기업의 종합소득세와 같은 성질의 법인세를 납부하는 이외에 추가로 그 매출 누락액 만큼을 일반적으로 대표이사 등에 대한 상여금으로 간주하여 갑종근로소득세를 추가 징수하게 되므로 세부담이 과중된다.

즉 법인이 만약 매출누락이나 가공경비지출이 있을 때에는 그 금액만큼 대표이사 또는 관련 임직원에게 상여금을 지급한 것을 보고 그 금액을 급여에 가산하여 근로소득세를 추가징수 하게 되는 것이다.

#### 2) 개인기업의 단점

① 경영자가 무한책임을 부담하기 때문에 위험부담이 크다.
② 기업가가 사망한다든지 경영능력을 상실하였을 때에는 기업이 소멸되기 쉽다.
③ 개인의 자금조달능력의 한정으로 많은 자금조달이 어렵다.
④ 경영주 1인에 의한 경영상의 제분야인 구매, 생산, 판매, 자본조달, 인사관리 등 경영 전반에 걸쳐 의사결정을 하여야 되는 경우가 많으므로 경영능력에 한계가 있다.
⑤ 기업규모가 커질 경우 납세상의 불이익이 있다.
⑥ 높은 양도소득세가 부과된다.

### ⑵ 법인기업의 장 · 단점

법인기업의 장점 · 단점은 상대적으로 개인기업의 장점 · 단점이 될 수도 있으며 그 내용은 다음과 같다.

#### 1) 법인기업의 장점

**㈎ 자본조달이 개인기업에 비해 용이하다.**

개인기업의 경우 출자자가 개인 단독인 경우가 많으나 법인 기업의 경우 주주나 출자사원들을 통하여 널리 자본금을 조달할 수 있다.

그리고 설립 후에도 증자 등을 통한 주식의 발생 등으로 일반 대중으로부터 소액자금을 모집할 수 있는 법적인 장치가 되어 있다.

**㈏ 회사의 도산(倒産) 시에도 출자금액 한도 내에서 법적 유한책임을 질 수 있다.**

과점주주[9]로서 법인의 체납세금(滯納稅金)에 대하여 제2차납세의무(納稅義務)를 지게

---

9) 주주1인과 그의 친족 기타 특수관계인들이 소유하고 있는 주식금액 또는 출자액이 당해 JQDLSDML 발행주식 또는 출자총액의 51% 이상인 자(상장법인 제외).
세법에서 규정하고 있는 친족 및 기타 특수관계인의 범위는 다음과 같다.
- 6촌 이내의 부계혈족과 4촌 이내의 부계혈족의 처
- 3촌 이내의 부계혈족의 남편 및 자녀
- 3촌 이내의 모계혈족과 그 배우자 및 자녀
- 처의 2촌 이내의 부계혈족 및 그 배우자
- 배우자(사실상 혼인관계에 있는 자를 포함)
- 입양자의 생가의 직계존속
- 출양자 및 그 배우자와 출양자의 양가의 직계비속
- 혼인 외의 출생자의 생모

되는 경우를 제외하고는 주식회사의 주주는 출자금의 한도 내에서만 책임이 있을 뿐 그 이상으로 대외적인 채권자에 대한 책임이 없으므로, 만약 회사가 부도(不渡)가 나더라도 출자자인 주주는 채권자들에게 개별적인 책임이 없기 때문에 개인기업보다는 법인기업이 투자자로서 안전성이 있어서 유리하다고 할 수 있다.

그렇지만 주식회사라고 하더라도 과점주주는 그 회사가 납부하지 못한 세금에 대해서는 책임을 져야한다. 이를 두고 "과점주주의 제2차 납세의무"라고 한다.

**(다) 전문경영인에 의한 기업경영이 가능하므로 소유와 경영의 분리가 가능하다.**

법인기업의 대표적 형태인 주식회사의 경우 기업의 소유주(출자자)인 주주와 경영기관인 대표이사, 이사회가 법적으로 분리되어 있으므로 회사를 실제 소유하는 소유주가 전문 경영능력이 부족할 경우 언제든지 전문경영인을 영입하여 효율적인 경영을 할 수 있는 법적인 체제가 갖추어져 있는 점이 장점이다.

**(라) 기업의 대외 공신력 제고로 영업상 유리한 점이 많다.**

법인기업이 법적인 측면에서 개인기업보다 대외적 공신력이 높다고 볼 때 개인기업보다 판매, 직원채용 등 영업전반에서 유리한 위치를 점할 수 있다.

**(마) 기업규모가 클 경우 세금부담의 경감을 가져올 수 있다.**

기업의 규모가 클 경우 일반적으로 법인기업의 세금부담이 개인기업에 비하여 경감된다.

### 2) 법인기업의 단점

**(가) 설립절차가 복잡하다.**

개인기업의 경우는 창업시 사업자등록증신청만으로 간단히 사업을 개시할 수 있다. 그러나 법인기업으로 창업할 경우에는 상법의 규정에 따라 해당서류를 구비하여 정관작성, 발기인의 주식인수, 이사와 감사의 선임, 법원 등기 등 복잡한 제반, 절차를 거쳐서 법인 설립신고 및 사업자등록을 신청하여 사업을 개시하게 한다.

**(나) 경영상 의사결정체제가 주주총회, 이사회, 대표이사로 복잡하여 신속한 의사결정이 어렵다.**

법인기업의 경우 의사결정체계가 복잡하여 중요사항에 대한 신속한 의사결정의 제약을 가져오기가 쉽다. 반대로 개인기업의 경우 모든 의사결정권이 소유주에게 있으므로 신속한 의사결정이 용이하다.

---

– 사용인, 당해 법인의 임원, 주요 경영에 상당한 영향을 미치는 자.

**㈐ 세무처리를 잘못하면 개인기업보다 가산세 및 추가징수세액이 훨씬 많다.**

법인기업은 개인기업에 비하여 이익금(소득금액)에 대한 세금부담이 개인기업의 종합소득세 보다는 적은 반면 가산세가 더 많을 뿐만 아니라 만약에 세무신고를 불성실하게 한 부분에 대해서는 개인 보다 더 많은 세금을 부담하도록 하고 있다.

특히 법인기업에 있어서는 매출누락이나 가공경비가 발견된 경우에는 법인세만 추징되는 것이 아니라 그 금액만큼을 다시 대표이사 또는 귀속자에게 상여금 도는 배당한 것으로 간주(처분)하여 종합소득세까지 추가징수하게 되므로, 이런 경우에는 법인기업이 개인기업보다 훨씬 많은 세금을 부담하게 된다. 그러므로 세무처리를 잘못 하는 경우에는 개인기업보다 불리한 점이 단점이라고 볼 수 있다.

**㈑ 해산 및 청산절차가 복잡하고 비용부담이 크다.**

법인기업은 폐업을 하는 경우에도 비용이 많이 든다.

개인기업은 사업이 잘 안되거나 다른 이유로 사업을 폐지(폐업)하고자 할 경우에는 간단히 세무서에 폐업신고만 하고 세금을 납부하면 폐업절차가 완료된다. 그러나 법인기업은 세무서에 폐업신고를 하는 것 이외에 해산등기를 하고 잔여재산에 대한 청산을 하여야 한다. 즉 채권자 또는 이해관계자는 신고하라는 신문광고를 내어서 부채정리를 하고 잔여재산에 대한 정리를 끝낸 다음이라야 청산등기를 할 수 있으며, 이 청산등기가 끝나야만 완전히 사업이 폐지되고 법인이 소멸된다.

그러므로 개인기업에 비하여 복잡하고 시일도 많이 걸리며 비용도 많이 부담하게 된다.

〈표 1-6〉 개인기업과 법인기업의 장 · 단점

| 구 분 | 개인기업 | 법인기업 |
|---|---|---|
| 장 점 | • 모든 이윤의 독점성<br>• 창업용이 및 창업비 저렴<br>• 경영활동의 자유와 신속성<br>• 기밀의 유지성<br>• 신용상태의 밀접성<br>• 의사결정의 신속성<br>• 조직의 간편성<br>• 회사경영의 신축성<br>• 시장변화에 적절히 대응<br>• 소자본 창업 가능<br>• 중소 규모의 사업에 적합 | • 기업의 법적 공시성<br>• 자본중심의 경영<br>• 조직위주의 경영<br>• 기업경영의 분권화<br>• 정관등에 의한 체계적 기업경영<br>• 책임의 한계(유한)<br>• 절세효과<br>• 지분양도가 가능<br>• 낮은 양도소득세률. 상장 후 양도세금이 없음<br>• 중/대규모 이상으로 성장 사업의 경우에 적합<br>• 다수인으로부터 자본조달이 용이<br>• 금융기관 등과의 거래 유리 |
| 단 점 | • 무한책임성<br>• 비영속성<br>• 자금조달능력의 한정성<br>• 1인에 의한 경영능력의 한계성<br>• 납세상의 불이익<br>• 높은 양도소득세가 부과됨 | • 법정 요식행위의 의무<br>– 등기의무<br>– 복식부기 기장 의무<br>– 의결기관을 통한 의사결정<br>• 의사결정의 복잡성 및 지연가능성<br>• 기업경영상 동업자와의 마찰 소지 존재<br>• 창업절차 복잡 및 창업비 과다<br>• 해산절차 등이 복잡 |

# 단답형 문제

**01** (　　　　　)이란 공동의 목적을 가진 복수인의 단체로서 조직적 일관성을 가진 통일적인 결합체이다.

**02** 회사의 특징으로 사단성, (　　　　　), 영리성이 있다.

**03** 2인 이상의 사원의 존재는 합명회사, 합자회사 있어서 성립요건이며 존재요건이다. 주식회사의 설립시 사원수의 요건은 (　　　　　) 이상이면 된다.

**04** (　　　　　)는 신용과 노무를 출자할 수 있고 무한책임사원과 무한책임이 있는 회사이다.

**05** 사단의 내부규칙을 (　　　　　)이라고 하며 사업목적과 기관의 운영 등 중요 내용을 기술한 문서이다. 조합의 내부계약과 같다.

**06** 우리 상법은 모든 회사를 법인으로 하고 있다. 회사에 (　　　　　)을 인정하여 권리능력(權利能力)을 인정한다.

**07** (　　　　　)이란 회사는 상행위 기타 영리를 목적으로 상법 규정에 따라 설립한 것을 말한다.

**08** 회사의 종류에는 합명회사 합자회사 유한책임회사 (　　　　　), 주식회사가 있다.

**09** 회사는 원칙적으로 자연인과 같이 (　　　　　)능력(권리의 주체가 될 수 있는 능력), (　　　　　)능력(유효한 법률행위를 할 수 있는 능력), (　　　　　)능력(자신이 한 행위의 결과나 의미를 판단할 수 있는 정신적 능력)이 있다.

**10** 법인으로서 그 의사능력이나 행위능력은 법인조직일부를 구성하고 있는 (　　　　　)을 통하여 갖게 되며, 회사의 행위는 (　　　　　)을 통하여 한다.

| | | | |
|---|---|---|---|
| 1 | 사단 | 2 | 법인성 |
| 3 | 1인 | 4 | 합자회사 |
| 5 | 정관 | 6 | 법인격 |
| 7 | 영리성 | 8 | 유한회사 |
| 9 | 권리능력, 행위능력, 의사능력 | 10 | 기관, 기관 |

# 메모

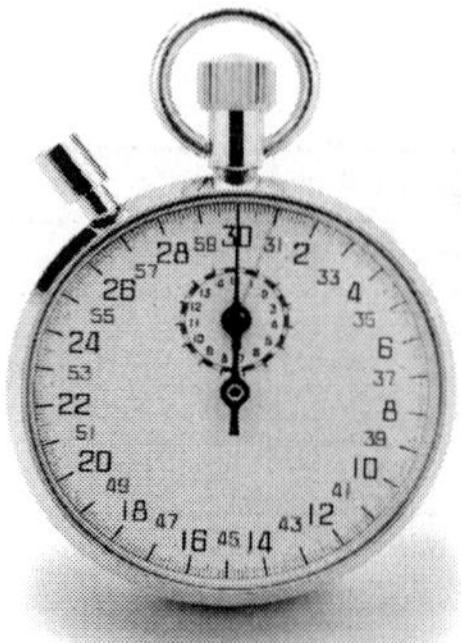

2

CHAPTER

# 주식회사의 총설

Chapter

# 02 주식회사의 총설

## 01 주식회사의 개념

주식회사(corporation, stock corporation, company limited by shares)는 사원이 사원의 출자와 권리 및 의무의 단위인 주식을 통하여 출자한 자본금으로 구성된 자본적 공동기업이다. 자본금은 소단위의 동일한 금액의 주식으로 분할되고, 이 주식을 인수한 주주(사원)는 인수한 주금의 한도에서 출자의무를 부담할 뿐 회사의 채권자에 대하여는 아무런 책임을 지지 아니한다. 따라서 자본금, 주식, 유한책임을 주식회사 개념의 3요소라고 볼 수 있다.

### 1. 자본금(資本金)

#### (1) 의 의

주식회사는 자본가가 소유한 자본뿐만 아니라 일반대중의 수중에 있는 유휴자본까지도 흡수하여 거대한 개별자본을 집적할 수 있어 대규모사업을 영위하는 데 적합한 기업형태인 동시에 순전히 자본적 결합에 치중한 물적회사이다. 따라서 주식회사의 자본금(stated capital)은 회사에 대하여는 성립의 기초가 되며, 주주에 대하여는 출자액 및 책임의 한계를 의미한다. 그리고 회사 채권자에 대하여는 회사신용 및 담보의 기능을 한다.

우리나라 상법상 자본금은 원칙적으로 '발행주식의 액면총액(액면금×발행주식수)'을 말하며(상 451조), 회사가 보유하여야 할 순 재산액의 기준은 그 제한이 없다(상 317조 2항 2호).

이 같은 상법상의 자본금개념은 회사의 경영상태에 따라서 또는 물가의 변동에 따라서 항상 변동하는 구체적·가변적인 재산, 회사가 발행할 주식의 총액을 의미하는 수권자본(授權資本)[10] 그리고 준비금과 장기차입금의 일종인 사채(타인자본)와는 구별되는 불변적인 계산상의 수액(數額)으로 추상적·규범적 개념이다.

### ⑵ 원 칙

주식회사의 재산적 기초를 튼튼히 하고, 회사의 건실화를 도모하며, 회사채권자를 보호하기 위하여 자본금에 관한 세 가지 원칙이 확립되어 있다.

#### 1) 자본금확정의 원칙(자본확정의 원칙)

이 원칙은 회사설립 당시에 자본금이 정관에 확정되고, 그 자본금에 대한 주식인수의 확정을 필요로 한다는 원칙이다. 수권자본제도를 채택하고 있는 우리나라 상법에서는 회사설립 시 당시에 수권자본액에 대한 주식인수까지도 확정될 필요는 없지만 회사가 설립 시 발행하는 주식의 총수(발행예정주식총수의 1/4 이상)는 정관의 절대적 기재사항으로(상 289조 1항 5호, 317조 2항 2호) 전부 인수되고 납부되어야하므로(상 295조, 303조) 회사의 설립 시에는 이 범위 내에서 자본금이 확정되어야 한다고 볼 수 있다. 따라서 우리나라 상법에서도 이 한도에서 자본금의 확정의 원칙이 유지되고 있다고 본다.

#### 2) 자본금유지의 원칙(자본유지의 원칙, 자본충실의 원칙)

이 원칙은 회사는 자본금액에 상당하는 재산을 현실적으로 보유하여야 한다는 원칙이다. 이는 회사의 존속을 보장하고, 회사채권자 및 주주를 보호하기 위한 것이다. 상법상 이 원칙을 반영한 규정으로는 주식의 액면미달발행(額面未達發行)의 제한(상 330조, 417조), 발기인과 이상의 인수 및 납입담보책임(納入擔保責任)(상 321조, 428조), 현물출자 기타 변태설립사항(變態設立事項)의 엄격한 규제상(상 299조, 310조, 313조, 314조, 428조), 납입에 있어서 상계금지(相計禁止)(상 334조), 자기주식의 취득금지 및 질취제한(質取制限), 법정준비금의 제도, 이익배당 및 주식배당의 제한 등이 있다.

---

10) 주식회사가 발행할 수 있는 주식 중 일부분(발행예정주식총수의 1/4)만을 설립시에 발행하고 잔여부분의 신주발행권을 이사회에 위임하는 제도를 말한다(상 289조 2항).

### 3) 자본금불변의 원칙(자본불변의 원칙)

자본금감소제한의 원칙이라고도 하는 이 원칙은 확정된 자본금액은 임의적으로 변경하지 못한다는 원칙을 말한다. 따라서 자본금변경을 위해서는 엄격한 법적절차를 요구하게 된다. 그러나 우리나라 상법에서는 신주발행을 통한 자본금의 증액은 이사회의 결의만으로 가능하도록 하여 자본금의 증액에 관한 한 이 원칙의 적용이 없다. 이는 자본금의 증가가 회사채권자에게 유리할 뿐만이 아니라, 신주의 발행은 원칙적으로 이사회의 권한사항이기 때문이다. 그러나 자본금의 감소를 위해서는 주주총회의 특별결의를 거쳐야하고 채권자보호절차를 밟아야 하는 등 엄격한 법적절차를 갖추도록 하고 있다. 따라서 이 원칙은 자본금감소에만 해당한다.

### 4) 자본금확정의 원칙(자본확정주의, 확정자본주의, 총액인수책임)

회사설립시에 자본의 총액에 관한 주식의 인수가 확정될 것을 요구하는 제도이다. 발기인, 이사는 주식 총액인수책임을 가진다. 정관에 자본을 기재하게 된다. 발기인이 회사의 설립시에 발행하는 주식의 총수를 인수한 때에는 지체없이 각 주식에 대하여 그 인수가액의 전액을 납입하여야 한다. 신주의 발행으로 인한 변경등기가 있은 후에 아직 인수하지 아니한 주식이 있거나 주식인수의 청약이 취소된 때에는 이사가 이를 공동으로 인수한 것으로 본다.

## 2. 주 식

주식회사의 자본금은 균일한 금액의 주식으로 분할된다(자본의 구성단위는 주식이다). 따라서 자본금은 1주의 액면가 액에 주식수를 곱한 금액이 된다[11](상 451조). 이는 주식이 자본금의 구성단위가 되는 것으로, 주식에 의해서 많은 사람이 회사에 참여할 수 있다. 주식을 소유한 주주는 모든 주식에 대하여 각기 독립된 주주권(주주와 회사간의 법률관계)이 인정되고, 주주권은 주주가 갖는 주식의 수에 따라 산술적으로 결정된다.

11) 상환주식의 상환에 따른 주식의 소각(상 345조)과 주식의 이익소각(상 343조)의 경우에는 이 등식이 성립하지 않는다. 이와 같은 예외적인 현상은 상법에 따로 규정이 있는 경우에만 가능하다.

### 3. 주주의 유한책임

주주는 회사에 대하여 자기가 인수한 주식의 인수가액(引受價額)을 한도로 재산상의 출자의무를 지는데 불과하며, 그 밖에는 아무런 의무도 지지 않는다(상 331조). 이러한 주주의 출자의무의 책임은 주식인수인으로서의 책임을 의미하는 것으로 주식인수인이 인수가액의 전액을 납입하면 주주는 회사에 대해서나 채권자에 대해서도 아무런 책임을 지지 않는다는 의미이다. 이와 같이 주주의 책임은 '엄격한 간접유한책임'이란 점에서 유한회사의 사원이나 합자회사의 유한책임사원이 회사채권자(會社債權者)에 대하여도 책임을 지는 직접유한책임과 구별된다. 그러나 회사와 주주의 약정에 의하여 주주에게 회사 채무를 부담시키거나 추가출자의무를 부담시킬 수 있으며,[12] 주주의 동의나 포기 없이 법인격부인론(法人格否認論)이나 실체파악론(實體把握論)에 의하여 주주가 회사 채무에 대하여 책임을 지는 경우도 있다.[13]

## 02 주식회사의 경제적 기능과 특색

주식회사의 기원에는 여러 가지 학설이 있으나 오늘날에는 1602년에 설립된 네덜란드의 동인도 회사를 주식회사의 선구로 보는 것이 통설로 되어 있으며, 그 후 1612년에는 영국도 이를 모방하여 동인도회사를 설립하였고, 이어 1694년에는 영란은행이 개설됨으로써 주식회사제도가 급속도로 발전하게 되었다.

주식회사는 한정된 소수의 출자자로부터 대규모 자본금을 조달할 수 있을 뿐만이 아니라, 조달된 자본금은 출자자인 주주로부터 독립되어 전문경영자에 의해서 운영되기 때문

---

12) 大判 1989. 12. 89 다카 890 ;
상법 제331조의 주주유한책임은 주주의 의사에 반하여 주식의 인수가액을 초과하는 새로운 부담을 시 킬 수 없다는 취지에 불과하고, 주주들의 동의 아래 회사채무를 주주들이 분담하는 것까지 금하는 취지는 아니라 할 것이다.

13) 증권회사의 이사 또는 감사가 고의 또는 과실로 임무를 해태(懈怠)하거나 회사의 업무를 집행함에 있어서 제3자에게 손해를 끼친 때에는 이사·감사 및 대주주 1인은 연대하여 손해배상의 책임을 진다(증 58조). 또한 국세기본법상 비상장법인의 과점주주가 법인이 납부하여야할 국세 및 지방세에 대하여 제2차 납세의무자로서 책임을 지는 경우가 있다.

에 경영능률을 높일 수 있다.

또한 주주의 유한 책임제도로 주주들의 개인 재산의 안정성이 유지되고 주식권을 표시하는 주식은 자본시장 등에서 매매양도 할 수 있으며, 주식의 증발, 사채의 발행 등으로 회사의 추가적 소요자본을 쉽게 조달할 수 있는 장점이 있는 반면에, 주식회사를 설립하는 데는 복잡한 수속절차와 거액의 창업비가 소요되고 재무제표의 공개 등으로 기업의 비밀유지가 어렵다. 주주들, 이사, 회사채권자들은 서로 자기 자신만의 이익을 추구하는 나머지 다른 사람의 이익을 희생하는 일이 생길 수 있다. 대주주는 회사경영권을 장악하여 족별 체제로 독단적으로 경영의 횡포를 행할 수 있으며, 일반주주는 회사의 경영성과를 도외시하고 높은 이익배당을 요구하고, 주식시세의 급등을 바라며 기업의 경영성과 등에 관심도가 적으므로 회사경영에 비능률적인 요인도 있다.

## 03 주식회사의 법적인 특성

주식회사는 주주나 경영자뿐만 아니라, 종업원, 채권자 및 일반 소비자의 이익과도 밀접한 관계가 있으므로 주식회사법은 회사의 경제적 기능의 장점을 조장하는 한편 이사의 전횡, 배임행위, 대주주의 권한 남용 등의 폐단을 방지하기 위하여 엄격한 법적 규제를 하고 있다.

그 하나가, 강행규정성(强行規定性)으로 주식회사법은 그것이 대외관계의 규정이든 대내관계의 규정이든 강행법규로 규정하고 있다는 것이다(법원의 관여).

두 번째는, 공시주의 강화로 주식회사는 이해관계인의 범위가 광범위하므로, 회사의 중요사항을 공개함으로써 이해관계인의 이익을 보호하기 위하여 공시주의를 강화하고 있다는 것이다(철저한 공시주의까지는 아니다).

세 번째는, 국가기관의 관여로 주식회사는 단순히 영리만을 추구하는 것이 아니라 공공성 또는 사회성을 띠고 있으므로, 국가기관(특히 법원)이 광범위하게 관여하고 있다는 것이다. 특히 기업공개법인에 대해서는 특별법에 의한 국가기관의 감독이 더욱 엄격하다.

# 단답형 문제

**01** (　　　　　)원칙은 회사설립 당시에 자본금이 정관에 확정되고, 그 자본금에 대한 주식인수의 확정을 필요로 한다는 원칙이다. 설립시 발행주식총수가 인수되고 납입되어야 한다.

**02** (　　　　　) 원칙은 회사는 자본금액에 상당하는 재산을 현실적으로 보유하여야 한다는 원칙이다. 이는 회사의 존속을 보장하고, 회사채권자 및 주주를 보호하기 위한 것이다.

**03** (　　　　　) 원칙은 확정된 자본금액은 임의적으로 변경하지 못한다는 원칙을 말한다. 따라서 자본금변경을 위해서는 엄격한 법적절차를 요구하게 된다.

**04** (　　　　　)은 자본금의 구성단위가 되는 것으로, 많은 사람이 회사에 참여할 수 있다.

**05** (　　　　　)은 주주는 회사에 대하여 자기가 인수한 주식의 인수가액(引受價額)을 한도로 재산상의 출자의무를 지는데 불과하며, 그 밖에는 아무런 의무도 지지 않는다는 뜻이다.

| 1 | 자본금확정의 원칙 | 2 | 자본금유지의 원칙 |
|---|---|---|---|
| 3 | 자본금불변의 원칙 | 4 | 주식 |
| 5 | 주주의 유한책임 | | |

# 3
CHAPTER

# 주식회사의 설립

Chapter

# 03 주식회사의 설립

## 01 서 설

정관의 작성만으로 실체가 거의 형성되는 인적회사와 유한회사의 설립은 매우 간단하나 물적회사인 주식회사는 자본적 결합체이므로 회사를 형성하는 복잡한 절차를 밟아야 한다. 뿐만 아니라 현재 및 장래의 이해관계자의 영향이 많으므로 그 설립에 대하여 건전성이 요청되며, 비교적 상세하고 엄격하게 강행규정으로 규제를 하고 있는 것이 그 특색이다.

주식회사의 설립은 두 가지 방법으로 나뉘어 진다. 하나는 발기인이 설립시 발행하는 주식의 총수를 인수하여 회사를 설립하는 소위 '발기설립(發起設立)'방법이며, 다른 하나는 발기인이 설립시에 주식총수의 일부만을 인수하고 잔여주식은 발기인 외에 주주를 모집하여 점차로 설립하는 '모집설립(募集設立)'방법이다. 어느 경우에 있어서도 발기인이 설립절차에 착수하기 전에 설립을 목적으로 하는 계약을 체결하고 그 이행으로써 정관의 작성 기타 설립에 관한 행위를 하는 것이다. 이 경우 의사결정은 원칙으로 과반수에 의할 것이나 주식발행사항의 결정은 전원의 동의를 필요로 한다.

주식회사를 설립하려면 적어도 1인 이상의 발기인이 있어야 하며 발기인이 정관을 작성하고 각각 1주 이상만 인수하면 장래 성립할 회사의 조직과 인적·물적 기초의 일부가 확정되어 이때부터 회사의 전신인 '설립중의 회사'[14]가 성립한다.

발기인은 정관에 발기인으로서 기명날인(記名捺印) 또는 서명(署名)한 사람으로(상 289

---

14) 설립중(設立中)의 회사란 발기인이 주식을 인수한 후 회사가 성립하기까지의 사회적 실재물(實在物)을 말하며, 이것과 설립된 회사는 법인격(法人格)의 유무(有無)에만 차이가 있을 뿐 실질적으로 동일인격(同一人格)이라 본다. 설립중의 회사의 법적 성질은 권리능력(權利能力)이 없는 사단(社團)이다.

조), 그 자격에는 제한이 없어 법인은 물론 미성년자 등 무능력자도 될 수 있으나, 적어도 1주 이상의 주식을 인수하여야 한다(상 293조).

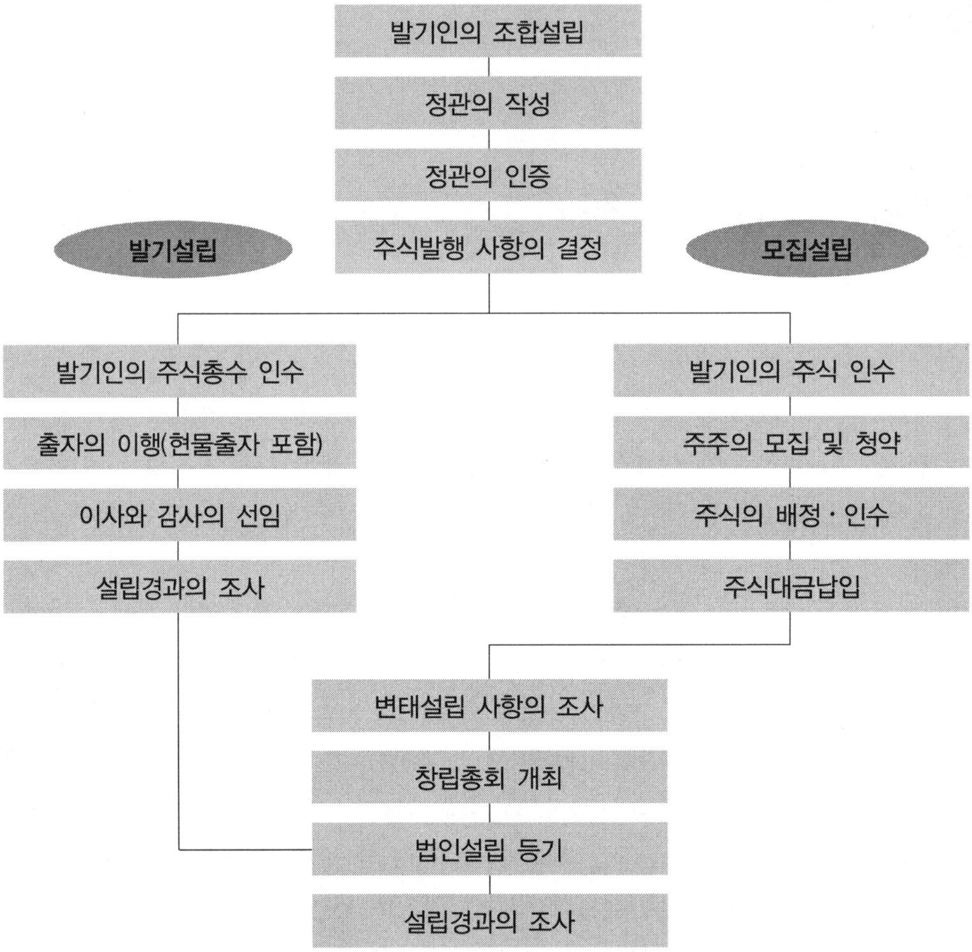


〈그림 3－1〉 주식회사설립절차도

## 02 발기인조합(發起人組合)

발기인조합은 회사의 설립을 그 목적으로 하는 여러 명의 발기인이 상호간 조합계약을 체결한 단체이다. 이 조합의 구성원은 발기인으로서 정관에 기명날인(記名捺印) 또는 서명한 자이다. 이 조합은 민법상의 조합으로 회사설립과 관련된 모든 업무를 집행하게 된다. 이 같은 업무집행에는 민법의 조합에 관한 규정이 적용되어 업무에 관한 의사결정은 원칙적으로 발기인의 과반수에 의한다(민 700조 2항). 이는 회사설립과 관련하여 발기인의 대외적인 책임을 규율할 필요가 있기 때문이다.

## 03 정관(定款)의 작성 및 인증(認證)

발기인은 법정사항(法定事項)을 기재한 정관(원시정관 : 原始定款)을 작성하여야 한다(상 289조). 정관은 실질적으로 회사의 조직 · 운영에 관한 근본규칙(根本規則)을 뜻하며, 형식적으로는 그 근본규칙을 기재한 서면(書面)을 뜻한다. 정관에는 일정한 사항을 기재하고 발기인 전원이 이것에 기명날인(記名捺印) 또는 서명(상 289조 1항)하는 것 외에 공증인(公證人)의 인증(認證)을 받음으로써 그 효력이 생긴다. 다만, 자본금 총액이 10억 미만인 주식회사를 발기설립함에 있어서는 각 발기인이 정관에 기명날인 또는 서명함으로서 효력이 생긴다(상 292조). 이것은 정관의 내용을 명확히 하여 장래의 분쟁과 부정을 방지하기 위한 것으로 소정(所定)의 절차를 밟지 않고는 변경할 수 없다.

정관의 기재사항에는 절대적(絶對的) 기재사항, 상대적(相對的) 기재사항, 임의적(任意的) 기재사항이 있다.

| 절대적기재사항 | 상호, 목적, 본점과 지점의 소재지, 공고하는 방법, 회사가 발행하는 주식의 총수, 1주의 금액, 설립시 발행하는 주식의 총수, 주권, 발기인의 성명 · 주민등록번호 · 주소 |
|---|---|
| 상대적기재사항 | 발기인이 받을 특별이익, 현물출자, 재산인수, 설립비용 |

| 임의적 기재사항 | 주식의 명의개서절차(名義改書節次), 재교부(再交付)의 절차 및 그 수수료, 정기총회 소집의 시기, 주주총회의 의장, 이사와 감사의 인원수, 이익처분(利益處分)의 방법 |
|---|---|

## 1. 절대적(絶對的) 기재사항

이는 법률이 그 기재를 절대적으로 요구하는 사항으로서(상 289조 1항), 그 흠결(欠缺)이 있으면 정관이 무효로 되어 설립무효의 원인이 된다.

### (1) 목 적

회사가 경영하려고 하는 사업(업종)을 뜻하며, 사회관념상 그 사업이 무엇인가 알 수 있을 정도로 개별적이고 구체적으로 기재하여야 한다.

### (2) 상 호

상호에 반드시 '주식회사'라는 문자를 사용하여야 하고(상 19조), 특수사업을 경영하는 회사는 그 업종까지 표시하여야 한다(은행 8조, 보험 7조, 신탁 7조). 그리고 회사는 수 개의 영업을 하더라도 하나의 상호만을 사용하여야 한다. 또한 동일한 특별시, 시, 읍, 면에서 동종의 목적 또는 유사한 목적으로 다른 회사와 동일한 상호를 사용할 수 없다(상 23조).

### (3) 회사가 발행할 주식의 총수(수권자본주의)

이사회에서 발행할 수 있는 주식의 최대한도를 나타낸 것으로서 발행예정된 주식의 총수이다(발행된 주식수(자본)은 정관에 기재되지 않는다. 등기에는 발행예정된 주식 발행된 주식 모두 기재된다). 이 발행예정주식 총수의 4분의 1 이상을 발행하면 된다(상 289조 1항 5호). 그 잔여분의 주식의 발행은 정관에 다른 정함이 없으면 이사회의 의결에 의하여 발행한다(상 416조). 회사성립 후 정관변경절차에 의하여 발행예정주식 총수를 늘릴 수 있다(상 437조).

### (4) 액면주식을 발행하는 경우 1주의 금액

1주의 금액은 100원 이상이어야 하며, 균일하여야 한다(상 329조 2항과 3항). 상법상 최저자본규정은 없다. 그러나 1주금액이 100원 이상이어야 하므로, 최저자본금이 100원 이상이어야 한다.

### ⑸ 회사의 설립시에 발행하는 주식의 총수

발행주식총수에다 1주 금액을 곱하여 산출된 금액이 회사의 자본금액이며, 이를 발행예정주식 총수로부터 공제하면 회사성립 후 이사회가 신주(新株)를 발행할 수 있는 수권(授權)의 범위가 된다.

### ⑹ 본점의 소재지

회사의 주소(住所)는 본점(本店)의 소재지(所在地)에 있는 것으로 하고, 이 본점의 소재지는 설립등기의 경우와 달라서 최소행정구역(最小行政區域)만 표시하면 충분하고 지번(地番)의 기재(記載)까지는 필요로 하지 아니한다.

### ⑺ 회사가 공고하는 방법

이것은 주주, 회사채권자 및 기타의 이해관계인(利害關係人)에게 주지시키기 위한 것이다. 따라서 회사의 공고는 관보 또는 일간신문에 하여야 한다. 다만, 회사는 그 공고를 정관으로 정하는 바에 따라 전자적방법으로 할 수 있다(상 289조 3항).

### ⑻ 발기인의 주소와 성명 및 주민등록번호

발기인이 누구인가는 주식청약인(株式請約人)으로서 중대한 문제이므로 누가 발기인인가를 인식시키기 위하여 상법은 정관 본문 중에 발기인의 성명 및 주민등록번호(住民登錄番號)와 주소(住所)를 기재하도록 하고 있다. 법인이 발기인인 경우에는 당해 법인의 본점 및 명칭을 표시하고 기명날인 또는 서명은 그 대표자가 하여야 한다.

## 2. 상대적(相對的) 기재사항

상대적 기재사항은 정관에 기재하지 않으면 법률상 그 사항의 효력이 발생하지 아니하나 그것을 정관에 기재하지 않더라도 정관의 자체 효력에는 영향이 없는 사항이다. 회사설립에 중대한 관계가 있는 사항은 상법 제290조에 열거되어 있다. 여기의 열거사항을

'위험한 계약', '변태설립'[15]이라 부르며 실제로 회사설립에 가장 위험한 화근을 남길 우려가 있는 사항이다. 그러므로 상법은 정관에 기재시킬 뿐만 아니라 이를 주식청약서의 기재사항으로 하고(상 302조 2항 2호), 주식인수인에게 주의를 환기시키는 동시에 법원이 선임한 검사인으로 하여금 조사하게 하고 있다(상 299조 · 300조 · 310조 · 314조). 그리고 발기설립의 경우에는 법원, 모집설립의 경우에는 설립총회의 승인을 요하도록 하였다. 다만 변태설립사항 중 발기인이 받을 특별이익과 회사가 부담할 설립비용 및 발기인이 받을 보수액에 관하여는 공증인의 조사보고서로, 현물출자와 재산인수에 관한 사항과 현물출자이행에 관한 사항은 공인된 감정인의 감정으로 법원이 선임한 검사인의 조사에 갈음할 수 있다(상 298조 4항, 299조의 2, 310조 3항).

이러한 위험한 계약 및 변태설립사항을 정관에 기재하지 않고 하였거나 또는 정관에는 기재하였으나 검사인 등에 의한 검사를 받지 않고 한 경우에는 원칙적으로 무효라고 본다. 상법 제290조의 회사설립에 중대한 관계가 있는 사항이란 다음과 같다.

#### (1) 특별이익(特別利益) : 발기인이 받을 특별한 이익과 이를 받을 자의 성명

회사설립은 투기적인 것이며 반드시 그 성공만을 기대할 수는 없고 만약 실패하면 회사설립에 관여한 발기인이 회사설립을 위하여 한 행위에 대한 연대책임을 지는 위험을 부담하여야 한다. 한편, 발기인이 회사설립에 성공하면 그 공로에 대한 특별한 이익을 받게 된다. 따라서 발기인이 받을 특별이익과 이를 받을 자의 성명을 정관에 기재하여야 한다. 이 특별한 이익은 회사설립을 기획하는 것에 대하여 회사가 발기인 개인에게 부여하는 이익으로서 발기인의 보수와는 다르다. 예컨대 이익배당(利益配當), 잔여재산분배(殘餘財産分配), 신주인수(新株引受)에 관한 우선권(優先權)이나 회사의 설비의 이용에 관한 우선권 등이 그것이다. 그러나 특별이익은 발기인 자신에게 부여하는 이익이지 특정한 주식에 부착하는 것은 아니다. 또 그 성질상 양도하지 못하는 경우 또 정관에 의하여 양도가 금지되어 있는 경우를 제외하고는 양도 또는 상속할 수 있다.

---

15) 회사의 설립을 위하여 일반적으로 필요하고 성립후(成立後)의 회사에 그 효력을 귀속시킬 필요가 있는 사항으로서, 발기인이 설립중(設立中)의 회사의 기관(機關)인 지위(地位)에서 약정(約定)할 수 있는 사항을 말한다.

### (2) 현물출자(現物出資) : 현물출자를 하는 자의 성명 및 그 출자목적인 재산의 종류, 수량, 가격과 이에 대하여 부여할 주식의 종류와 수

현물출자란 금전 이외의 자산으로서 하는 출자를 말한다. 그 목적이 될 수 있는 재산은 이전이 가능하고 대차대조표에 자산으로서 계상(計上)할 수 있는 것이라면 무엇이든지 상관없다. 예컨대 동산, 부동산, 채권, 유가증권(有價證券), 특허권(特許權), 광업권(鑛業權), 상호권(商號權), 상표권(商標權), 지적재산권(知的財産權), 컴퓨터소프트웨어, 영업상의 비밀, 재산적 가치가 있는 사업관계, 영업의 전부 또는 일부 등 무엇이든지 상관없다. 그러나 노무나 신용의 출자는 주식회사에서는 인정되지 아니한다.

현물출자는 기업을 조장시키기 위하여 이것을 인정하는 것이 타당하나 그 평가 여하에 따라서는 회사의 기초를 위태롭게 하는 것이므로, 상법은 이것을 변태설립사항(變態設立事項)으로 규정하고 이를 원시정관에 기재하도록 하고[16] 있으며 또한 설립경과중(設立經過中)에 엄격한 조사를 할 수 있게 하여 발기인의 간책(奸策)을 방지하고 있다(상 299조 · 300조 · 310조 · 313조 · 314조 1항).

그리고 주식회사설립 시 현물을 출자할 수 있는 사람은 발기인에 한정되어 있어 모집설립시 발기인이 아닌 주식인수인은 현물출자를 할 수 없었으나 1995년 상법개정에서는 이 규정을 삭제하였다. 그러므로 발기인뿐만이 아니라 모집설립의 주식인수인도 현물출자가 가능하게 되었다. 현물출자의 이행은 납입기일(納入期日)에 그 재산의 전부를 인도하고 등기, 등록 기타 권리의 설정 또는 이전을 요할 경우에는 이에 관한 서류를 완비하여 교부하면 된다(상 294조). 회사 명의로 등기, 등록하는 것은 회사성립 후에 하는 것을 인정하고 있다. 현물출자의 이행지체 또는 하자담보 등에 관하여 상법은 특별한 실권절차의 방법을 인정하지 않으므로(상 307조 1항) 민법상 채무불이행의 일반원칙에 의하여 강제집행을 하거나 출자자에게 손해배상을 청구할 수밖에 없다고 풀이된다.

### (3) 재산인수(財産引受) : 회사의 성립 후에 양수할 것을 특약한 재산의 종류, 수량, 그 가격과 양수인의 성명

발기인이 설립 중에 회사를 위하여 회사성립을 조건으로 주주 또는 제삼자(第三者)로부터 금전(金錢)이외에 일정한 재산을 매수(買收)하기로 약정(約定)하는 계약(契約)을 재산인

---

16) 大判 1967. 6. 13. 67 다 302 ;
화물자동차를 현물출자하였다고 하더라도, 이에 관하여 정관에 기재하지 아니하면 현물출자라 볼 수 없다.

수라고 한다. 재산인수의 목적물은 현물출자와 마찬가지로 동산, 부동산, 채권, 유가증권(有價證券), 특허권(特許權), 광업권(鑛業權), 상호권, 상표권, 지적재산권, 컴퓨터소프트웨어, 영업상의 비밀, 재산적 가치가 있는 사업관계, 영업의 전부 또는 일부 등 무엇이든지 상관없다.

원칙적으로 발기인은 회사설립자체를 위한 행위와 설립에 필요한 행위만을 할 수 있는 것이지만 회사성립 후의 회사활동의 원활을 위하여 그 준비행위로서 자산인수를 인정한다. 그러나 현물출자가 아니면서 현물출자와 동일한 결과를 가지게 될 매수약정계약은 상법의 현물출자에 관한 규정을 벗어나려는 방법으로 악용될 우려가 있으므로 이것을 정관에 기재하게 하고 현물출자와 같이 변태설립사항이라 하여 감독을 받게 하고 있다.[17]

### ⑷ 설립비용(設立費用)과 보수(報酬) : 회사가 부담할 설립비용과 발기인이 받을 보수액

설립비용은 발기인이 회사설립을 수행하기 위하여 필요한 모든 비용으로써 정관작성의 비용, 정관인증의 비용, 주식청약서 작성비용, 주주모집의 광고비용, 설립사무소의 임차료, 통신비, 감정료, 보관비용, 인건비 등에 한하므로 발기인이 할 수 없는 대지의 매입, 공장건설과 같이 개업을 준비하기 위한 비용과 법정되어 있어 정관에 기재하지 않아도 당연히 회사의 부담이 되는 등록세 등은 이에 포함되지 않는다.

정관에 설립비용이 기재되지 않는 경우나 정관에 규정한 한도액(限度額)을 초과하는 부분, 그리고 법원 또는 창립총회에서 승인을 받지 못하여 감액된 부분은 발기인 스스로 부담하여야 한다. 발기인은 사무관리(事務管理) 및 부당이득(不當利得)을 이유로 회사에 대하여 그 초과액을 청구할 수 없고, 회사 성립후 정관변경(定款變更)으로도 이것을 회사의 부

---

17) 大判 1994. 5. 13. 94 다 323 ;
상법 제290조 제3호 소정의 '회사성립후(會社成立後)에 양수(讓受)할 것을 약정(約定)'한다 함은 회사의 변태설립(變態設立)의 일종인 재산인수로서 발기인이 설립될 회사를 위하여 회사의 성립을 조건으로 다른 발기인이나 주식인수인(株式引受人) 또는 제3자로부터 일정한 재산을 매매의 형식으로 양수할 것을 약정하는 계약을 의미하므로, 당사자 사이에 회사를 설립하기로 합의하면서 그 일방은 일정한 재산을 현물(現物)로 출자하고, 타방은 현금을 출자하되, 현물출자에 따른 번잡함을 피하기 위하여 회사의 성립 후 회사와 현물출자자 사이의 매매계약(賣買契約)에 의한 방법에 의하여 위 현물출자를 완성하기로 약정하고 그 후 회사설립을 위한 소정의 절차를 거쳐 위 약정에 따른 현물출자가 이루어진 것이라면, 위 현물출자를 위한 약정은 그대로 위 법조가 규정하는 재산인수에 해당한다고 할 것이어서 정관(定款)에 기재되지 아니하는 한 무효(無效)이다.

담으로 할 수 없다.

또 발기인이 받을 보수는 발기인이 설립중의 회사의 기관으로서 설립사무에 종사한 노력에 대한 보수로서 대개 일반적 급여이다. 그러므로 상법은 과다한 보수의 책정을 막기 위하여 정관에 기재하도록 하고, 법원 및 창립총회의 심사를 받게 한다. 또 이러한 사항이 부당할 때에는 그 변경을 할 수 있는 것이다(상 300조 · 314조).

변태설립사항 이외의 상대적 기재사항으로는 수종의 주식발행, 무기명주권의 발행, 전환주식의 발행, 주주총회에 의한 대표이사의 선임 등이 있다.

### 3. 임의적(任意的) 기재사항

회사가 완전한 활동을 하기 위하여 절대적 기재사항과 상대적 기재사항 외에 많은 상세한 준칙을 요한다. 그러므로 법의 강행규정 또는 공서양속, 주식회사의 본질에 위반하지 않는 한 어떤 사항이라도 정관에 기재할 수 있다. 예컨대 ① 주식의 명의개서절차(名義改書節次), 재교부(再交付)의 절차 및 그 수수료, ② 정기총회 소집의 시기, ③ 주주총회의 의장, ④ 이사와 감사의 인원수, ⑤ 이익처분(利益處分)의 방법, ⑥ 보궐임원(補闕任員)의 임기, ⑦ 의결권의 대리행사, ⑧ 이사 중에서 대표이사, 전문이사, 상무이사를 선임하는 방법과 그 권한, ⑨ 사업년도 등 많은 사항을 정하고 있다. 이러한 사항은 기재가 위법(違法)이라도 그 사항만 무효로 되고 정관 자체의 효력에는 아무런 영향이 없다. 정관의 서식례를 들면 다음과 같다.[18]

18) 延(新商), 158～162면. 이하 書式例는 이 著書를 參考 한 것임.

〈서식례1〉 주식회사의 정관(일반적인 예)

## ○○ 주식회사 정관

### 제1장 총 칙

제 1 조 (상호) 본 회사는 ○○주식회사라 칭한다.

제 2 조 (목적) 본 회사는 다음의 사업을 경영함을 목적으로 한다.

1. ○○제조 및 판매업
1. 주류의 제조 및 판매업
1. 주류 원료용 주정의 제조 및 판매업
1. 위 각호에 부대하는 일체의 사업

제 3 조 (본점과 지점) 본 회사의 본점을 ○○시내에 두고 필요에 따라서 주주총회의 결의로서 각지에 지점을 설치할 수 있다.

제 4 조 (공고방법) 본 회사의 공고는 ○○시내에서 발행하는 일간 '○○신문'에 게재한다.

제 5 조 (존립기간) 본 회사의 존립기간은 설립등기일부터 만○개년으로 한다. 단 주주총회의 결의에 의하여 이 기간을 신축할 수 있다.

### 제2장 주식과 주권

제 6 조 (회사가 발행할 주식의 총수) 본 회사가 발행할 주식의 총수는 ○○주로 한다.

제 7 조 (1주의 금액) 본 회사가 발행하는 주식 1주의 금액은 금○○원으로 한다.

제 8 조 (회사설립시에 발행하는 주식의 총수) 본 회사가 설립시에 발행하는 주식의 총수는 ○○주로 한다.

제 9 조 (주권) 본 회사의 주식은 전부 기명식으로 하고 주권은 1주권 10주권 100주권의 3종으로 한다.

제10조 (주권명의 개서) 주식의 양도로 인하여 명의개서를 청구할 때에는 본 회사 소정의 청구서에 주권을 첨부하여 제출하여야 한다. 상속, 유증, 기타 계약 이외의 사유로 인하여 명의개서를 청구할 때에는 본 회사 소정의 청구서에 주권 및 취득의 원인을 증명할 서류를 첨부하여 제출하여야 한다. 주식을 질권의 목적으로 하여 질권에 관한 등록 및 그 말소를 청구할 때에는 본 회사 소정의 청구서에 주권을 첨부하여 제출하여야 한다.

제11조 (주권의 발행) 주권의 오손, 훼손 또는 분합으로 인하여 신주권의 교부를 청구할 때에는 본 회사 소정의 청구서에 주권을 첨부하여 제출하여야 한다.

### 제4장 이사와 감사

제20조 (이사와 감사의 원수) 본 회사에 이사 3명 이상, 감사 1명 이상을 둔다.

제21조 (선임) 이사와 감사는 주주총회에서 선임한다.

제22조 (업무집행이사) 본 회사의 이사회 결의로 이사 중에서 이사장 ○명, 부이사장 ○명, 전무이사 ○명, 상무이사 약간 명을 선임한다. 부이사장은 이사장을, 전무이사는 부이사장을 보좌하고 각자 부담된 업무를 집행한다.

제23조 (대표이사) 이사장(또는 이사회장)은 본 회사를 대표하고(또는 이사회장, 이사장은 본 회사를 각자 대표하고) 일체의 업무를 통할한다. 이사장(또는 이사회장) 유고시는 위조에서 규정한 보좌순위로 직무를 대행한다.

제24조 (임기) 이사의 임기는 2년, 감사의 임기는 3년으로 한다. 단 임기가 재임 중 최종의 결산기에 관한 정기 주주총회 전에 만료할 때에는 그 총회의 종결에 이르기까지 그 임기를 연장할 수 있다.

제25조 (보선) 이사 또는 감사에 결원이 생길 경우에는 임시 주주총회를 소집하여 보결선거를 행한다. 법정원수에 결하지 아니하고 또는 업무집행상 지장이 없을 때는 보결선거를 보류 또는 다음 주주총회까지 연장할 수 있다. 보결 또는 증원에 의하여 선임된 이사와 감사의 임기는 재임중의 임기와 동일한 것으로 한다.

제26조 (보수) 이사와 감사의 보수 및 퇴직한 임원의 퇴직위로금은 주주총회에서 이를 정한다.

## 제5장 이사회

제27조 (이사회) 본 회사의 이사회는 정기 이사회와 임기 이사회로 한다. 정기 이사회는 매월 제1월요일(또는 ○일) ○○시에 임시 이사회는 필요한 때에 수시로 소집한다.

제28조 (이사회는 소집권자와 의장) 이사회는 이사장(또는 이사회장)이 소집하고 의장이 된다. 이사장(또는 이사회장)이 유고시는 제16조에 규정된 순위로 대행한다.

제29조 (소집통지) 이사회를 소집함에는 회일을 정하고 2, 3일 전에 회의의 목적사항을 기재한 서면을 각 이사에게 통지를 발송하여야 한다. 단, 이사 전원의 동의가 있는 때에는 전항의 절차 없이 언제든지 회의할 수 있다.

제30조 (결의방법) 이사회의 결의는 이사전원의 과반수로서 한다. 가부동수(可否同數)인 경우에는 의장이 결정한다.

제31조 (고문) 본 회사에 이사회 결의로 고문 약간 명을 둘 수 있다.

## 제6장 계 산

제32조 (영업연도) 본 회사의 사업년도는 매 ○○년 ○월 ○일부터 ○○년 ○월 ○일 말일까지로 하여 연도 말에 결산한다.

제33조 (계산서류의 승인) 대표이사(또는 공동대표이사)는 매 결산시 제 계정을 결산한 후 재산목록, 대차대조표, 손익계산서, 영업보고서, 준비금 및 이익금 등에 관한 의안을 작성하여 정기 주주총회의 회일로부터 2주일 전에 감사에게 제출하고 감사의 보고서와 함께 정기 주주총회에 제출하여 그 승인을 받아야 한다.

제34조 (손익의 계산과 처분) 본 회사의 손익계산은 매 결산기에 당기에 총익금을 총손금과 대조하여 차액을 당기 이익금 또는 손실금으로 하고 다음 표준에 의하여 이를 처분한다. 단, 주주총회의 결의에 의하여 법정준비금 이외에는 변경 기타의 처분을 할 수 있다.

| | |
|---|---|
| 1. 이익준비금 | 이익금의 20분의 1이하 |
| 1. 자본준비금 | 약간 |
| 1. 별도적립금 | 〃 |
| 1. 납세적립금 | 〃 |
| 1. 임원상여금 | 〃 |
| 1. 임원과 직원퇴직위로기금 | 〃 |
| 1. 주주배당금 | 〃 |
| 1. 후기이월금 | 〃 |

제35조 (배당금 지급) 주주배당금은 매 결산기 말일 현재의 주주명부에 기재한 주주 또는 등록질권자에게 이를 지급한다. 전항의 배당금은 지급 개시일로부터 3년 이내에 지급의 청구가 없을 때에는 그 배당금은 청구권을 포기한 것으로 간주하여 이를 본 회사의 소득으로 한다.

**제7장 부 칙**

제36조 (준용규정) 본 정관에 규정되지 않은 사항은 상법 기타 법령에 의한다.

제37조 (발기인의 성명과 주소) 본 회사 설립 발기인의 주소, 성명은 본 정관 말미 기재와 같다.

위 ○○주식회사를 설립하기 위하여 본 정관을 작성하고 발기인 전원이 다음에 기명날인 또는 서명한다.

서기 ○○년 ○월 ○일

발기인 ○ ○ ○ 인
주민등록번호
서울특별시 ○○구 ○○동 ○○번지
발기인 ○ ○ ○ 인
주민등록번호
서울특별시 ○○구 ○○동 ○○번지
발기인 ○ ○ ○ 인
주민등록번호
서울특별시 ○○구 ○○동 ○○번지

## 4. 정관(定款)의 인증(認證)

정관이 작성되면 발기인 전원이 기명날인 또는 서명하고 정관의 내용을 확정시켜, 후일의 분쟁이나 부정을 방지하기 위해 공증인의 공증을 얻어야 한다. 그러나 자본금 10억 미만인 주식회사를 발기설립함에 있어서는 각 발기인이 정관에 기명날인 또는 서명함으로서 효력이 생긴다. 다만, 설립과정에서의 공증의무만 폐지되었으므로 설립 후 등기에 필요한 각종 의사록은 공증받아야 한다.

(1) 발기인이 작성한 정관은 회사의 본점소재지를 관할하는 지방검찰청 소속의 공증인(공증인 62조)의 인증을 받음으로써 정관의 효력이 생긴다(상 292조).

(2) 정관의 인증을 받고자 할 때에는 정관 3통을 제출하면 1통은 공증인이 보존(공증인 3조 3항)하고, 그 중 2통 교부받아 1통은 회사의 원시정관으로서 보존하고 1통은 등기신청서에 첨부한다.

(3) 정관의 인증은 발기인은 전원이 공증인사무소에 출석하여 공증인 면전에서 인증을 받는 것이 원칙이나(공증인 63조 2항) 대리인으로 하여금 인증을 받을 수도 있다(공증인 31조).

① 발기인 1본인이 출석하여 인증을 받을 경우

a. 공증인이 발기인의 성명을 알고 있다면 다음의 절차를 취하지 아니하여도 인증을 받을 수 있다(공증인 27조 1호).

b. 공증인이 발기인의 성명을 모르거나 또는 이와 면식이 없을 때에는 법령에 의하여 관공서가 작성한 인감증명서(印鑑證明書)를 제출하게 하거나,

c. 그러하지 아니하면 공증인이 성명을 알고 면식도 있는 증인 2인으로 하여금 그 발기인의 상위 없음을 증명하게 하거나,

d. 기타 이에 준할 확실한 방법에 의하여 상위 없음을 증명시키게 되어 있다.

e. 그러나 본인이 출석하면 'd'에 의하여 본인의 주민등록증 사본을 첨부시키고 있다. 이 제도는 공증인(公證人)이 발기인 본인을 확인코자 하는 방법이므로 주민등록증 대조로 인감증명서 첨부의 번잡을 피하고자 하는 방법인 것이다.

② 대리인으로 하여금 인증을 받을 경우

대리인이 인증을 받을 때는 대리권을 입증할 증서(공증인 31조)와 발기인의 인감증명서를 첨부한다.

(4) 정관에는 수입인지를 첨부하고 발기인 중 1인만 계인하여도 가하다(인지세 1조 24호).

(5) 정관에는 발기인 전원이 기명날인 또는 서명하고 정관의 매장마다 각각 간인하여야 한다.

## 04 주식발행(株式發行)사항의 결정

주식회사 설립시에 발행하는 "주식의 총수와 1주의 금액"은 반드시 정관에 의하여 정하여지지만(상 289조 1항 4 · 5호), 그 외의 "주식의 종류와 그 수(數), 액면가액 이상의 주식"을 발행하는 때에는 그 수와 금액, 무액면 주식을 발행하는 경우에는 주식의 발행가액과 주식의 발행가액 중 자본금으로 계상하는 금액에 관하여는 정관에 별도로 정한바가 없으면 발기인 전원(全員)의 동의로써 정한다(상 291조).[19] 주식발행사항의 결정이 적법하게 되지 아니한 때에는 설립무효의 원인이 되는데, 발기인 전원의 동의 방식에는 어떠한 방법에 의하든 상관없으며, 그 시기는 정관작성 후 발기인에 의한 주식인수(株式引受) 전(前)이어야 한다. 만일 주주모집 직전에 전원의 동의를 얻지 못하면 그 결정은 위법이지만, 그 후라도 동의가 있으면 설립하자(設立瑕疵)가 보완(補完)된다.

주식발행사항이 결정된 때에는 설립등기 시에 이를 증명하는 서면을 설립등기신청서에 첨부하여야 한다.

## 05 발기설립(發起設立)

정관의 인증(認證)을 끝낸 후에 설립등기(設立登記) 전까지 설립행위에 대한 발기설립과 모집설립이 약간 다르다.

발기설립은 발기시에 발행하는 주식의 전부를 발기인만이 인수하나, 모집설립은 발기인이 일부만 인수하고 잔여분은 일반인으로부터 주식인수의 청약을 통하여 인수한다.

19) 회사는 정관으로 정한 경우에는 주식 전부를 무액면 주식으로 발행할 수 있다. 다만, 무액면 주식을 발행하는 경우에는 액면주식을 발행할 수 없다.

〈표 3-1〉 발기설립과 모집설립의 비교

| | 주식인수 | 납입금 취급자 및 그 장소 | 주식청약서 | 창립총회 | 공 증 |
|---|---|---|---|---|---|
| 발기설립<br>(단순 또는<br>동시설립) | 발기인이 전부를<br>인수한다. | 특정할 필요가 없다. | 작성할<br>필요가<br>없다. | 필요없다. | 필요하다. |
| 모집설립<br>(점차설립) | 발기인이 주식총수를<br>인수하지 않고<br>일부를 인수한다. | 은행 또는 신탁회사의<br>본·지점을 지정한다. | 작성할<br>필요가<br>있다. | 개최하여<br>야 한다. | 필요하지<br>아니하다. |

발기설립은 정관을 작성하고 공증인의 인증을 마친 후 설립등기 전 까지는 다음의 절차를 밟아야 한다.

① 발기인의 주식 총수의 인수
② 출자이행
③ 이사 및 감사의 선임
④ 설립경과의 조사

## 1. 주식총수(株式總數)의 인수(引受)

발기설립에 있어서는 설립시에 발행하는 주식의 전부[20]를 발기인만이 인수한다. 인수시기는 정관작성과 동시에 또는 그 전후라도 무방하다고 본다. 각 발기인은 반드시 서면에 의하여 인수하여야 하나(상 293조), 그 서면의 방식에는 제한이 없다. 그러나 정관에 그 인수주식 수를 표시한 경우에는 별도로 인수증을 필요로 하지 않는다.

## 2. 출자(出資)의 이행(履行)

발기인이 설립시에 발행하는 주식 총수를 인수한 때에는(상 293조·249조) 지체없이 각 주식에 대하여 그 인수가액(引受價額)의 전액을 납입하여야 한다(상 295조 1항 1문). 여기에 '인수가액'이라 하였음은 경우에 따라 발행가액(發行價額)과 상이할 수도 있으므로 인수가

20) 우리나라 상법이 수권자본제(授權資本制)를 채택하고 있음으로, 회사의 설립시 발행하는 주식의 총수는 그 발행예정주식 총수의 4분의 1 이상이어야 한다(상 289조 1항 3호·5항 2호).

액이라고 한 것이다. 어음 · 수표의 경우에는 지급(支給)이 있는 때에 납입된 것으로 본다. 이 경우에 발기인은 납입을 맡을 은행 기타 금융기관과 납입장소를 지정하여야 한다(상 295조 1항 2문).

현물출자의 목적인 재산, 즉 토지, 건물, 선박 등에 관한 등기, 특허권 등에 관한 등록 기타 권리의 설정 또는 이전을 요하는 경우에는 이에 관한 서류를 완비하여 교부하여야 한다(상 295조 2항).

| | |
|---|---|
| 현물(재산) 가치평가의뢰 | 현물을 출자하는 발기인은 공인된 감정인(감정평가기관)에게 평가를 의뢰 |
| ↓ 현물의 평가액 결정 및 통보 | 공인된 감정평가기관 또는 기술평가기관에서 현물출자의 대상물을 평가하여 그 가액을 신청인에게 통보 |
| ↓ 정관에 기재(발기인조합) | 현물출자를 하는 자의 성명과 그 목적인 재산의 종류 · 수량 · 가격과 이에 대하여 부여할 주식의 종류와 수를 기재 |
| ↓ 현물출자 이행 | 현물출자를 하는 발기인은 납일기일에 지체없이 출자의 목적인 재산을 인도하고 등기, 등록 기타 권리의 설정 또는 이전을 요할 경우에는 이에 관한 서류를 완비하여 교부 |
| ↓ 이사 · 감사선임 | 현물출자의 이행(주금납입 포함)이 완료되면 발기인은 지체없이 의결권의 과반수로 이사와 감사를 선임 |
| ↓ 검사인 선임신청 | 이사는 취임 후 관할소재지의 지방법원에 검사인의 선임을 청구하여야 함. 검사인의 선임신청은 이사 전원의 연서로서 하며 법무사에 의뢰하여 신청서를 작성 |
| ↓ 검사인 조사 | 검사인의 변태설립사항과 난입 및 현물출자의 이행사항에 대하여 조사를 실시하고 조사보고서 등본을 각 발기인에게 교부, 검사인의 조사보고 소요기간 : 통상 15일 이상 소요 |
| ↓ 검사인 조사보고 | 검사인의 조사보고서에서 사실과 상이한 사항이 있는 때에는 발기인은 이에 대한 설명서를 법원에 제출할 수 있음. |

**〈그림 3-2〉 현물출자 절차도**

## 3. 이사(理事) 및 감사(監事)의 선임(選任)

출자이행이 끝나면 발기인은 발기인총회를 열어 이사와 감사 등 임원을 선임하여야 하나 감사는 반드시 선임하지 아니하여도 되며, 이때 감사는 주주총회로 본다(상 368조 2항). 그 선임방법은 발기인의 1인 1의결권이 아닌 1주 1의결권의 원칙에 따른 과반수결의(過半數決議)로 한다(상 296조 2항). 이러한 선임을 위하여 사실상 발기인총회를 가져야 할 것인바, 이 경우 대리인을 출석시키는 것도 인정된다. 그 임기는 선임한 날로부터 기산하지 않고 회사가 성립한 날로부터 기산(起算)한다(상 383조 1항, 2항 · 409조). 선임된 이사는 정관에 달리정한 바가 없으면 이사회를 열어서 대표이사를 선임하여야 한다. 발기인은 의사록(議事錄)은 작성하여 의사(議事)의 경과(經過)와 그 결과를 기재하고 기명날인(記名捺印) 또는 서명(書名)을 하여야 한다.

## 4. 설립경과 조사

### (1) 이사 · 감사의 조사 · 보고

선임된 이사와 감사는 취임 후 지체 없이 회사의 설립에 관한 모든 사항이 법령 또는 정관의 규정에 위반되지 아니한가의 여부(與否)를 조사하여 발기인에게 보고하여야 한다(상 298조 1항). 그러나 이사와 감사 중 ① 발기인이었던 자 ② 현물 출자자 ③ 회사성립 후 양수할 재산의 계약당사자인 자는 회사의 설립경과의 조사 · 보고에 참여하지 못한다(상 298조 2항).

만약 이사와 감사 전원(全員)이 설립경과의 조사 · 보고에 참여하지 못하는 자(者)에 해당할 경우에는 이사는 공증인(公證人)으로 하여금 그 조사 · 보고를 하게 하여야 한다(상 298조 3항).

### (2) 변태설립(變態設立)사항의 조사

#### 1) 검사인의 선임과 조사 · 보고

정관으로 변태설립사항을 정한 때에는 이사는 그에 관한 조사를 위하여 검사인의 선임을 법원에 청구하여야 한다(상 298조 4항). 선임된 검사인은 변태설립사항과 현물출자의 이행을 조사하여 법원에 보고하고(상 299조 1항), 그 보고서를 작성한 후에는 지체 없이 그 등본을 각 발기인에게 교부하여야 한다(상 299조 2항). 이 보고서에 사실과 다른 사항이 있으면 발기인은 이에 대한 설명서를 법원에 제출할 수 있다(상 299조 3항).

### 2) 법원의 변경처분

법원은 검사인의 조사보고서와 발기인의 설명서를 조사하여 변태설립에 관한 사항이 부당하다고 인정한 때에는 이를 변경하여 각 발기인에게 통고할 수 있다(상 300조 1항). 법원의 변경처분에 발기인이 승복하면 정관을 변경하여 설립절차를 계속할 수 있으나, 이에 불복하는 발기인은 즉시 항고에 의하여 법원의 결정 자체를 다툴 수도 있고, 주식인수를 취소할 수도 있다. 여기서 주식인수를 취소하는 발기인이 있더라도 회사는 정관을 변경하여 설립절차를 속행할 수도 있다(상 300조 2항). 그러나 법원의 통고가 있은 후 2주간 내에 주식인수를 취소한 발기인이 없는 경우에는 정관은 통고에 따라 변경된 것으로 본다(상 300조 3항).

### 3) 공증인, 감정인의 조사 · 감정

정관으로 정한 변태설립사항 중, 발기인에 대한 특별이익, 보수 및 설립비용에 관한 것은 공증인의 조사 · 보고로서 법원의 검사인에 의한 조사 · 보고에 갈음할 수 있고, 현물출자 또는 재산인수계약에 관한 것은 공인된 감정인의 감정으로 대체할 수 있다(상 298조 4항 · 299조의 2).

## 06 모집설립(募集設立)

모집설립은 정관을 작성하고 공증인의 인증을 마친 후 설립등기 전 까지는 다음의 절차를 밟아야 한다.

① 주식의 인수
② 출자의 이행
③ 검사인에 의한 조사(변태설립사항을 정한 경우에 한함)
④ 창립총회의 소집(이사 · 검사의 선임, 설립경과의 조사)

## 1. 주식의 인수

### (1) 발기인의 주식인수

각 발기인은 설립시에 발행하는 주식 중 최저 1주 이상을 인수하여야 한다(상 293조 · 302조 2항 9호). 인수는 서면에 의하여야 한다.

### (2) 주주의 모집

설립시에 발행하는 주식 중 발기인이 인수하고 남은 부분의 주식에 대하여 발기인은 주주를 모집하여야 한다(상 301조). 주식의 모집은 공모이든 연고모집이든 그 모집의 규모와 방법에는 제한이 없다. 주식을 모집할 때 주식청약인(株式請約人)을 보호하기 위하여 주식청약서주의(株式請約書主義)[21]를 채택하고 있어 상법은 다음의 법정사항을 기재한 주식청약서에 의하여 주식인수의 청약을 하게하고 있다(상 302조).

① 정관의 인증년월일과 공증인의 성명
② 정관에 기재한 절대적 기재사항과 변태설립 사항
③ 회사의 존립기간 또는 해산사유를 정한 때에는 그 규정
④ 각 발기인이 인수한 주식의 종류와 수
⑤ 회사설립 시에 발행하는 주식에 관하여 다음의 사항은 정관으로 달리 정하지 아니하면 발기인 전원의 동의로 이를 정한다(상 291조).
  – 주식의 종류와 수
  – 액면주식의 경우에 액면 이상의 주식을 발행할 때에는 그 수와 금액
  – 무액면주식을 발행하는 경우에는 주식의 발행가액과 주식의 발행가액 중 자본금으로 계상하는 금액
⑥ 주식의 양도에 관하여 이사회의 승인을 얻도록 정한 때에는 그 규정
⑦ 주주에게 배당할 이익으로 주식을 소각할 것을 정한 때에는 그 규정
⑧ 일정한 시기까지 창립총회를 종결하지 아니한 때에는 주식의 인수를 취소할 수 있다는 뜻
⑨ 납입을 맡을 은행 기타 금융기관과 납입장소
⑩ 명의개서 대리인을 둔 때에는 그 성명 · 주소 및 영업소

21) 회사조직의 대강과 청약조건(請約條件) 등 중요사항을 기재한 증서(證書)의 작성 · 사용을 강제하는 주의.

위의 9개의 항목 외에도 주식청약증거금, 청약주식수의 단위, 청약기한, 창립사무소의 소재지 등을 주식청약서에 기재하는 것이 일반적으로 되어있다.

### ⑶ 주식인수의 청약(請約)

주식인수의 청약을 하고자 하는 자는 위의 주식청약서 2통에 인수할 주식의 종류와 수 및 주소를 기재하고 이에 기명날인 또는 서명하여야 한다(상 302조 1항). 1통은 회사가보관하고 나머지 1통은 설립등기에 첨부한다. 이때 주식의 수에 따라 일정한 증거금(證據金)을 납입시킬 수 있다. 그러나 상장법인 등 대기업이 신주를 공모 발행하는 경우에는 청약할 때에 발행가액전액을 납입시키고 있다.

주식인수의 법적성질에 관하여는 장래 성립할 회사에의 입사계약 또는 설립중의 회사의 입사계약이라고 본다. 따라서 주식인수는 주식회사법에 특이한 행위이므로 회사가 성립한 후에는 주식청구서의 요건의 결함으로 이유로 하여 그 인수의 무효를 주장할 수 없으며, 또 착오 · 사기 · 강박을 이유로 하여 그 인수의 취소할 수 없다. 주식인수인은 회사성립 전에는 인수의 무효를 주장하거나 인수를 취소할 수 있지만, 이 경우에도 일단 창립총회에 출석하여 그 권리를 행사한 경우에는 그 인수의 무효 또는 취소의 주장을 할 수 없게 된다. 왜냐하면 주식인수의 청약은 자본단체를 설립함에 있어 다수인이 관계되는 행위이므로 집단적처리를 요하게 되어 단체법적 원리가 지배하기 때문이다.

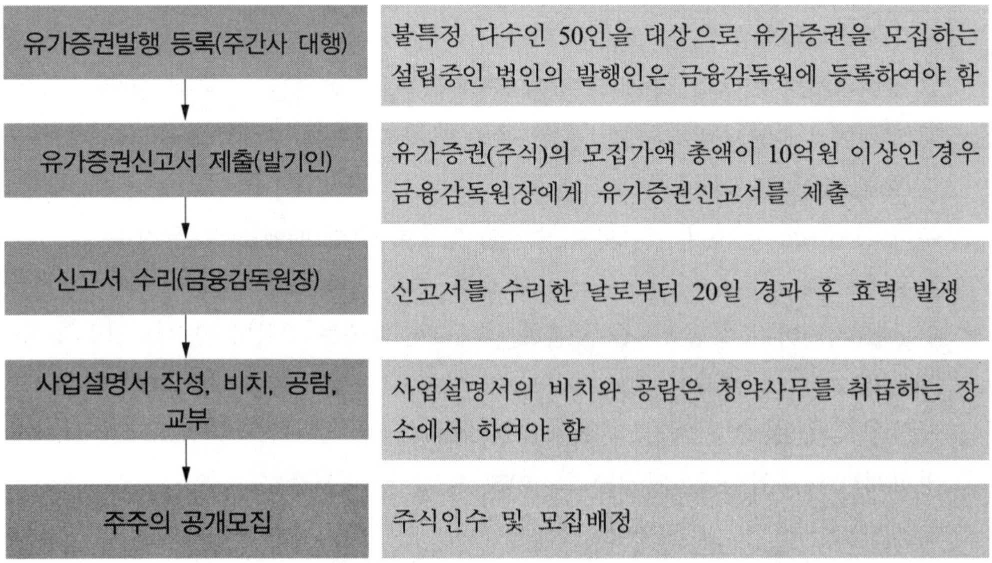


〈그림 3-3〉 유가증권 모집의 등록 및 신고절차도

### ⑷ 주식의 배정

발기인은 주식의 청약에 대하여 모집주식총수의 범위 내에서 자유로운 배정을 할 수 있다. 이러한 배정을 받은 주식청약인은 주식인수인이 된다. 각 주식인수인은 그 배정한 주식의 수에 따라서 인수가액을 납입할 의무를 지게 되며(상 303조), 청약시에 징수한 청약증거금을 납입기일에 납입금에 대치 충당한다. 주식인수인은 회사성립 후 주주가 되어 창립총회에서 결의권을 행사한다.

## 2. 출자의 이행

설립시에 발행하는 주식의 총수의 인수가 끝나면 발기인은 지체없이 주식인수인에 대하여 인수가액 전액을 납입시켜야 한다(상 305조 1항). 금전출자인 경우에는 주식청약서에 기재된 납입장소(은행 기타 금융기관)에 납입하여야 한다(상 305조 2항). 따라서 직접 발기인에게 납입하여도 효력이 생기지 않는다. 또한 납입을 맡을 은행 기타 금융기관과 납입장소를 변경하는 경우나(상 306조) 납입 후는 물론 납입 이전에 주식청약서에 기재된 기관과 장소를 변경하는 경우에도 법원의 허가가 있는 경우에 한하여 변경할 수 있다. 그러나 납입장소의 변경이라 하더라도 동일한 은행의 갑 지점을 을 지점으로 하거나 갑 지점 외에 을 지점을 추가하는 데는 법원의 허가를 받지 않아도 된다.

그리고 납입금을 보관한 은행 기타의 금융기관은 발기인 또는 이사의 청구가 있는 때에는, 그 보관금액에 관하여 증명서를 교부할 의무가 있으며 그 증명한 보관금에 대하여는 납입의 부실 또는 금액의 반환에 관한 제한이 있음을 이유로 하여 회사에 대항할 수 없다(상 318조). 예컨대, 발기인이 납입취급은행과 공모하여 그 은행으로부터 금전을 차입하여 납입금에 충당하고 회사설립 후에는 차입금을 변제하지 않고는 납입금을 인출하지 않겠다는 것을 그 은행과 약정하는 경우, 회사의 성립 후 발기인이 그 차입금을 변제하지 않고서 납입금을 인출하려 하더라도 은행으로서는 그에 대항할 수 없다는 것이다. 이것은 가장납입(假裝納入)[22]에 의한 회사설립을 방지하기 위하여 인정한 특별한 법정책임으로서 납입금의 소재를 분명하게 하고, 납입에 따른 부정행위를 방지하여 자본금을 충실하게 하기 위한 것이다.[23] 그러나 이와 같은 행위가 처음부터 계획된 것이 아니라면 반드시 납입

22) 가장납입이란 현실적으로는 주금의 납입이 없고, 다만 서류상으로만 납입이 된 것처럼 되어 있는 것을 말한다. 이에 관계한 자는 5년 이하의 징역 또는 벌금형에 처한다.

23) 崔(會), 160면.

을 무효라고 하여야 할 것인가에 대해서는 의문의 여지를 두고 있으며, 대법원에서도 유효하다고 판시를 하고 있다.[24)]

현물출자의 이행에 관하여는 발기설립의 경우에 준(準)한다(상 305조 3항 · 295조 2항).

주식인수인이 청구를 받고도 납입을 하지 않았을 경우 발기인은 기일을 정하여 기일 2주간 안에 납입을 하지 않으면 그 권리를 잃는다는 뜻을 당해 주식인수인에게 통지하여야 한다(상 307조 1항). 발기인이 위의 통지를 하여도 주식인수인이 납입의 이행을 하지 않는 때에는 주주가 되는 권리를 상실한다. 이 경우 발기인은 그 주식(실권주)에 대하여 다시 주주를 모집할 수 있으며(상 307조 2항), 실권한 주식인수에 대하여는 손해배상 청구를 할 수 있다(상 307조 3항). 현물출자에 대하여는 이와 같은 실권절차를 취할 수 없다. 따라서 강제집행의 방법에 의할 수밖에 없다. 만약에 여의치 못하면 정관을 변경하여 설립절차를 계속할 수밖에 없으며 그러지 아니하면 회사가 성립하지 못하는 결과가 된다.[25)]

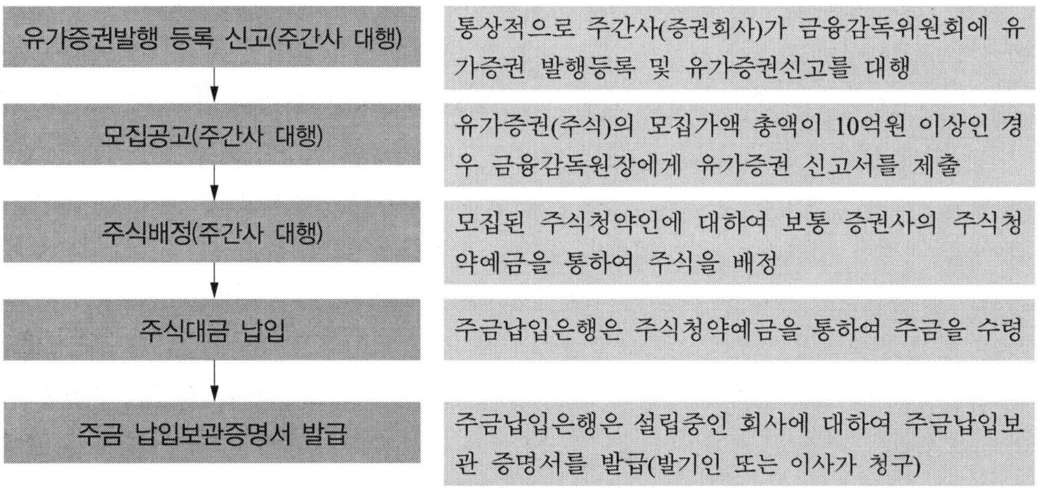


**〈그림 3-4〉 공개모집 설립의 주금납입절차**

---

24) 朴(新會), 217면.
大判 1983. 5. 24. 82 누 522, 大判 1985. 1. 29. 84 다카 1823, 1824 ;
일시적 차입금으로 주금을 납입하여 단지 주금납입의 외형을 갖추고 회사설립 또는 증자 후 곧바로 그 납입금을 인출하여 차입금을 변제하는 주금의 가장 납입을 한 경우에도 주금납입의 효력을 부인할 수 없으며, 주주의 납입금을 회사가 체당한 것으로 보고 회사가 주주에 대하여 납입금의 상환을 청구할 수 있다.

25) 鄭(會), 128면.

## 3. 검사인에 의한 조사

정관에 변태설립사항이 기재된 때에는 발기인은 이에 관한 조사를 하게 하기 위하여 검사인의 선임을 법원에 청구하여야 하며, 검사인은 조사보고서를 창립총회에 제출하여야 한다(상 310조 2항). 이 경우에도 공증인(公證人) 및 감정인(鑑定人)의 조사(調査)·보고(報告)를 검사인의 조사·보고로 대체할 수 있다(상 310조 3항).

## 4. 창립총회(創立總會)의 소집

설립시 사용하는 주식총수의 납입 및 현물출자의 이행이 완료한 때에는 발기인은 지체없이 창립총회를 소집하여야 한다(상 308조 1항). 총회를 소집하려면 총회 일로부터 2주전에 각 주주에게 통지를 하여야 한다. 그러나 주식인수인(株式引受人) 전원의 동의만 있으면 그 기간을 단축할 수가 있다. 그 통지에는 회의의 목적을 기재하지 않으면 안 된다.

이 창립총회의 결의는 출석한 주식인수인의 의결권의 3분의 2 이상이어야 하며, 동시에 인수한 주식의 총수의 과반수에 해당한 다수로써 하여야 한다(상 309조·434조). 소위 변태설립사항(발기인이 받을 수 있는 특별이익, 현물출자, 회사성립 후 재산양수(財産讓受)의 약속, 회사가 부담하는 설립비용과 발기인보수의 정함이 있는 경우)이 있는 경우에는 미리 검사인의 선임을 법원에 청구하여 그 검사인의 보고서를 총회에 제출하여야 한다.

창립총회는 최고의 의사결정기관으로, 총회에서는 창립에 관한 발기인의 서면보고를 받고(상 311조 2항) 다음에 이사·감사를 정관에 의하여 선출한다(상 312조). 선임된 이사 및 감사는 ① 회사설립시에 발행한 주식총수의 인수의 유무와 ② 발행가액 전액의 납입이 있었던가 없었던가를 조사하여 보고한다(상 313조 1항). 또한 앞에서 말한 검사인의 조사가 필요한 경우에는 그 보고서를 조사하여 의견을 보고한다.

또한 창립총회에서는 변태설립사항 중 부당하다고 인정되는 사항이 있을 때 이를 변경할 수도 있다. 이 변경에 불복하는 발기인은 그 주식의 인수를 취소할 수 있다(상 314조 2항·300조). 총회의 의사에 대하여 의사록을 작성하여 의장 및 출석이사의 기명날인 또는 서명하여야 한다(상 373조 1항·2항). 총회의 소집지(召集地)는 정관에 별도의 규정이 있는 경우를 제외하고는 본점 소재지 또는 그 인접한 지역에서 소집하여야 한다(상 364조).

## 07 설립등기(設立登記)

이상 회사의 실체형성절차가 끝나면, 이사는 발기설립의 경우에는 설립경과조사종료일, 모집설립의 경우에는 창립총회종결일 또는 변태설립사항의 변경이 종료된 날로부터 2주간 내에 본점 소재지에서 설립등기를 공동으로 신청하여야 한다(상 317조 1항). 만약 설립에 대하여 관청의 허가나 인가가 필요할 때에는 그 인가서(認可書)가 도달한 날로부터 2주 내에 등기하면 된다. 설립과 동시에 지점을 설치한 경우도 그 등기를 한 후 2주 이내에 지점의 소재지에서 동일 사항의 등기를 하여야 하며, 설립 후에 지점을 설치하는 경우에는 본점 소재지에서는 2주간 내에 그 지점 소재지와 설치 년·월·일을 등기하고, 그 지점 소재지에서는 3주간 내에 등기하여야 한다. 다만, 두 경우 모두 회사를 대표할 사원을 정한 경우에는 그 밖의 사원은 등기하지 아니한다(상 317조 3항·181조 2항).

설립등기 시 주식총수의 인수나 납입 또는 현물출자의 이행 등에 관하여 법원을 기만한 때에는 형벌의 제재를 받으며(상 625조 1호), 설립등기기간을 게을리한 때에는 이사는 과태료의 제재를 받는다(상 635조 1항 1호). 설립등기를 함으로서 설립중의 회사는 법인격이 부여되어 완전한 회사가 성립된다. 기간이 지체된 등기라 하더라도 효력에는 변함이 없다.

① **등기할 사항**(상 317조 2항)

a. 회사의 목적
b. 상호
c. 회사가 발행할 주식의 총수(발행예정주식총수)
d. 1주의 금액
e. 본점과 지점의 소재지
f. 회사의 공고방법
g. 발기인의 성명, 주민등록번호 및 주소
h. 자본금의 액
i. 발행주식의 총수, 그 종류와 각종주식의 내용과 수
- 주식의 양도에 관하여 이사회의 승인을 얻도록 정한 때에는 그 규정
- 주식매수선택권을 부여하도록 정한 때에는 그 규정

• 지점의 소재지

j. 회사의 존립기간 또는 해산사유를 정한 때에는 그 기간 또는 사유

k. 주주에게 배당할 이익으로 주식을 소각할 것을 정한 때에는 그 규정

l. 전환주식을 발행하는 경우에는 제347조에 게기한 사항

m. 사내이사, 사외이사, 그 밖에 상무에 종사하지 아니하는 이사, 감사 및 집행임원의 성명과 주민등록번호

n. 회사를 대표할 이사 또는 집행임원의 성명 · 주민등록번호 및 주소

o. 둘 이상의 대표이사 또는 대표집행임원이 공동으로 회사를 대표할 것을 정한 경우에는 그 규정

p. 명의개서대리인을 둔 때에는 그 상호 및 본점소재지

q. 감사위원회를 설치한 때에는 감사위원회 위원의 성명 및 주민등록번호

② **설립등기신청서의 첨부서류**

a. 정관

b. 주식의 청약 및 인수를 증명하는 서면

c. 주식청약서

d. 발기인이 회사설립당시 주식발행사항을 결정한 때에는 이를 증명하는 서면

e. 이사 및 감사 또는 검사인의 조사보고서 및 그 부속서류

f. 검사인의 보고에 관한 재판 등본

g. 발기인의 이사 · 감사를 선임한 때에는 이에 관한 서면

h. 창립총회 의사록

i. 이사 · 대표이사와 감사의 취임 승낙을 증명하는 서면

j. 명의개서대리인 또는 등록기관을 두는 때에는 그 계약을 증명하는 서면

k. 납입을 맡는 은행 또는 기타 금융기관의 납입금보관증명서, 자본금이 10억 미만인 회사는 발기인 명의로 개설된 금융기관의 잔고증명서

l. 공무소의 허가서 등.

〈서식례2〉 주식회사 설립등기 신청서(발기설립)

### 주식회사 설립등기 신청서

1. 상　　　호　○○주식회사
1. 본　　　점　○○시 ○○구 ○○동 ○○번지
1. 등기의 목적　주식회사 설립등기
1. 등기의 사유　정관을 작성하고 공증인의 인증을 받아 발기인이 회사설립시에 발생하는 주식의 총수를 인수받고 서기 ○○년 ○월 ○일 상법 제299조(또는 상법 제300조 제314조)의 절차가 종료하였으므로 다음 사항의 등기를 구함.

상　　　호　○○주식회사
본　　　점　○○시 ○○구 ○○동 ○○번지
지　　　점　○○시 ○○구 ○○동 ○○번지
목　　　적　○○

| | | |
|---|---|---|
| 회사가 발행할 주식의 총수 | ○○주 | |
| 1주의 금액 | 금○원정 | |
| 회사의 설립시에 발행하는<br>주식의 총수 | ○○주 | |
| 발행주식의 총수 그 종류와 | 보통주식 | ○○주 |
| 각종 주식의 내용과 수 | 우선주식 | ○○주 |
| 자본의 총액 | 금○○원정 | |
| 공고방법 | 서울특별시 내에서 발행하는 ○○신문에 게재한다. | |
| 회사의 존립시기 또는 해산사유 | | |

이사의 성명과 주소
○　○　○
○○시 ○○구 ○○동 ○○번지
회사를 대표할 이사의 성명
○　○　○
감사의 성명과 주소
○　○　○
○○시 ○○구 ○○동 ○○번지

1. 과세표준 금 ○○원
1. 등 록 세 금 ○○원
1. 첨부서류(비송절차법 249조)

| | |
|---|---|
| 정관 | 1통 |
| 주식인수증 | 1통 |
| 주식청약서 | 1통 |
| 주식납입금보관증명서 | 1통 |
| 검사인의 조사보고서등본 | 1통 |
| 동의서 | 1통 |
| 발기인총회의사록 | 1통 |
| 취임승낙서 | 1통 |
| 대표이사선임의사록 | 1통 |
| 위임장 | 1통 |

위와 같이 등기 신청함.

서기 ○○년 ○월 ○일

신청인 ○○주식회사
○○시 ○○구 ○○동 ○○번지
대표이사 ○ ○ ○
주민등록번호
○○시 ○○구 ○○동 ○○번지
이 사 ○ ○ ○
주민등록번호
○○시 ○○구 ○○동 ○○번지
이 사 ○ ○ ○
주민등록번호
○○시 ○○구 ○○동 ○○번호
위 대리인
법 무 사 ○ ○ ○
○○시 ○○구 ○○동 ○○번지

○○ 지방법원(○○등기소) 귀중

〈서식례3〉 주식회사 설립등기 신청서(모집설립)

## 주식회사 설립등기 신청서

1. 상　　　호　○○주식회사
1. 본　　　점　○○시 ○○구 ○○동 ○○번지
1. 등기의 목적　주식회사 설립등기
1. 등기의 사유　정관을 작성하고 공증인의 인증을 받아 발기인이 회사설립시에 발행하는 주식의 총수를 인수치 않고 주주를 모집하여 주금납입을 완료하고 서기 ○○년 ○월 ○일 창립총회를 종결(또는 상법 제299조의 절차를 종료)하였으므로 다음 사항의 등기를 구함.

허가서 도착년월일 서기 ○○년 ○월 ○일
상　　　호　○○주식회사
본　　　점　○○시 ○○구 ○○동 ○○번지
지　　　점　○○도 ○○군 ○○면 ○○리 ○○번지
목　　　적　○ ○
회사가 발행할 주식 총수　○주
1주의 금액　금○○원
회사의 설립시에 발행하는 주식총수　○주
발행주식의 그 종류와
각종 주식의 내용과 수 보통주식　○주
우선주식○주
자본의 총액　금○○원
공고방법　서울특별시 내에서 발행하는 ○○신문에 게재한다.
회사의 존립시기 또는 해산사유

이사의 성명과 주소
이　사　○　○　○
○○시 ○○구 ○○동 ○○번지
이　사　○　○　○
○○시 ○○구 ○○동 ○○번지
회사를 대표할 이사의 성명
○　○　○

(수인의 대표 이사가 공동으로 회사를 대표할 것을 정한 때에는 그 규정을 기재하여야 한다. 그 예는 다음과 같다)
회사를 대표할 공동대표 이사의 성명
공동대표 이사 ○　○　○
공동대표 이사 ○　○　○

감사의 성명과 주소

○ ○ ○

○○시 ○○구 ○○동 ○○번지

| | | |
|---|---|---|
| 1. 과세표준 | 금○○원 | |
| 1. 등 록 세 | 금○○원 | |
| 1. 첨부서류 | 정관 | 1통 |
| | 주식인수증 | 1통 |
| | 주식청약서 | 1통 |
| | 주금납입금보관증명서 | 1통 |
| | 동의서 | 1통 |
| | 창립사항보고서 | 1통 |
| | 창립총회기간단축동의서 | 1통 |
| | 창립총회의사록 | 1통 |
| | 취임승낙서 | 1통 |
| | 대표이사선임 이사회 의사록 | 1통 |
| | 이사감사의 조사보고서 | 1통 |
| | 위임장 | 1통 |

위와 같이 등기 신청함.

서기 ○○년 ○월 ○일

신청인 ○○주식회사
○○시 ○○구 ○○동 ○○번지
대표이사 ○ ○ ○
주민등록번호
○○시 ○○구 ○○동 ○○번지
이 사 ○ ○ ○
주민등록번호
○○시 ○○구 ○○동 ○○번지
이 사 ○ ○ ○
주민등록번호
○○시 ○○구 ○○동 ○○번지
위 대리인
법 무 사 ○ ○ ○ ㉿
○○시 ○○구 ○○동 ○○번지

○○지방법원(○○등기소) 귀중

## 08 설립에 관한 책임

주식회사는 준칙주의에 의하여 설립되고 설립절차가 복잡하여 그 설립절차에 부정이나 과오가 생기기 쉽고, 이해관계자들에게 손해를 끼칠 우려가 있으므로 상법은 회사설립(會社設立) 관여자(關與者)에게 엄격한 민・형사책임과 과태료의 제재(制裁)를 가하고 있다(상 622조・625조・628조・635조).

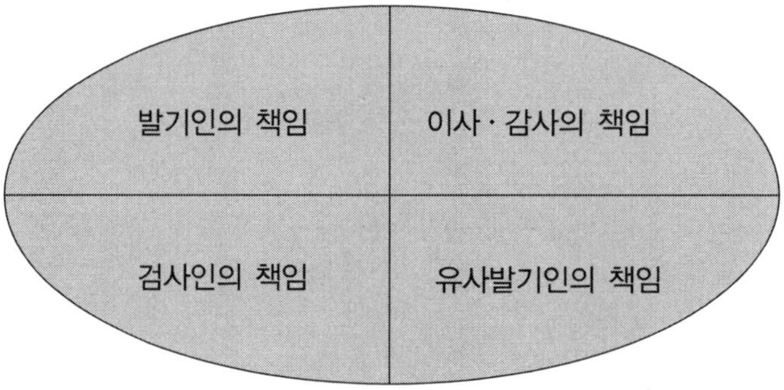


### 1. 발기인의 책임

#### (1) 회사가 성립한 경우

##### 1) 회사에 대한 책임

**(가) 자본금충실(資本金充實)의 책임**

회사설립시에 발행하는 주식 중에서 회사성립 후에 아직 인수하지 아니한 주식이 있거나, 주식인수의 청약이 취소된 때에는 발기인이 공동으로 인수한 것으로 본다(상 321조 1항)는 인수담보책임과 회사성립 후에 납입하지 아니한 주식이 있는 때에는 발기인이 연대하여 그 납입을 하여야 한다(321조 2항)는 납입담보책임을 규정한 것이다.

이러한 발기인의 책임은 주식회사의 자본금충실을 도모하고, 특히 인수나 납입이 되지 않은 주식의 수가 근소한 경우에도 회사설립의 무효가 되는 불합리한 결과를 제거하기 위하여 상법이 특별히 정한 「발기인 전원의 무과실연대책임」이다. 따라서 이 자본금충실 책임은 총주주의 동의로도 면제할 수 없다.

그러나 발기인의 자본금충실책임은 보충적이고 부수적인 것이다. 따라서 인수나 납입이 되지 않은 주식의 수가 발행주식수에 비하여 현저하게 커서 설립될 회사의 자본금충실이나 사업의 수행에 장애를 초래하는 경우에는 발기인의 담보책임을 가지고는 구제될 수 없다고 보아 회사설립의 무효의 원인이 된다.

그리고 발기인이 인수담보책임을 부담하는 경우에는 「**발기인이 이를 공동으로 인수한 것으로 본다**」고 규정하고 있으므로(상 321조 1항 후단), 발기인 전원을 공동인수인으로 의제하고 있다. 따라서 어떤 발기인이 인수담보책임을 지고 납입까지 이행하면 다른 발기인에게 각자의 부담부분에 따라서 구상권(求償權)을 행사할 수 있으며(민 425조 1항), 또 발기인이 납입담보책임을 부담하는 경우는 「**발기인은 연대하여 그 납입을 하여야 한다**」고 규정하고 있으므로(상 321조 2항 후단), 발기인에게 연대납입의무를 부여하고 있다. 이때에는 발기인이 주주가 되지는 않으나, 납입을 하지 않은 주주에 대하여 회사의 납입청구권을 대위할 수 있고(민 484조 1항) 유치권을 행사할 수 있다. 그리고 납입한 발기인은 다른 발기인에 대하여 구상권을 행사할 수 있다(민 425조 1항).

한편 현물출자의 불이행이 있는 경우에도 발기인의 자본금충실의 책임이 인정될 수 있는가에 대해, 현물출자는 개성이 강한 것으로 일반적으로 타인이 대체 이행하는 것이 곤란하고 또 상법은 금전출자의 납입과 현물출자의 이행을 달리 표현하고 있으므로(상 295조 · 305조 1항), 현물출자에는 발기인의 자본금충실의 책임을 부정하는 것이 타당하다고 보는 것이 통설이다.

#### ㈏ 손해배상책임(損害賠償責任)

발기인이 회사의 설립에 관하여 그 임무를 게을리한 때에는 그 발기인은 회사에 대하여 연대하여 손해배상책임을 진다(상 322조 1항). 여기서 발기인의 임무해태로 인한 손해배상 책임은 불법행위책임이 아닌 상법상이 인정하는 특수한 손해배상책임(법정책임)뿐만이 아니라 회사설립에 필요한 모든 행위를 포함한 과실책임까지를 말한다. 이 책임은 상기에서 언급한 자본금충실책임이 무과실책임으로서 발기인 전원이 연대하여 부담하는 책임과는 달리 과실 있는 발기인만이 연대하여 부담하는 책임이다(상 322조 1항). 또한 자본금충실책임은 총주주의 동의로도 면제할 수 없으나, 손해배상책임은 총주주의 동의로 면제할 수 있다(상 324조 · 406조).

손해배상책임은 자본금충실책임과 같이 이사에 의하여 추궁되거나 또는 소수 주주에 의한 대표소송에 의하여 추궁될 수 있다(상 324조 · 403조~406조).

### 2) 제3자에 대한 책임

발기인이 악의 또는 중대한 과실로 인하여 그 임무를 게을리한 때에는 그 발기인은 제3자에 대하여도 직접 연대하여 손해를 배상할 책임을 진다(상 322조 2항). 이 책임은 발기인에게 불법행위가 없음에도 불구하고 제3자를 보호하기 위하여 인정된 것이다. 그러나 발기인의 기관적 지위와 설립사무의 복잡성을 고려하여 볼 때 경과실까지 포함시키는 것은 발기인에게 너무 지나치므로 경과실의 경우에는 책임을 면제하고 있다. 이러한 점은 일반불법행위의 경우보다 책임이 경감되는 반면, 직접 제3자에 대한 위법성은 존재할 필요가 없다는 점에서는 발기인의 책임을 가중시킨 것이라고 할 수 있다.

발기인의 제3자에 대한 손해배상책임은 위법성을 포함시키지 아니하므로, 발기인의 행위가 동시에 불법행위의 요건을 충족하면 일반불법행위의 책임과 청구권의 경합이 생긴다. 제3자의 범위에 대하여 회사 이외의 모든 자를 가리키는 것이 일반적인 통설이나, 모든 자들 중 주주는 제외시킨다는 소수의 견해도 있다. 또한 발기인과 더불어 이사·감사도 책임을 질 때에는 발기인은 이들과 연대하여 책임은 진다(상 323조).

## ⑵ 회사가 불성립한 경우

회사가 성립하지 못한 경우에, 발기인은 회사의 설립에 관한 행위에 대하여 연대책임을 진다(상 제326조 1항). 이는 주식인수인 및 설립중의 회사와 거래관계를 갖은 채권자를 보호하자 하는 것으로,[26] 주식인수인에 대하여는 납입금이나 청약증거금 또는 현물출자의 목적물을 반환하여 줄 의무가 있으며, 제3자에게는 회사설립에서 필요한 거래행위에서 발생한 채무를 이행할 의무가 있다. 그리고 회사의 설립에 관하여 지급한 비용을 부담하게 된다(상 326조 2항).

이 책임은 설립중의 회사가 성립한 이상 발기인만의 개인적 책임이 될 수는 없으나, 발기인의 경솔한 회사설립행위를 막기 위하여 상법이 특별히 인정한 것으로 과실의 유무를 불문한 무과실책임이며, 발기인 전원의 연대책임이다.

---

26) 설립중의 회사가 취득한 권리의무는 실질적으로 회사의 불성립을 정지조건으로 하여 발기인에게 귀속됨으로 발기인이외에는 다른 책임귀속의 주체가 없다.

## 2. 이사 · 감사의 책임

이사 또는 감사는 설립중의 회사의 감사기관으로 설립경과의 조사보고의무(상 313조 1항)를 해태하여 회사나 제3자에게 손해를 입힌 경우에는 연대하여 그 배상할 책임을 진다(상 323조). 이때 발기인도 회사 또는 제3자에 대하여 손해배상책임을 지는 때에는 발기인도 이들과 함께 연대하여 책임을 부담한다.[27]

이사와 감사의 제 3자에 대한 손해배상책임은 발기인의 경우와의 균형상 악의 또는 중과실을 요건으로 한다고 본다. 이사 · 감사 등에 대한 이러한 손해배상책임은 과실책임(果實責任)으로, 총주주의 동의에 의하여 면제될 수 있으며(상 324조), 손해배상청구도 이사 또는 소수주주(少數株主)에 의한 대표소송에 의하여 추궁될 수 있다(상 324조 · 403조~406조).

## 3. 검사인(檢査人)의 책임

법원의 선임에 의해 회사의 설립경과(변태설립사항)를 조사할 임무를 갖는 검사인이 악의 또는 중대한 과실로 인하여 그 임무를 게을리한 때에는 회사 또는 제3자에 대하여 손해배상책임을 진다(상 325조). 주주총회에서 선임한 검사인의 책임은 이사 · 감사의 책임과 같다.

## 4. 유사발기인(類似發起人)의 책임

주식청약서 기타 주식모집에 관한 서면에 성명과 회사설립에 찬조하는 뜻을 기재할 것을 승낙한 자, 즉 유사발기인(類似發起人)은 금반언(禁反言)의 법리에 의하여 발기인과 동일한 책임을 진다(상 327조).

---

27) 鄭(會), 226면~227면 ; 변태설립을 조사 평가하는 공증인이나 감정인의 회사 또는 제3자에 대한 손해배상책임도 이사 · 감사의 경우와 동일하게 해석하여야 할 것으로 보고 있다.

# 09 회사설립의 무효

## 1. 설립무효제도(設立無效制度)의 의의

주식회사의 설립절차에 중대한 하자[28]가 있을 때에는 법률상 회사의 성립은 무효가 된다. 그러므로 상법은 무효(無效)의 소 제도(制度)를 인정하고 있다. 그리고 무효의 효과를 소급시키지 않는 방법을 취하여 법률관계의 획일적 처리와 거래의 안전을 보호하고 있다. 특히 주식회사는 이해관계인이 많으므로 다른 회사의 설립무효제도보다 더 중요하게 다루어지고 있다.

## 2. 설립무효의 원인

주식회사의 설립절차는 복잡하므로 설립과정에서 하자가 생기기 쉬운데다 회사규모가 크고 이해관계가 많으므로 무효의 원인을 너무 광범위하게 인정할 때에는 회사의 존립이 불안정하게 하고 그로인한 경제적 손실이 크다. 따라서 주식회사의 설립무효의 원인을 어느 범위까지 인정할 것인가는 입법정책상 또는 해석상 극히 곤란한 문제이다. 상법은 설립무효의 원인에 대하여 구체적인 규정을 두지 않았으므로 개개의 경우에 대하여 가름하지 않으면 안 된다.

일반적으로 설립의 객관적인 면에 있는 원인으로서 설립행위가 효력적 규정인 강행법규에 위반하든가 또는 공서양속(公序良俗)에 위반하는 경우에 설립의 무효가 되는 것이라고 해석할 것이다. 다만 회사의 설립을 무효로 하게 하는 때에는 내외의 법률관계를 현저하게 불안정하게 하는 것으로써 사회적으로 해가 생기는 것이므로 무효원인은 가급적 국한하여 해석하여야 할 것이다. 설립에 관한 법규는 강행법규이지만 될 수 있으면 명령적 규정으로 해석하고 설립 무효의 경우를 가급적 제한한다.

설립절차의 순서에 따라서 무효의 원인이 되는가 되지 않는가를 다음 몇몇 사안에 대해서 구체적으로 검토하여 보고자 한다.

① 회사설립을 위하여 정관작성이 절대적 요건이므로 정관작성이 전혀 없는 경우는 물

28) 설립절차에 착수하였다가 설립등기를 하지 못한 회사의 불성립과 설립절차를 밟지 않고 설립등기만 되어 있는 회사의 불존재와는 구별된다.

론 절대적 기재사항(상 289조)에 흠결이 있다든가 또는 절대적 기재사항에 대하여 효력적 규정인 강행법규에 위반하는 사항이나 공서양속에 위반한 사항을 기재한 경우도 회사의 설립은 무효가 된다. 예컨대 회사의 목적이 공서양속에 위반하거나, 주주의 무한책임을 규정하거나, 설립시에 발행하는 주주수가 회사가 발행하는 주주총수의 4분의 1 미만인 경우 회사의 설립은 무효가 된다. 이에 반하여 상대적 기재사항의 내용에 위법이 있다 하더라도 원칙으로 설립무효는 되지 않는다. 또한 원시정관에 대하여 공증인의 인증이 없는 경우나 인증이 무효가 되는 경우에도 회사의 설립은 무효가 된다.

② 회사가 설립시에 발행하는 주식 총수의 인수를 결한 경우에는 당연히 그 부분은 발기인이 인수한 것이 되므로 인수가 없는 주식이 잔존한다고 하는 것은 있을 수 없는 것으로 설립무효의 원인이 되지 않는다.
종래는 인수가 없는 주식에 대하여서는 발기인이 연대하여 인수할 의무가 있는 것이라고 규정한 것에 불과하기 때문에 그 인수의무의 이행이 있기까지 법률상 인수가 없는 주식이 있었다. 이 경우 보통 판례는 그 인수흠결(引受欠缺)이 심하고 전혀 인수가 없다든가 이에 가까운 경우 또는 회사사업의 수행에 장해를 줄 정도로 심할 때에는 설립무효의 원인이 된다고 보나, 인수의 흠결의 여하에 관계없이 설립무효가 되지 않는다고 풀이하는 것이 정당하다.

③ 회사가 설립시 발행하는 주식의 총수에 대하여 납입의 흠결이 있는 경우 이미 설립에 필요한 주식인수는 수행되어 있고 남은 것은 자본금유지원칙(資本維持原則)의 문제만이 있으므로 설립무효의 원인이 되지 않는다.

④ 현물출자자의 주식인수가 무효인 경우나 주식인수가 취소된 경우에는 발기인에 의한 당연 인수가 인정되지 않으므로 설립무효가 된다. 단, 현물출자의 이행이 없는 경우에는 설립무효가 되지 않는다고 풀이하여야 할 것이다.

⑤ 선임된 검사인의 검사에 대해 보고서가 없는 등의 그 하자가 있는 경우 설립무효에 대한 상반된 의견이 있으나 검사인의 선임 청구가 없을 경우 또는 일단 검사인이 선임된 이상 그 검사인을 방해하였다든가, 검사인이 부적당하다고 하든가, 보고서가 허위였었다고 하는 것만으로는 회사의 설립은 무효가 되지 않는다.

⑥ 모집설립에 있어서 창립총회를 소집하여야 하는 것은 절대 필요 불가결한 것이므로 창립총회가 소집되지 않은 경우 그 설립은 무효가 된다. 또 소집된 창립총회의 결의의 내용이 위법으로서 당연히 무효가 되는 경우 회사의 설립은 무효가 된다. 그리고 모집설립에 있어서 창립총회에서 설립경과의 조사가 행하여지므로 이것은 주식인수인 및 회사채권자로서 극히 중요한 것이므로 이를 결하거나 또는 그 결의내용이 무효인 경우 회사의 설립을 무효로 할 수밖에 없다.

⑦ 회사가 설립등기는 마쳤으나 등기에 무효원인이 있는 경우 그 설립은 무효가 된다.

## 3. 설립무효 주장의 제한

설립무효의 원인이 하나라도 있는 경우에는 일반원칙에 의하면 회사의 설립이 무효가 되기 때문에 그 무효는 누가 누구에 대하여도, 또 언제 어떠한 방법으로도 주장할 수 있을 것이다. 그러나 상법은 회사의 설립이 제도 설정적 성질을 가지는 것과 회사를 중심으로 하는 거래의 안전을 보호하는 견지에서, 설립무효의 주장에 대해서는 일반원칙에 의하지 않고 많은 제한규정을 두고 있다. 즉 설립무효의 주장은 회사성립의 날로부터 2년 내 한하여 소(訴)만으로 주장할 수 있다. 또한 이 소는 주주 · 이사 또는 감사에 한하여 제기할 수 있다(상 328조). 가령 설립무효의 원인이 있어도 소로 하지 않거나, 주주, 이사 그리고 감사 이외의 사람이 그 무효를 주장할 수 없는 것이다. 그러나 다른 면에서 보면 상법은 회사를 중심으로 하는 법률관계의 획일적 확정을 도모하기 위해 일단 설립무효의 판결이 확정된 때에는 그 판결은 제삼자에게도 효력이 미친다(상 328조 · 240조). 이는 그 소의 당사자 이외의 모든 자에 대한 관계에 있어서도 설립의 무효인 것을 일률적으로 확정하고 누구든지 이를 다툴 수 없게 한 것이다.

## 4. 설립무효의 소의 절차

### (1) 설립무효의 소

설립의 무효는 소(訴)로써만 주장할 수 있다. 이것은 회사설립의 무효는 단지 판결이유 중에서 판단하는 것만으로는 부족하고 반드시 판결 주문 중에서 명확하게 하고자 하는 취지이다. 따라서 반드시 독립의 소로써 하여야 하고, 반소에 의하여 주장하는 것은 무방하나 소송에 있어서 항변 등으로서 주장하는 것은 인정하지 않는다.

### ⑵ 원 고

원고로서 이 소(訴)를 제기할 수 있는 자는 그 회사의 주주·이사 또는 감사에 한한다(상 328조 1항). 주주인 이상 그가 가진 주식수의 다과에는 관계없이 소를 제기할 당시 주주면 되는데, 이 때 설립 당시부터 주주일 필요는 없다. 그러나 주주인 자격은 소를 제기할 때부터 변론의 종결 시까지 계속되어야 한다. 하지만 소송도중에 지주수(持株數)에 증감이 있어도 관계없다. 그 주주가 이미 주주로서의 권리를 행사한 사실이 있어도 관계없다. 원고가 될 수 있는 이사는 대표이사일 필요는 없고 주주의 경우와 같이 소의 제기 당시부터 변론 종결 시까지 이사이어야 한다. 다만, 소송 도중에 이사인 자격을 상실하면 그 소는 부적법이 되어 각하된다. 그러나 이 경우 그 자가 제소기(提訴起) 당초부터 주주인 자격을 병유하고 있는 경우에는 그대로 소를 계속할 수 있다.

또한 회사가 해산된 후에는 이사는 퇴임하고 청산인이 이에 대신하지만 청산인은 소제기의 자격은 없고 주주만이 이 소를 제기할 수 있다. 그 밖에 설립 무효 소의 원고가 될 수 있는 자는 없다.

### ⑶ 피 고

이 소(訴)의 피고가 되는 자는 회사이다. 설립무효의 회사일지라도 소송상의 당사자능력을 갖는다.

회사 이외의 자가 공동피고로서 제고 당하거나 원고로서 참가(당사자참가)하는 것은 인정되지 않으며 회사를 위하여 보조 참가하는 것은 허용된다. 이 경우 회사를 대표할 자는 원칙으로 대표이사이지만 이사가 원고일 때에는 이사회 또는 주주총회의 결의로써 회사를 대표할 자를 정하여야 한다(상 389조).

회사해산 후에는 청산인이 회사를 대표하지만, 회사가 파산으로 해산한 경우에는 파산관재인(破產管財人)이 아니라 대표이사가 회사를 대표한다. 그리고 파산회사일지라도 설립무효판결을 하는 것은 무방하고 또한 그 실익도 있다.

### ⑷ 관할법원

이 소(訴)는 회사의 본점 소재지의 지방법원 관할에 전속한다(상 328조 2항·186조).

### ⑸ 제 소

이 소(訴)는 회사설립의 날로부터 2년 내 제기하여야 한다(상 328조 1항). 2년 이내 소장을 법원에 제출하면 되는 것이고 2년 내 재판이 종결될 필요는 없다. 그러므로 2년을 경과할 때에는 어떠한 설립무효의 원인이 있어도 설립무효를 주장할 수 없다. 그것은 실질적으로 치유되어 버리는 것이다. 다만 학설 중에는 회사의 목적이 공서양속에 위반하거나 주식회사의 중요한 본질에 위반함과 같은 무효의 원인이 있을 때에는 언제든지 소를 제기할 수 있다는 견해도 있다.

### ⑹ 공 고

설립무효의 소(訴)가 제기된 때에는 회사는 지체 없이 그 뜻을 정관 소정의 방법에 의하여 공고하여야 한다(상 328조 2항 · 187조). 이 공고는 이 소의 제기가 있는 것을 일반에게 알려 불측(不測)의 손해를 입게 되는 것을 피하게 하기 위함이다. 공고의 내용으로 어떠한 사항을 기재할 것인가는 따로 정해져 있지 않다.

### ⑺ 소의 심리

이 소(訴)가 제기된 때에는 법원은 보통의 민사소송의 절차에 따라 심리(審理)하게 된다. 수개의 소가 동시에 진행되는 경우에 중복한 변론, 증거조사나 모순된 판결을 피하기 위하여 이러한 수개의 소의 변론 및 재판은 반드시 병합하여 한 개의 판결에 의하여 설립무효이냐 아니냐를 가름한다. 이 경우 병합한 수개의 소는 소송의 목적이 공동소송인의 전원에 대하여 합일로만 확정할 경우로서 소위 유사 필요적 공동소송으로 되는 것이다. 그러나 변론 및 재판을 병합하지 않는 경우에는 그 판결의 효력에는 영향이 없다.

### ⑻ 판 결

이 판결내용은 원고승소의 경우와 원고패소의 경우를 생각할 수 있다.

#### 1) 원고승소의 판결(설립무효의 판결)

법원은 이미 말한 설립무효의 원인이 있다고 판단하는 경우 원고의 청구를 허용하여 '회사설립을 무효로 한다'라는 판결을 선고하는 것이다. 이 판결은 회사가 설립 당초부터 무효인 것을 확인하는 확인판결이라는 견해도 있으나, 설립무효의 회사로 하여금 해산의 경우에 준하는 청산상태로 들어가게 한다는 형성적 효과를 내용으로 하는 형성판결이라고 해석하는 것이 더 정당하다. 이것은 설립무효판결에 의하여 회사가 당초부터 존재하지 않는 것이라고 할 때에는 회사에 대한 법률관계에 현저한 혼란이 생기고 제삼자의 것이라고 할 때에는 회사에 대한 법률관계에 현저한 혼란이 생기고 제삼자의 이익을 해하는 경우가 생겨나게 된다. 설립무효의 원인이 있는 회사일지라도 설립 당초부터 권리능력이 있는 것으로 보고 판결 때까지 회사활동의 효과를 회사에 귀속시킨 후에 무효판결 당시 존재하는 재산에 대하여 청산하게 하려는 것이다. 따라서 뒤에 말하는 바와 같이 무효판결은 회사와 제삼자 사이에 성립한 행위의 효력에 영향을 미치지 않는다는 규정은 당연한 규정이라 하겠다.

단지 민사소송법의 일반원칙으로 한다면 판결의 효력은 소송당사자 이외의 제삼자에게는 미치지 않으나, 이 원칙을 설립무효판결의 경우에도 적용한다면 다른 소송으로 다시 다툴 수 있게 된다. 이것은 회사에 관한 법률관계의 분규를 초래하는 것이므로 이것을 획일적으로 확정시키기 위하여 특히 설립무효판결의 기판력을 일반 제삼자에게까지 미치게 하는 것이다. 따라서 이 판결의 확정하는 때에는 비록 회사성립 후 2년 내라 할지라도 이미 회사설립의 유효라는 라는 것을 주장할 수 없게 되는 것이다.

이 판결이 확정되었을 때에 본점 및 지점 소재지에서 설립무효의 등기를 하여야 한다. 그 절차는 판결을 선고한 법원이 본점 및 지점 소재지의 등기소에 등기의 촉탁을 하고 등기소가 이 촉탁을 받아 그 뜻의 등기를 하는 것이다.

### 2) 원고패소의 판결(청구기각의 판결)

원고가 패소한 때에는 기판력의 범위는 민사소송법의 일반원칙에 의한 소송당사자 이외에는 미치지 않는다. 그러므로 다른 사람이 그 후 다시 별도로 설립무효의 소(訴)를 제기할 수는 있지만 실제에 있어 그 소의 제기기간이 회사성립의 날로부터 2년 내이고 또한 전의 소가 확정될 대까지는 그 기간이 거의 경과되므로 별개의소로 다투는 일은 매우 적다.

그러나 원고가 패소를 하였을 때 원고가 그 소를 제기함에 있어 악의 또는 중대한 과실이 있었을 경우 회사에 대하여, 원고가 수명일 경우에는 연대하여 소에 의하여 회사가 입은 손해를 배상하여야 한다. 그뿐만 아니라 소송비용은 당연히 원고의 부담이 된다.

이 청구서를 제출한 후 30일 이내에 회사가 그 이사에 대하여 소를 제기하지 않는 경우에 그 주주는 비로소 자신이 소를 제기하게 되는 것이다. 그러나 책임 있는 이사가 재산을 은닉한다든가, 또는 처분, 명의환서(名義煥書)를 한다든가, 회사의 채권이 소멸시효에 걸린다든가와 같이 30일의 기간을 기다리고 있다가는 회사가 도저히 회복할 수 없는 손해가 생길 우려가 있을 때에는 주주는 회사에 대하여 소제기의 청구를 하는 일없이 직접 법원에 소를 제기할 수 있다. 또한 회사에 소제기를 청구한 후에 회사에 회복할 수 없는 손해를 생기게 할 우려가 있게 되는 때에는 즉시 30일 간의 기간을 기다리지 않고 소를 제기할 수 있다. 이 경우 소를 제기하여 보아도 승소의 판결을 얻어 강제집행을 하기까지의 기간 동안 해당 이사가 그 재산을 은닉하거나 처분하거나 하였을 때에는 결국 강제집행을 할 수 없게 되기 때문에 그 소유재산을 가압류하는 것이 필요하다.

주주의 요건은 소의 제기중 계속 유지하고 있어야 하므로 도중에 주주의 지위를 잃게 되었을 때에는 소는 부적법으로 기각되고 만다. 또한 주주가 회사에 대하여 소의 제기를 청구한 날로부터 30일 내에 회사가 소를 제기하지 않는 경우에도 주주가 소를 제기하기 앞서 회사가 소를 제기한 때에는 주주는 소를 제기할 수 없다.

# 단답형 문제

**01** 주식회사의 설립은 두 가지 방법으로 나뉘어 진다. 하나는 발기인이 설립시 발행하는 주식의 총수를 인수하여 회사를 설립하는 (　　　　) 방법이며, 다른 하나는 발기인이 설립시에 주식총수의 일부만을 인수하고 잔여주식은 발기인 외에 주주를 모집하여 점차로 설립하는 (　　　　) 방법이다.

**02** 발기인이 정관을 작성하고 각각 1주 이상만 인수하면 장래 성립할 회사의 조직과 인적·물적 기초의 일부가 확정되어 이때부터 회사의 전신인 (　　　　)가 성립한다.

**03** (　　　　)은 정관에 발기인으로서 기명날인(記名捺印) 또는 서명(署名)한 사람으로(상 289조), 그 자격에는 제한이 없어 법인은 물론 미성년자 등 무능력자도 될 수 있으나, 적어도 (　　　　)의 주식을 인수하여야 한다.

**04** (　　　　)은 민법상의 조합으로 회사설립과 관련된 모든 업무를 집행하게 된다. 이 같은 업무집행에는 민법의 조합에 관한 규정이 적용되어 업무에 관한 의사결정은 원칙적으로 발기인의 의결정족수인 (　　　　)에 의한다.

**05** 정관에는 일정한 사항을 기재하고 발기인 전원이 이것에 기명날인(記名捺印) 또는 서명하는 것 외에 공증인(公證人)의 인증(認證)을 받음으로써 그 효력이 생긴다. 다만, 자본금 총액 (　　　　) 미만인 주식회사를 발기설립함에 있어서는 각 발기인이 정관에 기명날인 또는 서명함으로서 효력이 생긴다.

**06** 정관의 기재사항에는 절대적(絶對的) 기재사항, (　　　　), 임의적(任意的) 기재사항이 있다.

**07** 회사가 발행할 주식의 총수는 ( )에서 발행할 수 있는 주식의 최대한도를 나타낸 것으로서 발행예정 된 주식의 총수이다. 이 발행예정주식 총수의 4분의 1 이상을 발행하면 된다.

**08** 1주의 금액은 ( )이상이어야 하며, 균일하여야 한다.

**09** 이것은 주주, 회사채권자 및 기타의 이해관계인(利害關係人)에게 주지시키기 위한 것이다. 따라서 회사의 공고는 ( )에 하여야 한다.

**10** ( )은 정관에 기재하지 않으면 법률상 그 사항의 효력이 발생하지 아니하나 그것을 정관에 기재하지 않더라도 정관의 자체 효력에는 영향이 없는 사항이다.

**11** 변태적설립사항은 발기설립의 경우에는 ( ), 모집설립의 경우에는 설립총회의 승인을 요하도록 하였다.

**12** 변태설립사항 중 발기인이 받을 특별이익과 회사가 부담할 설립비용 및 발기인이 받을 보수액에 관하여는 ( )의 조사보고서로, 현물출자와 재산인수에 관한 사항과 현물출자이행에 관한 사항은 공인된 감정인의 감정으로 법원이 선임한 검사인의 조사에 갈음할 수 있다.

**13** 발기인이 회사설립에 성공하면 그 공로에 대한 특별한 이익을 받게 된다. 따라서 발기인이 받을 특별이익과 이를 받을 자의 성명을 ( )에 기재하여야 한다.

**14** ( )란 금전 이외의 자산으로서 하는 출자를 말한다.

**15** 발기인이 설립 중에 회사를 위하여 회사성립을 조건으로 주주 또는 제삼자(第三者)로부터 금전(金錢) 이외에 일정한 재산을 매수(買收)하기로 약정(約定)하는 계약(契約)을 ( )라고 한다.

**16** 주식의 발행가액과 주식의 발행가액 중 자본금으로 계상하는 금액에 관하여는 정관에 별도로 정한바가 없으면 발기인수의 ( )의 동의로써 정한다.

**17** 모집설립 중 필수적인 절차가 아닌 것은 주식인수, 주식청약서, 공증 중 (          ) 이다.

**18** 발기설립시 (          )는 취임 후 지체 없이 회사의 설립에 관한 모든 사항이 법령 또는 정관의 규정에 위반되지 아니한가의 여부(與否)를 조사하여 발기인에게 보고하여야 한다.

**19** 정관으로 정한 변태설립사항 중, 발기인에 대한 특별이익, 보수 및 설립비용에 관한 것은 공증인의 조사 · 보고로서 법원의 (          )에 의한 조사 · 보고에 갈음할 수 있고, 현물출자 또는 재산인수계약에 관한 것은 공인된 감정인의 감정으로 대체할 수 있다.

**20** 설립시 사용하는 주식총수의 납입 및 현물출자의 이행이 완료한 때에는 발기인은 지체 없이 창립총회를 소집하여야 한다. 총회를 소집하려면 총회 일로부터 (          ) 전에 각 주주에게 통지를 하여야 한다. 그러나 주식인수인(株式引受人) 전원의 동의만 있으면 그 기간을 단축할 수가 있다.

**21** 모집설립에서 이사와 감사를 선임하는 의결기관은 (          )이다. 발기설립에는 없는 기관이다.

**22** 설립중의 회사에서 법인격이 부여되는 것으로, (          )를 함으로서 설립중의 회사는 법인격이 부여되어 완전한 회사가 성립된다.

**23** 설립무효의 소는 (          )년 이내에 소제기를 하여야 한다. 이를 경과할 때에는 어떠한 설립무효의 원인이 있어도 설립무효를 주장할 수 없다.

| 1 | 발기설립, 모집설립 | 2 | 설립중의 회사 |
|---|---|---|---|
| 3 | 발기인, 1주 이상 | 4 | 발기인 조합, 과반수 |
| 5 | 10억 미만 | 6 | 상대적 기재사항 |
| 7 | 이사회 1/4 | 8 | 100원 |
| 9 | 관보 또는 일간신문 | 10 | 상대적 기재사항 |
| 11 | 법원 | 12 | 공증인 |
| 13 | 정관 | 14 | 현물출자 |
| 15 | 재산인수 | 16 | 전원(全員) |
| 17 | 공증 | 18 | 이사와 감사 |
| 19 | 검사인 | 20 | 2주 |
| 21 | 창립총회 | 22 | 설립등기 |
| 23 | 2년 | | |

# 4 CHAPTER

# 주식과 주주

Chapter

# 04 주식과 주주

## 01 서 설

회사는 사단법인이므로 복수인의 결합체를 그 기초로 하며, 그 결합체인 사단의 구성원을 회사의 사원이라고 하고, 주식회사의 사원을 주주라 한다.

사원은 주주로서 주주권을 의미하는 주식의 귀속자라는 뜻이며, 주주권도 자본금의 구성분자인 주식을 단위로 하여 인정된다.[29]

회사는 정관으로 정하는 경우에는 주식의 전부를 무액면주식으로 발행할 수 있다. 다만, 무액면주식을 발행하는 경우에는 액면주식을 발행할 수 없다. 액면주식 1주의 금액은 100원 이상으로 균일하여야 한다(상 329조). 따라서 액면주식을 발행하는 경우에는 발행주식의 액면총액이, 무액면주식을 발행하는 경우에는 주식의 발행가액과 주식의 발행가액 중 자본금으로 계상하는 금액이 자본금이 된다(상 451조). 다만 이익소각(利益消却)의 경우(상 343조 1항 단서), 상환주식(償還株式)의 상환의 경우(상 345조)만이 발행주식의 액면총액과 자본금액이 일치하지 않는 예외의 경우이다.

이 같은 주식회사의 자본금을 주식으로 세분화하는 이유는 일반대중이 주식회사에 쉽게 참여할 수 있게 함으로써 대자본금의 형성을 용이하게 하기 위함이다. 사원의 지위를 증권화하여 유통을 가능케 함으로써 투하자본금(投下資本金)의 횟수를 용이하게 하여, 다수의 주주에 대한 집단적 법률관계의 처리를 간명하게 하기 위함이다. 그러므로 주식회사의 주주는 사원이 한 개의 지분을 갖는 합명회사의 사원과는 달리 복수의 지분을 갖는다.

출자의 기본단위인 주식을 분할할 수는 없지만(주식불가분의 원칙), 1개의 주식을 수인이 공유할 수는 있다(상 333조). 주식공유의 법률관계에 관하여는 민법의 공유에 관한 규정(민 262조~270조)이 준용된다(민 278조). 수인(數人)이 공동으로 주식을 인수한 경우 연

29) 朴(新會), 242면.

대하여 납입할 책임이 있고(상 278조 1항), 공유자는 주주의 권리를 행사할 자 1인을 정하여야 하며(상 333조 2항), 권리를 행사할 자가 없는 때에는 회사의 공유자에 대한 통지(通知)나 최고(催告)는 그 중 1인에 대하여 하면 된다(상 333조 3항).

# 02 주주(株主)

## 1. 주주의 의의

주주란 주식의 귀속주(歸屬主)를 말하며, 주식회사의 사원(社員)이다. 한 개의 주식을 분할하여 그 일부분에 대한 주주를 인정할 수는 없으나(주식불가분의 원칙), 한 개 또는 여러 개의 주식을 수인이 공유할 수는 있다(주식의 공유)(상 333조). 주주의 자격에도 원칙적으로 제한은 없으나, 자기 주식의 취득에는 엄격한 제한이 있다(상 341조).

## 2. 주주의 종류

주주는 소유주식의 수량에 따라 대주주·소주주로, 주식소유의 동기나 기능에 따라 투자주주(投資株主)·투기주주(投機株主)·기업자주주(企業者株主)·종업원주주(從業員株主)로 분류하기도 하고, 소유주식의 종류에 따라 보통주주(普通株主)·우선주주(優先株主)·열후주주(劣後株主)·상환주주(償還株主)·무의결권주주(無議決權株主) 등의 이름으로 분류하기도 한다.

## 3. 주주평등의 원칙

주주평등의 원칙이란 주주가 주주라는 자격에서 가지는 권리의무(법률관계)에 관하여 평등한 대우가 받아야 한다는 원칙을 말한다. 여기서 평등이란 '사람'의 평등대우를 뜻하는 것이 아니라 '주식'의 평등대우를 뜻하는 것이다. 즉, 자본금의 단위인 주식의 평등성을 전제로 하여 주주가 가지고 있는 주식의 수에 비례한 기계적 평등대우(배분적 평등)를 받는 자본적 평등을 뜻하는 것으로서 '주식평등의 원칙'인 것이다. 이같이 모든 주식은 각각 균등한 권리 · 의무를 나타낸다. 수개의 주식을 소유하고 있는 주주는 수개의 독립된 주주권을 중첩적 · 복수적으로 갖는다. 이를 지분복수주의(持分複數主義)라고 한다. 이 점은 유한회사의 사원의 경우에서도 마찬가지다. 이에 대하여 합명회사나 합자회사의 사원들은 비율을 다르지만 각자 하나의 지분만을 갖는다. 이를 지분단일주의(持分單一主義)라고 한다.

주주평등의 원칙은 '형평의 이념'의 단체법상의 구현이라고 할 수 있는 '사원평등의 원칙'이 주식회사에서 나타난 것이며, 주식회사에 있어 특히 중요한 의의를 가지고 있다. 즉, 주식회사의 경우 발행된 주식의 수가 많고, 주주는 상호간 인적 신뢰관계가 없이 자본적 결합을 하고 있으며, 다수결원칙이 보편적으로 채택되고 있어 이사에 의한 업무집행권의 남용 또는 다수결원칙의 남용에 의한 대주주의 횡포로부터 일반주주의 이익을 보호할 필요가 있기 때문이다.

상법에는 주주평등의 원칙의 의의에 관한 규정은 없으나 주주의 이익배당청구권(상 464조), 의결권(상 369조 2항), 신주인수권의 내용(상 418조), 준비금의 자본금전입에 의한 무상주교부(상 461조 2항), 전환사채인수권(상 513조 2항 단서), 신수인수권부사채인수권(상 516조 · 513조), 잔여재산분배(상 538조) 등에 관하여 각 주식을 평등하게 취급하여야 한다는 취지의 규정을 두고 있다.

주주평등의 원칙의 예외로는 우선권이 있는 각종 주식이 발행, 소수주주권의 인정, 의결권행사의 제한 등 상법이 인정하는 경우가 있다.

주주평등의 원칙은 회사와 주주간에만 작용하는 원칙이다. 주주 상호간 또는 주주와 제삼자간에는 적용되지 않는다. 그리고 주주평등원칙은 강행법적 원칙이기 때문에 이에 위배되는 정관의 규정, 주주총회 또는 이사회의 결의, 대표이사의 업무집행 등은 무효이다. 해당주주의 동의가 있으면 이에 제한을 가할 수 있다. 예컨대, 대주주와 소주주에게 각기 이익배당률을 달리하는 주주총회의 결의도 할 수 있다.

## 4. 주주의 권리와 의무

| | |
|---|---|
| 단독주주권 | 주총의결권, 설립무효소권, 주식교환무효소권, 주식이전무효소권, 총회결의취소의 소권, 총회결의무효, 부존재확인의 소권, 신주발행유지청구권, 감자무효의 소권, 합병무효소권, 분할무효소권 |

| | | |
|---|---|---|
| 소수주주권 | 1% | 대표소송권, 위법행위유치청구권 |
| | 3% | 이사감사청산인 해임청구권, 회계장부열람권, 주주제안권, 임시총회소집청구권, 업무 및 재산상태검사 청구권, 집중투표권 |
| | 10% | 해산판경청구권 |

주주의 권리란 주주가 주주라는 자격에서 회사에 대하여 가지는 권리를 뜻한다. 주주의 권리는 주식의 내용이 되는 주주권으로서, 주권과 떨어져서 양도나 전부의 목적이 될 수 없고, 시효에도 걸리지 않는다. 따라서 주주권의 의거해서 구체적으로 확정된 채권, 즉 채권자적 권리(예컨대, 특정액의 이익배당금 지급청구권)와 가름된다.

주주의 권리는 그 분류기준에 따라 여러 가지로 구분할 수 있다.

① 권리행사의 목적에 따라서 분류하면, 투자자로서의 주주 개인의 재산적 이익을 확보하기 위하여 인정된 권리인 자익권(自益權)과 회사 또는 주주 공동의 이익을 위하여 회사의 운영에 관하여는 권리인 공익권(共益權)으로 분류할 수 있다.
자익권으로는 이익배당청구권, 중간배당청구권, 신주인수권, 이자배당청구권, 잔여재산 분배청구권, 주권교부 청구권, 전환사채 및 신주인수권부사채인수권 등이 있다. 공익권으로는 의결권, 주주제안권, 주주총회소집청구권, 회계장부열람청구권, 유지청구권(留止請求權), 각종의 소권(訴權) 등이 있다.

② 권리행사의 제한방법에 따라서 분류하면, 소정의 비율 이상의 주식소유를 필요로 하는 소수주주권과 1주의 주주라도 행사할 수 있는 단독주주권이 있다.
소수주주권으로는 주주총회소집청구권, 이사의 위법행위의 유지청구권, 이사 및 감사해임청구권, 검사인선임청구권, 청산인해임청구권, 대표소송제기권, 회계장부열람청구권, 주주제안권, 집중투표청구권, 회사정리법에 의한 회사정리개시청구권 및 회사의 해산판결청구권 등이 있다. 주권상장법인 또는 코스닥 등록법인의 경우에는 소수주주권의 행사내용에 따라 지주비율이 다르다. 최근 그 지주비율을 완화하는 추세이며 상법상의 지주요건을 완화함으로써 소수주주권행사의 활성화를 통하여 주식회사의 경영의 투명성을 도모하고 있다. 소수주주권의 행사내용에 따른 지주비율은 아래와 같다.[30]

30) 崔(會), 214면.

〈표 4－1〉 소수주주권의 행사내용에 따른 지주비율

| 소수주주권의 내용 | 상법 | | 증권거래법 | |
|---|---|---|---|---|
| | 보유기간 | 지주비율 | 보유기간 | 지주비율 |
| －대표소송권<br>－이익공여주주에 대한 이익반환청구권 | 불문 | 1% | 6월 | 0.01% |
| －이사감사청산인의 위법행위유지청구권 | 불문 | 1% | 6월 | 0.05%, 0.025%* |
| －이사감사청산인 해임청구권 | 불문 | 3% | 6월 | 0.5%, 0.25%* |
| －회계장부열람청구권 | 불문 | 3% | 6월 | 0.1%, 0.05%* |
| －주주제안권 | 불문 | 3% | 6월 | 1%, 0.5%* |
| －임시총회소집청구권<br>－회사의 업무 및 재산상태 조사를 위한 검사인 선임청구권 | 불문 | 3% | 6월 | 3%, 1.5%* |
| －집중투표청구권 | 불문 | 3% | 불요 | 1% |
| －회사해산청구권 | 불문 | 10% | － | － |

* 증권거래법 시행령에 의하여 최근사업년도 말 현재 자본금 1천억원 이상인 법인에 적용되는 요건임.

－ 금융기관에 대하여는 관련 법률에서 위와 별개로 소수주주권의 행사요건을 완화하여 달리하고 있다.

단독주주권으로는 설립무효소권, 주식교환무효소권, 주식이전무효소권, 총회결의취소의 소권, 총회결의무효, 부존재확인의 소권, 신주발행유지청구권, 감자무효의 소권, 합병무효소권, 분할무효소권 등 대부분의 권리가 이에 속한다.

③ 정관의 규정이나 주주총회의 다수결로써 박탈할 수 없는 고유권과 박탈할 수 있는 비고유권으로 구분하여 논의하기도 한다.
고유권으로, 의결권, 이익배당청구권, 잔여재산분배청구권, 주식의 자유 양도권 등이 있다. 그러나 이것은 법규정을 기초로 한 주식회사의 본질에 입각하여 판단할 것이며 오늘날 구체적 법규에 의하여 대부분 해결되고 있어 논의할 실익이 별로 없다고 보아야 할 것이다.

주주의 의무란 주주가 사원의 자격에서 회사에 대하여 부담하는 재산의 출자의무를 말하는 것이다. 이 의무는 주식의 인수가액을 한도로 하는 출자의무일 뿐, 이밖에 아무런 의무도 없다(주주유한책임의 원칙). 상법은 출자의무에 관하여 전액납입주의를 취한 결과 보통의 경우라면 회사성립 전 또는 신주발행의 효력발생 전에 출자의무를 전부 이행하게 된다(상 295조 · 305조 · 421조). 그러므로 주식인수인의 의무가 있을 뿐 주주는 출자의무라는 것은 없다(주주무책임의 원칙). 주식인수인 또는 주주가 납입을 하는 경우에는 현금으로써 현실로 납입하는 것이 원칙이므로 납입에 관하여 상계로써 대항하지 못한다(상 333조). 또 회사도 납입청구권을 포기하거나 주식인수인의 납입의무를 면제할 수도 없다. 예외적으로 회사의 실질적인 자본금충실을 해하지 않는 경우로서 회사가 하는 상계나 상호합의에 의한 상계는 허용될 수 있다고 보며, 금융기관 등이 회사에 대한 대출채권을 출자전환하는 경우가 그 예이다.

**집단소송제** : 회사가 발행한 유가증권의 총수의 1만분의 1(0.01%) 이상을 가진 주주 50명 이상을 모으면 집단수송을 낼 수 있는 제도. 소송대상은 분식회계, 부실감사, 주가조작, 내부자 거래 등으로 폭넓은 편이다. 소송을 하려면 소장과 함께 소송허가 신청서를 법원에 내야 한다. 법원은 서류를 접수한 날로부터 10일 이내에 소 제기 사실과 내용을 일간신문에 공고하고 소송 구성원 가운데 신청을 받아 대표당사자를 선임한다. 법원은 대표당사자와 회사를 심문, 소송허가 여부를 최종결정한 뒤 이를 다시 피해자(주주)전원에게 알려 준다. 집단소송대상 기업은 상장 · 등록기업 중 자산 2조원 이상의 기업이다. 소송제기를 일간신문에 공고할 때 당사자들이 공고료를 내지 않으면 소송이 각하된다.

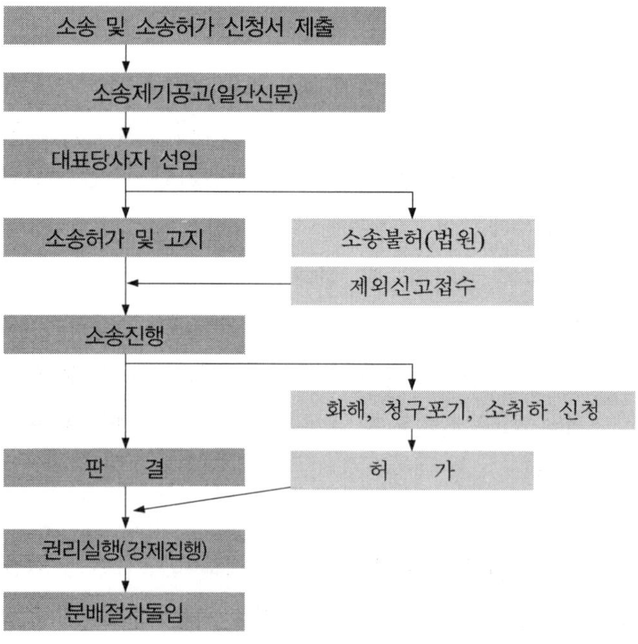


〔증권관련 집단 소송절차〕

* 대법원 자료

## 03 주식(株式)

### 1. 주식의 개념

주식이란 용어는 법률상 두 가지 의미가 있다. 그 하나는 자본금의 구성분자로서의 주식(자본의 구성단위는 주식이다)이며, 또 하나는 주주의 지위, 즉 주주권으로서의 주식(株式)이다. 그러므로 주식이란 말은 때로는 주주권(株主權)을 표장한 유가증권(有價證券) 자체를 의미한다. 이것은 통속적인 용례이고 상법은 이를 '주권(主權)'으로 표현된다.

### 2. 주식의 다양성

상법이 주식의 유형을 다양하게 한 것은 주식 투자자들이 그 유형에 따른 이해 · 장단을 고려하여 자유로이 선택할 수 있도록 하여 회사의 자금조달의 편의를 도모하기 위함이다. 그러나 내용이 다른 여러 가지 주식을 발행한다는 것은 주주평등의 원칙에 대한 예외를 인정하는 것이므로 여러 측면으로 엄격한 규제를 받도록 상법은 규정하고 있다.

### 3. 주식의 분류

주식은 ① 주권(株券)과 주주명부(株主名付)에 주주의 성명이 기재 되는가 않는가에 따라 기명주식(記名株式)과 무기명주식(無記名株式)으로 구분된다. 우리나라 상법에서는 기명주식 발행을 원칙으로 하고 무기명주식은 정관에서 그 발행을 미리 정하고 있는 경우에 한하여 발행할 수 있으며 언제든지 기명주식으로 그 전환청구를 할 수 있다(상 357조).

② 1주의 금액이 주권에 기재되는가 않는가에 따라 액면주식(額面株式)과 무액면주식(無額面株式)으로 구분된다.

무액면주식이란 정관과 주권(株券)에 1주의 금액을 표시하지 않고 주식의 수만을 기재하거나, 정관과 주권에 금액 대신 자본금에 대한 비율을 기재한 주식을 말한다.

무액면주식은 기준액이 없으므로 주식을 발행할 때마다 발행가액을 정하여야 하고, 발행가액의 금액을 자본금에 계입(計入)함이 원칙이나, 그 일부는 자본준비금(資本準備金)으로 계입할 수도 있다. 무액면주식을 발행하면 자본금충실을 해할 우려가 있고 주식사기에 악용될 소지가 있다. 그러나 무액면주식은 ⓐ 권면액(券面額)이 없으므로 권면액을 기준으로 한 할인발행(상 330조)의 문제가 없어 자본금조달이 쉽고, ⓑ 주식의 가치를 액면과 비교하는 관념을 없애 주며, ⓒ 액면가(額面價)를 기준으로 한 배당률에 대한 논쟁을 피할 수 있다. 또, ⓓ 신주를 발행하지 않고서도 증자를 할 수 있으며, ⓔ 자본금감소와 주식분할이 용이하고, ⓕ 신주발행에 있어 액면초과금(額面超過金)에 대한 문제가 없다는 등의 장점이 있다.

③ 신주발행(新株發行)시 주식의 취득을 위하여 주금을 납입시켜서 발행하는가, 그렇지 않은가(예컨대, 자산재평가적립금이나 준비금의 자본전입의 경우)에 따라 유상주(有償株)와 무상주(無償株)로, ④ 회사가 당해 영업연도 전에 발행한 주식인가 당해 영업연도 중에 발행한 주식인가에 따라 구주(舊株)와 신주(新株)로 나눌 수 있다. 그 밖에도 ⑤ 1주(株) 미만의 주식인 단주(端株)의 개념을 인정할 수 있다.

## 4. 주식의 종류

상법은 그 권리내용의 차등에 따라서 수종의 주식과 특수한 주식의 발행을 인정하고 있다. 수종의 주식으로, 그 재산적 내용에 따라서 보통주(普通株)·우선주(優先株)·후배주(後配株)·혼합주(混合酒)로 나눌 수 있고, 특수한 주식으로는 수종의 주식에 부가된 특성에 따라서 상환주식(償還株式)·전환주식(轉換株式)·무의결권주식(無議決權株式)으로 나눌 수 있다.

| | |
|---|---|
| 수종의 주식 | –보통주, 후배주, 우선주, 혼합주–특수한 주식 포함<br>–이익배당·잔여재산분배·의결권·상환·전환 등 우선 순위에 따라 구분한다.<br>–보통주 외의 주식을 종류주식이라고 한다. |
| 특수한 주식 | 상환주식(이익상환 등 우선주), 전환주식, 무의결권 주식 |
| 기타 | 기명주식과 무기명주식, 액면주식과 무액면주식 |

### (1) 수종의 주식

회사는 주주평등의 원칙의 예외로서 주주권의 내용이 서로 다른 수종의 주식을 발행할 수 있다(상 344조 1항). 이는 주식회사의 자금조달을 용이하게 하기 위하여 인정된 것이다. 수종의 주식의 발행에 관한 사항은 정관의 상대적 기재사항으로서, 회사가 수종의 주식을 발행하려면 원시정관 또는 변경된 정관에 각종의 주식의 내용 및 수에 관한 정함이 있어야 한다(상 344조 2항 · 291조 1호 · 317조 2항 3호). 정관에 수종의 주식의 발행에 관한 규정을 둔 때에는 주식청약서, 신주인수권증서(新株引受權證書), 신주인수권증권에도 그 내용을 기재하여야 하며(상 302조 2항 4호 · 420조 2항 3호 · 516조 2항 3호), 이를 발행한 때에는 주주명부와 주권에도 기재하고(상 352조 1항 2호 · 356조 6호) 등기하여야 한다(상 317조 2항 3호).

회사가 수종의 주식을 발행하는 때에는 신주의 인수, 주식의 병합 · 소각 또는 회사의 합병으로 인한 주식의 배정에 관하여 정관에 다른 정함이 없더라도 주식의 종류에 따라 특수한 정함을 할 수 있으며(상 344조 3항), 이 때 특정 종류의 주주에게 손해를 주게 될 때에는 이사회 또는 주주총회결의 외에 그 종류의 주주들에 의한 종류주주총회의 결의도 있어야 한다(상 435조 · 436조).

수종의 주식 중 ① 보통주란 회사가 재산적 내용(이익 · 이자의 배당 또는 잔여재산의 분배)에 있어서 차등 있는 수종의 주식을 발행하는 경우에, 그 표준이 되는 주식을 말한다. ② 우선주란 재산적 내용에 있어서 보통주보다 우선적 지위가 인정된 주식을 말하며, 이익배당우선주가 일반적으로 이용된다. 이익배당우선주에 관하여는 정관으로 최저배당률을 정하여야 한다(상 344조 2항). 우선주는 다시 그 우선권의 내용에 따라서 여러 가지로 분류되는데, 정관에 정한 우선적 배당을 받고 잔여미처분이익이 있을 때 그에 대하여도 보통주와 함께 일정한 비율에 의한 배당에 참가할 수 있는 참가적 우선주, 정관소정의 배당만 받고 잔여이익은 모두 보통주에 배당되는 비참가적 우선주, 특정년도의 배당액이 정관에서 정한 우선배당률에 미달하는 때 그 부족액을 후년도의 이익으로부터 우선적으로 배당받을 수 있는 배당추징권이 인정되는 누적적 우선주, 그러한 추징권이 없는 비누적적 우선주를 그 예로 들 수 있다. ③ 후배주란 이익배당 또는 잔여재산분배에 있어서 보통주식에 대하여 소정의 배당을 한 다음 잔여미처분이익이 있는 경우에 배당을 받는 주식을 말하고, ④ 혼합주란 보통주에 비하여 어떤 점에서는 우선권이 있으나 어떤 점에서는 열후적(劣後的) 지위에 있는 주식을 말한다.

### ⑵ 특수한 주식

#### 1) 상환주식

상환주식이란 발행 당시부터 회사가 이익으로써 소각할 것이 예정된 종류의 주식이다(상 345조). 주식의 소각에 관한 조건을 상환조항이라 하므로 상환조항을 붙여서 발행한 특수한 주식이다. 상환주식은 회사의 입장에서 일시적인 자기자본의 조달방법으로서 배당우선주를 발행하는 경우에 그것이 오래 동안 남아있어 회사에 부담이 무거워지므로 소각에 관한 정함을 상환조항에 붙여 장래 일정한 시기이후에 이를 소각하여 장래의 경리상의 부담을 경감할 수 있는 편리한 제도이다. 그러나 투자자에게는 일정한 기간 동안은 우선적 배당을 받고 그 후에는 권면액 또는 그 이상의 상환을 받게 되므로 안전한 투자의 대상이 된다.

상환주식의 발행은 보통의 주식발행절차에 따라(상 291조 1호) 회사설립시에도 할 수 있고 성립 후에도 할 수 있다. 상환주식을 발행하려면 이익으로써 소각할 수 있다는 뜻과, 상환가액(償還價額) · 상환기간(償還期間) · 상환방법(償還方法) 등 주식의 내용과 수를 정관에 기재하여야 한다(상 345조 1항).

상환은 반드시 이익으로써 하여야 하나, 임의준비금(任意準備金)으로써 충당하는 것도 상관없다. 따라서 상환기간을 정한 경우 그 기간이 도래하였다 하더라도 이익이 없으면 상환할 수 없다. 상환방법에는 회사와 주주의 합의에 의한 임의상환(매입상환)과 회사가 일방적으로 하는 강제상환이 있다. 또 주주의 청구가 있으면 회사가 상환의무를 부담하는 의무상환도 있다. 어느 방법에 의하든 상환주식 상호간에는 그 주식은 소멸하므로 발행주식의 총수는 그 수만큼 감소되고, 따라서 변경등기를 하여야 한다(상 317조 2항). 그러나 이때는 자본금감소의 절차에 의하지 않고 이익으로 상환함으로 회사의 자본금액은 감소하지 않는다. 따라서 자본금은 감소되지 않는다. 왜냐하면 자본금감소는 일정한 채권자보호절차를 밟아야 하는데, 상환주식의 상환에는 이러한 절차가 필요 없다.

회사는 원칙적으로 자기주식의 취득이 금지되나, 상환주식이 상환의 경우에는 예외적으로 자기주식(自己株式)을 취득할 수 있다(상 341조 1호). 다만 이 때 회사는 취득한 주식에 관하여 취득 후 지체 없이 실효절차를 밟아야 한다(상 342조).

회사가 상환한 부분에 대하여는 다시 신주를 발행할 수 없다. 왜냐하면 그 부분에 대한 주식의 발행권한은 이미 행사하였기 때문에 재발행을 인정하면 이사회에 대한 이중의 발행수권이 되기 때문이다. 상환의 경과발행주식총수가 발행예정주식총수의 4분의 1이하가 되더라도 무관하다.

### 2) 전환주식

전환주식이란 수종의 주식을 발행하는 경우 다른 종류의 주식으로 전환할 수 있는 권리(전환권)가 인정된 주식을 말한다. 예를 들어 회사의 영업이 부진할 때는 비참가적 우선주를 발행하고 영업상태가 호전되면 보통주식으로 전환할 수 있게 한다면 주주로서는 유리하므로 주주의 모집이 용이하다. 결과적으로 회사의 자금조달이 용이하게 된다.

회사가 전환주식을 발행하려면 전환을 청구할 수 있다는 뜻과 전환의 조건, 전환의 청구기간과 전환으로 인하여 발행할 주식의 수와 내용을 정관으로서 정하였다(상 346조 ② 항), 그리고 위의 사항을 주식청약서 또는 신주인수권증서에도 기재하여야하고(상 347조), 주권과 주주명부에도 전환주식의 발행사항을 기재하여야한다(상 356조 · 352조 3항). 주식의 전환은 기존주식의 내용변경이 아니라, 기존주식을 소멸시키고 그 대신 신주를 발행시키는 것이므로, 회사는 전환청구의 기간 내에는 전환으로 인하여 발행할 주식의 수를 정관에 정한 발행예정주식의 총수(상 289조 1항 3호)중에 유보하여야 한다(상 346조 2항).

전환주식의 주권자가 전환하고자하는 주식의 종류 · 수와 청구년월일을 기재한 청구서 2통을 회사에 제출하면 그 때에 전환의 효력이 발생한다(상 350조 1항). 그러나 주주명부 폐쇄기간 중에 전환된 주식의 주주는 그 기간 중의 총회의 결의에 관하여는 의결권을 행사할 수 없고(상 350조 2항), 전한권을 행사한 주식의 이익이나 이자의 배당에 관하여는 그 청구를 한 때가 속하는 영업도 말에 전환된 것으로 본다(상 350조 3항 1문). 다만 신주에 대한 이익이나 이자의 배당에 관하여는 정관에 정한 바에 따라 그 청구를 한때가 속하는 영업연도의 직전 영업연도 말에 전환된 것으로 할 수 있다(상 350조 2항)

전환으로 인하여 신 주식을 발행하는 경우에는 전환 전의 발행가액을 신주식의 발행가액으로 하기 때문에(상 348조) 전환주식의 발행가액이 그 액면액의 배수인 경우에는 신주식을 그 배수만큼 발행하여야 하므로, 이를 발행하면 자본금은 그 만큼 증가하게 된다. 즉, 전환주식으로 발행당시에 자본준비금으로 적립하였던 액면초과금액은 자본전입을 하게 된다.

상환주식의 경우와는 달리, 전환에 의하여 소멸된 주식의 수만큼 같은 종류의 전환권 없는 주식을 다시 발행할 수 있다. 왜냐하면 전환자체가 다른 종류의 주식으로의 교체에 불과하므로, 재발행을 인정하더라도 이사회의 이 중의 발행수권을 허용하는 것은 아니기 때문이다.

전환으로 인하여 각종 주식의 발행주식수에 변경이 생기면 전환을 청구한 날 또는 주권을 회사에 제출하는 기간이 끝나는 날에 속하는 달의 마지막 날로부터 본점 소재지에서는 2주 내, 지점 소재지에서는 3주 내에 변경등기를 하여야 한다(상 351조).

### 3) 무의결권주식(無議決權株式)

무의결권주식이란 이익배당에 관한 우선적 권리가 보장되는 반면 의결권이 없는 주식을 말한다(상 370조).

투자주주에게는 우선배당만 보장되면 의결권의 포기는 문제시되지 않고, 기업자주주에게는 비교적 소수의 주식보유로 회사의 경영지배가 가능하게 되며, 회사의 입장에서는 거의 총회출석을 기대할 수 없는 투자주주에 대한 총회소집통지를 비롯한 기타의 번잡과 비용지급을 면할 수 있으므로 무의결권주식은 어느 편에나 간편하고 유리한 제도가 될 수 있다.

무의결권주주는 의결권이 없기 때문에 주주총회의 소집통지를 받을 권리가 없다(상 363조 4항). 주주총회의 정족수(定足數)를 계산함에 있어서도 무의결권주식수는 발행주식의 총수에 산입하지 않는다(상 371조). 그러나 무의결권주주도 총회에 출석하여 의견을 진술할 수는 있고 결의취소·무효의 소를 제기할 수도 있으며, 소수주주권을 행사할 수도 있다. 이밖에 신주인수권도 인정된다.

정관변경 또는 회사의 합병으로 인하여 무의결권주주가 손해를 입을 경우에는 무의결권주주의 총회의 결의를 거쳐야 하므로 이 종류 주주총회에서 의결권을 행사할 수 있음은 당연하고, 이사·감사의 책임면제나 유한회사로서의 조직변경의 경우와 같이 총주주의 동의 또는 결의가 필요한 경우에도 의결권을 행사할 수 있다.

## 04 주주명부(株主名簿)

### 1. 주주명부의 의의

주주명부란 주식·주권 및 주주에 관한 사항을 명기하는 장부(상 352조)를 말한다. 이것은 상업장부는 아니다. 이사는 주주명부를 작성(전자문서로 주주명부 작성 가능)하여 회사의 본점 또는 명의개서대리인의 영업소에 비치하여야 한다. 그리고 주주와 회사채권자의 열람청구에 응하여야 한다.

## 2. 주주명부의 내용

회사가 기명주식(記名株式)을 발행한 때에는 주주명부에 주주의 성명과 주소, 각 주주가 가진 주식의 종류와 그 수, 주권을 발행한 때에는 그 주권의 번호, 각 주식의 취득년월일 등을 기재하여야 한다(상 352조 1항). 이밖에 질권등록사항(상 340조) 및 주권불소지사항(상 358조 2항) 등도 기재하여야 한다. 무기명주식(無記名株式)을 발행한 때에는 그 종류 · 수 · 번호 · 발행년월일만 기재하면 된다(상 352조 2항) · 회사가 전환주식을 발행한 때에는 전환의 취지 · 조건 및 기간과 새로이 발행할 주식의 내용을 기재하여야 한다(상 352조 3항 · 347조). 이밖에 임의적 기재사항으로서 공유주식의 권리행사자의 성명과 주소(상 333조 2항) 등이 있다. 주주명부에 기재할 사항을 기재하지 않거나 부실 기재한 이사에 대하여는 과태료의 제재가 있다(상 635조 1항 9호).

## 3. 주주명부의 폐쇄와 기준일

### (1) 주주명부의 폐쇄

회사는 의결권을 행사하거나 배당을 받을 자 기타 주주 또는 질권자로서 권리를 행사할 자를 정하기 위하여 일정한 기간을 정하여 주주명부의 기재변경을 정지할 수 있다. 주주명부의 폐쇄 기간은 3월을 초과하지 못한다. 정관으로 그 기간 또는 날을 지정한 때에는 그러하지 아니하다. 그 기간을 정한 때에는 2주간전에 이를 공고하여야 한다.

### (2) 기준일

회사는 일정한 날에 주주명부에 기재된 주주 또는 질권자를 그 권리를 행사할 주주 또는 질권자로 볼 수 있다. 일정한 날은 주주 또는 질권자로서 권리를 행사할 날에 앞선 3월내의 날로 정하여야 한다. 정관으로 그 기간 또는 날을 지정한 때에는 그러하지 아니하다. 그 날을 정한 때에는 2주간전에 이를 공고하여야 한다.

# 05 주식의 양도

## 1. 주식양도의 의의

주식양도란 사원의 주주권을 표장하는 주식을 법률행위에 의하여 이전하는 것을 말한다. 주식의 양도에 의하여 주주의 지위가 이전되고 주주로서 회사에 대해 갖는 모든 법률적관계가 양수인에게 이전된다. 그러나 주식양도가 이루어지기전 주주총회의 결의에 의하여 확정된 배당금지급청구권, 신주인수권 등과 같이 그 권리가 구체화된 것은 주식의 양도에 의하여 이전되지 아니한다. 주식의 양도는 보통 주권의 교부로써 이루어진다.

## 2. 주식양도의 자유와 제한

주식회사의 주주는 자기가 소지하고 있는 주식을 자유로이 양도할 수 있는 것이 원칙이다. 주주는 주식을 자유롭게 양도할 수 있다는 주식회사의 본질적 특색은 투자자의 자금회수와 투자를 자유롭게 하여 주식회사가 많은 자금을 공급 받을 수 있게 한다. 그러나 1995년 상법개정에서는 주식의 양도는 정관이 정하는 바에 따라 이사회의 승인을 얻도록 할 수 있다고 하여 주식양도에 대한 일정한 제한을 할 수 있도록 하였으며 그 밖에 특별법상에 의하여 제한을 받을 경우도 있다.

상법상의 제한으로는 회사성립 전 또는 신주발행의 효력발생 전의 주식인수인으로서의 지위가 표장되어 있는 권리주의 양도, 주권발행전의 주식의 양도,[31] 회사가 이미 발행한 주식을 주주로부터 다시 취득하는 자기주식거래, 자회사가 모회사와 주식의 상호보유목적으로 모회사의 주식을 취득하는 것 등이 있다.

---

31) 崔(會), 235면, 237면 ;

주권발행전에 유가증권시장 또는 코스닥시장에서의 매매거래를 고객계좌부 또는 예탁자 계좌부상 계좌간의 대체의 방법으로 결제하는 경우에는 상법의 거래제한 규정에도 불구하고 당해 발행회사에 대하여 주관양도의 효력이 있다.

大判 2002. 3. 15. 2000 두 1850 ;

주권발행 전에 한 주식의 양도는 당사자의 의사표시만으로 효력이 발생하고 회사성립 후 또는 신주납입기일 후 6월이 경과할 때까지 회사가 주권을 발행하지 않은 경우 회사에 대한 양도의 효력이 있다.

특별법상의 제한으로는 증권거래법상에서는 공개매수, 외국인 주식 취득, 내부자거래, 단기매매, 증권회사임원 등의 매매거래 등을 금지 · 제한하고 있으며, 독점규제 및 공정거래법상에서는 경쟁을 실질적으로 제한할 목적으로 한 주식취득, 회사지배목적으로 한 주식취득 등을 금지 · 제한하고 있다. 기타 은행법상, 외국인투자촉진법상의 제한 등이 있다.

## 3. 주식양도의 방법 및 명의개서

주식은 기명주식이든 무기명주식이든 주권을 교부함으로서 양도할 수 있다. 또한 주권이 발행되기 전이라도 당사자간의 의사표시로 주식을 양도할 수 있다. 이때 회사성립 후 또는 신주의 납입기일 후 6월이 경과하기 전까지는 주식의 양도가 당사자간에는 유효하지만 회사에 대하여 대항할 수 없다.

기명주식의 양도는 회사에 대항하기 위해 주식취득자의 성명과 주소를 주주명부에 기재하는 명의개서(名義改書)를 하여야 한다(상 337조). 또한 상법은 배서가 형식상 연속하는 한 소지인은 실질적 권리자임을 특히 명백하지 않더라도 정당한 권리자로 추정하여 이 자에게 의무를 이행하면 면책되도록 하고 있다(상 336조 2항, 어음 16조 1항). 이러한 자격수여적 효력은 주권과 요건을 갖춘 양도증서의 소지인(所持人)에게도 인정된다(상 336조 2항).

무기명주식은 무기명채권은 아니나 민법 제523조의 규정을 유추하여 양수인에게 주권을 교부함으로써 양도할 수 있다. 이 경우 교부는 단순한 대항요건이 아니라 주식양도의 효력발생요건이다. 이 외에 상법은 자격수여적 효력을 전제로 하여 권리자인 외관을 신뢰하고 주식을 취득한 자를 보호하기 위해 수표에 있어서와 같은 선의취득(善意取得)을 인정하고 있다(상 359조, 수표 21조). 그리하여 사유의 여하를 불문하고 주권의 점유를 잃은 자가 있는 경우에 그 주권의 소지인은 악의 또는 중개한 과실로 인하여 그 주권을 취득할 때가 아니면 그 주권을 반환할 의무가 없다.[32]

---

32) 朴(新會), 334면.

## 06 주식의 담보(擔保)

주식은 재산적 가치를 갖는 것으로 양도성이 보장되어 있으며, 당연히 담보의 목적이 될 수 있다. 주식의 담보는 주식이 가지는 재산적 가치를 담보로 확보하려는 것으로 주식 담보가 설정된 이후에도 주식을 담보로 제공한 원래의 주주가 주주로서의 지위를 보유하고 의결권, 기타의 공익권을 행사할 수 있다. 따라서 주식이 가진 권리 중 담보의 대상이 되는 것은 자익권뿐이다.33)

### 1. 주식의 입질(入質)

주식의 입질이란 주권이 담보로 설정되는 것을 말한다. 주식양도의 자유가 절대적으로 확보된 것은 주식입질의 가능성도 보장되며, 정관의 규정으로도 입질을 제한하거나 금지할 수는 없다. 그러나 주식에 질권(質權)이 설정되는 경우는 드물며, 일반적으로 주권에 배서를 하거나 양도증서를 첨부하여 양도담보의 방법으로 입질의 목적을 달성시키고 있다.

### 2. 입질의 방법

#### ⑴ 무기명주식(無記名株式)의 입질

무기명주식의 입질은 무기명채권은 아니나 유사한 것이므로 무기명채권의 입질에 관한 민법의 규정을 유추 적용할 수 있다. 따라서 질권을 설정하려면 질권설정계약(質權設定契約)과 주권(株券)을 질권자에게 교부하여야 한다. 또한 질권자가 제3자에게 대항하기 위해서는 주권을 계속하여 점유하여야 한다.

#### ⑵ 기명주식(記名株式)의 입질

기명주식의 입질방법에는 단지 주권만을 교부하는 방법과 주권을 교부하고 주주명부에 등록하는 방법이 있다. 전자를 약식질, 후자를 등록질이라고 하며 질권자는 주주와의 계

33) 崔(會), 281면.

약에 의하여 적당한 방법으로 할 수 있다.

### 1) 약식질(略式質)

약식질은 질권설정계약과 주권의 교부로써 효력이 생긴다(상 338조 1항). 질권자가 제3자에게 질권설정을 주장하기 위하여서는 주권을 계속하여 점유한 필요가 있다(상 338조 2항). 주권은 법률상 당연한 지시증권임으로 지시채권에 대한 질권설정 방법에 관한 민법의 규정에 따라 입질 배서(入質 背書)하여 채권자에게 교부하는 방법도 있다. 회사에 대하여 질권을 설정한 취지를 통지할 필요는 없다.

### 2) 등록질(登錄質)

등록질은 질권설정의 합의와 주권의 교부를 하고 질권설정자(주주)의 청구에 의해 질권자의 성명과 주소를 주주명부에 부기하고 주권에도 그 성명을 기재함으로써 효력이 생긴다(상 340조 1항). 등록할 사항은 질권자의 성명 및 주소만 기재하면 된다. 피담보채권액(被擔保債勸額)이나 변제기 등을 등록할 필요는 없다. 더욱이 등록질의 효력이 생기는 데는 그 주권에 대한 질권자의 기재가 결하여도 지장이 없다.

질권등록의 청구가 있는 경우, 회사는 명의환서(名義換書) 정지기간(주주명부폐쇄기간)중을 제외하고는 등록을 거부할 수 없다.

질권을 설정할 계약을 한 때, 특별한 약속이 없는 한 약식질의 계약을 한 것으로 추정한다. 그러므로 주주명부에 등록할 뜻의 계약을 하지 않는 한 질권자는 등록질인 것을 요구할 수 없는 것이다.

질권설정시 주권에 백지위임장을 하는 것이나 백지양도증서를 첨부할 필요는 없으나 실제로 주식의 입질에 있어서 주권의 명의환서를 위한 백지위임장 또는 백지양도증서와 처분승낙서를 첨부하여 채권자에게 교부하는 경우도 있다.

### 3) 질권등록(質權登錄) 청구절차

질권의 등록은 원칙적으로 질권설정자인 주주가 단독으로 하는 것이다. 질권설정자와 질권자의 계약에 따라서 배당금을 질권설정자가 영수하게 할 수 있게 하기 위해 그것을 명확히 해두는 경우 또는 질권자의 형식적 자격을 만들기 위하여 질권자의 인감계(印鑑届)의 필요가 있으므로 일반적으로 소정의 등록청구서에 질권자와 질권설정자가 연서하여 주권의 첨부하여 회사나 명의개서대리인에게 제출하도록 하고 있다.

## 3. 입질의 효력

① 주식의 질권자는 일반의 질권자와 다름없이 그 주식에서 유치권, 우선변제(優先辨濟), 전질권, 물상대위 등을 갖는다. 물상대위에 관한 민법의 규정이 적용됨은 당연하지만 상법은 이에 관하여 보충적 특별 규정으로서 주식의 소각, 병합, 분할 또는 전환이 있는 때에는 이로 인한 종전의 주주가 받을 금전이나 주식에 대하여도 종전의 주식을 목적으로 한 질권을 행사할 수 있다고 규정하고 있다(상 339조).

② 약식질의 경우, 회사측에서 질권자가 누구인지를 알 수 없으므로 질권자가 물상대위권을 행사하기 위해서는 민법의 일반원칙에 따라 금전의 지급 또는 주권의 교부전에 이를 압류하여야 한다. 그 밖에 입질계약에 다른 정함이 없는 한 이익배당청구권, 잔여재산분배청구권, 신주인수권 등과 같은 자익권에도 질권의 효력이 미치는가에 관하여는 그 견해가 대립되고 있다.

③ 등록질의 경우, 상법상 등록질의 효력에 대하여 명문의 규정을 두고 있다. 따라서 등록질권자는 약식질권자보다 물상대위의 목적물 범위가 넓다. 등록질의 질권자는 입질될 주식에 대한 이익 배당, 잔여재산의 분배 또는 금전의 지급을 받아 다른 채권자에 우선하여 자기채권의 변제에 충당할 수 있다(상 340조 1항). 질권의 등록이 없는 경우 주주명부상에 주주자격의 면책력 때문에 그 실질적 권리를 입증하여도 이 면책력을 배제할 수 있는 권리행사는 인정되지 않는다. 질권을 등록하면 질권자와의 관계에 있어서 면책력을 배제하는 효력이 있다. 따라서 이때에 압류를 할 필요 없이 회사에 대하여 당연히 그 권리를 행사할 수 있다.

## 07 주식의 소각과 병합 · 분할

### 1. 주식의 소각

#### (1) 의 의

주식의 소각(消却)이란 회사의 존속 중에 특정한 주식을 절대적으로 소멸시키는 회사의 행위이다. 주식의 소각은 주주측에서 보면 그의 소유주식의 일부가 절대적으로 소멸되는 것이고, 회사측에서 보면 자본금액이 감소되는 것이므로 엄격한 규제가 따른다.

주식의 소각에는 자본금감소의 규정(상 343조 1항)에 의해서만 할 수 있다. 다만, 이사회의 결의에 의하여 회사가 보유하는 자기주식을 소각하는 경우에는 그러하지 아니한다. 전자는 자본금이 감소함으로 반드시 채권자보호절차를 밟아야 한다.

이익으로서 하는 소각에는 특정 종류의 주식, 즉 상환주식의 상환에 의한 소각(상 345조)과, 모든 주식에 대하여 평등하게 하는 이익소각(상 343조 1항 단서)이 있다.

이익소각은 매장량이 한계에 달하는 광산산업과 같이 회사의 존속기간이 예정된 경우 청산절차를 쉽게 하기 위한 경우나 주식의 단가(單價)를 높이기 위하여 행하는 경우가 많다.

#### (2) 소각의 방법

주식의 소각에는 주주의 의사에 따라 하는 임의소각(매입소각)과 주주의 동의 없이 추첨(抽籤) · 안분(按分) · 비례(比例) 등 회사의 일방적 행위에 의한 강제소각의 방법이 있다. 임의소각은 자기주식의 취득을 필요로 하지만, 강제소각은 그렇지 않으므로 회사는 3개월 이상의 기간을 정하여 주식을 소각한다는 뜻과 그 기간 내에 주권을 회사에 제출할 것을 공고하고, 주주명부에 기재된 주주와 질권자에게는 개별적으로 그 통지를 하여야 한다(상 440조).

또한, 소각되는 주식에 대해 주주에게 대가를 지급하는 유상소각(有償消却)과, 대가없이 소각하는 무상소각(無償消却)의 방법이 있다. 유상소각을 하는 경우의 재원은 배당 가능한 이익으로써 하는 경우와 자본금에 속하는 재산으로써 하는 경우가 있다. 이익소각(利益消却)과 상환주식(償還消却)의 소각은 전자를 따르게 되고, 자본금감소에 의한 소각은 후자를 따르게 한다.

### ⑶ 소각의 요건

주식의 소각은 주주 또는 회사채권자에게 불리하게 될 위험이 크므로 엄격한 요건을 갖추게 된다.

이익소각은 일정한 기간 내에 기업의 경제적 가치가 소멸하는 회사가 해산하는 경우에 청산절차를 간단하게 하기 위하여 또는 주식의 단가를 높이기 위하여 이용되는 것으로 이를 실행하기 위해서는 첫째, 정관에 이에 관한 규정이 있어야 한다. 즉, 원시정관 또는 총주주의 동의로써 변경한 정관에 그 뜻과 방법 · 가액 등 기본사항에 관한 규정이 있어야 한다(상 343조 1항 단서). 정관의 이러한 사항은 등기해야 하며(상 317조 2항 6호), 주식청약서와 신주인수권증서에 이를 기재하여야 한다(상 302조 2항 7호 · 420조 2호).

2001년 개정상법은 정관에 규정이 없더라도 정기주주총회의 특별결의에 의하여 주식을 소각할 수 있도록 하였으며, 주주총회의 특별결의에 의한 소각은 다음 정기총회시까지 가능하다.

둘째, 배당가능이익이 존재해야 한다. 여기서 배당가능이익이란 대차대조표상의 순자산액으로부터 자본금 · 법정준비금 그 결산시에 적립해야 할 이익준비금의 합계액을 공제한 잔액이다.

셋째, 이익소각에 관한 사항은 등기하고 또 주식청약서 및 신주인수권증서에 기재하여 공시하여야 한다(상 317조 2항 6호 · 302조 2항 7호).

자본금감소에 의한 소각은 주주총회의 특별결의가 있어야 한다. 자본금감소에 관한 의안의 요령 등이 기재된 주주총회소집의 통지와 공고(상 438조 2항 · 상 363조)를 통하여 소집된 주주총회에서는 소각의 방법 등에 대해 구체적인 사안을 정해야 한다(상 343조 1항 · 438조 3항 · 439조 1항). 그리고 자본금감소를 위한 주식소각은 곧 채권자의 담보액의 감소를 가져오는 것이기 때문에, 상법의 규정에 따라 채권자보호절차를 밟아야 한다(상 439조 2 · 3항 · 232조 · 635조 1항 14호).

### ⑷ 소각의 효과

소각의 효력발생시기는 강제소각의 경우에는 주권제출기간이 만료한 때(상 343조 2항 · 440조 · 441조)이고, 임의소각의 경우에는 회사가 일시적으로 자기주식을 취득한 후 실효절차를 밟은 때(상 341조 1항 · 342조)이며, 자본금감소의 경우에는 채권자보호절차를 종료한 때(상 343조 2항 · 440조 · 441조)이다. 그러므로 유상소각의 경우에 주주에게 대가의 지급이나 회사에 대한 주권의 제출은 소각의 효력과는 상관없다.

소각에 의하여 주식은 소멸하고, 그 만큼 발행주식총수가 감소한다. 따라서 회사는 이로 인한 변경등기를 하여야 한다(상 341조 1호 · 342조).

주식의 소각이 자본금감소의 규정에 의한 때에는 자본금이 감소되지만, 이익소각의 경우에는 배당가능이익으로써 주식을 소각한 것이므로 자본금감소가 되지 않는다. 다만, 발행주식총수만이 감소되어 자본금과 주식의 관계(상 451조)에 있어서 일치하지 않는 현상이 생긴다. 그러므로 소각의 결과 발행주식수가 발행예정주식총수의 4분의 1 이하가 되는 경우가 있을 수 있으나, 소각된 주식수는 발행예정주식수 중에 미발행주식에 포함되지 않으므로 소각된 주식수 만큼 신주를 발행할 수도 없다. 따라서 발행주식의 총액이 자본금액과 일치하지 않는 경우가 있을 수 있다.

## 2. 주식의 병합

### (1) 의 의

주식의 병합(consolidation of share)이란 2개 이상의 주식을 합하여 그보다 적은 주식으로 하는 것이다. 주식의 병합결과 발행주식수는 감소하게 된다.

주식의 병합(倂合)은 자본금을 감소시키고자하는 경우에 자본금감소의 방법으로나(상 431조 1항), 주식회사의 합병의 경우에 합병 당회사간의 재산상태가 서로 다를 경우, 또는 유한책임의 원칙이나 주주평등의 원칙에 따라 1주의 금액을 일치시키고자 주식의 금액을 인상하는 경우에 하게 된다. 따라서 주권의 합병과는 다르다.

### (2) 병합의 절차

회사는 3월 이상의 기간을 정하여 병합의 뜻과 기간 안에 구 주권을 회사에 제출할 것을 공고하고, 주주명부에 기재된 주주와 질권자에게는 개별적으로 그 통지를 하여야 한다(상 440조). 그 기간내에 제출되지 않은 주식은 모두 단주로 처리된다(상 443조).

만일의 경우에 구 주권을 회사에 제출할 수 없는 자가 있는 때에는 회사는 그자의 청구에 의하여 이해관계인에 대하여 그 주권을 제출할 뜻을 청구자의 비용으로 공고하고, 그 기간이 경과한 후에 신 주권을 청구권자에게 교부할 수 있다(상 442조).

또한 병합에 적당하지 아니한 수의 주식이 있을 때에는 즉, 단주인 경우에는 그 병합에 적당하지 아니한 부분에 대하여 발행한 신주식을 경매하여 각 구주의 수에 따라 그 대금을 주주에게 지급하여야 한다. 그러나 거래소의 시세가 없어 경매할 수가 없는 주식은 법원의 허가를 얻어 경매 이외의 방법으로 임의매각 할 수 있다(상 443조 1항). 이 때에 단주인 구 주권을 제출할 수 없는 자가 있는 때에는 구 주권 제출불능의 경우와 같은 절차를 밟은 후에 대금을 지급하면 된다(상 422조 · 443조 2항).

무기명주권의 경우 주권제출기간 안에 제출하지 아니한 때는 단주의 처리에 관한 규정을 준용한다(상 444조).

### ⑶ 병합의 효과

주식의 병합은 원칙적으로 주권제출기간이 만료한 때 그 효력이 생기나, 채권자보호절차를 필요로 하는 경우에는 그 절차가 종료한 때 그 효력이 생긴다(상 441조), 주권의 제출만으로는 주식의 병합의 효력이 생기지 않는다.

주식병합으로 회사가 발행한 주식총수가 감소되고, 주주의 권리는 병합 후의 신주식에 귀속되는 병합의 효과가 발생된다. 또한 구주식을 목적으로 하였던 질권은 병합으로 인하여 주주가 받을 신주식과 금전에 존재하게 된다.

기명주식의 경우 병합에 의하여 발행될 신주식과 단주를 받을 자는 주권제출기간이 만료한 때의 주주명부상의 주주이다. 이때에 소지의무가 있는 기명주식인 경우에는 구주권을 제출한 후에 신주권을 교부 받아야 한다. 구주권을 제출할 수 없는 경우에는 이의 최고절차를 밟은 후에 신주권을 교부 받을 수 있다(상 442조). 무기명주식인 경우에는 주권제출기간 안에 주권을 제출한 주주에게만 신주권이 교부되고 그 기간 내에 제출되지 않은 것은 모두 단주로 처리된다(상 444조).

주식의 병합은 회사의 발행주식 총수가 변경되기 때문에 이로 인한 변경등기하여야 한다(상 317조 3항 · 183조).

## 3. 주식의 분할

### (1) 의 의

주식의 분할이란 이미 발행된 주식을 세분화하여 발행주식 총수를 증가시키는 행위로 말하는 것으로 회사의 자본금의 변동은 없다. 주식분할은 주가가 지나치게 높아 주식의 유통이 협소할 때 주식을 분할하여 주당 주가를 낮추고 그 수를 증가시킴으로써 유통시장을 넓힐 수가 있고, 이익배당의 조정 또는 신주의 발행이나 합병을 준비하는 데 편리하기 때문에 상법에는 주식의 분할에 관한 명문규정이 없으나, 이를 부인하는 것은 아니다.

### (2) 분할의 절차

주식 분할은 자본금의 변동이 없으므로 주주와 회사채권자의 이익을 해칠 염려도 없다. 따라서 회사는 언제든지 이사회의 결의로 그 분할을 결정할 수 있다. 그러나 분할된 1주의 금액은 분할전 주의 금액보다 낮아지는 변동으로 해서 정관의 절대적 기재사항인 1주의 금액을 변경하여야 한다. 이를 위해 정관변경을 위한 주주총회의 특별결의가 있어야 한다(상 289조 1항 4호 · 434조).

주권제출의 최고, 신주권의 교부 등 그 절차 및 효력에 관하여는 주식병합에 관한 규정을 준용한다고 본다(상 440조 · 442조 · 414조).

### (3) 분할의 효과

주식 분할의 효력은 주권제출기간이 만료한 때에 생긴다(상 441조의 유추). 주식분할의 효력이 생기면 회사의 발행주식총수가 증가하고, 구주식에 대한 질권은 신주식에 대하여 행사할 수 있다(상 339조의 유추). 그러나 분할에 의하여 발행되는 주식은 주주평등의 원칙에 따라 각 주주가 소지하고 있는 구주식수에 따라 배분되므로 주주의 지위는 실질적으로 아무 변동이 생기지 않는다.

주식분할의 결과 회사의 발행주식 총수가 변경되므로, 변경등기를 해야 한다(상 317조 2항 3호 · 317조 3항 · 183조).

# 단답형 문제

**01** (                )란 주식의 귀속주(歸屬主)를 말하며, 주식회사의 사원(社員)이다.

**02** 주식은 주권(株券)과 주주명부(株主名付)에 주주의 성명이 기재 되는가 않는가에 따라 (                )과 (                )으로 구분된다. 상법상 발행할 수 없는 주식은 (                )이다.

**03** 특수한 주식으로 (                )이란 발행 당시부터 회사가 이익으로써 소각할 것이 예정된 종류의 주식이다.

**04** 주주평등의 원칙의 예외로서 주주권의 내용이 서로 다른 (                )을 발행할 수 있다. 재산적 내용에 따라서 보통주(普通株)・우선주(優先株)・후배주(後配株)・혼합주(混合酒)로 나눌 수 있다.

**05** (                )은 수종의 주식에 부가된 특성에 따라서 상환주식(償還株式)・전환주식(轉換株式)・무의결권주식(無議決權株式)으로 나눌 수 있다.

**06** (                )이란 이익배당에 관한 우선적 권리가 보장되는 반면 의결권이 없는 주식을 말한다.

**07** (                )란 주식・주권 및 주주에 관한 사항을 명기하는 장부(상 352조)를 말한다. 이것은 상업장부는 아니다.

**08** 주주명부의 폐쇄 기간은 (                )을 초과하지 못한다. 정관으로 그 기간 또는 날을 지정한 때에는 그러하지 아니하다.

09 (            )이란 2개 이상의 주식을 합하여 그보다 적은 주식으로 하는 것이다. 주식의 병합결과 발행주식수는 감소하게 된다.

10 회사는 (            )의 기간을 정하여 병합의 뜻과 기간 안에 구 주권을 회사에 제출할 것을 공고하고, 주주명부에 기재된 주주와 질권자에게는 개별적으로 그 통지를 하여야 한다.

11 (            )란 주식을 법률행위에 의하여 이전하는 것을 말한다.

12 주식은 기명주식이든 무기명주식이든 주권을 (            )함으로서 양도할 수 있다. 또한 주권이 발행되기 전이라도 당사자간의 (            )로 주식을 양도할 수 있다.

13 주식양도는 자유이나, 정관이 정하는 바에 따라 (            )의 승인을 얻도록 할 수 있다.

14 회사성립 후 또는 신주의 납입기일 후 (            )월이 경과하기 전까지는 주식의 양도가 당사자간에는 유효하지만 회사에 대하여 대항할 수 없다.

| 1 | 주주 | 2 | 기명주식, 무기명주식, 무기명주식 |
|---|---|---|---|
| 3 | 상환주식 | 4 | 수종의 주식 |
| 5 | 특수한 주식 | 6 | 무의결권주식 |
| 7 | 주주명부 | 8 | 3월 |
| 9 | 주식의 병합 | 10 | 3월 이상 |
| 11 | 주식양도 | 12 | 교부, 의사표시 |
| 13 | 이사회 | 14 | 6월 |

# 메모

60 SECONDS
IS IT ENOUGH FOR YOU ?

60 MINUTES
IS IT ENOUGH FOR YOU ?

24 HOURS
IS IT ENOUGH FOR YOU ?

30 DAYS
IS IT ENOUGH FOR YOU ?

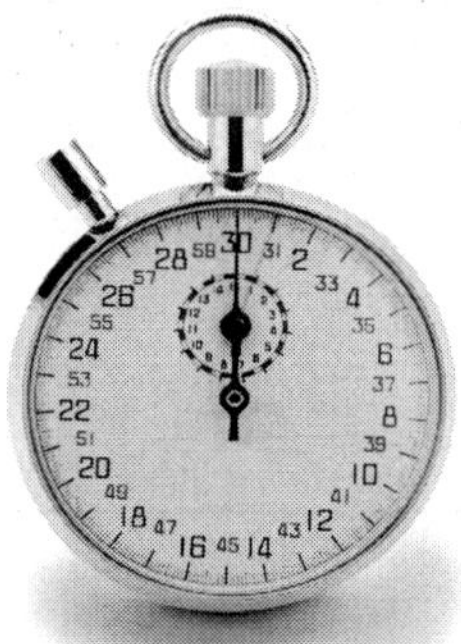

# 5
CHAPTER
# 주식회사의 기관

기업법강의

Chapter

# 05 주식회사의 기관

## 01 서 설

### 1. 의 의

회사의 기관(機關)이란 법인격을 지닌 회사를 대행하여 회사의 의사를 결정하고 실행하는 지위에 있는 내부조직의 특정인을 말한다. 주식회사도 다른 회사와 마찬가지로 사단법인이므로(상 169조 · 171조), 법률상 독립된 권리주체인 권리능력자이기는 하나, 주식회사 자체가 활동할 수 없으므로 구체적인 일을 맡아 활동하기 위해서는 자연인을 필요로 한다. 이 자연인을 주식회사의 기관이라 한다.

회사의 기관으로 인적회사는 그 사원이 이익의 주체인 동시에 회사채권자에 대하여 직접 책임을 지므로 사원이 곧 기관이 될 것을 요구한다. 그러나 물적회사인 주식회사의 경우에는 사원인 주주가 주식회사의 존재의 기초이며 소유권자이나 경제적으로 소유와 경영의 분리 현상으로 인하여 회사의 기관이 되어야 한다는 필요성은 없다. 회사의 기관은 복수인 일 때가 있지만, 단 1명일 때도 있다.

### 2. 종 류

우리나라의 현행 상법상 주식회사의 기관은 크게 필요기관과 임시기관으로 분류될 수 있다. 주식회사의 필요적 상설 기관으로는 주주총회, 이사회와 대표이사 그리고 감사 또는 감사위원회가 있으며, 임시기관으로는 검사인 등이 있다. 주주총회는 회사의 기본적인 사항에 관한 의사결정기관이며, 이사회와 대표이사는 회사의 업무집행기관이다. 그리고 감사[34] 또는 감사위원회는 이사의 업무 및 회계에 관한 감사기관이다. 검사인은 주식회사의 설립절차 또는 업무나 재산상태 등을 조사하는 기관이다.

현행 상법상 주식회사의 기관은 몇 번의 상법개정 거치면서 권한의 재분화가 이루어진 것이다. 1962년에 제정된 구상법에서는 영미법상의 이사회제도를 채택하여 종래의 삼권분립(三權分立)적 기관의 분화방식을 수정하여 권한의 재분배를 단행하였다. 즉, 종전에 인정하던 주주총회의 권한을 축소하는 한편, 이사회는 주주총회에서의 결정사항만 집행하는 것이 아니라, 중요한 업무상의 의사결정과 업무감독권의 인정, 대표이사의 선임(상 393조의 2 2항) 등 권한이 재분배되고 강화되었다. 한편 이러한 이사의 권한남용을 방지하기 위하여 감사의 권한을 한층 더 강화하는 상법개정을 하였다. 1998년 개정상법에서는 종래의 감독기관이었던 감사이외에 사외이사(outside director)제도를 수용하고 이들 사외이사를 중심으로 구성되는 감사위원회를 신설할 수 있도록 하여 이사에 대한 감독기능을 크게 강화하였다.

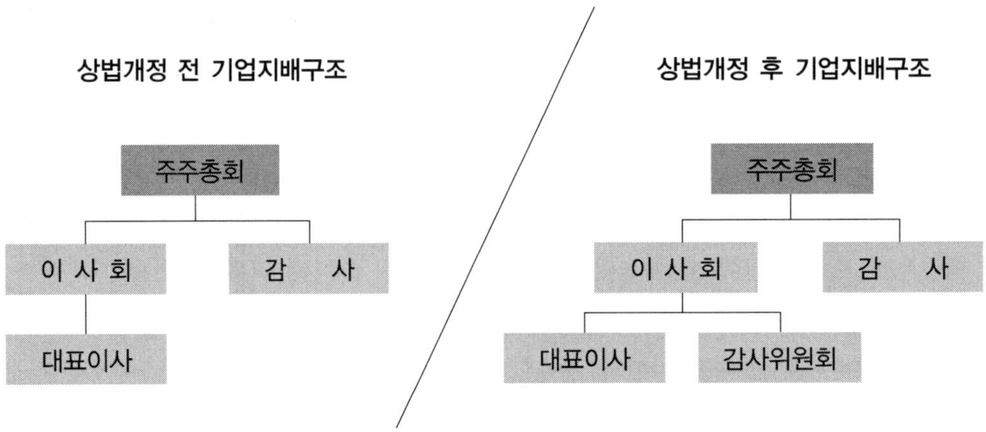


**〈그림 5-1〉 주식회사 기관 조직**

34) 「주식회사의 외부감사에 관한 법률」에 의하여 일정규모이상의 주식회사에 대한 회계감사기관으로서 「외부감사인」이 있다.

## 02 주주총회

### 1. 의 의

#### (1) 개 념

주주총회(株主總會)란 상법 또는 정관에 규정한 사항에 한하여 주주들의 의사표시로써 회사의 의사를 결정하는 회사의 최고의 필요적 기관을 말한다. 총회는 정기적으로 또는 필요에 따라 소집되어 개최되는 회의체로서 상설기관은 아니다.

#### (2) 지위의 변항

총회의 법적 지위는 법률정책변화에 따라 다르게 되었다. 종전의 의용상법 하에서의 총회는 회사의 주인인 주주로 구성된다는 점에서 그 권한이 매우 광범위하여 강행법규 또는 선량한 풍속 기타 사회에 반하지 않는 한 어떠한 사항도 결의할 수 있는 최고 만능의 기관이다.

그러나 현행 상법은 영미법의 수권자본 및 이사회제도를 도입하게 되어 종전의 주주총회중심주의에서 이사회중심주의로 옮겨졌다. 근대 기업의 발달이 경영에 관한 전문적 지식과 기술을 요구하는 반면에 주식의 분산에 따라 주주의 양적인 증가와 질적인 변화를 초래한 결과와 기업경영 지배의 목적으로 기업에 참여하는 대주주들의 의사결정의 광장인 주주총회는 그 기능이 상실하지 않을 수 없게 되었다. 따라서 상법개정 등을 통하여 종전의 주주총회결의사항의 상당부분이 소수의 전문경영인의 회의체인 이사회의 소관사항으로 넘어오게 된 것이다.

그러나 주주총회는 회사의 집행기관의 구성원인 이사와 감독기관인 감사의 임명권이 있고(상 382조 1항 · 385조 1항 · 409조 1항 · 415조), 정관의 개정권(상 433조) 등 중요한 사항에 대해서는 주주총회의 결의를 요하도록 되어 있어 간접적으로 회사경영에 결정적 영향을 줄 수 있으므로 아직도 최고 기관적인 면모를 가지고 있다.

주주총회의 구성원인 주주들 중 대부분은 투자주주들이다. 이들은 주가변동에만 관심을 두고 있을 뿐 주주총회에 출석을 하지 않는 것이 상례이다. 이로 해서 주주총회는 주주총회 참석 주주들의 소유주식 1주 1권한 행사로 결의가 이루어짐으로 결국 대주주의 기업지배의 편리한 수단으로 악용되는 교묘한 법적장치가 되는 문제점을 지니고 있다.

## 2. 권 한

주주총회의 권한사항은 상법 또는 정관에 규정한 것뿐이며(상 361조), 포괄적인 권한은 없다. 이런 점에서 총회의 의결사항은 한정된 것이라고 할 수 있다.

총회의 결의사항은 상법 또는 정관의 규정에 의한 것과 해석상의 것으로 나누어 볼 수 있다.

### (1) 상법 및 특별법상의 결의사항

상법상의 결의사항은 그 결의방법에 따라 보통결의사항, 특별결의사항과 특수결의사항으로 나눌 수 있으며, 이것은 재산권의 처분·변경에 관한 것과 경영진에 대한 인사권이라 할 수 있다. 이 법정사항은 총회의 고유의 본질적인 것이므로 정관으로서도 이를 박탈할 수 없다.

상법이외의 회사정리법, 증권거래법과 같은 특별법에 규정된 총회의 결의사항이 있다.

#### 1) 보통결의사항(普通決議事項)

보통결의사항으로는 검사인의 선임(상 366조 3항·367조·542조 2항), 이사·감사 또는 청산인의 선임 및 보수의 결정(상 382조 1항·409조 1항·388조·415조·542조 2항), 이사의 경업의 승인과 개입권의 행사(상 397조 1·2항), 주식의 배당(상 462조의 2), 이사 청산인의 재무제표 등의 승인(상 449조·542조 1항), 배당지급시기의 특정(상 464조의 2 ①항 단서), 이사·감사 또는 청산인의 책임해제의 유보(상 450·542조 2항), 준비금의 자본금전입(상 461조 1항 단서), 전환사채의 발행사항의 결정(상 513조 2항 단서), 신주인수권부사채의 발행사항의 결정(상 516조의 2단서), 총회의 연기 또는 속행의 결정(상 392조), 청산인의 해임(상 539조 1항), 청산종결의 승인(상 540조 1항) 등이 있다.

보통결의는 출석한 주주의 의결권의 과반수와 발행주식총수의 4분의 1이상의 수를 요한다(상 368조 1항).

### 2) 특별결의사항(特別決議事項)

특별결의사항으로는 정관의 변경(상 433조 · 434조), 자본금의 감소(상 438조 1항), 회사의 해산(상 518조), 회사의 계속(상 519조), 회사의 합병계약서의 승인(상 522조), 신설합병의 경우의 설립위원의 선임(상 175조 2항), 이사 · 감사의 해임(상 385조 1항 · 415조), 영업의 전부 또는 중요한 일부의 양도(상 374조 1항), 영업전부의 임대 또는 경영위임, 타인과 영업의 손익전부를 같이 하는 계약, 기타 이에 준할 계약의 체결 · 변경 또는 해약(상 374조 2호), 다른 회사의 영업 일부의 양수(상 374조 3항), 사후설립[35](상 375조), 주식의 할인발행(상 471조 1항), 주주 이외의 자에 대한 전환사채의 발행사항의 결정(상 513조 3항) 등이 있다.

특별결의는 출석한 주주의 의결권의 3분의 2 이상의 수와 발행주식총수의 3분의 1 이상의 수를 요한다(상 434조).

### 3) 특수결의사항(特殊決議事項)

특수결의사항으로는 발기인 · 이사 · 감사 또는 청산인의 회사에 대한 책임의 면제(상 324조 · 400조 · 415조 · 542조 2항), 유한회사로의 조직변경(상 604조) 등이 있다. 특수결의는 총주주의 동의를 요한다.

## ⑵ 정관상의 결의 사항

정관에서 정한 사항이란 상법에 규정이 없는 사항으로서 주식회사의 본질이나 강행법규에 반하지 아니하는 것과 상법의 규정에 의하여 주주총회의 권한으로 유보되어 있는 것을 말한다.

그 밖에 상법상의 유보조항 없이 상법에서 총회가 아닌 다른 기관의 권한으로 규정하고 있는 사항을 총회의 권한으로 정관에서 규정할 수 있는가에 대해서는 그 성질상 총회의 권한으로 할 수 없다는 것이 일반적인 견해이다.

## ⑶ 기타 결의사항

기타 결의사항으로는 법정결의사항이 아니더라도 성질상 당연히 주주총회의 결의사항인 것으로 총회에서 선임한 검사인에 대한 보수의 결정이나 그 해임 또는 총회의 의장을 선임하는 것 등이 있다.

---

35) 회사가 그 성립 후 2년 내에 그 성립 전부터 존재하는 재산으로서 영업을 위하여 계속 사용해야 할 것을 자본의 20분의 1 이상에 해당하는 대가로 취득하는 계약

## 3. 소 집

### (1) 소집권자(召集權者)

주주총회의 소집은 원칙적으로 이사회가 한다(상 362조). 그러나 소수주주, 감사, 법원의 명령에 의하여 소집되는 예외적인 경우도 있다(상 365조 2항 · 412조의 2 · 467조 3항).

#### 1) 이사회

총회의 소집은 상법에 다른 규정이 없는 한 원칙적으로 이사회에서 결정하고(상 362조), 구체적인 소집절차는 대표이사가 밟는다. 대표이사가 총회의 구체적인 소집절차를 밟는다 하더라도 소집통지에 필요로 하는 그 일시 · 장소 · 의안 등의 내용은 이사회에서 미리 결의하여야 할 것이다.

만일 이사회의 결의 없이 대표이사가 독단적으로 소집한 총회에서 결의한 사항은 결의취소의 소의 원인이 된다. 다만, 청산 중에 있는 회사는 청산인회에서 소집결정을 하고 구체적인 소집절차는 대표청산인이 한다(상 542조 2항 · 362조).

#### 2) 소수주주

의결권이 있는 발행주식 총수의 100분의 3 이상(자본금 1천억원 이상인 회사는 0.5)에 해당하는 주식을 가진 소수주주는 회의의 목적사항과 소집의 이유를 기재한 서면 또는 전자문서를 이사회에 제출하여 임시총회의 소집을 청구할 수 있다(상 366조 1항), 이 청구를 받은 이사회가 지체없이 소집절차를 취하지 않을 때에는 법원의 허가를 얻어 소수주주가 직접 총회를 소집할 수 있다(상 366조 3항).

#### 3) 감사 또는 감사위원회(監査委員會)

감사 또는 감사위원회는 회의의 목적사항과 소집의 이유를 기재한 서면을 이사회에 제출하여 임시총회의 소집을 청구할 수 있다(상 412조의 3 1항). 이 청구를 받은 이사회가 지체 없이 소집절차를 취하지 않을 때에는 감사는 법원의 허가를 얻어 직접 총회를 소집할 수 있다(상 412조의 3 2항).

#### 4) 법원

법원이 소수주주의 청구에 의하여 검사인을 선임하고, 선임된 검사인이 회사의 업무와 재산상태를 조사한 후 보고서에 의하여 주주총회소집이 필요하다고 인정되면 법원이 대표이사에게 총회의 소집을 명할 수 있다(상 467조 1항 · 467조 2항 · 467조 3항). 이 경우 대표이사는 지체없이 총회를 소집하여야하며 이를 위반할 시는 과태료의 제재를 받는다(상 635조 1항 20호).

### ⑵ 소집시기(召集時期)

총회는 소집시기를 기준으로 매 결산기에 소집되는 정기주주총회와 필요한 경우에 수시로 소집되는 임시주주총회가 있다.

### ⑶ 소집지(召集地)

주주총회는 정관에 다른 규정이 없으면 본점 소재지 또는 이에 인접한 장소에 소집하여야 한다(상 364조 1항). 소집지에 관하여 이러한 제한을 둔 것은 주주의 출석 편의를 위해서이며 더나가 회사가 고의로 주주의 출석이 곤란한 장소로 정하는 것을 방지하기 위해서이다. 만일 소집통지 또는 공고상에 소집장소의 기재가 없으면 본점이 소집장소가 되겠다.

### ⑷ 소집절차(召集節次)

주주총회를 소집함에 있어서는 기명주주에게는 통지하여야 하고, 무기명주주에게는 공고하여야 한다.36)

기명주식을 발행했을 경우에는 주주명부상의 각 주주(상 353조)에 대하여 회일의 10일간 전에 반드시 서면37) 또는 전자문서로 총회소집의 통지를 하여야 하고(상 363조 1항), 그 통지서에는 회의의 목적사항38)을 기재하여야 한다(상 363조 3항 · 438조 2항 · 522조 2항). 그러나 그 통지가 주주명부상의 주주의 주소에 계속 3년간 도달하지 않을 때에는 회사는 당해 주주에게 총회의 소집을 통지하지 않을 수 있다(상 363조 1항 단서).

---

36) 大判 1979. 6. 26. 78 다 194, 大判 1981. 7. 28. 80 다 128 ;
대부분의 주주에게 소집통지를 하지 아니한 경우에는 결의불존재(決議不存在)의 원인이 되나 일부 주주에게 하지 아니한 경우에는 결의 취소의 사유가 된다.

37) 구두, 전화 등에 의한 통지, 회람, 안내, 방송 등은 허용되지 않는다. 그러나 개개의 주주가 이러한 소집통지를 받을 권리를 포기하거나 또는 전화나 구두에 의한 통지에 동의하는 것은 무방하다.[鄭(東)(會), 304면, 307면, 李 · 李(會), 471면, 473~474면, 李(會), 481면]

38) 목적사항이란 결의사항을 말하며, 결의사항이 정관의 변경 기타 중요한 사항일 때는 의안의 요령도 기재하여야 한다(상 433조 2항 · 522조 2항).

또한 주권상장법인 또는 코스닥상장법인의 주주총회소집에 있어서는 기명주주의 경우에도 대통령이 정하는 수(의결권이 있는 발행주식총수의 100분의 1) 이하의 주식을 소유하는 주주에 대하여는, 회일의 2주간 전에 총회를 소집한다는 뜻과 회의목적사항을 2개 이상의 일간지에 각각 2회 이상 공고함으로써 소집통지에 갈음할 수 있다(증 191조의 10 1항).

무기명주권을 발행하였을 경우에는 회일의 3주간 전에 총회를 소집하는 뜻과 소정사항을 공고하여야 한다(상 363조 3항 · 433조 2항 · 522조 2항).

그러나 의결권이 없는 주주에게는 통지나 공고를 할 필요가 없다(상 363조 3항). 또, 총회에서 회의의 속행(의사에 들어가기는 하였으나 종결하지 못하고 나머지 의사를 다음 회일에 계속하는 것) 또는 연기(총회가 성립한 후 의사에 들어가지 않고 회일을 후일로 다시 정하는 것)의 결의를 한 경우에는 다시 소집절차를 취할 필요가 없다[39](상 372조). 1인 회사나 모든 주주가 총회를 개최할 것에 동의하여 출석한 경우의 총회는 소집절차를 밟지 아니하였을지라도 유효하다고 본다.[40]

---

39) 大判 1989. 2. 14. 87 다카 3200 ;
주주총회의 계속회가 동일한 안건 토의를 위하여 당초 회의일로 부터 상당한 기간 내에 적법하게 거듭 속행되어 개최되었다면, 당초의 주주총회와 동일성을 유지하고 있다고 할 것이므로 별도의 소집절차를 밟을 필요가 없다.

40) 大判 1979. 6. 26. 78 다 194 ;
주주총회의 특별결의시 그 주주총회가 상법 소정의 적법한 소집절차를 경유하지 않았다 하더라도 주주 7인 전원이 출석하여 만장일치로 결의한 경우라면 위 주주총회는 이른바 전원출석총회로서 그 결의는 주주총회의 결의로서 유효하다.

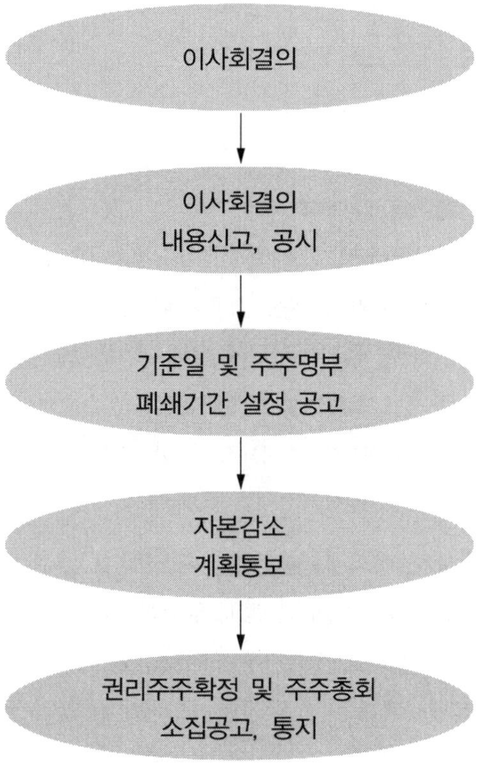


〈그림 5-2〉 주주총회의 개최절차

### (5) 주주제안권

주주제안권이란 소수주주(발행주식총수의 3/100 이상)가 회사에 대하여 일정한 사항을 주주총회의 의제와 의안으로 할 것을 이사에게 제안할 수 있는 권리를 말한다.

### (6) 주주의 의결권

#### 1) 의결권의 의의 · 성질

의결권이란 주주가 총회에 출석하여 결의에 참가할 수 있는 권리이다. 이것은 총회에 단순히 참가할 수 있는 권리인 참가권과는 다르며, 회사의 경영에 참여하는 기본적인 권리이다. 의결권은 회사의 의사결정 방법으로 채용한 다수결 원리의 기초가 되는 것으로서 주주에게 부여된 고유권한인 자익권과 공익권 중 공익권에 속한다. 따라서 의결권은 주주의 고유권에 속하므로, 법률에 다른 규정이 있는 경우가 아니면 정관 또는 총회의 결의로써도 박탈 또는 제한하지 못하며, 주주도 이를 포기하지 못한다. 또한 의결권은 주식과 분리하여 양도할 수 없다.

### 2) 의결권의 수

#### ㈎ 일주일의결권(一株一議決權)의 원칙

주주의 의결권은 1주식마다 1개로 함이 원칙이다(상 369조 1항). 이 원칙의 규정은 법이 특별히 인정한 예외의 경우를 제외하고는, 정관이나 총회의 결의, 또는 주주 당사자간의 계약에 의해서도 이 원칙에 대한 예외를 둘 수 없는 강행법규이다. 그리고 우리나라 상법은 복수의결권제도(특정한 주식에 대하여 여러 개의 의결권을 인정하는 것)나 누적투표권제도(1주식에 대하여 복수의 의결권이 부여되는 것)가 인정되지 않는다.

#### ㈏ 예외

1주 1의결권의 원칙에 대한 예외로서 상법상 인정하고 있는 것은 무의결권주식(상 370조 1항), 회사의 자기주식(상 369조 2항), 상호보유주식[41](상 369조 3항)으로 이는 의결권이 없으며, 특별이해관계인이 소유하고 있는 주식[42](상 368조 4항), 감사선임의 경우 대주주가 갖고 있는 일부 주식[43]의 경우는 의결권이 제한되어 있다(상 409조 2항).

### 3) 의결권의 행사

의결권의 행사는 기명주식을 가진 주주는 주주명부상의 명의개서(名義改書)만으로 주권의 제시 없이 행사할 수 있고, 무기명 주식을 가진 주주는 회일 1주일 전에 그 주권을 회사에 공탁함으로써 행사할 수 있다. 의결권의 행사는 주주 자신이 행사하는 것을 원칙으로 하나, 회사는 이사회의 결의로 주주가 총회에 출석하지 아니하고 전자(인터넷)적 방법으로 의결권을 행사할 수 있다. 그러나 대리인으로 하여금 대리권을 증명하는 서면(위임장)을 제출하고 의결권을 행사하게 할 수 있다[44](상 368조 3항). 정관으로 대리인자격을

41) 갑회사가 을회사의 발행주식총수의 10분의 1을 초과하는 주식, 모회사인 갑회사와 자회사인 병회사가 합하여 또는 자회사인 병회사만이 을회사의 발행주식총수의 10분의 1을 초과하는 주식

42) 특별한 주주가 주주의 입장을 떠나서 개인적으로 이해관계를 가지는 자가 소유한 주식

43) 의결권이 없는 주식을 제외한 발행주식총수의 100분의 3을 초과하는 주식

44) 大判 1995. 2. 28. 94 다 34579 ;
상법 제368조 제3항은 주주의 의결권을 대리 행사하고자 하는 자는 대리권을 증명하는 서면을 총회에 제출하도록 규정하고 있는 바, 위 규정은 대리권의 존부에 관한 법률관계를 명확히 하여 주주총회 결의의 성립을 원활하게 하기 위한 데 그 목적이 있다고 할 것이므로,

제한할 수는 있지만, 의결권의 대리행사를 금지하거나, 부당하게 제한하지 못한다.

주주가 수개의 의결권은 가지고 있는 때에는 주주는 이러한 의결권을 통일하지 않고 행사할 수도 있는데(상 368조의 2 1항 전문), 이를 의결권의 불통일행사라고 한다. 불통일행사를 하기 위해서는 총회 운영의 편의를 위하여 회일의 3일 전에 회사에 대하여 서면 또는 전자문서로 그 뜻과 이유를 통지하여야 한다[45](상 368조의 2 1항 후문). 의결권의 불통일행사는 신탁회사나 증권회사의 보유주식의 경우와 같이 주주명부에 회사가 주주로 등재되어 있는 명의상의 주주와 회사에 주식을 위탁한 실질상의 주주가 다른 경우에 그 구성원사이에 의견이 갈릴 때 또는 주식을 공유한 경우에 공유자간에 의견이 갈릴 때 인정하는 것이다. 이러한 불통일행사를 용인한 이유는 명의상의 주주가 여러 실질상의 주주의 의사에 따라 의결권을 달리 행사할 필요가 있기 때문이다. 그러나 주주가 주식신탁을 인수하였거나 그밖에 타인을 위하여 주식을 가지고 있는 경우 이외에는, 실제상의 필요성을 인정할 수 없으므로 회사는 주주의 의결권의 불통일행사를 거부할 수 있다(상 368조의 2 2항).

### 4) 의결권행사의 제한

주주는 누구나 주주총회에 출석하여 의결권을 행사할 수 있는 것이 원칙이나, 상법이나 특별법에 의하여 의결권행사가 제한되는 경우가 있다. 무의결권주식(상 370조 1항), 회사의 자기주식(상 362조 2항), 상호보유주식(상 369조 3항), 공탁하지 아니한 무기명주식(상 368조 2항)과 특별이해관계인(상 368조 4항) 등은 의결권이 인정되지 않는다. 그리고 감사선임결의에 있어서는 의결권 있는 발행주식총수의 100분의 3을 초과하는 주식을 소유한 대주주의 경우 그 초과하는 주식에 관하여 의결권을 행사하지 못한다(상 409조 2·3항). 특별법상 은행법의 적용을 받는 금융이관의 의결권 있는 발행주식총수의 100분의 8을 초

대리권을 증명하는 서면은 위조나 변조여부를 쉽게 식별할 수 있는 원본이어야 하고 특별한 사정이 없는 한 사본은 그 서면에 해당하지 않는다고 할 것이다.
그러나 위 임시주주총회가 정당한 소집권자에 의하여 소집되었고 그 주주총회에서 정족수가 넘는 주주의 출석으로 출석주주 전원의 찬성에 의하여 결의가 이루어졌다면, 위와 같은 정도의 결의방법상의 하자는 주주총회결의의 불존재 또는 무효사유가 아니라 단순한 취소사유가 될 수 있을 뿐이고, 한편 상법 제376조의 규정에 의하면 주주총회결의취소의 소는 결의의 날로부터 2개월 내에 제기할 수 있도록 되어 있으므로, 이 사건 임시주주총회 결의일로부터 2개월 이상 경과한 후에 제기된 이 사건 신주발행무효의 소에서는 위와 같은 취소사유에 해당하는 하자를 들어 위 임시주주총회 결의의 효력을 다툴 수는 없다.

45) 孫(商下), 708면 ; 鄭(會), 491면.

과하여 주식을 소유하는 경우(은행법 17조의 3 2항), 공적인 법인이 발행하는 주식을 그 소유제한을 초과[46]하여 주식을 소유한 경우(증거 200조), 대규모 기업집단에 속하는 회사로서 금융업 및 보험업을 영위하는 회사가 국내계열회사의 주식을 취득하는 경우, 소송상 가처분으로 의결권행사가 정지되어 있는 경우 등에는 의결권행사가 제한된다.

## 4. 의사와 결의

### (1) 의사방법

총회의 의사방법에 관해서는 상법상 규정이 없으므로 정관의 규정이나 총회결의에서 정한 것이 있으면 그것에 의하고[47], 그렇지 않으면 관습에 따라 의사를 진행하면 될 것이다. 만약 관습도 없으면 회의의 일반원칙에 의한다. 일반적으로 정관의 규정에 의하여 주주총회의 의장은 대표이사가 되나, 정관에 규정이 없으면 주주총회에서 선출한다.[48] 대표이사가 의장인 경우 대표이사가 유고시에 대비하여 의장이 될 자[49]의 순서를 정하는 것이 보통이다. 특별법에서는 의장에게 의사진행의 원활·충실을 기하기 위하여 질서 유지권을 부여하고 있다[50](증거 191조의 9). 한편, 의사진행의 공정화를 위하여 총회를 둘러싸고 자행되는 비리를 막기 위하여 이익공여금지에 관한 규정을 두고 있다(상 467조의 2·631조).

---

46) 상장법인에 있어 의결권이 있는 발행주식총수의 10분의 1 이상을 초과한 주식

47) 大判 1983. 8. 23. 83 도 748 ;
개회 선언된 임시주주총회에서 대표이사인 의장이 주주들의 의사에 반하여 자진 퇴장한 경우, 그 임시주주총회가 폐회되었다거나 종결되었다고 할 수는 없으며, 그 당시 회의장에 남아 있던 총주식수의 과반수이상을 가진 주주들이 전 주주의 동의로 임시의장을 선출하여 진행한 임시주주총회의 결의는 적법하다.

48) 鄭東(會) 328면 ; 李李(會) 501~502면 ; 鄭(會) 359면.

49) 일반적으로 부사장, 전무이사, 상무이사, 총무이사 등이다.

50) 大判 2001. 9. 7. 2001 도 2917 ;
의결권대리인들이 대표이사의 주주총회에서의 퇴장요구를 거절하면서 고성과 욕설 등을 사용하여 대표이사의 총회의 개최, 진행을 포기하게 만든 경우 업무방해죄가 성립한다.

### ⑵ 의사록(議事錄)

총회의 의사에 관해서는 의사록을 작성하여야 하는데(상 373조 1항), 여기에는 의사의 경과 요령과 그 결과를 기재하고 의장과 출석한 이사가 기명날인 또는 서명하여야 한다(상 373조 2항).

이사는 그 의사록을 본점 또는 지점에 비치하여야 하고(상 396조 1항), 주주나 회사채권자는 영업시간 내에는 언제든지 그 열람 또는 등사를 청구할 수 있다(상 396조 2항). 만일 의사록을 작성하지 않았거나 비치하지 않았더라도 총회의결의 효력에는 영향이 없으며 다만 의장과 이사의 책임문제가 발생할 뿐이다.

**주주총회 의사록**

○○○○년 ○○월 ○○일 오전 ○○시, 경기 여주군 여주읍 교리 454－5 당사 회의실에서 당사 제 ○○기 정기 주주총회를 개최하였다.

출석주주(위원장 포함) ○○명
그 주식총수는 ○○○○○주

정각 ○○시, 대표이사 ○○○, 의장석에서 개회를 선언했다.
전무이사 ○○○으로부터 상기의 영업상황에 대한 보고, 설명이 있었고 그 뒤 의사진행으로 들어갔다.
제 1 호 의안 : 제 ○○기 영업보고서, 대차대조표, 손익계산서, 이익금처분안 승인의 건 토의 후, 전원 이의없이 이를 승인했다.
제 2 호 의안 : 임기만료에 따른 이사 ○명 개선의 건
의장은 ○○○씨를 후보로 지명, 만장일치로 그를 이사로 선임, ○○○씨는 그 취임을 승낙했다.
제 3 호 의안 : 정관의 일부 변경의 건
정관 제 ○○조의 [•••••]을 [•••••]로 변경하는 의안에 대해 토의 후, 전원 이의없이 만장일치로 이를 승인했다.
이상 전의안(全議案)을 의료(議了)하여 ○○시 ○○분, 의장은 폐회를 선언했다.
위 의안은 경과 및 결과를 명확하게 하기 위해 의사록을 작성하고 의장 및 출석이사는 아래에 서명날인한다.

○○○○년 ○○월 ○○일
○○주식회사 제 ○기 정기주주총회

의장 대표이사 ○○○(인)
대표이사 ○○○(인)
이　　사 ○○○(인)
이　　사 ○○○(인)

### ⑶ 결의방법 및 요건

주주총회의 결의방법은 상법에 그 규정이 없으므로 정관에 이에 관한 규정이 없으면 어떠한 방법(거수, 기립, 기명 또는 무기명 투표)이든 무방하다.

총회의 결의 요건은 1995년 개정상법에서 출석정족수의 요전을 폐지하고 동시에 소수 주주만이 출석하여 총회의 결의가 성립하는 것을 방지하기위하여 발행주식총수의 일정수 이상의 찬성을 요하도록 하였다.

주주총회의 결의는 다음에 설명하는 보통결의 · 특별결의 및 특수결의가 있다.

#### 1) 보통결의(普通決議)

보통결의는 출석한 주주의 의결권의 과반수와 발행주식총수의 4분의 1 이상의 수로써 결의하는 것이다. 그러나 정관에 다른 규정이 있으면 그에 따른다(상 368조 1항). 즉, 정관에 출석정족수를 달리 둘 수 있고, 또한 의결정족수를 특별결의 정족수의 한도내에서 가중 또는 경감할 수 있다. 결의의 결과 가부동수(可否同數)인 경우에는 그 의안은 부결된 것으로 보아야 하다. 설령 정관에 의장에게 그 결정권을 주는 규정을 두었다하여도 주주평등의 원칙상 의장이 결정할 수 없으며, 규정자체가 무효라고 본다.

보통결의 사항은 회사의 기관구성, 회계, 업무감독 등과 같은 주로 회사의 운영과 관련된 사항으로 다음과 같은 것이 그에 속한다. 검사인의 선임(상 365조 3항 · 367조), 이사 · 감사 또는 청산인의 선임 및 보수의 결정(상 382조 · 409조), 재무제표의 승인(상 449조), 준비금의 자본금으로의 전입(상 461조 1항), 주식배당(상 462조의 2 1항), 전환사체의 발행사항 결정(상 513조 2항 단서), 신주인수권부사채의 발행사항의 결정(상 516조의 2 2항 단서), 청산종결의 승인(상 540조 1항), 이사 · 감사 또는 청산인의 책임해제의 유보(상 450조 · 542조 2항), 청산인의 해임(상 539조 1항) 등이다.

#### 2) 특별결의(特別決議)

특별결의는 출석한 주주의 의결권이 3분의 2 이상의 수와 발행주식총수의 3분의 1 이상의 수로써 하는 결의이다(상 434조). 이것은 정관으로도 그 요건을 완화할 수 없다고 본다.

특별결의사항은 회사의 기본구조의 변경이나 자본금에 관계된 사항으로 다음과 같은 것이 그에 속한다. 정관의 변경(상 434조), 자본금의 감소(상 438조), 회사의 해산(상 518조), 회사의 영업전부 또는 중요한 일부의 양도(상 374조 1항 1호), 영업전부의 임대 또는 경영위임 · 타인과 손익전부를 같이하는 계약 기타 이에 준할 계약의 체결이나 변경 또는 해약(상 374조 1항 2호), 다른 회사의 영업전부의 양수(상 374 1항 3호), 사후설립(상 375조), 이사 감사의 해임(상 385조 1항 · 415조), 주주이외의 자에 대한 전환사채 신주인수권부사채의 발행(상 513조 3항 · 516조의 2 4항), 주식의 할인발행 등(상 374조 1항)이다.

여기서 "회사의 영업전부 또는 중요한 일부의 양도"에 대해 상법상의 의의와 회사법상의 의의가 동일한지와 어떤 경우가 상법상의 영업양도에 해당하는가에 대한 문제가 있다.[51)]

### 3) 특수결의(特殊決議)

특수결의는 총주주의 동의를 요하는 결의와 출석한 주식인수인의 3분의 2 이상의 찬성과 인수된 주식총수의 과반수를 요하는 결의가 있다. 전자와 후자 모두 의결권 없는 주식인수인도 포함된다.

전자의 결의 사항으로는 이사 · 감사 · 발기인 · 청산인의 책임면제(상 324조 · 400조 · 415조 · 542조 2항)와 유한회사로 조직을 변경(상 604조 1항)하는 경우이며, 후자의 결의사항으로는 주식회사의 모집설립 · 신설합병 · 분할 또는 분할합병시의 창립총회의 결의사항이다.

## ⑷ 주식매수청구권

주식매수청구권이란 총회에서 특별결의에 반대하는 주주가 회사에 대하여 자기가소유하고 있는 주식을 공정한 가격으로 매수할 것을 청구할 수 있는 권리를 말한다. 여기서

---

51) 이에 대한 상세한 것은 鄭(會), 363～365면.

大判 1991. 11. 8. 91 다 11148 ;
회사의 모든 영업재산을 양도하는 계약을 체결하면서 양수인이 그 회사의 제3자에 대한 모든 채무를 회사와 공동으로 책임진다는 채무인수의 약정이 이루어진 경우, 회사의 재산을 양도하는 계약과 회사의 채무를 인수하는 약정이 별개인 계약이라고 볼 것은 아니며, 따라서 위 재산의 양도에 관한 약정이 유효요건을 갖추지 못하여 그 효력을 발생하지 못하게 된다면 계약 전체의 효력이 발생하지 아니하며 대가관계에 있는 채무인수에 관한 약정도 그 효력이 없다 할 것이고, 나아가 위 회사의 재산양도에 대하여 이는 회사영업을 전부 폐쇄하는 결과를 가져오는 것으로서 상법 제374조 제1항 소정의 영업전부의 양도에 해당하여 주주총회의 특별결의가 있어야 한다.

大判 1994. 10. 28. 94 다 39253 ;
영업의 전부 또는 중요한 일부의 양도라 함은 일정한 영업목적을 위하여 조직되고 유기적 일체로서 기능하는 재산의 일부 또는 중요한 일부를 총체적으로 양도하는 것을 의미하는 것으로서 이에는 양수회사에 의한 양도회사의 영업적 활동의 전부 또는 중요한 일부의 승계가 수반되어야 하는 것이므로 단순한 영업용 재산의 양도는 이에 해당되지 않는다.

특별결의는 주주의 이해관계에 중대한 영향을 미치는 의안으로 영업의 양도·양수·임대, 주식교환, 회사합병·분할 등이다. 주식매수청구자는 그 총회의 결의일로부터 20일 내에 할 수 있다.

### (5) 종류주주총회(種類株主總會)

종류주주총회란 정관에 의하여 수종의 주식을 발행한 경우에 일반주주총회와 별도로 일정한 종류의 주식을 가진 주주들에 의한 총회를 말한다.

회사가 수종의 주식을 발행한 경우에 정관을 변경함으로써 어느 종류의 주주에게 손해를 미치게 될 때에는 주주총회의 결의뿐만 아니라, 그 종류 주주만으로 구성된 총회의 결의가 있어야 한다(상 435조 2항). 뿐만 아니라, 주식의 종류에 따라 특별한 정함을 하는 경우와 회사의 합병으로 인하여 어느 종류의 주주에게 손해를 미치게 될 경우에도 그 종류주주총회의 결의가 있어야 한다(상 436조).

종류주주총회의 결의는 출석한 주주의 의결권의 3분의 2 이상의 수와 그 종류의 발행주식총수의 3분의 1 이상의 수로써 하여야 한다(상 435조 2항). 무의결권주주들의 종류주주총회에서는 무의결권주주도 의결권을 행사할 수 있음은 물론이다.

종류주주총회의 경우도 그 소집·의사·결의 등에 관한 사항은 주주총회의 모든 규정이 준용된다(상 435조 3항).

### (6) 결의의 하자

#### 1) 총회결의의 하자(瑕疵)와 주장방법

총회결의의 하자란 외관상 총회의 결의로 인정할 수 있는 것이 존재하나, 그 결의의 절차나 내용이 법령이나 정관에 위반하였거나 부당하여 그 효력을 인정할 수 없는 경우뿐만 아니라, 그밖에 총회소집절차 또는 결의방법에 총회결의가 존재한다고 할 수 없을 정도의 중대한 결함이 있는 것을 말한다. 이러한 경우 상법은 기존 법률관계의 존중과 단체법적인 관계를 고려하여 총회결의의 하자에 대한 주장방법으로 결의취소(決議取消)의 소(상 376조~379조), 결의무효확인(決議無效確認)의 소(상 380조), 결의부존재확인(決議不存在確認)의 소(상 380조), 부당결의취소(不當決議取消)·변경(變更)의 소(상 381조)만을 인정하고 그 판결의 효과도 획일화함으로써 법적 안정성을 도모하고 이해관계인들의 이해를 합리적으로 조정하는 방향을 취하고 있다.

〈표 5-1〉 각소의 비교

| 기준 \ 소의 종류 | 취소의 소 | 무효확인의 소 | 부존재확인의 소 | 부당결의취소·변경의 소 |
|---|---|---|---|---|
| 소의 원인 | 형식적 하자<br>소집절차·결의방법의 법령위반,<br>현저한 불공정,<br>정관의 위반 | 실질적 하자<br>결의내용의<br>법령위반 | 중대한 형식적 하자<br>소집절차·결의방법의 중대한 하자 | 결의가<br>현저하게<br>부당한 경우 |
| 소의 성질 | 형성의 소 | 형성소송설/확인소송설 | | 형성의 소 |
| 제소권자 | 주주·이사·감사 | 소의 이익이 있는 자 | | 특별이해관계인인 주주 |
| 피고 | 회사 | | | |
| 제소기한 | 결의 일로부터 2월 | 없음 | | 결의일로부터 2월 |
| 소의 절차 | 전속관할·소제기의 공고·병합심리·제소주주의 담보제공 의무·등기 등 동일 | | | |
| 법원의 재량기각 | 가능 | 불가능 | | |
| 판결의 대세적 효력 | 있음 | | | |
| 판결의 소급효력 | 있음 | | | |
| 패소원고의 책임 | 악의·중과실의 경우에 회사에 대한 연대책임 동일 | | | |

✦ 자료 : 崔(會), 368면.

### 2) 결의취소(決議取消)의 소

#### (가) 소의 원인 및 제소기간(提訴期間)

총회의 소집절차 또는 결의방법이 법령 또는 정관에 위반하거나 현저하게 불공정한 경우 또는 그 결의의 내용이 정관에 위반한 경우에는 주주, 이사 또는 감사는 결의의 날로부터 2월 안에 회사를 상대로 하여 결의취소의 소를 제기할 수 있다[52](상 376조 1항).

---

52) 大判 1979. 3. 27. 79 다 19 ;
상법 제363조 제1항, 제2항의 규정에 의하면 주주총회를 소집함에 있어서는 회의의 목적 사항을 기재하여 서면으로 그 통지를 발송하게 되어 있으므로 주주총회에 있어서는 원칙적으로 주주총회 소집을 함에 있어서 회의의 목적사항으로 한 것 이외에는 결의할 수 없는 것이며, 이에 위배하여 목적사항 이외의 안건을 부의하여 결의하였다면 특별한 사정이 없는 한 상법 제376조 소정의 총회의 소집절차 또는 결의방법이 법령에 위반한 것으로 보아야 한다.

소집절차의 하자로는 대표이사가 이사회의 결의 없이 총회를 소집한 경우, 하자있는 이사회의 결의에 따라 총회를 소집하는 경우, 소집에 관한 이사회의 결의는 있으나 평이사가 소집한 경우, 소집통지서에 흠결이 있는 경우, 소집통지 기간이 2주간에 미치지 못하는 경우, 총회개최 일시 및 장소가 부적당한 경우, 구두에 의해 소집통지를 한 경우 등이다.[53]

총회결의 방법이 법령 또는 정관에 위반하거나 현저하게 불공정하여 결의취소의 원인이 되는 것으로는 주주 또는 대리인이 아닌 자가 결의에 참가한 경우, 정족수가 부족한 경우, 의장이 아닌 자가 의장이 되어 의결에 관여한 경우, 주주의 총회입장을 이유 없이 거절한 경우, 소집통지서에 없는 의제를 결의 한 경우, 주주평등의 원칙에 위배되는 경우, 재무제표 및 감사보고서가 비치가 안된 경우, 폭력에 의해 결의 된 경우, 특별이해관계인이 결의애 참가한 경우, 자기주식에 관하여 의결권을 행사한 경우, 총회의 연기 또는 속행의 결의에 하자가 있는 경우, 수정동의를 무시하고 결의를 한 경우 등이 있다.[54]

---

大判 1980. 10. 27. 79 다 1264 ;
주주총회의 소집은 소집결정권이 있는 이사회의 결정에 따라 그 결정을 집행하는 권한을 가진 대표이사가 하는 것이고, 이사회의 결정이 없이는 이를 소집할 수 없는 것이지만, 이사회의 결정이 없다고 하더라도 외관상 이사회의 결정에 의한 소집형식을 갖추어 소집권이 있는 자가 적법하게 소집절차를 밟은 이상, 이렇게 소집된 총회에서 한 결의는 부존재한다고 볼 수 없고, 이사회의 결정이 없다는 사정은 취소사유가 됨에 불과하다.

大判 1962. 1. 31. 4294 ;
청산인을 해임하는 것이 청산종료를 위한 하나의 방법으로서 긴박을 요한다 할지라도 주주총회에서는 소집통지서에 기재된 바 없는 것이므로, 이에 위배되는 임시 주주총회결의는 취소를 면할 수 없다.

53) 大判 1980. 10. 27. 79 다 1264 ;
이사회의 결정이 없이 소집되었을 때 취소의 소가 된다.

大判 1987. 4. 28. 86 다 553 ;
서면통지를 하지 아니한 채 임시 주주총회 소집된 경우라도 정족수가 넘는 주주의 출석으로 결의하였다면 그 결의는 적법하다.

54) 崔(會), 372면.

大判 1979. 3. 27. 79 다 19 ;
회의목적사항 이외의 안건을 부의하여 결의하였다면 특별한 사정이 없는 한 소정의 소집절차 또는 결의방법이 법령에 위반한 것으로 본다.

大判 1996. 12. 20. 96 다 39998 ;
주주의 회의장입장을 부당하게 방해하였을 때 총회 결의취소의 소의 사유가 된다는 사례

### ㈏ 절차

상법상 총회의결취소의 소의 원고는 이사, 감사, 주주에 한하는 것으로 규정(상 376조 1항)하고 있고, 피고는 상법상 명분화의 규정은 없으나 회사만이 피고가 될 수 있다는 것이 통설이다. 대표이사가 회사를 대표한다. 이사가 원고인 경우에는 감사가 회사를 대표하며, 이들이 회사를 대표하여 소송을 수행하게 된다.

원고가 회사의 본점을 관할하는 지방법원에 결의취소의 소를 제기하면(상 376조 2항 · 186조), 회사는 지체 없이 이를 공고하여야 한다(상 376조 2항 · 187조). 이사 또는 감사가 아닌 주주가 소를 제기하는 경우, 그 주주의 악의를 소명하여 회사가 청구하면(상 377조 2항 · 176조 4항) 법원은 주주에 대하여 상당한 담보의 제공을 명할 수 있다(상 377조 1항). 수 개의 소가 제기된 경우에는 법원은 이를 병합심리하여야 한다(상 376조 2항 · 188조). 총회결의 내용이 회사의 현황과 그 밖의 여러 사정을 참작하여 그 총회결의를 취소하는 것이 오히려 부적당하다고 인정한 때에는 그 청구를 기각할 수 있다[55](상 379조).

### ㈐ 판결의 효력

원고가 승소한 경우에는, 그 판결의 효력은 당사자 외에 제3자에게도 미친다(상 376조 2항 · 190조).

총회결의 취소의 판결의 효력은 소급하지 아니한다(상 376조 2항 · 190조 단서). 총회결의를 신뢰한 제3자를 보호하고 이미 이루어진 법률관계의 혼란을 막기 위한 것이다.

---

55) 大判 1993. 10. 12. 92 다 21692 ;
정당한 소집권자에 의하여 소집된 주주총회에서 정족수가 넘는 주주의 출석으로 출석주주 전원의 찬성에 의하여 이루어진 결의라면, 설사 일부 주주에게 소집통지를 하지 아니 하였거나 법정기간을 준수하지 아니한 서면통지에 의하여 주주총회가 소집되었다 하더라도 그와 같은 주주총회소집절차상의 하자는 주주총회결의의 부존재 또는 무효사유가 아니라 단순한 취소사유에 불과하다.

大判 1963. 2. 28. 63 마 2 ;
주주가 결의취소의 소를 제기한 경우에 제공하는 담보는 그 소송제기로 인하여 회사가 받고 또 장차 받게 될 모든 손해를 담보하는 것이 목적이므로, 그 담보액은 회사가 받게 될 모든 불이익을 표준으로 하여 법원의 자유재량에 의하여 정할 수 있다.

大判 1987. 9. 8. 86 다카 2917 ;
주주총회결의취소의 소에 있어 법원의 재량에 의하여 청구를 기각할 수 있음을 밝힌 상법 제379조는, 결의의 절차에 하자가 있는 경우에 결의를 취소하여도 회사 또는 주주의 이익이 되지 않든가, 이미 결의가 집행되었기 때문에 이를 취소하여도 아무런 효과가 없든가 하는 때에 결의를 취소함으로써 오히려 회사에게 손해를 끼치거나 일반거래의 안전을 해치는 것을 막고 또 소의 제기로써 회사의 질서를 문란케 하는 것을 방지하려는 취지이다.

결의사항이 등기된 경우에는 결의취소판결이 확정되면 본점과 지점의 소재지에서 이를 등기하여야 한다(상 378조).

원고가 패소한 경우에는, 그 판결의 효력은 민사소송법의 일반원칙에 따라 당사자간에만 미치지만 별다른 효력은 없다(상 204조 1항). 이때 원고에게 악의 또는 중대한 과실이 있는 경우에 한하여 회사에 대하여 연대하여 손해배상책임을 진다(상 376조 · 191조).

### 3) 결의무효확인(決議無效確認)의 소

총회의 결의내용이 법령에 위반한 경우[56]에는 누구나, 언제나 또 어떤 방법으로든지 그 무효를 주장할 수 있으나, 필요하면 결의무효확인의 소에 의하여 이를 주장할 수 있다[57](상 380조 · 377조 · 186~188조). 총회결의의 내용이 법령에 위반한 경우란 주주평등에 위반한 경우, 주주유한책임의 원칙에 반하는 경우, 강행법규에 반하는 경우, 주식회사의 본질에 반하는 결의, 자산평가원칙을 위반하여 작성된 재무제표의 승인, 법률에 위반한 이익배당안의 승인, 총회결의 사항을 이사에게 일임하는 경우, 회사채권자의 이익에 반하는 결의 기타 결의의 내용이 선량한 기타 사회질서에 반하는 경우 등이다. 결의무효확인의 소의 판결의 효력도 결의취소의 소의 판결의 효력과 같다(상 380조 · 378조 · 190조 본문). 결의무효확인의 소의 성질을 '형성의 소'로 보는 견해도 있으나 '확인의 소'라고 본다.[58] 판례는 확인소송설의 입장에서 판시하고 있다.

---

56) 학설 상으로는 주주평등에 반하는 결의 · 주주유한책임의 원칙에 반하는 결의 · 주주총회의 권한에 속하지 아니하는 사항에 대한 결의 · 선량한 풍속 기타 사회질서에 반하는 결의 · 강행법규에 반하는 결의 등을 들고 있다.

57) **大判 1962. 5. 17. 4294 ; 同旨 : 大判 1992. 8. 18. 91 다 39924 ;**
주주총회결의의 내용이 법령에 위반되는 경우에는 그 결의는 당연히 무효인 것이므로, 일반원칙에 의하여 누구나 언제든지 여하한 방법으로라도 그 무효를 주장할 수 있는 것이고, 그 무효의 주장은 소의 방법에 한한다고 해석할 수 없다.

**大判 1995. 2. 24. 94 다 50427 ;**
주주총회의 임원선임결의의 불 존재나 무효확인 또는 그 결의의 취소를 구하는 소에 있어서, 그 결의에 의하여 선임된 임원들이 모두 그 직에 취임하지 아니하거나 사임하고 그 후 새로운 주주총회 결의에 의하여 후임임원이 선출되어 그 선임등기까지 마쳐진 경우라면, 그 새로운 주주총회의 결의가 무권리자에 의하여 소집된 총회라는 하자 이외의 다른 절차상 · 내용상의 하자로 인하여 불 존재 또는 무효임이 인정되거나 그 결의가 취소되는 등의 특별한 사정이 없는 한 설사 당초의 임원선임결의에 어떠한 하자가 있었다고 할지라도 그 결의의 불 존재나 무효확인 또는 그 결의의 취소를 구할 소의 이익은 없다.

58) 鄭(會), 380면 ; 孫(商上), 514면 ; 崔(商上), 650~651면.

### 4) 결의부존재확인(決議不存在確認)의 소

총회의 소집절차 또는 결의방법에 총회결의가 존재한다고 볼 수 없을 정도의 중대한 하자가 있는 경우에는 결의부존재확인의 소도 제기할 수 있다. 소의 원인은 주주·이사·감사이외에 소를 통하여 이익이 있을 수 있는 자이며 피고는 회사이다.59)

결의부존재로 보는 경우는 이사회에 의한 소집결정이 없는 상태에서 권한 없는 자가 소집한 총회의 결의, 소집절차를 밟지 아니한 결의, 의사록에만 결의가 있었던 것과 같이 기재되어 있는 때, 일부 주주에게만 소집통지를 한 때, 소집통지한 시간과 다른 시간에 개최한 총회 결의, 총회의 산회를 선언한 후 별도의 장소에서 결의를 한 때, 주주총회의 권한에 속하지 않는 사항을 결의한 때, 총회개최금지가처분에 위반한 결의를 한 때, 주식수탁자에 의한 결의, 주권발행 전 주식양수인들이 한 주주총회의 결의 등이다.60)

### 5) 부당결의 취소·변경의 소

부당결의(不當決議) 취소·변경이란 주주가 주주총회의 결의에 관하여 특별한 이해관계를 가짐으로 말미암아 의결권을 행사하지 못함으로써 자기에게 현저하게 부당한 결의가 있는 경우 이의 취소 또는 변경을 구하는 소이다.61) 부당결의 취소·변경의 소는 주주총회의 결의에 관하여 특별한 이해관계가 있어서 의결권을 행사할 수 없었던 자가 그 결의의 날로부터 2월내에 결의의 취소의 소 또는 변경의 소를 제기할 수 있다(상 381조 1항).

이 소의 성질은 형성의 소이며, 소의 절차, 판결의 효력 등은 결의 취소의 소와 같으나 법원의 재량에 의한 청구기각에 관한 규정은 준용되지 않는다(상 381조 2항).

---

59) 大判 1994. 3. 25. 93 다 36097·36103 ;
상법 제380조가 규정하고 있는 주주총회 결의부존재확인 판결은, "주주총회의 결의"라는 주식회사 내부의 의사결정이 일단 존재하기는 하지만 그와 같은 의사결정을 위한 주주총회의 소집절차 또는 결의 방법에 중대한 하자가 있기 때문에 그 결의를 법률상 유효한 주주총회의 결의라고 볼 수 없음을 확인하는 판결을 의미하는 것으로 해석함이 상당하고, 주식회사와 전혀 관계없는 사람이 주주총회 의사록을 위조한 경우와 같이 주식회사내부의 의사결정 자체가 아예 존재하지 않는 경우에 이를 확인하는 판결도 상법 제380조 소정의 주주총회결의부존재확인 판결에 해당한다.

大判 1997. 5. 10. 76 다 878 ;
회사의 단순한 채권자는 그 회사의 주주총회결의로 인하여 권리 또는 법적 지위에 현실적으로 직접 어떠한 구체적인 영향을 받게 되는 경우에 한하여 주주총회결의의 부존재확인을 구할 수 있다.

60) 朴(新會), 436~437면.

61) 朴(新會), 438면.

## 03 이사(理事) · 이사회(理事會) · 대표이사(代表理事)

### 1. 총 설

상법은 주식회사의 경영의 합리화를 위하여 주주총회의 권한을 축소하고 이를 전문경영인으로 구성된 이사회에 업무집행의 권한을 위임하게 하고 있다. 이사회는 회의체기관이므로 상법은 주주총회와 이사회의 결의에 따라 그 집행에 관한 세부적인 사항을 정하고 회사의 업무를 집행하며 제3자에게 대하여 회사를 대표하는 대표이사를 두고 있다.

이사는 직접회사의 기관이 되는 것이 아니고 이사회와 대표이사만이 기관이며, 이사는 다만 이사회의 구성원이나 대표이사의 전제자격에 불과하다.[62]

### 2. 이 사

#### (1) 이사의 의의

이사는 이사회의 구성원으로 회사의 업무집행에 관한 의사결정과 대표이사의 업무집행을 감독하는데 참여할 권한이 있음은 물론, 주주총회에 참석할 수 있다.[63] 그리고 각종의 소(상 373조 · 429조 · 445조 · 529조)를 제기할 수 있는 권한이 부여되고 있다. 한편 이사는 대표이사로 하여금 다른 이사의 업무에 관해 이사회에 보고할 것을 요구할 수 있으며, 이사는 업무집행상황을 이사회에 보고하여야 한다.

이사는 회사로부터 법률행위 기타의 사무를 위임받은 자이므로 이사와 회사와의 관계는 위임이다(상 382조 2항).

---

62) 鄭(會), 386면 ; 李李(會), 586면 ; 朴(李), 252면.

63) 이사는 사내이사 · 사외이사, 기타 비상무이사이며, 이사가 2명인 경우는 모두 사내이사로 하여야 한다. 사외이사는 회사의 업무집행에 참여하지 않는 이사를 말하나 법률적으로 권리의무에 있어서는 차등이 있는 것은 아니다.

## ⑵ 이사의 선임

이사는 주주총회에서 선임된다(상 382조 1항). 다만 설립시의 경우에는 이와 달리 선임되는데 발기설립의 경우에는 발기인들에 의하여 선임되고(상 296조 1항), 모집설립의 경우에는 창립총회에서 선임된다(상 312조). 선임결의는 1주 1의결권의 원칙에 의한 보통결의로 하는 것이 원칙이며, 이 결의의 요건은 정관으로도 가중 · 경감 또는 배제할 수 없다(상 383조 1항).

1998년 상법개정(상법 382조의 2)을 통하여 이사선임에 있어서 누적투표제를 도입하였다. 누적투표제는 수인의 이사를 선임하는 경우 1주에 대하여 선임될 이사의 수와 동수의 의결권을 주고, 각 주주는 그 의결권을 특정후보 1인에게 집중적으로 행사할 수도 있으며 또는 분산하여 다수의 후보에게 행사하여 최고득표자로부터 순차로 이사를 선임하는 방법이다. 정관에 의하여 누적투표제를 배제하지 않는 경우에 2인 이상의 이사를 선임하는 총회의 소집이 있는 때에는 의결권있는 발행주식총수의 100분의 3 이상에 해당하는 주식을 가진 주주는 회사에 대하여 이사의 선임을 누적투표에 의할 것을 청구할 수 있다. 누적투표의 청구는 주주총회일의 7일전까지 서면으로 하여야 한다.

누적투표의 신청이 있는 경우 주주총회의장은 누적투표결의에 앞서 이를 알려야 하고, 제출한 서면은 총회의 종결시까지 본점에 비치하여 주주가 열람할 수 있도록 하여야 한다.

이사는 3인 이상이어야 하나(상 383조 1항) 자본금 총액이 10억 미만인 회사는 1인 또는 2인으로 할 수 있다. 임기는 3년을 초과하지 못한다(상 383조 2항). 그러나 정관으로 그 임기 중의 최종의 결산기에 관한 정기주주총회가 종결하기 전에 임기가 만료된 때에는 정관으로 정기주주총회의 종결시 연장할 수 있다(상 383조 3항).

이사가 될 수 있는 자격에는 원칙적으로 제한이 없으며. 주주가 아니라도 상관이 없다. 그러나 이사는 주주이어야 한다는 것 등을 정한 경우에는 주주인 이사는 그가 소유하고 있는 주권의 수를 감사에게 공탁하여야 한다(상 387조). 이사의 선임이 끝나면 그 성명과 주민등록번호를 등기하여야 한다(상 317조 1항 · 2항 8호).

## ⑶ 이사의 종임

이사의 종임은 일반적인 종임사유에 의한 것과 법원의 해임결의 및 해임판결에 의한 것이 있다. 일반적으로 이사는 임기만료, 각 당사자의 계약해지(회사에 의한 위임계약의 해지와 이사에 의한 위임계약의 해지), 정관소정자격의 상실 등에 의해서 종임되며, 회사의 파산 · 해산이나 이사의 사망 · 파산 · 성년후견개시와 같은 법정해임사유에 의해서도 종임이 된다. 그리고 주주총회의 해임결의와 법원의 해임판결에 의해서 종임도 된다. 이사의 해임은 주주총회의 특별결의에 의하여 언제든지 할 수 있으나, 정당한 사유 없이 임기 전에 해임한 때에는 이사는 회사에 대하여 손해배상청구를 할 수 있다(상 385조 1항). 또 이사가 직무에 관하여 부정행위 또는 법령이나 정관에 위반한 중대한 사실이 있음에도 불구하고 주주총회에서 해임결의가 부결된 경우에는 소수주주자(발행주식총수의 100분의 5)가 그 결의가 있는 날로부터 1월내에 본점소재지의 지방법원에 그 이사의 해임청구를 할 수 있다[64] (상 385조 2항 · 3항). 이 해임청구의 소는 회사와 그 이사를 공동피고로 한다.

이사가 해임된 때에는 변경등기를 하여야 하며, 결손이 생기는 이사는 새로 선임된 이사가 취임할 때까지 이사의 권리의무를 계속 가진다(상 386조 1항).

이사선임결의 무효나 취소의 소 또는 이사해임의 소가 제기된 경우에 그 이사가 판결확정시까지 그 직무를 맡게 하는 것은 부정당하므로 법원은 당사자의 신청에 의하여 소의 제기 후 또는 급박한 사정이 있는 경우에는 소송제기 전이라도 가처분으로서 이사의 직무대행을 정지시키고 직무대행자를 선임할 수 있게 상법은 특칙을 두고 있다(상 407조 1항).

## 3. 이사회

### (1) 의 의

이사회는 회사의 업무집행에 관한 의사결정 및 이사의 업무집행을 감독권한[65]을 갖는 이사전원으로 구성되는 법정회의체로서 주식회사의 필요적 기관이다.[66] 이사회는 회의체 기관이므로 기관으로서 이사회와 그 이사회가 의사결정을 위하여 정기 또는 임시 회의를

---

64) 大判 1993. 4. 9. 92 다 53583(공보 945, 1365)
A가 갑회사의대표이사로서 주주총회의 승인없이 갑회사와 동종영업을 목적으로 하는 을회사를 설립하고 을회사의 이사겸 대표이사가 되어 영업준비를 하여 오다가 영업활동을 개시하기 전에 을회사의 이사 및 대표이사직을 사임하였다고 하더라도 이는 상법 제397조 1항 소정의 경업금지의무를 위반한 행위로서 특별한 다른 사정이 없는 한 이사의 해임에 관한 상법 제385조 2항 소정의 '법령에 위반한 중대한 사실'이 있는 경우에 해당한다.

65) 2001년 개정상법에서는 대표이살 하여금 이사의 업무에 관하여 이사회에 보고할 것을 요구할 수 있도록 하고 이사로 하여금 정기적으로 업무집행상황을 이사회에 보고하도록 하였다.

66) 2009년 개정된 상법에서는 자본금(발행주식의 액면 총액)이 10억원 미만인 회사는 이사를 1인 또는 2인만 선임할 수 있게 되어 이러한 회사는 이사회가 존재하지 않게 되었다.

개최하여야 하는 이사회(이사회의 회의)는 개념상 구별되는 것이나 상법에서는 이를 구별하지 않고 있다.

상법상 이사회의 결의사항으로는 주주총회의 소집(상 362조), 지점의 설치 · 이전 · 폐지(상 393조 1항), 지배인의 선임 · 해임(상 393조 1항), 대표이사의 선정과 공동대표의 결정(상 389조), 신주발행사항의 결정(상 416조), 재무제표의 승인(상 447조), 사채발행의 결정(상 469조), 준비금의 자본금 전입(상 461조), 이사와 회사간의 거래 승인(상 398조), 소규모합병의 승인(상 527조의 3) 등이 있다.

### ⑵ 이사회의 소집

이사회는 원칙적으로 각 이사가 소집하지만, 정관이나 이사회에서 소집권자(대표이사나 이사회의 회장을 지정하는 것이 보통이다)를 따로 정해 놓을 수도 있다(상 390조 1항). 소집권자는 다른 이사가 이사회의 소집을 요구할 경우에는 지체 없이 이사회의 소집을 하여야 하며, 정당한 사유 없이 이를 거절할 경우에는 이사회소집을 요구한 이사가 스스로 이사회를 소집할 수 있다.[67)]

회의를 소집하는 절차는 소집통지를 회일 1주간 전에 각 이사 및 감사에게 발송하여야 한다(상 390조 2항 본문). 이 통지기간은 정관에 의하여 단축될 수 있으며, 이사 및 감사 전원의 동의가 있으면 위의 절차를 밟지 않고 언제든지 회의를 할 수도 있다(상 390조 9항). 그리고 정관이나 이사회규칙으로 이사회의 정례회일이 정해져 있는 때에도 소집절차를 생략할 수 있다.

---

67) 鄭(會), 399면 ; 鄭東(會), 377면 ; 蔡(商), 518면 ; 李(會), 435면.

大判 1975. 2. 13. 74 마 595(공보 510, 8346) ;
상법 390조 1항의 취지는 이사 각자가 본래적으로 할 수 있는 이사회 소집에 관한 행위를 대표이사로 하여금 하게 하는 데 불과하므로, 대표이사가 다른 이사의 정당한 이사회 소집 요구가 있는 때에는 정당한 사유없이 거절할 수 없으며, 만일 대표이사가 정당한 사유없이 거절한 경우에는 그 이사회의 소집을 요구한 이사가 이사회를 소집할 수 있다.

이사 ○○○귀하

**이사회 소집통지서**

오는 ○○월 ○○일, ○○시 당사 회의실에서 제○○회 이사회를 개최하고자 하오니 출석해주시기를 통지드립니다.

이번 의안은 다음과 같으며, 미리 의안에 대한 검토와 함께 고견을 바라며, 당일 반드시 출석해 주시기를 특별히 부탁드립니다.

– 주요 회의 의안 –

1. ••••의 건
2. ••••승인의 건
3. ••••의 건

○○○○년 ○○월 ○○일

○○주식회사 대표이사 ○○○ (인)

### ⑶ 이사회의 결의

이사회의 결의는 이사의 과반수의 출석과 출석이사 과반수로서 하여야 한다(상 391조 1항). 이 결의는 구체적으로 개최된 회의에서 하게 될 것을 요하며 서면결의나 개별적 동의에 의한 결의는 설사 이사 전원의 동의가 있다 하더라도 이사회의 결의로서의 효력이 없다. 그러나, 정관에서 달리 정하는 경우를 제외하고 이사회는 이사의 전부 또는 일부가 직접회의에 출석하지 아니하고 모든 이사가 음성을 동시에 송·수신하는 원경 통신수단에 의하여 결의에 참가하는 것은 허용할 수 있다(상 391조 2항). 이사는 인적 신뢰를 기초로 선임된 자이므로 1인 1의결권이 인정된다. 대리인에 의한 의결권 행사는 인정되지 않으며 스스로 의결권을 행사하여야 한다. 그러므로 정관에서 그 요건을 가중하는 것은 무방하나 경감할 수는 없다. 결의에 관한 특별이익관계를 가진 이사는 의결권을 행사하지 못한다(상 391조 3항·368조 4). 명문의 규정은 없으나 이 자는 이사 전원의 수에 산입하지 않는다고 풀이하여야 할 것이다. 이사회는 연기나 속행의 결의를 할 수도 있다(상 392조·372조).

이사회의 결의는 주주총회의 결의와 달라서 절차상 또는 내용에 하자가 있을 때에는 특별한 소의 제도가 없기 때문에 법률상 당연히 무효가 된다.

이사회의 의사에 관한 의사록을 작성하여 이에 의사의 경과의 요령과 그 결과를 기재하여 출석한 이사가 기명날인 또는 서명하여야 하며(상 392조 · 373조), 대표이사는 이것을 본점과 지점에 비치하여 주주, 회사채권자의 청구가 있으면 언제든지(영업시간 내이면) 이를 열람 또는 등사케 하여야 한다(상 396조 1항 · 2항). 의사록의 기재는 이사의 책임관계를 명확히 한다는 입장에서 중요한 뜻을 가지며, 결의에 참가한 이사로서 의사록에 이의를 기입하지 않으면 그 결의에 찬성한 것으로 추정한다(상 399조 3항).

**이사회 의사록**

○○○○년 ○○월 ○○일 오전 ○○시, 당사 회의실에서 제 ○○회 이사회를 개최하였다. 출석이사는 ○○○, ○○○, ○○○, ○○○, ○○○, ○○○ 6명 및 감사 ○○○ 1명이다. ○○시 정각, 대표이사 ○○○는 의장석에게 개최를 선언하고 의사(議事)에 들어갔다.

제 1 호 의안 ○○○○○건
의장으로부터 의안에 대한 내용 설명이 있었으며 그후 심의후, 의장은 찬반여부를 물었다. 결과는 ○○○, ○○○, ○○○, ○○○, ○○○는 찬성, ○○○, ○○○는 반대로 5대2로 가결되었다.

제 2 호 의안 ○○○○○건
전무이사로부터 의안의 내용설명이 있었으며, 질의응답 후 참석자 전원이 이의없이 일치하여 가결되었다.

•
•
•
•

이상으로 전의안(全議案)의 심의를 종료하였고, 의장은 ○○시 ○○분에 폐회를 선언했다. 위 의사의 경과 및 결과를 명확하게 하기 위해 이 의사록을 작성하고 출석이사 및 감사는 서명날인한다.

○○○○년 ○○월 ○○일

의장 대표이사 ○○○(인)
이 사 ○○○(인)
이 사 ○○○(인)
이 사 ○○○(인)
이 사 ○○○(인)
이 사 ○○○(인)
이 사 ○○○(인)

### (4) 이사의 의무

#### 1) 의 의

이사는 회사와 위임관계에 있으므로 이사는 회사의 업무를 집행함에 있어서 선량한 관리자의 주의를 다할 의무를 진다. 이사는 대표이사의 업무집행을 감독할 감시의무가 있으며 이러한 감시의무을 수행하기 위하여 선량한 관리자의 선관의무가 인정되며, 한편 이사와 회사간에는 신뢰관계가 존재하므로 이사는 그 지위를 이용하여 자기 또는 제3자의 이익을 도모할 목적으로 회사의 이익을 해해서는 안된다는 이른바 충실의무가 인정된다. 그리하여 상법에서는 충실의무에 대한 규정으로 이사의 경업금지(상 397조)와 자기거래제한(상 398조)에 관한 특별규정을 두고 있다.

#### 2) 경업금지의무

이사는 이사회의 승인 없이 자기 또는 제3자의 계산으로 회사의 영업부류에 속하는 거래를 하거나 동종영업을 목적으로 하는 다른 회사의 무한책임사원이나 이사가 되지 못한다(상 397조 1항) 이는 이사가 업무수행상 알게 된 비밀을 이용하여 자기 또는 제3자의 이익을 도모해서는 안 되는 이사의 선관의무를 구체화한 것이다. 이사회의 승인은 사전에 하는 것을 원칙으로 하지만 사후의 추인도 가능하다. 그러나 사후승인을 하였다고 하더라도 손해배상책임까지 면제되는 것은 아니다.

이사가 경업금지의무를 위반한 경우의 효과에 관하여는 위반한 거래 자체는 유효하나 회사는 이사를 해임할 수 있으며(상 385조), 손해배상책임을 지울 수 있다(상 399조). 또한 회사는 이사회의 결의로 이사의 거래가 자기계산으로 한 것인 때에는 이를 회사의 계산으로 한 것으로 볼 수 있고, 제3자의 계산으로 한 것인 때에는 그 이사에 대하여 이로 인한 이득의 양도를 청구할 수 있다. 개입권을 행사할 수 있는데 이러한 경우는 상업사용인의 경우와 같다(상 397조 2항 전단). 개입권 행사의 제소기간은 거래가 있은 날로부터 1년이다(상 397조 3항).

#### 3) 자기거래제한

이사는 이사회의 승인 없이 자기 또는 제3자의 계산으로 회사를 상대방으로 하여 거래를 할 수 없다(상 398조 전단). 이 규정은 이사는 회사의 실정을 잘 아는 자이므로 이사가 거래의 상대방으로서 회사와 거래한다면 자기 또는 제3자의 이익을 위하여 회사의 이익을 희생하기 쉽다는 것을 방지시키기 위한 것이다. 이때에 이사회의 승인만 있으면 자기

계약 또는 쌍방대리금지에 관한 민법 제124조의 규정은 적용되지 않는다(상 398조 2문).

자기거래의 제한범위는 원칙적으로 회사의 이익을 해할 수 있는 모든 재산적 거래로서 즉, 이사와 회사간의 이해관계가 충돌할 수 있는 모든 재산상의 행위이다. 따라서 행위의 성질상 회사와 이사간의 이해관계가 충돌할 염려가 없는 거래행위는 제한할 필요가 없음은 물론이다.

어음거래도 자기거래로서 이사의 승인을 얻어야 하느냐 하는 점에 관해서는 어음거래행위도 제한을 받는 거래에 포함된다고 하는 것이 다수설이다.[68] 그러나 회사에 불이익이 생길 염려가 없는 경우에는 제한을 받는 거래에 포함되지 않는다.

자기거래의 제한을 위반한 경우 그 거래의 효력은 이사와 회사의 관계에 있어서는 물론, 제3자와의 관계에 있어서도 무효이며, 그 무효는 회사만이 이를 주장할 수 있다.

한편 이사회의 승인 없이 자기거래를 한 이사는 회사에 대하여 손해배상책임을 지며(상 399조), 형사책임도 진다(상 622조). 이사회의 승인을 얻은 자기거래일 지라도 이사의 선관의무를 다하지 않아 회사에 손해가 생긴 경우에는 이사는 회사에 대하여 손해배상책임을 면하지 못한다(상 399조 1항).

### (5) 이사의 책임

이사와 회사와의 관계는 민법의 위임에 관한 규정을 따르므로(상 382조 2항), 이사는 선량한 관리자로서의 의무를 위반한 때에는 채무불이행이나 불법행위의 책임을 지는 일반법상의 책임 외에도 상법상의 특별책임을 지고 있다.

---

68) 大判 1984. 12. 11. 84 다카 1591 ;
주식회사의 이사가 그 개인 의무에 관하여 이사회의 승인없이 그 인수채무의 지급을 위하여 약속어음을 발행한 경우에는 회사는 그 어음이 이사회의 승인없이 인수된 채무의 지급을 위하여 발행한 것이라는 원인관계를 주장할 수 있다.

大判 1978. 3. 28. 78 다 4 ;
회사의 이사가 한 어음의 발행 또는 배서행위가 회사와 이해가 상반되어 상법 398조에 저촉되는 경우에도 회사는 위 어음의 취득자가 악의였음을 주장·입증하여야 그 어음행위의 무효를 주장할 수 있다.

大判 1989. 1. 31. 87 누 760 ;
주식회사의 대표이사가 그의 개인적인 용도에 사용할 목적으로 회사명의의 수표를 발행하거나 타인이 발행한 약속어음에 회사명의의 배서를 해주어 회사가 그 지급책임을 부담하고 이를 이행하여 손해를 입은 경우에는, 당해 주식회사는 대표이사의 위와 같은 행위가 상법 398조 소정의 이사와 회사간의 이해상반하는 거래행위에 해당한다할 수 있음은 물론이고 대표권의 남용에 따른 불법행위를 이유로 한 손해배상청구권도 행사할 수 있는 것이다.

이사의 책임은 크게 회사에 대한 책임과 제3자에 대한 책임으로 분류된다.

### 1) 이사의 회사에 대한 책임

#### ㈎ 손해배상의 책임

이사가 고의 또는 과실로 법령 또는 정관에 위반한 행위를 하거나 그 임무를 게을리한 경우에는 그 이사는 회사에 대하여 연대하여 손해배상책임을 진다(상 399조 1항). 이사가 법령 또는 정관을 위반한 경우란, 예컨대 손실보전이나 법정준비금을 적립하지 아니하고 이익배당의안을 제출한 경우(상 462조), 경업금지의무를 위반한 행위를 한 경우(상 397조), 이사회의 승인 없이 자기거래를 한 경우(상 398조), 인수인과 통모하여 현저하게 불공정한 발행가액으로 주식을 인수시킨 경우 등이다. 이 같은 위반행위에 대한 책임이 과실책임이냐 무과실책임이냐에 대해서는 과실책임의 원칙을 벗어날 불가피성을 인정할 이유가 없음으로 과실책임으로 보는 것이 타당하다.[69] 그러나 무과실의 입증에 대한 책임은 이사가 진다.

또한 이사가 임무를 게을리한 경우란, 대차대조표를 잘못 작성하여 부당한 배당을 한 경우, 채권회수의 포기 또는 저당권설정등기의 말소에 대한 결의를 한 경우, 대표이사의 의심가는 위법행위를 감시하지 않고 방치한 경우 등이다. 이 같은 위반행위에 대해서는 과실책임이라고 하는데 이견이 없다.[70]

이사의 손해배상책임은 이사가 다수인 경우에는 연대하여 책임을 진다. 그러나 이사회에서 이의를 제기하고 의사록에 이를 기록 한 경우에는 그 이사는 연대하여 책임을 지지 아니 한다(상 399조 2항 · 3항).

#### ㈏ 자본충실책임

이사는 신주발행의 경우에 자본충실의 책임을 진다. 그 결과 신주발행으로 인한 변경등기가 있은 후에 아직 인수하지 아니한 주식이 있거나 주식인수의 청약이 취소된 때에는 이사가 이를 공동으로 인수한 것으로 본다(상 428조 1항). 이사의 자본금충실책임은 무과실책임이다. 그러나 인수담보책임을 이행한 후에도 회사에 손해가 있으면 이사는 연대하여 손해배상책임을 져야한다(상 428조 2항).

---

69) 鄭(會), 457면 ; 李(商), 684면 ; 蔡(商), 564면 ; 李(商), 332면 ; 李(會), 462면.

70) 大判 2002. 2. 26. 2001 다 76854 ;
상호신용금고의 대표이사가 재직 당시 동일인에 대한 대출한도를 초과하여 돈을 대출 하면서 충분한 담보를 확보하지 아니하는 등 그 임무를 해태하여 회사로 하여금 대출금을 회수하지 못하게 하는 손해를 입게 한 경우, 회사에게 회수하지 못한 대출금 중 동일인 대출 한도를 초과한 금액에 해당하는 손해를 배상할 책임이 있다.

#### ㈐ 책임의 면제

이사의 회사에 대한 손해배상책임은 무의결권주주를 포함한 주주전원의 동의로 면제될 수 있다(상 400조)[71]. 그러나 이사의 불법행위로 인한 손해배상책임까지 면제되는 것은 아니며 또한 이사의 자본금충실책임도 총주주의 동의가 있다하더라도 면제될 수 없다. 정기주주총회에서 재무제표 등을 승인한 후 2년 내에 다른 결의가 없으면 이사에게 부정행위가 없는 한 회사는 그 이사의 책임을 해제한 것으로 간주한다(상 450조). 그러나 회사에 대한 책무불이행 책임과 자본금충실책임은 10년의 시효완성으로 소멸한다.

### 2) 이사의 제3자에 대한 책임

이사가 고의 또는 중대한 과실로 그 임무를 게을리한 때에는 그 이사는 제3자에 대해 연대하여 손해배상책임을 진다(상 401조 1항). 이 책임은 이사의 업무대행을 신중하게 하여 제3자를 보호하도록 하도록 하는 한편, 이사는 업무를 집단적으로 신속하게 처리하여야 하기 때문에 가벼운 과실에 대하여는 책임을 지지 않게 한 것이다. 이사의 행위에 대하여는 회사가 책임을 지는 것이 원칙이고, 불법행위가 아니면 이사가 직접 제3자에 대하여 책임을 질 이유가 없다. 그럼에도 불구하고 상법에서 이러한 책임을 인정하는 이유는 회사가 배상능력이 없는 경우에 거래상대방을 보호하기 위하여 경영자(이사)의 개인재산을 회사의 책임재산으로 확대하기 위함이라 할 수 있다.

이사의 제3자에 대한 책임의 법적 성질에 대하여는 법률이 제3자 보호를 위하여 특별히 인정한 책임이라는 법정책임설, 불법행위요건 중에 경과실을 면제한 불법행위책임이라는 불법행위설로 나뉘어져 있다.

이사의 악의 또는 중과실로 인하여 그 임무를 게을리한 것에 대한 이사의 법정책임의 소멸시효기간은 일반채권자와 같이 10년이 되며 불법행위책임은 소멸시효는 3년이다.

책임사유가 있는 경우에는 해당이사는 연대하여 책임을 진다. 그러나 이사회에서 이의를 제기하고 의사록에 이를 기록 한 경우에는 그 이사는 연대하여 책임을 지지 아니 한다(상 399조 2항 · 3항, 401조 2항).

---

71) 회사는 정관으로 정하는 바에 따라 고의 또는 과실로 법령 또는 정관에 위반한 행위에 따른 이사의 책임을 이사가 그 행위를 한 날 이전 최근 1년간의 보수액(상여금과 주식매수선택권의 행사로 인한 이익 등을 포함한다)의 6배(사외이사의 경우는 3배)를 초과하는 금액에 대하여 면제할 수 있다. 다만, 이사가 법령 또는 정관에 위반한 행위가 아닌 고의 또는 중대한 과실로 손해를 발생시킨 경우에는 그러하지 아니하다.

### ⑹ 이사의 업무집행에 대한 주주의 직접감독

주주는 회사의 구성원으로서 이해관계가 크므로 이사의 회사업무집행에 대한 감독할 권한을 갖는다. 주주의 이러한 감독권을 주주총회의 의결권을 통하여 간접적으로 행사하는 것이 원칙이다. 그러므로 주주는 이사의 위법행위에 대하여 직접적으로 참여할 수 없으며, 다만 소수주주제도를 통하여 이사의 업무감독에 직접 참여하도록 하고 있다.

#### 1) 이사의 위법행위에 대한 유지청구권

이사가 법령 또는 정관에 위반한 행위를 하여 회사에 회복할 수 없는 손해가 생길 염려가 있을 때 이에 대해 회사에 대하여 손해배상책임을 지며, 사전의 예방적인 조치로서 주주가 이사의 위법행위를 하지 못하게 하는 청구를 주주의 유지청구권이라 한다(상 402조).

유지청구는 이사가 법령 또는 정관에 위반한 행위를 하여 이로 인하여 회사의 손해가 생길 우려가 있는 경우 인정되는 것으로서 그 밖에 이사의 고의 또는 과실을 요하지 않는다.

유지청구를 할 수 있는 자는 발행주식총수의 100분의 1 이상[72]에 해당하는 주식을 가진 소수주주권(少數株主權)을 가진 주주이다. 여기에 의결권 없는 주식을 가진 주주도 포함한다.

유지의 청구는 소에만 의하여야 하는 것이 아니며 소수주주는 위법행위를 하고 있는 이사에 대하여 재판외 직접 그 행위를 중지할 것을 요구하고 만일 중지하지 않으면 그 소수주주는 그 이사, 또는 필요에 따라서 전 이사를 피고로 하여 소를 제기할 수 있다. 또한 가처분으로써 그 행위를 못하게 할 수 있다.

회사가 위법 또는 현저하게 불공정한 방법에 의하여 신주를 발행함으로써 주주가 불이익을 받을 염려가 있는 경우 그 주주는 회사에 대하여 그 발행을 유지할 것을 청구할 수 있다(상 424조). 이것은 주주가 자기의 이익을 위하여 주식발행을 유지하는 것이며 개별주주가 혼자서 행사할 수 있는 점에서 이사의 위법행위에 대한 유지청구와 다른 것이다.

한편 이사와 통모하여 현저하게 불공정한 발행가액으로 주식을 인수한 자는 회사에 대하여 공정한 발행가액과의 차액에 상당한 금액을 지급할 의무가 있다(상 424조 2항).

#### 2) 대표소송

대표소송이란 소수주주가 이사의 회사에 대한 책임을 추궁하기 위하여 제기하는 소송을 말한다. 이는 이사의 위법행위에 대한 그 책임을 감사가 추궁하지 않음으로 해서 발생

---

72) 주권상장법인 또는 코스닥상장법인의 경우 소수주주는 6월 전부터 계속하여 주권상장법인의 발행주식 총수의 10000분의 50, 대통령이 정하는 법인의 경우에는 10000분의 25.

하는 회사손해를 방지하기 위하여 회사 및 모든 주주의 이익을 보호하자는 취지에서 인정된 제도이다.

대표소송에서 추궁할 수 있는 이사의 책임은 손해배상책임, 자본금충실책임뿐만 아니라 회사와 이사간의 거래에서 이사가 회사에 대하여 부담하는 모든 거래상의 채무, 이사로 취임하기 전에 회사에 대하여 부담한 채무, 상속 또는 채무인수에 의하여 승계취득 한 채무를 포함한다. 재임 중에 부담한 책임은 퇴임 후에라도 추궁할 수 있다.

대표소송을 제기할 수 있는 자는 소제기시부터 변론종결시까지 계속하여 무의결권주식을 포함한 발행주식총수의 100분의 1 이상(주권상장법인 및 코스닥상장법인의 경우에는 6월 전부터 계속하여 발행주식총수의 1000분의 1 이상에 해당하는 주식을 대통령이 정하는 바에 의하여 보유하는 때에는 대표소송을 제기할 수 있다)의 주식을 가진 소수주주이다(상 403조 1항).

대표소송의 전속관할법원은 회사의 본점소재지의 지방법원법원이며, 소수주주가 악의로 대표소송을 할 경우에는 피고인 이사는 원고인 주주의 악의를 소명하여 주주에게 상당한 담보를 제공하게 할 것을 법원에 청구할 수 있으며 법원은 이에 해당하는 경우에는 담보제공을 명할 수 있다(상 403조 5항, 176조 3항). 이는 대표소송의 남용을 방지하기 위함이다.

소수주주가 대표소송을 제기하면 회사만이 소송참가를 할 수 있으며(상 404조 1항), 이때 이사는 피고이므로 감사가 회사를 대표한다. 이는 많은 주주의 소송참가는 부당하게 소송을 지연시키거나 법원의 부담을 무겁게 할 염려가 있기 때문이다. 소송을 제기한 주주는 회사에게 소송참가의 기회를 주기위해 지체없이 회사에 대하여 소송의 고지를 하여야 한다.

소수주주가 대표소송을 제기하면 회사는 스스로 소를 제기하거나 또는 재판 외에서 이사에 대한 책임의 면제, 권리의 화해 등의 처분을 하지 못하며, 원고인 소수주주도 소의 취하, 회사의 권리의 처분으로 되는 청구의 포기·화해를 할 수 없다.

대표소송은 주주가 회사의 대표자로서 소송을 한 것이 아니라 원고자신의 이름으로 타인인 회사의 이익을 위하여 소송한 것이므로, 원고인 주주가 받는 판결의 효력은 당연히 회사에 미친다. 또 그 반사적 효과로서 다른 주주는 그 판결의 내용에 반하는 주장을 할 수 없으며 피고인 이사를 원고인인 주주에게 반대소송을 제기할 수 없다.

원고인 소수주주가 승소하면 구 주주는 회사에 대하여 소송비용과 그 밖에 소송으로 인하여 지출한 비용 중 상당한 금액(소송비용과 소송을 위하여 지출한 교통비, 자료수집비 등이 모두 포함)의 지급을 청구할 수 있다. 원고인 소수주주가 패소하면 그 소송비용은 패소한 주주가 부담한다.

회사의 권리를 목적으로 판결을 하게 된 때에는 회사 또는 주주는 확정된 판결에 대하여 재심의 소를 제기할 수 있다. 재심의 소는 단독주주도 제기할 수 있고, 당사자가 판결확정 후 재심의 사유를 안 날로부터 30일 내에 제기하여야 하며, 판결확정 후 5년을 경과한 때에는 재심의 소를 제기하지 못한다(민 426조).

## 4. 대표이사

### (1) 의 의

대표이사는 대외적으로 회사를 대표하고 대내적으로는 업무집행을 담당하는 주식회사의 필요적 상설기관이며 독립기관이다.

상법상 대표이사와 이사회의 관계가 어떤 관계인지 명확하지 않다. 대표이사는 이사회로부터 임면되어 업무집행권을 위임받은 하부기관 즉 이사회에로부터의 파생기관으로 보는 견해와 이사회는 회의체기관이므로 그 성격상 업무집행 자체를 할 권한을 가진다고 보기는 어렵기 때문에, 이사회는 업무집행의 의사결정을 하는 기관이고 대표이사는 그것을 집행하고 대외적으로 회사를 대표하는 기관으로서 이사회의 하부적 기관이 아니라 이사회와는 별개의 독립된 기관으로 보는 견해이다. 일반적으로 대표이사의 지위는 후자의 견해로 보는 것이 타당하다고 하는 것이 다수설이다.

### (2) 대표이사의 선임

대표이사는 이사회에서 선임되는 것이 원칙이나(상 389조 1항 본문), 정관에 의하여 주주총회에서 직접 선임할 수도 있다(상 389조 1항 단서). 대표이사의 자격은 이사이면 누구나 될 수 있으며 인원수에도 제한이 없다.[73] 정관으로 대표이사의 자격을 정하는 것은 무방하며,[74] 대표이사의 성명 · 주민등록번호 및 주소는 등기사항이다(상 317조 2항 9호).

### (3) 대표이사의 종임

대표이사는 이사의 임기만료, 사임 · 사망 · 파산 · 성년후견개시 등으로 이사의 자격을 상실하거나, 이사회의 해임결의를 함으로써 대표이사 자격이 종임 된다. 그러나 정관으로 주주총회에서 대표이사를 선임하도록 한 경우에는 주주총회의 결의로 대표이사를 해임할

---

73) 주권상장법인인 경우의 사외이사는 대표이사가 될 수 없다.

74) 李李(會), 611면 ; 鄭(會), 407면.

수 있다. 다만 이사회 또는 주주총회에서 임기만료 전에 해임한때에는 그 대표이사는 회사에 대하여 해임으로 인해 생긴 손해의 배상을 청구할 수 있다. 또한 대표이사는 언제든지 그 직을 사임할 수 있으며 그 사임으로도 대표이사의 자격이 종임 된다. 이때 대표이사가 회사에 불리한 시기에 사임하여 회사에 손해가 생긴 때에는 그것을 배상하여야 한다(민 689조 2항). 대표이사의 종임으로 인하여 정관에 정한 대표이사의 수가 결하게 된 때에는 새로 선임된 대표이사가 취임할 때까지 대표이사의 권리의무가 있다. 이사 · 감사 · 기타 이해관계인은 필요에 따라 법원에 일시적으로 대표이사의 직무를 행할 자의 선임을 청구할 수 있다(상 389조 3항 · 386조 2항).

### ⑷ 대표이사의 권한

#### 1) 대표권

대표이사는 대외적으로 회사의 영업에 관한 재판상 또는 재판외의 모든 행위에 대하여 회사를 대표할 수 있는 권한을 가진다(상 389조 1항). 상법에서는 이사와 회사간의 소송시에는 감사가 회사를 대표하도록 하고 있는데[75](상 394조), 이는 이사의 사익과 회사의 이익이 충돌하는 경우에 회사의 이익을 보호하기 위한 것이다. 또한 정관 · 이사회의 결의 등에 의해서 대표이사의 포괄적인 대표권에 제한을 가한 때에는 대표이사는 이것을 따라야 한다. 그러나 대표이사가 이러한 대표권의 제한을 벗어난 행위를 하였다 하더라도 그 행위가 회사의 권리능력범위내이 속하는 행위이기만 하면 대표권의 제한을 알지 못하는 제3자는 그 행위를 회사의 대표행위라고 믿는 것이 당연하고 이러한 신뢰는 보호되어야 하는 것으로 해서 이러한 대표권의 제한은 선의의 제3자에게 대항하지 못 한다[76](상 389조 3항 · 209조).

---

75) 大判 1990. 5. 11. 89 다카 15199(공보 875, 1253) ;
Y주식회사의 이사인 X가 Y회사에 대하여 소를 제기함에 있어서 상법 394조에 의하여 그 소에 관하여 회사를 대표할 권한이 있는 감사를 대표자로 표시하지 아니하고 대표이사를 Y회사의 대표자로 표시하는 한 소장을 법원에 제출하고 법원도 이 점을 간과하여 Y회사의 대표이사에게 소장의 부분을 송달한 채, Y회사의 대표이사로부터 소송대리권을 위임받은 변호사들에 의하여 소송이 수행되었다면, 이 사건이 소에 관하여는 Y회사를 대표할 권한이 대표이사에게 없기 때문에 소장이 Y에게 적법유효하게 송달되었다고 볼 수 없음은 물론, Y회사의 대표이사가 Y를 대표하여 한 소송행위나 Y회사의 대표이사에 대하여 X가 한 소송행위는 모두 무효이다.

76) 大判 1994. 10. 28. 94 다 39253 ;
회사는 대표이사의 권한에 대한 내부적 제한을 가지고 선의의 제3자에게 대항하지 못한다.

### 2) 업무집행권

대표이사는 대내적 · 대외적으로 회사업무를 집행할 권한이 있다. 상법이 대표이사의 대외적인 대표권에 대해서만 직접규정을 두고 있는 것은(상 389조 3항 · 209조), 대표이사가 원칙적으로 회사의 모든 업무에 관한 집행권을 갖는다는 것을 전제로 하여 그 업무집행이 대외관계를 수반하는 경우의 회사대표권에 관하여 규정한 것으로 해석된다.[77] 대표이사의 권한에 대해 상법상 명시한 것도 있으나, 이사의 직무권한으로 규정하고 있는 주식 · 사채의 청약서의 작성(상 420조 · 474조 2항), 정관 · 주주명부 · 사채원부 · 의사록의 비치(상 396조 1항), 재무제표 · 영업보고서의 작성 · 제출 · 비치 · 공고(상 447조 · 447조의 2 ③, 448조 1항 · 449조 2항), 신주인수권증서 · 신주인수권증권의 기명날인 또는 서명(상 420조의 2 2항 · 516조의 5 2항) 등도 모두 대표이사의 직무로 해석하여야 할 것이다. 그러나 대표이사의 업무결정권은 이사회로부터 일반적 · 구체적으로 위임받은 사항 및 일상 업무에 한한다고 본다.[78]

### 3) 대표이사의 남용행위 · 불법행위

대표권의 남용이란 대표권이 있는 자가 회사이외의 이익 즉 자기 또는 제3자의 이익을 위하여 대표권을 행사하는 것을 말한다.

대표권의 불법행위란 대표이사가 주주총회나 이사회의 권한에 속하는 사항에 관하여 그 결의 없이 또는 결의에 위반하여 행위를 한 경우, 이때 일반적으로 그 행위가 대내적인 행위인 경우에는 언제나 무효이며, 그 행위가 대외적인 행위인 경우에는 거래의 안전을 위하여 원칙적으로 대외적 효력은 유효하다. 단 제3자가 대표권의 남용임을 알고 있는 경우에는 회사는 그 무효를 주장할 수 있다.[79]

---

77) 정채형(회), 411면.

78) 정채형(회), 411면.

79) 大判 1978. 6. 27. 78 다 389 ;
주식회사의 대표이사가 이사회의 결의를 거쳐야 할 대외적 거래행위에 관하여 이를 거치지 아니하고 한 경우라도 그 이사회의 결의사항은 회사의 내부적 의사결정에 불과하다 할 것이므로 그 거래 상대방이 그와 같은 이사회의 결의가 없었음을 알았거나 알 수 있었을 경우가 아니라면 그 거래행위는 유효하다고 해석함이 상당하다.

### (5) 공동대표이사

이사회가 대표이사를 선임함에 있어 수인의 대표이사가 공동으로 회사를 대표할 것을 정할 수 있다(상 389조 2항). 이를 공동대표이사라고 한다. 공동대표이사는 원칙적으로 각자 독립하여 회사를 대표하나, 회사는 대표권의 남용을 방지하기 위하여 이사회의 또는 주주총회의 결의로써 예외적으로 수인의 대표이사가 공동으로 회사를 대표하도록 할 수 있다(상 389조 2항). 이때 공동대표이사의 일부가 그의 대표권을 다른 공동대표이사에게 위임할 수 있는가에 대해 1인이 다른 공동대표이사에게 자신의 권한을 포괄적으로 위임하는 것은 공동대표이사제도의 본질에 위배되므로 허용되지 않으나[80], 특정사항에 대한 대표권의 개별적인 위임은 가능하다고 본다.[81]

### (6) 표현대표이사(表見代表理事)

사장・부사장・전무・상무・기타 회사를 대표할 권한이 있는 것으로 인정될 만한 명칭을 사용한 이사의 행위에 대하여는 그 이사가 회사를 대표할 권한이 없는 경우에도 회사는 선의의 제3자에 대하여 대표이사의 행위와 마찬가지로 그 책임을 져야 한다(상 395조).[82]

표현대표이사의 요건이 적용되는 경우는 그 이사가 회사를 대표할 권한이 있는 자로 보이는 외관(사장・부사장・상무・전무・부총재・은행장 등)이 존재하는 경우, 회사가 그러한 명칭을 적극적으로 부여하였거나 그 사용을 허용한 경우 그리고 그러한 명칭을 사용하는 것을 알면서 소극적으로 묵인하는 외관에 대한 회사의 귀책사유가 있는 경우 상대

---

80) 鄭(會), 414면 ; 孫(商上), 758면 ; 李李(會), 627~628면 ; 蔡(商), 536면 ; 李(會), 444면 ; 李(商), 327면.

81) 大判 1989. 5. 23. 89 다카 3677 ; 1985. 6. 11. 84 다카 963 ;
주식회사에 있어서의 공동대표이사제도는 대외관계에서 수인의 대표이사가 공동으로만 대표권을 행사할 수 있게 하여 업무집행의 통일성을 확보하고, 대표권행사의 신중을 기함과 동시에 대표이사 상호간의 견제에 의하여 대표권의 남용 내지는 오용을 방지하여 회사의 이익을 도모하려는 데 그 취지가 있음으로 공동대표이사의 1인이 그 대표권의 행사를 특정사항에 관하여 개별적으로 다른 공동 대표이사에게 위임함은 별론으로 하고 일반적 포괄적으로 위임함은 허용되지 아니한다.

82) 鄭(會), 423~440면.
大判 1979. 2. 13. 77 다 2436 ;
표현대표이사의 명칭을 사용하는 이사가 자기명의로 행위할 때 뿐 아니라 행위자 자신이 표현대표이사인 이상 다른 대표이사의 명칭을 사용하여 행위한 경우도 상법 389조가 적용된다고 보아야 할 것이다.

방이 표현대표이사가 회사를 대표할 권한이 없다는 것을 알지 못하는 선의의 제3자인 경우 등이다.83)

## 5. 집행임원

### (1) 의 의

회사는 집행임원을 둘 수 있다(상 408조의 2). 이사회가 결정한 사항을 실무에서 집행하는 임원이다. CEO, CFO, CTO 등이 이에 포함된다. 집행임원제를 시행하면 기존 기업의 의사결정 및 감독 집행권한을 이사회가 독점하는 것이 아니라 이사회는 의사결정과 감독 기능만 갖고, 집행기능은 집행임원에게 맡기게 된다.

집행임원을 둔 회사(이하 "집행임원 설치회사"라 한다)는 대표이사를 두지 못한다(상 408조의 2).

### (2) 집행임원 설치회사의 이사회의 권한

집행임원 설치회사의 이사회는 집행임원과 대표집행임원을 선임·해임할 권한을 갖는다. 집행임원의 업무집행 감독, 집행임원과 집행임원 설치회사의 소송에서 집행임원 설치회사를 대표할 자의 선임, 집행임원에게 업무집행에 관한 의사결정의 위임, 집행임원이 여러 명인 경우 집행임원의 직무 분담 및 지휘·명령관계, 그 밖에 집행임원의 상호관계에 관한 사항의 결정, 정관에 규정이 없거나 주주총회의 승인이 없는 경우 집행임원의 보수 결정 등의 권한을 갖는다(상 408조의 2 3항). 집행임원 설치회사는 이사회의 회의를 주관하기 위하여 이사회 의장을 두어야 한다. 이 경우 이사회 의장은 정관의 규정이 없으면 이사회 결의로 선임한다.

---

83) 大判 1975. 5. 27. 74 다 1366 ;
상법 395조에 의하여 표현대표이사의 행위에 대하여 회사가 그 책임을 지는 것은 회사가 표현대표이사의 명칭사용을 명시적으로나 묵시적으로 승인한 경우에만 한하는 것이고 회사의 명칭사용 없이 임의로 명칭을 참칭한 자의 행위에 대하여는 비록 그 명칭 사용을 알지 못하고 또 제지하지 못한 점이 있어서 회사에게 과실이 있다하더라도 그 회사의 책임으로 돌려 선의의 제3자에 대하여 책임을 지게 하는 취지는 아니라 할 것이다.

### ⑶ 집행임원의 임기

집행임원의 임기는 정관에 다른 규정이 없으면 2년을 초과하지 못한다. 임기는 정관에 그 임기 중의 최종 결산기에 관한 정기주주총회가 종결한 후 가장 먼저 소집하는 이사회의 종결 시까지로 정할 수 있다(상 408조의 3).

### ⑷ 집행임원의 권한

집행임원은 집행임원 설치회사의 업무집행과 정관이나 이사회의 결의에 의하여 위임받은 업무집행에 관한 의사결정을 할 수 있는 권한을 갖는다(상 408조의 4).

### ⑸ 대표집행임원

2명 이상의 집행임원이 선임된 경우에는 이사회 결의로 집행임원 설치회사를 대표할 대표집행임원을 선임하여야 한다. 다만, 집행임원이 1명인 경우에는 그 집행임원이 대표집행임원이 된다. 대표집행임원에 관하여는 이 법에 다른 규정이 없으면 주식회사의 대표이사에 관한 규정을 준용한다(상 408조의 5).

### ⑹ 집행임원의 이사회에 대한 보고

집행임원은 3개월에 1회 이상 업무의 집행상황을 이사회에 보고하여야 한다. 집행임원은 이 외에도 이사회의 요구가 있으면 언제든지 이사회에 출석하여 요구한 사항을 보고하여야 한다(상 408조의 6).

이사는 대표집행임원으로 하여금 다른 집행임원 또는 피용자의 업무에 관하여 이사회에 보고할 것을 요구할 수 있다.

### ⑺ 집행임원의 이사회 소집 청구

집행임원은 필요하면 회의의 목적사항과 소집이유를 적은 서면을 이사(소집권자가 있는 경우에는 소집권자를 말한다. 이하 이 조에서 같다)에게 제출하여 이사회 소집을 청구할 수 있다.

이사회 소집청구를 한 후 이사가 지체 없이 이사회 소집의 절차를 밟지 아니하면 소집을 청구한 집행임원은 법원의 허가를 받아 이사회를 소집할 수 있다. 이 경우 이사회 의장은 법원이 이해관계자의 청구에 의하여 또는 직권으로 선임할 수 있다(상 408조의 7).

### (8) 집행임원의 책임

집행임원이 고의 또는 과실로 법령이나 정관을 위반한 행위를 하거나 그 임무를 게을리한 경우에는 그 집행임원은 집행임원 설치회사에 손해를 배상할 책임이 있다. 집행임원이 고의 또는 중대한 과실로 그 임무를 게을리한 경우에는 그 집행임원은 제3자에게 손해를 배상할 책임이 있다. 집행임원이 집행임원 설치회사 또는 제3자에게 손해를 배상할 책임이 있는 경우에 다른 집행임원 · 이사 또는 감사도 그 책임이 있으면 다른 집행임원·이사 또는 감사와 연대하여 배상할 책임이 있다(상 408조의 8).

## 04 감사(監事)·감사위원회(監事委員會)·외부감사인(外部監査人)·검사인(檢査人)

## 1. 감 사

### (1) 의 의

감사는 이사의 회계 및 업무를 감사하는 주식회사의 필요적 · 상설기관이다. 종전에는 감사의 이사에 대한 회계감사권만 인정하고 업무집행의 감사권은 이사회가 가지고 있었으나, 개정 상법에서는 그 권한을 업무집행에 대한 것까지 확대 · 강화하였다. 즉, 감사의 임기가 2년에서 3년으로 연장되었으며(상 410조), 감사의 해임의 경우에 감사에게 주주총회에서 해임에 관하여 의견을 진술할 수 있는 권리를 인정하였다(상 409조 2항). 또한 총회소집청구권을 갖게 되었으며, 이사가 회사에 현저하게 손해를 끼칠 염려가 있는 사실을 발견한 때에는 즉시 감사에게 보고토록 의무화하고 있다. 더 나아가 감사는 회사뿐만 아니라 자회사의 이사 또는 지배인 기타의 사용인의 직무도 겸하지 못하게 하였으며(상 411조), 자회사에 대한 감사권도 인정하였다(상 412조 4항). 그 이유는 이사의 업무집행에 대하여는 주주도 결산승인권 또는 소수주주권 등에 의하여 어느 정도 감독할 수 있으나, 이것만으로는 이사의 광범한 업무를 감독하기 불충분하므로 이를 실효적으로 감독하기 위해서는 상설기관에 회계 및 일반업무를 감사할 권한과 이에 필요한 의무를 부과할 필요가 있기 때문이다.

### (2) 선임 · 종임

회사설립 후의 감사는 주주총회에서 선임한다. 자본금이 10억 미만인 회사의 경우에는 감사를 선임하지 아니할 수 있다. 이때 감사는 주주총회로 본다(상 409조 1항). 그 선임은 보통결의의 방법에 의하되, 1주 1의결권의 원칙에 대한 중대한 예외를 인정하여 의결권 없는 주식을 제외한 발행주식 총수의 100분의 3을 초과하는 주식을 가진 주주는 그 초과하는 주식에 관해서는 그 의결권을 행사하지 못 한다[84](상 409조 2항). 회사는 정관으로 이보다 낮은 비율로 정할 수 있다(상 409조 2항). 이것은 대주주의 의결권을 제한하여 중립적인 공정한 인물을 감사로 선임하기 위해서이다. 그러나 이렇게 선임한 감사를 총회의 특별결의로써 해임할 수 있게 한 점(상 415 · 385조 1항)은 문제의 여지가 있다. 감사선임의 결의는 출석주주가 행사할 수 있는 의결권의 과반수로 하여야 하며, 감사의 자격 · 인원수에는 제한이 없고 원수는 1인이라도 무방하나,[85] 당해 회사 또는 자회사의 이사 또는 지배인 기타 사용인의 직무를 겸하지 못한다(상 411조). 임기는 취임 후 3년 내의 최종 결산기에 관한 정기총회의 종결시까지이다(상 410조). 감사의 선임 결의에 하자가 있어 제소한 경우에 있어서의 직무집행정지와 대행자선임에 관한 것은 이사의 경우와 같다(상 415조 · 407조). 감사의 선임이 끝나면 그 성명과 주민등록번호는 등기사항이다(상 317조 2항 8호).

감사의 종임에 관해서는 이사의 경우와 거의 같다(상 415조 · 385조 · 386조). 그러나 회사가 해산하더라도 감사의 감사기능은 필요하므로, 해산에 의하여 당연히 감사가 종임되는 것은 아니다(상 354조).

---

84) 1997년 개정증권거래법은 감사의 선임 · 해임의결권이 있는 발행주식총수의 3%의 산정에 있어서 주주 본인과 함께 본인과의 특수관계인 기타 대통령이 정하는 자가 소유하는 주식을 합계하도록 하여 그 초과분에 관한 의결권의 행사를 금지함으로써 감사의 선임 · 해임에 있어서 대주주가 미치던 영향력을 차단하였다. 그리고 주권상장법인은 1인 이상의 상근 감사를 두도록 하였으며, 감사의 보수의 결의는 이사와 분리하여 별도로 의결하도록 하였다. 설립시에는 발기설립의 경우에는 발기인 주식인수인으로서 갖는 의결권의 과반수로서 선임하며, 모집설립의 경우에는 창립총회에서 출석한 주식인수인의 의결권의 3분의 2 이상이며 인수된 주식총수의 과반수에 해당하는 수로서 선임한다.

85) 주권상장법인은 1인 이상이어야 하며, 상근감사는 미성년자, 성년후견개시자, 파산자, 복권되지 아니한 자, 금고이사의 형을 받고 그 집행이 종료되거나 집행을 받지 아니하기로 확정된 후 2년이 경과하지 아니한 자, 증권거래법에 의하여 감사의 직에서 해임되거나 면직된 후 2년을 경과하지 아니한 자, 그 밖에 대통령이 정하는 기준에 적합한 자격을 갖추지 못 한자는 상근감사가 되지 못한다(증거 84조 19항 2).

### ⑶ 권 한

감사는 이사의 업무집행의 전반을 감사할 권한과 직무를 갖는다(상 412조 1항). 감사는 상법상의 명문규정에 있는 경우와 이사의 위법성외에 이사의 업무집행의 타당성 감사만을 할 수 있다. 이를 위하여 감사는 언제든지 이사에 대하여 영업에 관한 보고를 요구하거나, 회사의 업무와 재산상태를 조사할 수 있다(상 412조 2항). 이때, 감사는 회사의 비용으로 전문가의 도움을 구할 수 있다(상 412조 3항). 그리고 이사는 회사에 현저하게 손해를 미칠 염려가 있는 사실을 발견한 때에는 즉시 감사에게 이를 보고하여야 한다(상 412조의 2). 감사의 내용은 적법성 여부뿐만 아니라 회사에 미치는 중대성에 대한 타당성 여부도 포함된다.

이밖에도 이사회에의 출석・의견진술권(상 391조의 2 1항), 이사회소집통지의 수령권(상 390조 2항), 이사회소집절차생략의 동의권(상 390조 3항), 이사회회의록의 기명날인권(상 391의 3 2항), 이사의 법령 또는 정관위반에 대한 유지청구권(상 402조), 소송에 있어서의 회사대표권(상 394조・403조 1항), 감사의 해임에 관한 주주총회에서의 의견진술권(상 409조의 2), 임시주주총회의 소집청구권(상 412조의 3), 자회사에 대한 영업보고요구권(상 412조의 4 1항), 자회사의 조사권(상 412조 5항)과 각종의 소권(상 328조・376조・429조・445조・529조) 등이 있다.

### ⑷ 의 무

감사는 이사가 총회에 제출할 의안과 서류를 조사하여 법령 또는 정관에 위반하거나 현저하게 부당한 사항이 있는지의 여부에 관하여 총회에 그 의견을 보고하여야 한다(상 413조).

감사는 이사가 법령 또는 정권에 위반한 행위를 하거나, 그 행위를 할 염려가 있다고 인정한 때에는 이사회에 이를 보고하여야 한다(상 391의 2 2항). 감사는 감사의 실시요령과 그 결과를 기재한 감사록을 작성하고 기명날인 또는 서명하여야 한다(상 413조의 2).

감사는 재임 중 뿐만 아니라 퇴임 후에도 직무상 알게 된 회사의 영업상 비밀을 누설하여서는 아니 된다(상 415조・382조의 4).

감사는 이사로부터 정기총회 회일의 6주간 전에 재무제표와 그 부속명세서(상 477조) 및 영업보고서(상 447조의 2)의 제출을 받아 이를 받은 날로부터 4주간 안에 감사보고서(상 447조의 4)를 이사에게 제출하여야 한다(상 447조의 4 1항).

### ⑸ 책 임

감사는 이사의 경우와 같이 회사에 대하여는 위임관계가 있으므로(상 415조 · 382조 2항), 선량한 관리자의 주의의무를 다하여 그 직무를 수행해야 한다(민 681조). 감사가 이러한 의무에 위반하여 그 임무를 게을리한 때에는 회사에 대하여 연대하여 손해배상책임을 진다[86](상 414조 1항). 이 책임은 총주주의 동의로써 면제할 수 있고, 그 추궁을 위해서는 대표소송이 인정되는 것은 이사의 경우와 같다(상 415조 · 400조 · 403조~406조).

감사의 제3자에 대한 손해배상책임도 이사의 경우와 마찬가지다(상 414조 2항). 이사도 회사 또는 제3자에 대하여 손해배상책임을 지는 때에는 그 이사와 감사는 연대하여 배상책임을 진다(상 414조 3항).

## 2. 감사위원회

### ⑴ 의 의

1999년 상법개정에서 감사에 대체할 수 있는 기구로서 이사회 내에 감사위원회를 둘 수 있도록 하였다. 감사위원회란 정관의 정함에 따라 감사에 갈음하여 3인 이상의 이사로 구성된 감사기구이다(상 393조의 2).

### ⑵ 선임 · 해임

감사위원회 위원은 정관에 다른 정함이 없는 한 이사회의 결의로 선임되며,[87] 3분의 2 이상은 사외이사이어야 하고 사내이사는 3분의 1을 초과하지 못한다.

감사위원회 위원의 해임은 이사회의 재적이사 총수의 3분의 2 이상의 결의로 하여야 한다.

---

86) 大判 1998. 10. 25. 87 다카 1370 ;
회사의 감사가 회사의 사정에 비추어 회계감사 등의 필요성이 있음을 충분히 인식하고 있었고 또 경리업무 담당자의 부정행위의 수법이 교묘하게 저질러진 것이 아닌 것이어서 어음용지의 수량과 발행매수를 조사하거나 은행의 어음결제량을 확인하는 정도의 조사만이라도 했다면 위 경리업무 담당자의 부정행위를 쉽게 발견할 수 있었을 것인데도 아무런 조사도 하지 아니하였다면, 이는 감사로서의 중대한 과실로 인하여 그 임무를 게을리한 것이다.

87) 증권거래법상 상장법인의 감사위원회 위원의 선임과 해임은 주주총회에서 감사선임방법과 마찬가지로 한다.

### (3) 권한 · 의무 · 책임

감사위원회의 권한과 의무 그리고 책임은 감사와 동등한 권한과 의무 그리고 책임을 부여하고 있다.

감사는 주주총회에서 선임된 이사회와는 독립된 지위를 가지는 독립기구이나 감사위원회는 이사회 기능이 분화된 위원회의 하나로서 이사회에 종속된 지위를 가지며, 이사회의 구성원으로서 업무집행결정에 관여하는 이사들로 구성되기 때문에 그 중립성이나 객관성을 유지할 수 있는 가에는 의문의 여지가 많다.

## 3. 외부감사인

### (1) 의 의

직전사업년도 말의 자산총액이 70억원 이상인 주식회사[88](외감 2조 1항)는 외부의 감사인에 의한 회계감사를 받아야 한다. 이러한 취지는 대규모의 회사는 이해관계인이 더욱 많을 뿐만 아니라 복잡한 재무관계는 독립된 외부의 회계전문가의 감사에 의하여 회계처리의 적정을 기하며 이해관계인의 보호와 기업의 건전한 발전을 도모하고자 한 것이다(외감 1조).

### (2) 선임 · 종임

외부감사인은 매회계년도 개시일로부터 4월 이내에 등록된 합동회계법인, 공인회계사회 또는 회계법인 중에서 선임하여야 한다(외감 3조 1항).

종임은 임기만료, 감사계약서에 정하여진 종임사유 또는 선임기간의 결의로 된다.

### (3) 권한 · 의무

외부감사인은 언제든지 회계에 관한 장부와 서류를 열람 또는 등사할 수 있고, 회사 또는 관계회사에 대하여 회계에 관한 보고를 요구할 수 있을 뿐만 아니라, 직무수행을 위하여 특히 필요한 때에는 회사의 업무와 재산상태까지 조사할 수 있다(외감 6조).

외부감사인은 회사 또는 증권관리위원회 및 한국공인회계사에 대한 감사보고서 제출의

88) 정부투자기관 관리기본법의 적용을 받는 주식회사와 기타 대통령이 정하는 주식회사는 제외된다.

무(외감 8조 · 외감 5조), 직무상 비밀누설금지의 의무(외감 9조), 이사의 불공정 또는 법령 · 정관 위반행위에 대한 총회에의 보고의무(외감 10조)와 총회의 요구에 출석 · 의견진술 및 답변의무(외감 11조) 등의 의무를 부담한다.

### ⑷ 책 임

회사에 대하여는 임무해태로 인한 손해배상과 제3자에 대하여는 감사보고서에의 기재누락 또는 허위기재로 인한 손해배상책임을 진다(외감 17조 1 · 2항). 이 때 이사 또는 감사도 책임이 있는 때에는 연대하여 손해배상책임이 있다(외감 17조 3항). 이 책임은 청구권자가 그 사실을 안 날로부터 1년 이내 또는 감사보고서 제출일로부터 3년 이내에 청구권을 행사하지 않으면 소멸한다(외감 17조 4항).

## 4. 검사인

### ⑴ 의 의

검사인은 회사의 설립절차 또는 업무와 재산상태의 조사를 임무로 하는 주식회사의 임시기관이다. 검사인은 제3자적 선임지위에서 검사하므로 감사제도를 보완하는 선임 기능을 가진다.

검사인의 선임은 법원에서 선임하는 경우(상 298조 · 310조 · 417조 3항 · 422조 · 467조), 창립총회에서 선임하는 경우(상 313조), 주주총회에서 선임하는 경우(상 367조 · 542조 2항)와 발행주식 총수의 100분의 1이상에 해당하는 주식을 가진 주주(상 367조 2항)가 있으나 자격에는 어떠한 제한이 없다.

### ⑵ 권 한

검사인의 권한은 선임의 목적에 따르나, 계산관계의 정확성 여부 및 발기인 · 이사 · 청산인의 행위에 관하여 위법성 여부를 조사하는 것이다.

### ⑶ 책 임

검사인도 회사와는 위임관계에 있다고 할 수 있으므로, 수임인으로서의 선량한 관리자의 주의의무가 있으므로(민 681조), 의무위반의 경우는 채무불이행의 책임을 지고, 제3자에 대하여는 불법행위에 의한 책임을 진다(민 750조). 상법은 회사의 설립절차를 검사하기 위하여 법원이 선임한 경우에는 그 검사인이 악의 또는 중대한 과실로 인하여 그 임무를 게을리한 때에는 회사 또는 제3자에 대하여 손해배상책임을 지도록 하였다(상 325조).

# 단답형 문제

01 (　　　　　)이란 소수주주(3% 이상)가 회사에 대하여 일정한 사항을 주주총회의 의제와 의안으로 할 것을 이사에게 제안할 수 있는 권리를 말한다.

02 검사인의 선임, 이사 · 감사 또는 청산인의 선임 및 보수의 결정, 이사의 경업의 승인과 개입권의 행사, 주식의 배당은 (　　　　　)이다.

03 정관의 변경 자본금의 감소, 회사의 해산, 회사의 계속은 (　　　　　)이다.

04 총회의 소집은 상법에 다른 규정이 없는 한 원칙적으로 (　　　　　)에서 결정하고, 구체적인 소집절차는 대표이사가 밟는다.

05 의결권이 있는 발행주식 총수의 (　　　　　)이상(자본금 1천억원 이상인 회사는 0.5)에 해당하는 주식을 가진 소수주주는 회의의 목적사항과 소집의 이유를 기재한 서면 또는 전자문서를 이사회에 제출하여 임시총회의 소집을 청구할 수 있다.

06 주주총회를 소집함에 있어서는 기명주주에게는 (　　　　　)하여야 하고, 무기명주주에게는 공고하여야 한다.

07 (　　　　　)이란 소수주주가 회사에 대하여 일정한 사항을 주주총회의 의제와 의안으로 할 것을 이사에게 제안할 수 있는 권리를 말한다.

08 주주총회의 의사에 관해서는 의사록을 작성하여야 하는데, 여기에는 의사의 경과 요령과 그 결과를 기재하고 의장과 출석한 (　　　　　)가 기명날인 또는 서명하여야 한다.

09 보통결의는 출석한 주주의 의결권의 과반수와 발행주식총수의 (　　　　) 1 이상의 수로써 결의하는 것이다. 그러나 정관에 다른 규정이 있으면 그에 따른다.

10 (　　　　)는 총주주의 동의를 요하는 결의와 출석한 주식인수인의 3분의 2 이상의 찬성과 인수된 주식총수의 과반수를 요하는 결의가 있다. 모두 의결권 없는 주식인수인도 포함된다.

11 (　　　　)이란 총회에서 특별결의에 반대하는 주주가 회사에 대하여 자기가소유하고 있는 주식을 공정한 가격으로 매수할 것을 청구할 수 있는 권리를 말한다.

12 (　　　　)란 정관에 의하여 수종의 주식을 발행한 경우에 일반주주총회와 별도로 일정한 종류의 주식을 가진 주주들에 의한 총회를 말한다.

13 주주총회의 소집절차 또는 결의방법이 법령 또는 정관에 위반하거나 현저하게 불공정한 경우 또는 그 결의의 내용이 정관에 위반한 경우에는 주주, 이사 또는 (　　　　)는 결의의 날로부터 2월 안에 회사를 상대로 하여 (　　　　)를 제기할 수 있다.

14 총회의 결의내용이 법령에 위반한 경우에는 누구나, 언제나 또 어떤 방법으로든지 그 무효를 주장할 수 있으나, 법원에 (　　　　)에 의하여 이를 주장할 수 있다.

15 부당결의 취소·변경의 소는 주주총회의 결의에 관하여 특별한 이해관계가 있어서 의결권을 행사할 수 없었던 자가 그 결의의 날로부터 (　　　　)에 결의의 취소의 소 또는 변경의 소를 제기할 수 있다.

16 이사는 주주총회에서 선임된다. 다만 설립시의 경우에는 이와 달리 선임되는데 발기설립의 경우에는 발기인들에 의하여 선임되고, 모집설립의 경우에는 (　　　　)에서 선임된다.

17 이사는 3인 이상이어야 하나, 자본금 총액이 (　　　　)인 회사는 1인 또는 2인으로 할 수 있다. 임기는 3년을 초과하지 못한다.

**18** 이사회의 결의는 이사의 과반수의 출석과 출석이사 (                )로서 하여야 한다. 그러나 정관으로 그 비율을 높게 정할 수 있다.

**19** (                )는 이사는 이사회의 승인 없이 자기 또는 제3자의 계산으로 회사의 영업부류에 속하는 거래를 하거나 동종영업을 목적으로 하는 다른 회사의 무한책임사원이나 이사가 되지 못한다는 것이다.

**20** 이사는 (                )의 승인 없이 자기 또는 제3자의 계산으로 회사를 상대방으로 하여 거래를 할 수 없다.

**21** (                )이란 소수주주가 이사의 회사에 대한 책임을 추궁하기 위하여 제기하는 소송을 말한다.

**22** 이사는 신주발행의 경우에 (                )의 책임을 진다. 그 결과 신주발행으로 인한 변경등기가 있은 후에 아직 인수하지 아니한 주식이 있거나 주식인수의 청약이 취소된 때에는 이사가 이를 공동으로 인수한 것으로 본다. 이사의 자본금충실책임은 (                )이다.

**23** 이사가 법령 또는 정관에 위반한 행위를 하여 회사에 회복할 수 없는 손해가 생길 염려가 있을 때 이에 대해 회사에 대하여 손해배상책임을 지며, 사전의 예방적인 조치로서 주주가 이사의 위법행위를 하지 못하게 하는 청구를 주주의 (                )이라 한다.

**24** 이사에 대한 위법행위 유지청구를 할 수 있는 자는 발행주식총수의 (                )에 해당하는 주식을 가진 소수주주권(少數株主權)을 가진 주주이다.

**25** (                )이란 대표권이 있는 자가 회사이외의 이익 즉 자기 또는 제3자의 이익을 위하여 대표권을 행사하는 것을 말한다.

**26** 그 이사가 회사를 대표할 권한이 있는 자로 보이는 외관(사장 · 부사장 · 상무 · 전무 · 부총재 · 은행장 등)이 존재하는 경우 이를 (                )라고 한다.

**27** 대표이사는 원칙적으로 각자 독립하여 회사를 대표하나, 회사는 대표권의 남용을 방지하기 위하여 이사회의 또는 주주총회의 결의로써 예외적으로 수인의 대표이사가 공동으로 회사를 대표하도록 하는 것은 (                )이다.

**28** 회사설립 후의 감사는 주주총회에서 선임한다. 자본금이 (                )인 회사의 경우에는 감사를 선임하지 아니할 수 있다.

**29** 감사위원회 위원은 정관에 다른 정함이 없는 한 이사회의 결의로 선임되며, (                )은 사외이사이어야 하고 사내이사는 3분의 1을 초과하지 못한다.

| | | | |
|---|---|---|---|
| 1 | 주주제안권 | 2 | 보통결의사항 |
| 3 | 특별결의사항 | 4 | 이사회 |
| 5 | 3/100 | 6 | 통지 |
| 7 | 주주제안권 | 8 | 이사 |
| 9 | 1/4 | 10 | 특수결의 |
| 11 | 주식매수청구권 | 12 | 종류주주총회 |
| 13 | 결의취소의 소, 감사 | 14 | 결의무효확인의 소 |
| 15 | 2월내 | 16 | 창립총회 |
| 17 | 10억 미만 | 18 | 과반수 |
| 19 | 경업금지의무 | 20 | 이사회 |
| 21 | 대표소송 | 22 | 자본충실책임, 무과실책임 |
| 23 | 위법행위 유지청구권 | 24 | 1/100 |
| 25 | 대표권의 남용 | 26 | 표현대표이사 |
| 27 | 공동대표이사 | 28 | 10억 미만 |
| 29 | 3분의 2 이상 | | |

6

CHAPTER

# 자본의 증가

Chapter

# 06 자본의 증가

## 01 서 설

회사가 설립된 이후 성장과 발전은 지속적으로 도모하는데 초기 설립자본금으로 만으로는 부족하며 새로운 자본조달이 요구된다.

회사의 자본조달은 이른바 타인자본에 의한 조달과 자기자본에 의한 조달로 분류할 수 있으며, 타인자본의 경우는 차입과 사채의 발행에 의한 조달로 다시 분류되고, 자기자본의 경우에는 신주발행을 통하여 조달된다.

타인자본에 의한 자본조달책은 절차상의 제약과 특히 금리부담으로 계속적이고 많은 금액의 자본조달로서는 부적당하나, 자기자본에 의한 자본조달책은 이자부담이 없는 신주발행을 통하여 자본을 조달할 수 있다. 따라서 자기자본에 의한 자본조달은 기업의 발전에 따른 대 자본의 수요증가를 충족시켜 줄 수 있는 자본조달책이다. 최근 자기자본의 조달책과 관계되는 기업공개의 확산과 더불어 신주발행의 문제가 큰 관심을 모으고 있다.

## 02 신주의 발행

### 1. 신주발행의 의의

신주발행이란 보통으로 수권자본의 범위 안에서 이미 주식을 발행하고 남은 미발행주식 중에서 주식을 발행하여 회사의 자본금을 증가시키는 것이다. 이러한 신주발행은 상법이 수권자본제도를 채택함에 따라 회사 설립 때 발행예정주식 총수와 발행주식 총수를 정관에 기재하게 함으로써(상 289조 1항), 잔여미발행주식에 있어서는 회사 성립 후 원칙으로 이사회의 결정에 의하여 신주를 발행할 수 있게 된 것이다(상 416조).

신주발행은 자금의 조달목적에 따른 신주발행과 자금조달과는 관계없는 특수한 목적을 위한 신주발행으로 분류할 수 있다. 전자는 발행주식의 액면액 만큼 반드시 자본금이 증가하며, 할인발행을 제외하고는 반드시 증가된 자본금액 만큼 회사재산이 증가한다. 후자의 경우에 그 목적인 운영자금의 조달에 있는 것이 아니라 다른 특수한 요청에 따른 것이므로 주식발행에 따른 자본금이나 회사의 재산의 증감에 대해 일률적으로 말할 수는 없다. 특수한 신주발행으로는 전환주식과 전환사채의 전환에 의한 신주발행, 주식병합 또는 회사합병에 의한 신주발행 등이다.

## 2. 신주인수권(新株引受權)

### (1) 의 의

신주인수권이란 회사 성립 후 신주를 발행하는 경우에 다른 사람에 우선하여 신주를 인수할 수 있는 권리이다. 신주인수권 문제는 주주의 이익보장도 고려하여야겠지만, 회사의 자금조달의 기동성·편의성도 확보하여야 할 중요한 것이다. 따라서 주주의 신주인수권은 법률의 규정에 의하여 주주에게 당연히 주어지는 추상적 권리로서, 상법은 일차적으로 주주의 신주인수권을 인정하고(상 418조), 정관으로 제3자에게도 신주를 배정할 수 있게 하였다(상 420조). 신주 인수권에는 주주의 신주인수권과 제3자의 신주인수권이 있다.

### (2) 주주의 신주인수권

#### 1) 의 의

주주의 신주인수권이라 함은 그 신주를 주주가 가지고 있는 종래의 주식의 수에 비례하여 우선적으로 신주의 배정을 받을 수 있는 권리이다. 이 주주의 신주인수권은 정관이나 이사회의 결의에 의하여 비로소 생기는 것이 아니라, 법률의 규정에 의하여 주주에게 당연히 주어지는 권리이다(상 418조). 이러한 주주의 신주인수권은 법률에 의하여 주주에게 당연히 주어지는 추상적 신주인수권과 이를 기초로 이사회의 신주발행결의에 의하여 구체화된 구체적 신주인수권으로 구별된다.

### 2) 성질 및 양도성

추상적 신주인수권은 주주의 자격으로 당연히 인정받는 것이므로, 그것은 주주권의 한 내용이 되어 주식과는 분리하여 이를 양도·처분 등을 못할 뿐 아니라 주식이 양도되면 이것도 당연히 이전되는 것이다. 그러나 추상적 신주인수권은 주주의 고유권은 아니므로 정관으로 이를 제한하거나 배제할 수 있다.

구체적 신주인수권은 이사회의 신주발행 결의에 의하여 추상적 신주인수권으로부터 발생되는 구체화된 권리이다. 이것은 주식과는 독립된 채권적 권리이므로, 주식과 독립하여 이를 양도·처분 등을 할 수 있다. 다만, 구체적 신주인수권의 양도는 신주인수권증서를 교부받아 그 증서로서 양도하여야 하며, 구체적 신주인수권은 이사회의 결의로 정하여진 배정일 현재의 주주명부상의 주주에게 귀속된다.[89] 이 권리는 정관변경에 의하거나 총회 또는 이사회의 결의에 의하여 박탈할 수 없다.[90] 추상적 신주인수권이 인정된 주주로부터 추상적 인수건의 박탈을 인정하는 것은 추상적 신주인수권 자체를 무의미하게 할뿐만 아니라 주주평등의 원칙에도 어긋나기 때문이다.

---

89) 大判 1995. 7. 28. 94 다 25735 ;
상법 제416조에 의하여 주식회사가 주주총회나 이사회의 결의로 신주를 발행할 경우에 발생하는 구체적 신주인수권은 주주의 고유권에 속하는 것이 아니고 위 상법의 규정에 의하여 발생하는 구체적 권리에 불과하므로, 그 신주인수권은 주주권의 이전에 수반되어 이전되지 아니하는 바, 회사가 신주를 발행하면서 그 권리의 귀속자를 주주총회나 이사회의 결의에 의한 일정시점에 있어서의 주주명부에 기재된 주주로 한정할 경우, 그 신주인수권은 그 일정시점에 있어서의 실질상의 주주인가의 여부와 관계없이 회사에 대하여 법적으로 대항할 수 있는 주주, 즉 주주명부에 기재된 주주에게 귀속 된다.

90) 大判 1995. 5. 23. 94 다 36412 ;
상법 제416조 제 5호에 의하면, 회사의 정관 또는 이사회의 결의로 주주가 가지는 신주인수권을 양도 할 수 있는 것에 관한 사항을 결정하도록 되어 있는 바, 신주인수권의 양도성을 제한할 필요성은 주로 회사 측의 신주발행사무의 편의를 위한 것에서 비롯된 것으로 볼 수 있고, 또 상법이 주권발행 전 주식의 양도는 회사에 대하여 효력이 없다고 엄격하게 규정한 것과는 달리 신주인수권의 양도에 대해서는 정관이나 이사회의 결의를 통하여 자유롭게 결정할 수 있도록 한점에 비추어보면, 회사가 정관이나 이사회의 결의로 신주인수권의 양도에 관한 사항을 결정하지 아니하였다 하여 신주인수권의 양도가 전혀 허용되지 아니하는 것이 아니고, 회사가 그와 같은 양도를 승낙한 경우에는 회사에 대하여도 그 효력이 있다.

### 3) 신주인수권과 주주평등의 원칙

정관에 다른 규정이 없는 한, 모든 주주는 그 주주가 소지하고 있는 지주수(持株數)에 따라 평등한 신주인수권이 있다(상 418조). 신주인수권은 주식의 발행조건의 우대를 의미하는 것이 아니라 신주를 평등하게 우선적으로 배정받는 것이므로, 주주평등의 원칙이 적용되고 있다.

그러나 이러한 원칙에 대한 예외가 있다. 즉, ① 수종의 주식을 발행한 경우에는 정관에 정함이 없더라도 주식의 종류에 따라 신주의 인수에 관하여 특수한 정함을 정할 수 있고(상 344조 3항), ② 자기주식을 가지고 있는 회사는 그 주식에 대한 신주인수권이 없다. ③ 단주에 관해서는 명문의 규정이 없어 이론(異論)이 있으나, 주주평등의 원칙에 비추어 이를 공정한 방법으로 처리하여 단주의 신주인수권을 갖는 주주에게 처리가액과 발행가액과의 그 차액을 분배하여야 한다고 본다.

### 4) 신주인수권의 대상과 예외

주주의 추상적 신주인수권은 원칙으로 장래에 발행되는 모든 주식에 미친다. 따라서 현재의 수권주식총수의 범위 내의 미발행주식 뿐만아니라, 그 후의 정관 변경에 의하여 증가된 수권주식총수의 범위 내의 미발행주식에도 신주인수권이 미친다. 그러나 다음과 같은 경우에 발행되는 주식은 그 대상이 될 수 없다. 즉, ① 준비금의 자본금전입의 경우(상 416조), ② 전환주식 · 전환사채의 전환의 경우(상 348조 · 516조), ③ 주식배당의 경우(상 462조의 2), ④ 주식병합의 경우(상 440조 · 442조), ⑤ 회사합병의 경우(상 523조 3호), ⑥ 현물출자의 경우(상 416조 3호),[91] ⑦ 실권주 처리의 경우(상 419조), ⑧ 신주인수권부사채자의 청구의 경우(상 516조의 8), ⑨ 신기술 도입, 재무구조개선 등 회사의 경영상 목적을 달성하기 위하여 주주외의 자에게 배정하는 경우 등에는 신주인수권이 발생할 여지가 없다. '회사정리법(회정 254조 1 · 2항)'과 같은 특별법에서도 주주의 신주인수권을 제한하고 있다.

### 5) 신주인수권의 제한

주주의 신주인수권이 정관, 법률 등에 의하여 제한 또는 박탈 될 수 있다(상 418조 1항 · 420조 5호). 정관에 의한 제한이라 함은 주주의 지분율 따른 신주인수권의 부여비율에 관한

---

91) 大判 1989. 3. 14. 88 누 889 ;
주주의 신주인수권은 주주가 종래 가지고 있던 주식의 수에 비례하여 우선적으로 인수의 배정을 받을 수 있는 권리로서 주주의 자격에 기하여 법률상 당연히 인정되는 것이지만, 현물출자자에 대하여 발행하는 신주에 대하여는 일반주주의 신주인수권이 미치지 않는다.

제한(상 344조 3항), 공모발행으로 인한 주주의 신주인수권의 제한 또는 박탈, 제3자에게 신주인수권을 부여하는 경우에 있어서 주주의 신주인수권의 제한 또는 박탈 등이 포함된다.

법률에 의한 제한으로 증권거래법상 증권상장법인이 유상증자에 의하여 주식을 발행하는 경우에는 종업원은 원칙적으로 발행주식총수의 100분의 20을 초과하지 아니하는 범위 내에서 우선적으로 신주를 배정받을 권리가 있는 것으로 해서, 주주의 신주인수권은 그만큼 제한된다. 또한 회사정리법상으로도 제한되며, 그 밖에도 자기주식, 자회사가 취득하고 있는 모회사의 주식 그리고 실권주·단주에는 신주인수권이 없다.

### 6) 신주인수권의 효력

회사가 주주의 신주인수권을 무시하여 신주를 발행하는 경우에는 주주는 신주발행의 정지를 청구할 수 있고(상 424조), 회사 또는 이사를 상대로 손해배상을 청구할 수 있다(상 399조·210조·401조).

### 7) 주주의 신주인수권의 양도

주주가 자금부족 등으로 신주인수권의 행사를 할 수 없는 처지에 있을 경우, 신주식인수권의 전부 또는 일부를 포기할 때, 그 주주는 신주식의 발행가액(신주식 매입가액)보다 증권 유통시장에서 그 신주식의 시가가 높은 경우 그 차이로부터 얻게 될 이익을 잃게 된다. 이에 상법은 1984년의 개정시에 이것의 양도성을 명문으로 인정하고 그 양도방법을 규정함으로서 구태여 신주에 대한 청약과 납입을 하지 않더라도 신주인수권을 양도함으로써 그 차액을 확보할 수 있어 주주에게 매우 유리하게 하였다.

주주의 신주인수권은 정관의 규정이나 정관에 의한 주주총회의 결의 또는 이사회의 결의가 있어야 그 양도가 인정되며, 그 양도는 신주인수권증서(新株引受權證書)의 교부에 의해서만 할 수 있다(상 420조의 3 1항).

그러나 정관 또는 이사회결의로 신주인수권의 양도를 결의하지 않은 경우라도 주주의 신주인수권은 채권적 성질을 갖는 것이기 때문에 당연히 양도성이 있다고 본다.[92] 다만

---

92) 大判 1989. 3. 14. 88 누 889 ;
상법 제416조 제5호에 의하면, 회사의 정관 또는 이사회의 결의로 주주가 가지는 신주인수권을 양도할 수 있는 것에 관한 사항을 결정하도록 되어 있는 바, 신주인수권의 양도성을 제한할 필요성은 주로 회사측의 신주발행사무의 편의를 위한 것에서 비롯된 것으로 볼 수 있고, 또 상법이 주권발행전 주식의 양도는 회사에 대하여 효력이 없다고 엄격하게 규정한 것과는 달리 신주인수권의 양도에 대하여는 정관이나 이사회의 결의를 통하여 자유롭게 결정할 수 있도록 한 점에 비추어 보면, 회사가 정관이나 이사회의 결의로 신주인수권의 양도에

이렇게 보면 상법 제416조 5호·420조의 3이 무의미하게 되므로, 이 경우 신주인수권의 양도는 회사에 대하여는 효력이 없다고 보아야 할 것이다.

### (3) 제3자의 신주인수권

#### 1) 의 의

제3자의 신주인수권이란 정관 또는 특별법에 의하여 주주 이외의 특정한 제3자가 일정한 신주의 우선적 배정을 받을 수 있는 권리이다. 사실상 제3자가 주주라도 주주의 자격에 의하지 않고 신주인수권을 갖는 경우에는 제3자의 신주인수권에 해당한다. 정관의 규정으로써 제3자를 특정함에는 구체적으로 종업원, 구종업원, 임원 등과 같이 표시하여야 하며, 특별법에 의한 것으로는 자본시장육성법상 공개법인 또는 상장법인이 신규로 주식을 유상발행하는 경우 당해 법인의 종업원으로 구성된 우리사주조합원 등이다.

2001년 상법개정은 제3자에 대한 신주인수권부여는 신기술의 도입, 재무구조개선 등 회사의 경영상 목적을 달성하기 위하여 필요한 경우로 제한하고 있다(상 418조 2항).

#### 2) 성 질

제3자의 신주인수권은 정관의 규정에 의하여 당연히 발생하는 것이 아니고, 특정한 제3자와 회사 사이의 계약에 의하여 생긴다. 이와 같이 제3자의 신주인수권은 계약상의 권리이므로 양도할 수 있다.

---

관한 사항을 결정하지 아니하였다하여 신주인수권의 양도가 전혀 허용되지 아니하는 것은 아니고, 그 회사가 그와 같은 양도를 승낙한 경우에는 회사에 대하여도 그 효력이 있다고 할 것이므로, 같은 취지로 판단한 원심판결은 정당하고, 논지는 이유가 없다.

주권발행전의 주식의 양도는 지명채권양도의 일반원칙에 따른다 함은 앞서 본바와 같고, 신주인수권증서가 발행되지 아니한 신주인수권의 양도 또는 주권발행전의 주식양도에 준하여 지명채권양도의 일반원칙에 따른다고 보아야 하므로, 주권발행 전의 주식양도나 신주인수권증서가 발행되지 아니한 신주인수권양도의 제3자에 대한 대항요건으로는 지명채권의 양도와 마찬가지로 확정일자 있는 증서에 의한 양도통지 또는 회사의 승낙이라고 보는 것이 상당하고, 주주명부상의 명의개서는 주식 또는 신주인수권의 양수인들 상호간의 대항요건이 아니라 적법한 양수인이 회사에 대한 관계에서 주주의 권리를 행사하기 위한 대항요건에 지나지 아니한다고 볼 것이다.

따라서 원심이 확정일자 있는 증서에 의하여 피고회사의 승낙을 받고 원고를 적법한 주식 및 신주인수권의 양수인이라고 판단한 것은 정당하다 할 것이고, 논지는 이유가 없다.

## 3. 신주발행의 절차

신주발행의 절차는 신주발행사항의 결정, 신주배정일의 공고 및 신주인수권자에 대한 청약최고(請約催告)(신주인수권자가 있는 경우) 또는 모집절차(신주인수권자가 없어 주주를 모집하는 경우), 인수(청약 및 배정), 현물출자의 검사, 출자의 이행, 변경등기의 순으로 되어 있다.

### (1) 신주발행사항의 결정

신주발행에 관한 다음 사항은 정관으로 주주총회에서 신주발행의 결정을 하기로 규정한 경우를 제외하고는 원칙적으로 이사회에서 결정하여야 한다(상 416조 본문). 이 사항은 중요한 것이므로 그 세목은 대표이사에게 일임할 수 있으나 그 전부는 그렇게 할 수 없다. 다음 사항 중 신주의 종류와 수, 현물출자에 관한 것은 주주배정 · 제3자 배정 및 모집에 공통되는 사항이나, 신주인수권의 양도에 관한 것과 신주배정일에 관한 것은 주주배정의 경우에만 해당하는 사항이다.

#### 1) 신주의 종류와 수

신주발행시 정관에 수종의 주식을 발행할 수 있도록 규정할 수 있다(상 344조 2항~366조 · 370조). 신주로 발행할 주식의 구체적인 종류와 수는 수권주식수 중 미발행주식수의 범위내에서 회사의 사정을 보아 이사회에서 결정할 문제이다.

#### 2) 신주의 발행가액과 납입기일

신주의 발행가액은 회사의 자산상태 · 수익력 등에 비추어 공정하게 결정되어야 한다. 그러하지 않으면 구주주의 이익을 해치게 되는 까닭이다. 신주의 발행가액을 액면초과발행 또는 액면가액으로 발행하는 경우와 무액면주식의 경우에는 신주의 발행가액 중 자본금으로 계상하는 금액에 이에 대한 이사회의 결정은 문제될 것이 없으나, 액면미달발행, 즉 할인발행을 하는 경우에는 주주총회에서 정한 최저발행가액의 범위 안에서 구체적인 발행예정가액을 이사회에서 결정하여야 한다.

주식의 할인발행은 자본금유지의 원칙에 어긋나므로 원칙적으로 인정되지 않으나, 주식의 시가가 주식액면가액에 못 미치는 경우에는 문제이다. 이러한 경우를 위하여 수권자본제도에 융통성을 주어 엄격한 요건하에 주식의 할인발행을 예외적으로 인정하고 있다.

즉, 주식의 할인발행을 하기 위해서는 ① 회사 성립한 날로부터 2년을 경과한 후(상 417조 3항), ② 주주총회의 특별결의를 한 다음(상 417조 2항), ③ 법원의 허가를 얻어야 한다(상 417조 3항), 그리고 ④ 법원의 허가를 얻은 날로부터 1월 내 또는 법원이 특별히 연장한 기간 내에 주식을 발행하되(상 417조 2항), ⑤ 주식청약서와 신주발행으로 인한 변경등기에 권면액과 발행가액의 차액 중 미상각액을 기재 또는 등기하여야 하고(상 426조), ⑥ 이 액면미달금액의 총액을 대차대조표 자산의 부에 이연자산으로 기재하였다가 3년 내의 매 결산기에 균등액 이상의 상각을 해야 한다(상 455조 1·2항).

납입기일은 신주인수인이 인수한 주식에 대하여 그 날까지 납입 또는 현물출자를 이행하여야 할 날을 말한다. 이사회에서 납입기일을 정하도록 한 것은 그 납입기일을 기준으로 인수와 납입이 완료된 주식에 대해서만 신주발행의 효력을 인정하려는 것이다(상 423조 1항). 따라서 주식인수인이 납입기일까지 납입 또는 현물출자를 이행하면 납입기일 다음 날로부터 주주가 되지만,[93] 이를 이행하지 않으면 신주인수권은 실권되고 실권주가 발생한다.

### 3) 신주의 인수방법

신주의 인수방법은 주주배정·제3자배정 또는 모집 중 어느 방법에 의하여 신주를 발행할 것인가를 정하는 것이다. 정관으로 주주의 신주인수권(주주배정)을 배제하거나, 주주가 신주를 인수하지 아니하는 경우에는 신주의 공모 여부, 제3자배정에 대하여 정관에 정해진 그 범위내에서 구체적으로 어떻게 신주의 인수방법을 정할 것인가를 이사회가 결정한다. 그리고 이외에도 이사회는 주식의 청약단위, 청약증거금 또는 주금납입을 취급할 금융기관, 단주의 처분 방법 등을 결정한다.

### 4) 실기주(失期株)·실권주(失權株)·단주(端株)의 처리

회사는 신주배정일을 정하여 그 날에 주주명부에 기재된 주주가 신주인수권을 갖는다는 뜻을 그 날의 2주간 전에 공고하여야 하며, 그 날이 주주명부폐쇄기간 중인 때에는 그 폐쇄기간의 초일의 2주간 전에 공고하여야 한다(상 418조 2항). 그런데 이러한 신주배정일까지 주식양수인이 주주명부에 명의개서(名義改書)를 하지 않아 신주가 주식양도인에게

93) 大判 1978. 2. 14. 77 누 278 ;
신주발행의 방법에 의하여 자본증가가 이루어진 경우에는 증자등기를 마친 때에 그 효력이 생기는 것이 아니라, 그 주금납입기일에 각 신주인수인들이 그 주금을 완납한 때에 그 효력이 생긴다.

배정되는 경우가 있다. 이렇게 명의개서를 하지 않음으로 인하여 주식양도인이 배정받은 주식을 실기주라고 한다. 이때 이 실기주에 대해 주식양수인은 주식양도인에 대해 주식배정에 의하여 취득한 권리를 반환청구할 수 있다.

상법은 소정의 일정기일까지 청약을 하지 않았을 때 신주인수권을 가진 자는 그 권리를 상실한다는 "신주인수권불행사에 의한 실권"을 규정하고 있다(상 419조 3항). 여기에 '그 기일까지 주식인수의 청약을 하지 않은 경우'란 그 기일까지 주식인수권자에 의하여 기명날인 된 또는 서명이 된 주식청약서가 이 회사에 도달하지 않은 경우이고 인수권자의 과실의 유·무는 묻지 않는 것이라고 보아야 할 것이다. 이 기일까지 청약을 하지 않았을 때에는 신주인수권자의 인수권은 소멸된다. 또한 인수한 신주의 주금을 납입기일까지 납입하지 않으면 신주인수권의 인수권은 소멸된다. 이와 같이 신주인수권의 대상인 주식 가운데서 인수나 납입이 되지 아니하여 실권한 주식을 실권주라 한다. '주인수권을 가진 자는 그 권리를 잃는다'라고 함은 인수권 자체의 상실이 아니고 다만 당해 신주발행에 관한 인수권을 상실하는 것뿐임을 뜻한다.

이와 같이 실권한 주식은 당연히 미발행주식이 되는 것으로서 회사는 이에 대하여 재모집을 할 수도 있다. 또는 그대로 방치하여 버릴 수도 있으며 정관의 규정에 좇아 이사회의 결의가 있으면 특정인에게 그 신주인수권을 부여 할 수도 있다.

한편 1주 미만의 주식을 단주라 하는데 단주에 관하여 상법은 아무런 특별한 규정이 없으며 단주를 무시하여도 무방하다는 입장을 취하고 있다. 만약 그렇지 않다면 항상 배상증자(賠償增資)를 필요로 하여 수권자본제에 어긋나게 되는 까닭이다. 그렇다고 하여 신주의 발행에 있어 항상 단주의 처리를 요구할 경우 쓸데없이 신주발행의 절차를 복잡하게 된다. 이러한 점에 비추어 상법은 신주의 발행에 있어서 단주를 무시할 수 있는 것을 전제로 하여 이를 이사회의 합리적인 결정에 맡기는 것이라고 보아야 할 것이다. 다만 정관으로 단주에 관한 '회사가 이를 합하여 인수인을 모집하고 그 발행가액과 주주에 배정한 신주의 발행가액과의 차액을 단주주에게 분배한다'는 뜻을 정하는 것은 자유이다.

그러나 이사회가 이에 편승하여 부당하게 다수의 단주가 생기는 방법으로 신주를 발행하는 경우 주주는 불공정한 신주의 발행으로써 그 유지(留止)를 청구할 수 있다(상 424조). 또한 예컨대 2주에 대하여 신주 1주를 부여하는 것과 같은 경우 각 1주를 갖고 있는 2인의 주주가 합동하여 신주의 인수를 청약하였을 때에는 양자에게 1주의 배정을 하는 것을 거부할 수 없다고 본다. 이 경우 위의 양자는 연대하여 납입할 의무를 부담한다.

### 5) 현물출자에 관한 사항

현물출자(現物出資)를 하는 자의 성명과 그 목적인 재산의 종류 · 수량 · 가액과 이에 대하여 부여할 주식의 종류와 수를 이사회에서 결정하여야 한다. 현물출자자의 제한은 없지만, 그 현물출자의 공정성을 위하여 법원이 선임한 검사인의 조사를 받아야 한다(상 229조 1항 1호 · 310조 · 416조 4호 · 422조 1항).

### 6) 신주인수권의 양도에 관한 사항

이사회는 정관에 다른 정함이 없는 한, 신주발행 때에 신주인수권의 양도에 관한 사항을 정하여야 한다(상 416조 5호). 이사회가 주주의 신주인수권을 양도할 수 있음을 결정한 경우에 한하여 회사에 대해 그 효력이 있다. 그러나 신주양도에 대한 정관 또는 이사회의 정함이 없다고 하여도 구체적 신주인수권은 채권적 성질을 갖는 권리로서 당연히 양도성은 있으나 그 양도는 회사에 대하여는 효력이 없다. 신주인수권의 양도 방법은 신주인수권증서의 교부에 의한다(상 420조의 3 1항). 이것은 주식의 양도방법을 주권의 교부에 의하도록 한 것과(상 336조 1항) 균형을 유지하도록 한 것이다.

### 7) 신주인수권증서의 발행청구에 관한 사항

신주인수권증서(新株引受權證書)의 발행은 강제적인 것이 아니라, 그것을 발행하고자 할 때에는 이사가 그 청구기간을 정하고 주주의 청구가 있을 때에만 이사회의 결의로서 발행한다(상 416조 6호). 이사회가 이러한 사항을 결의하지 않고 주주의 신주인수권의 양도에 관하여만 결의하면, 모든 주주에게 신주청약기일의 2주간 전에 신주인수권증서를 발행하여야 한다(상 420조의 2 1항 후단).

### 8) 신주배정일

신주발행 때에는 반드시 신주배정일을 정하여 그 날에 주주명부에 기재된 주주가 신주인수권을 갖는다는 것을 결정하여야 한다(상 418조 2항).

## ⑵ 신주배정일의 공고

신주배정일(新株配定日)은 그 날의 2주간 전에 이를 공고하여야 한다(상 418조 본문). 그러나 신주배정일이 주주명부폐쇄기간 중인 경우에는 폐쇄기간의 초일의 2주간 전에 공고하여야 한다(상 418조 2항 단서). 신주배정일의 공고의 취지는 명의개서를 게을리한 실질

주주인(주식을 양수한 자)으로 하여금 명의개서를 하여 신주인수권 행사의 기회를 주기 위한 것이다. 신주배정일의 공고에도 불구하고 공고일까지 명의개서하지 아니한 주식은 실기주가 된다.

### ⑶ 신주인수권자에 대한 청약최고(請約催告)

회사는 일정한 날(청약기일)을 정하여 그 날의 2주간 전에 신주인수권자에게 그 자가 인수권을 가지는 주식의 종류와 수, 신주인수권을 양도할 수 있음을 정한 때에는 그 뜻(상 416조 5호), 주주의 청구가 있을 때에만 신주인수권증서를 발행한다는 것과 그 청구기간을 정한 경우에는 이에 관한 사항 및 청약기일까지 주식인수의 청약을 하지 아니하면 그 권리를 잃는다는 뜻의 통지를 하여야 하며(실권예고부청약최고 제도)(상 419조 1 · 3항), 회사가 무기명식 주권을 발행한 때에는 청약기일의 2주간 전에 같은 내용의 공고를 하여야 한다(상 419조 2 · 3항). 회사가 이와 같은 통지 또는 공고를 하였음에도 불구하고, 신주인수권자가 그 날까지 주식인수의 청약을 아니한 때에는 그 권리를 당연히 잃으며(상 419조 4항), 이러한 주식이 실권주이다. 그 일정기일의 2주 전은 도달주의(到達主義)에 의한다(상 304조 2항).

### ⑷ 주주의 모집

모집에 의한 신주발행은 기존 주주의 신주인수권을 제한하므로 법률 또는 정관에 의하여 주주의 신주인수권을 제한하다는 규정이 있는 경우에 한하여 회사는 신주인수권의 대상이 되지 않는 주식과 신주인수권자의 실권주식에 대하여 일반인으로부터 주주를 모집할 수 있다. 이 경우에는 모집설립에 관한 규정이 준용된다(상 425조 1항).

### ⑸ 주식인수의 청약

주식인수(株式引受)의 청약을 하고자 하는 자는 현물출자의 경우 외에는 대표이사가 작성한 주식청약서 2통에 법정사항을 기재하여 청약하여야 한다(상 302조 1 · 3항 · 420조 · 425조). 신주인수권증서를 발행한 경우에는 신주인수권증서에 의하여 주식의 청약을 한다(상 420조의 4). 일반적 관행으로는 그 청약 때 청약인으로부터 발행가액 전액에 상당하는 청약증거금을 납입시키는 동시에, 이를 납입기일에 납입금으로 충당한다.

주식청약서에는 다음의 사항을 기재하여야 한다.

① 상호, 발행할 주식의 총수, 1주의 금액(상 289조 2항 2호 내지 9호)

② 주주의 이익소각, 납입을 맡을 금융기관과 납입장소(상 302조 2항 7호 내지 9호)
③ 발행사항의 결정(상 416조)사항
④ 액면 이하의 발행(상 417조) 규정에 의한 주식을 발행한 때에는 그 발행조건과 액면 미달 금액의 계상의 규정
⑤ 주주에 대한 신주인수권의 제한에 관한 사항 또는 특정한 제삼자에게 이를 부여할 것을 정한 때에는 그 사항
⑥ 주식발행의 결의 년・월・일

주식청약서 요건에 흠결이 있을 경우 그 청약서에 의한 주식인수의 청약은 무효이지만 설립등기 후 또는 변경등기 후 1년이 경과한 후에는 이것을 이유로 하여 주식인수의 무효를 주장하지 못한다. 사기, 강박, 착오를 이유로 하여 그 인수를 취소하지 못한다(상 320조・427조). 등기 전이라도 창립총회에 출석하여 그 권리를 행사하거나 신주발행시 그 주식에 대하여 주주의 권리를 행사한 때에도 같다(상 320조・427조).

### ⑹ 신주의 배정

대표이사는 신주인수권자의 청약에 대하여는 당연히 주식배정을 하나, 일반인의 청약에 대하여는 자유로이 배정할 수 있다. 청약에 대한 배정이 완료되면, 청약자는 주식인수인으로서 배정된 주수에 따라 주금액의 납부의무를 부담한다(상 425조・303조).

신주인수권자가 인수권을 행사하지 않음으로서 생긴 실권주는 이사회의 결의에 의하여 다른 사람에게 배정할 수 있다.

### ⑺ 현물출자의 검사

현물출자(現物出資)를 하는 자가 있는 경우에는 현물출자에 관한 이사회의 결정사항을 조사받기 위하여 이사는 검사인의 선임을 법원에 청구하여야 하고(상 422조 1항). 법원은 검사인의 조사보고를 심사하여 현물출자에 관한 사항이 부당하다고 인정한 때에는 이를 변경하여 이사와 현물출자에게 통고할 수 있다(상 422조 2항). 이 변경처분에 불복하는 현물출자자는 통고가 있은 후 2주간내에 그 주식인수를 취소할 수 있으나(상 422조 3항), 이 기간 내에 주식의 취소를 하지 않으면 그 통고에 따라 변경된 것으로 본다(상 422조 4항).

### ⑻ 출자의 이행

신주인수인은 납입기일에 그 인수가액의 전액을 납입하고, 현물출자는 납입기일에 출자의 목적인 재산을 인도하고, 권리의 설정 또는 이전에 등기나 등록을 필요로 하는 경우에는 그 서류를 갖추어 교부하여야 한다(상 421조 · 425조 · 305조 3항 · 295조 2항). 이 때 납입장소 · 납입보관자 또는 납입장소의 변경 · 납입금의 보관증명 등은 모집설립의 경우에 관한 규정을 준용한다(상 425조 · 305조 2항 · 306조 · 318조).

### ⑼ 신주발행의 효력발생

신주인수인이 납입기일에 납입 또는 현물출자의 이행을 하면 그날의 다음 날로 부터 신주발행의 효력이 생긴다(상 423조 1항 1문). 그러나 납입기일까지 출자이행을 하지 않으면 그 인수인에게 배정된 신주는 법률상 단연히 실권되고(상 423조 2항), 그 주식의 인수인은 회사에 대하여 손해배상책임을 진다(상 423조 3항). 납입기일까지 인수 또는 납입이 되지 않은 주식은 미발행주식으로 남게 되는데, 회사는 이러한 실권주를 그대로 둘 수도 있고 다시 주주를 모집할 수도 있다. 이에 대해 이사는 담보책임이 없다. 그 신주에 대한 이익이나 이자의 배당에 관하여는 정관이 정하는 바에 따라 그 영업연도의 직전 영업연도 말에 발행된 것으로 하여 배당 기산일을 소급시킬 수 있다(423조 1항 2문 · 350조 3항).

### ⑽ 변경등기

신주발행의 효력이 생기면 발행주식총수, 주식종류 및 자본금의 액 등이 당연히 변경되므로 소정의 기일내에 대표이사는 그 납입기일로부터 본점 소재지에서는 2주, 지점 소재지에서는 3주 내에 변경등기를 하여야 한다(상 317조 3항 · 183조). 변경되는 등기사항은 아래와 같다. 이 신주발행으로 인한 변경등기는 이미 생긴 이들 사항을 공시하는 것에 불과하다. 여기서 액면미달로 주식을 발행한 경우 발행한 주식의 권면액의 총액과 발행가액의 총액과의 차액을 대차대조표 자산의 부에 이연자산으로 계상하고 주식발행 후 3년 내 매 결산기에 균등액 이상의 상각을 하도록 되어 있다(상 455조). 그 미상각액은 자본금유지의 원칙에 반하는 금액인 것으로 이를 공시하기 위하여 위의 변경등기시에 함께 등기하도록 하고 있다.

① 발행필주식의 총수 – 새로 발행한 주식수만 증가한다.
② 발행필주식의 각 종류별수 – 해당 사항이 없으면 필요 없다.

③ 자본금의 액 – 액면주식의 경우는 그 액면에 새로이 발행된 주식의 수를 곱한 분만 증가한다.

신주발행에 의한 변경등기신청서의 첨부서류는 다음과 같다(상 252조).

① 정관
② 주식의 인수를 증명하는 서면
③ 주식청약서
④ 현물출자에 대한 검사인이 한 조사보고서 및 부속서류
⑤ 검사인의 보고에 관한 재판이 있었을 때 그 등본
⑥ 주식의 액면미달발행을 한 경우 그 재판서의 등본
⑦ 신주발행에 관한 이사회 또는 주주총회의 의사록
⑧ 납입을 맡을 은행 기타의 금융기관의 납입금의 보관에 관한 증명서

## 4. 주식인수인의 차액지급책임(差額支給責任)

신주인수인이 이사와 통모하여 현저하게 불공정한 발행가액으로 주식을 인수한 자는 회사에 대하여 공정한 발행가액과의 차액에 상당한 금액을 지급할 의무가 있다(상 424조 2 1항). 이는 신주발행을 둘러싸고 일어나는 비리를 막아 회사와 주주의 이익을 보호하고, 이사회의 단주 및 실권주의 처리에 있어 신중을 기하도록 한 것이다.

이 규정의 취지를 보장하기 위하여 불공정가액에 의한 주식 인수인의 차액지급의무에 대해서는 주주의 대표소송이 인정되고 있으며(상 424조 2 2항 · 403조~406조), 이에 대해서 이사는 임무해태를 이유로 회사 또는 주주에 대하여 손해배상책임을 진다(상 424조 2 3항 · 399조 · 401조).

## 5. 이사의 인수담보책임(引受擔保責任)

신주발행으로 인한 변경등기가 있은 후에도 아직 인수되지 아니한 주식이 있거나, 주식인수의 청약이 취소된 때에는 이사가 이를 공동으로 인수한 것으로 본다(상 428조 1항). 이는 자본금충실책임의 일환으로서의 이사의 인수담보책임은 무과실책임이고, 이사 전원

이 인수하고 납입도 하여야 할 연대책임이다. 이로 인하여 회사에 손해가 있으면 손해배상책임도 아울러 부담한다(상 428조 2항).

## 6. 신주발행의 유지청구

회사가 법령 또는 정관에 위반하거나(이사회의 결의 없는 신주발행, 발행예정주식총수를 초과하는 주식발행, 신주인수권을 무시한 신주발행 등) 현저하게 불공정한 방법[94]에 의하여 신주를 발행함으로써 주주가 불이익을 받을 염려가 있는 경우에는, 주주는 단독으로 회사에 대하여 그 발행의 유지를 청구할 수 있다(상 424조). 이사의 위법행위에 대하여는 일반적인 유지청구권도 행사할 수 있으나(상 402조), 이 경우는 소수주주 또는 감사가 그 청구권이 있고, 회사에 회복할 수 없는 손해가 생길 염려가 있는 경우에 인정되는 점이 다르다.

신주발행의 유지청구권자는 주주에 한하므로 제3자는 신주인수권이 있다 하더라도 유지청구를 할 수 없다. 그 신주인수권이 침해된 경우에는 회사에 대한 단순한 손해배상문제로 해결하면 될 것이다.

신주발행의 유지청구는 재판 외에서 하거나 재판상으로 하거나 상관없다. 유지청구를 무시한 신주발행에 관하여는 학설의 대립이 있으나, 거래의 안전과 법적 안정의 조화를 고려할 때 재판 외의 유지청구를 무시한 신주발행을 한 경우는 무효하다고 본다.

## 7. 신주발행의 무효

신주발행의 무효란 신주발행이 법령이나 정관에 위반한 하자(瑕疵)가 있는 경우에 새로이 발행되는 주식의 전부를 무효로 하는 것으로서, 개개의 주식인수의 무효와는 구별된다. 그러나 법령이나 정관에 위반한 신주의 발행은 이미 그 신주가 신주발행의 유효성을 전제로 하여 많은 유통이 이루어져 있으므로 신주발행유지청구 또는 이사의 손해배상청구 등에 의하여 해결될 수 있는 비교적 가벼운 위법행위는 이를 모두 무효로 할 필요가 없다. 따라서 주식회사의 본질에 반하는 중대한 위법행위만을 신주발행의 무효원인으로 보아야 할 것이다.

---

94) 예컨대 회사임원 등 특정인에 대한 신주의 과다배정, 주주의 신주인수권을 배재하기 위한 불필요한 현물출자의 과대평가 등이 이에 속한다. 그러나 신주의 발행방법이 다소 불공정한 경우에는 회사의 운영에 원활함을 기한다는 취지에서 유지청구의 대상이 되지 못한다.

### (1) 신주발행의 무효원인

① 회사가 발행할 수 있는 주식수의 범위를 초월하여 신주가 발행된 경우
② 전환주식 발행시 신주식에 대한 유보(留保)된 범위를 초월하여 신주가 발행된 경우
③ 주주의 신주인수권을 무시하여 신주를 발행한 경우
④ 법정절차를 밟지 않고 액면미달발행하는 경우
⑤ 이사회가 결정한 발행가액 이하로 주식을 발행한 경우
⑥ 법원의 신주발행유지의 가처분명령에 위반하여 신주가 발행된 경우
⑦ 이사회의 결의 없이 또는 그 결의를 무시하여 신주가 발행된 경우
⑧ 정관에서 정하지 않은 종류의 주식을 발행한 경우
⑨ 주식평등의 원칙에 위반하여 구주주에게 신주식을 배정하고 신주를 발행한 경우
⑩ 신주인수권자에게 배정통지나 실권예고부 최고(催告)를 하는 일 없이 신주를 발행한 경우

### (2) 신주발행 무효원인이 되지 않는 것

① 이사회에서 발행을 결의한 주식에 대하여 상당한 다수의 인수가 없는 경우
② 주주에게 신주발행유지의 의사처사를 무시하여 신주발행이 된 경우
③ 현저한 불공정한 방법이나 가액으로 주식을 발행한 때
④ 주주총회의 수권결의 없이 제삼자에게 신주인수권을 주어 신주발행을 하였을 경우
⑤ 발행조건의 균등성을 요구하는 규정을 위반하여 신주를 발행한 경우

### (3) 신주발행 무효의 소

#### 1) 무효의 주장방법의 소

신주발행 무효원인이 있는 경우 그 신주발행은 원칙적으로 무효라고 하지 않을 수 없으나 거래의 안전을 위해 그 무효원인을 될 수 있는 대로 좁게 보려고 한다. 따라서 신주발행 무효의 소(訴)에 의하여서만 주장할 수 있으며(상 429조), 항변으로써 신주발행의 무효를 주장할 수 없다.

#### 2) 소의 원고

신주발행무효의 소의 원고가 되어 소를 제기할 수 있는 자는 주주 및 이사에 한한다(상

429조). 감사나 청산인은 소를 제기할 수 없다. 감사는 업무감사의 권한을 가지고 있지 않으며 청산절차중에 신주발행을 무효로 하여 납입금의 반환을 인정하는 것은 부질 없이 절차만 복잡하게 만들 뿐이기 때문이다. 다만 이사가 원고가 되어 이 소송진행중에 회사가 해산한 때에는 청산인이 소송을 승계하여야 한다.

주주, 이사 이외의 제삼자는 이 소를 제기할 수 없다. 주주는 구주(舊株)의 주주이거나 신주(新株)의 주주이거나 소를 제기할 수 있다. 이사는 대표이사가 아니라도 소를 제기할 수 있다. 반드시 이사회의 결정에 기인하여 소를 제기할 필요는 없다.

소를 제기한 주주 또는 이사는 소의 제기로부터 변론의 종결까지 계속하여야 한다. 따라서 소를 제기한 주주가 자기소유주식 전부를 양도하여 주주의 자격이 없어진 때에는 소를 기각하여야 할 것이며, 양수인이 소송을 승계하지 못한다.

### 3) 소의 피고

이 소의 피고가 되는 자는 회사이다. 따라서 회사 이외의 자에 대하여 신주발행무효의 소를 제기할 수 없고, 또 회사가 당사자로 되어 있지 않은 소송에서 신주발행의 무효를 주장할 수 없다.

이 소에서 회사를 대표할 자는 대표이사이다. 그러나 만약 이 소가 이사로부터 제기된 경우 대표이사는 회사를 대표할 수 없고 이사회가 회사를 대표할 자를 선임하여야 한다(상 394조 1항). 또한 주주총회의 결의로도 대표자를 선정할 수 있다. 따라서 이 경우 총회가 선임한 자가 회사를 대표하게 된다(상 394조).

### 4) 소의 제기기간

이 소는 신주발행일로부터 6개월 이내에 제기하여야 한다(상 429조). 신주발행일이라 함은 납입기일을 말한다.

### 5) 소를 제기할 법원

이 소는 본점 소재지를 관할하는 지방법원의 전속관할에 속한다(상 206조 · 430조).

### 6) 소의 병합

신주발행 무효의 소는 주주 또는 이사가 제기하는 것이므로, 수인의 주주나 이사가 각기 별개 또는 수개의 소송을 제기하는 일도 있다. 만약 그런 것을 그대로 방치하여 둔다면 증거나 판결이 분산되어 법률관계의 획일적 확정의 요청에 반한다. 그러므로 법원은 소의 제기가 있어도 바로 변론을 개시하지 않고 6개월의 소의 제기기간이 경과한 후, 제기된 소를 조사하여 전부 병합한 후 동일하게 심리 및 재판을 행하는 것이다.

이 경우 이들 소는 필요적으로 공동소송이 된다(민소 63조 1항).

#### 7) 소 제기의 공고

신주를 취득하려고 하는 자를 보호하기 위하여 회사는 지체없이 주주 등의 소 제기를 공고해야 한다(상 431조 2항 · 430조). 그 방법은 정관소정의 방법에 의한다(상 289조 1항 7호 · 3항).

#### 8) 원고인 주주의 담보제공(擔保提供)

주주가 신주발행 무효의 소를 제기한 경우 회사로부터 주주가 악의로 신주발행 무효원인이 없기 때문에 회사를 해할 것을 알고도 소송을 제기하였다는 것을 소명하여 원고의 담보제공을 명할 것을 구하여 온 때에는 법원은 원고인 주주에 대하여 상당한 담보제공을 명할 수 있다. 그러나 원고인 주주가 이사의 자격을 겸하고 있는 때에는 담보의 제공을 명할 수 없다(상 377조 · 430조).

#### 9) 신주발행 무효 소의 판결

신주발행 무효의 소에 대하여 법원이 심리를 하고 변론을 종결한 때에는 판결을 선고한다. 법원은 회사에 무효원인이 있다고 판단한 때에는 원고승소의 판결을 선고한다.

### ⑷ 신주발행 무효판결 확정 후의 처치(處置)

#### 1) 주권회수(株券回收)의 처치

회사는 무효판결이 확정되면 지체 없이 신주발행 무효판결이 확정된 것을 3개월 이상의 일정한 기간 내에 주권을 회사에 제출할 것을 정관 소정의 방법에 의하여 공고하여야 한다. 주주명단에 기재된 주주 및 질권자에 대하여 개별적으로 통지하여야 한다(상 431조 2항). 등록질권자에게 통지하는 것은 등록질권자는 신주주의 주금 반환청구권에 물상대위하여 그에 대한 우선변제를 받을 수 있기 때문이다.

### 2) 환급(還給)의 조치(措置)

#### ㈎ 납입금(納入金)의 환급

회사는 무효판결 확정 당시의 주주명단에 기재된 주주에 대하여 납입된 금액을 환급하여야 한다. 신주인수인이었던 주주에게 환급하는 것이 아니다.

환급은 금전으로 행할 것이므로 현물출자에 대하여 주어진 주주에 대해서도 금전으로 환급한다. 그 환급액은 현물출자 당시의 재산의 평가액에 의한다. 환급금액은 납입한 금액이므로 발행가액이나 액면액과 인수가액이 틀리는 때에는 인수가액으로 한다. 그리고 인수가액이 인수인에 의하여 다른 때에는 다른 인수가액에 의하여 환급을 하여야 한다.

#### ㈏ 환급금(還給金)의 변경조치(變更措置)

회사가 신주에 대하여 납입된 금액을 주주에 환급하는 조치는 경우에 따라서는 극히 불형평한 결과를 만들기도 한다. 그것은 신주발행 후 회사의 사업의 결과 회사의 재산상태에 변동이 있었던 경우이다. 예컨대 신주발행 당시와 비교하여 무효판결 확정 당시 회사의 재산상태는 대단히 양호하여 신주발행에서 조달된 자금이 대단히 유용하게 되었던 경우 그 주주에 대하여서는 납입금 이상을 반환하는 것이 타탕할 것이다. 하지만 그 반대의 경우라면 납입금 이하를 환급하는 것이 마땅하다 하겠다. 그러므로 납입금액을 그대로 반환하는 것이 신주발행 무효판결 확정 당시의 회사의 재산상태에 비추어 현저하게 다르지 않은 때에는 법원은 회사 또는 신주주주의 청구에 의하여 지급할 액의 증감을 명할 수 있는 것이다.

##### ① 납입금액 증감 재판의 신청

이 신청을 할 수 있는 자는 회사 또는 발행이 무효로 확정된 주식을 소유한 주주이다. 따라서 신주발행 무효판결의 원고가 된 주주에 한하지 않는다.

신청사건은 회사의 본점 소재지를 관할하는 지방법원합의부의 관할에 전속하고(비 136조 1항), 신주발행 무효의 판결이 확정된 날로부터 6개월 이내에 제기하여야 한다(비 152조 1항). 이 신청이 있으면 법원은 지체 없이 그 뜻을 공고하여야 하며, 그 공고는 등기사항의 공고와 동일한 방법으로 하여야 한다(상 152조 4항 · 5항).

##### ② 신청에 대한 심문, 재판

이 신청에 대한 심문은 무효판결 확정 후 6개월을 경과한 후이어야 한다. 그리고 수개의 신청사건이 계속하는 때에는 심문과 재판을 병합하여야한다. 이 재판은 모든 주주에 대하여 효력이 있으므로 재판을 획일적으로 확정하고 모순이 생기지 않게 하기 위해서이다. 심문에 당하여서 법원은 이사와 감사의 의견을 들어야 한다(상 153조 2항 · 140조).

신청에 대하여 심문한 결과 신청이 부적법한 때에는 신청각하를 하고 이유가 없는 경우에는 신청기각을 하게 된다. 이 경우 원칙대로 납입금액을 지급하게 되나 심문한 결과 납입한 금액에 비하여 지급하여야 할 금액의 증감이 적당하다고 인정할 때에는 그 뜻의 재판을 한다. 어떤 경우에도 재판은 이유를 붙인 결정으로써 하는 것이다. 이러한 재판은 신청각하, 신청기각, 증감을 명하는 재판의 어떠한 경우에도 모든 주주에 대하여 그 효력이 있다. 이 재판에 대하여서 신청을 한 주주 및 회사는 물론 신청을 하지 않았던 주주에 있어서도 신주의 주주인 이상 재판에 불복이 있으면 즉시 항고신청을 할 수 있다. 이 항고는 특히 집행정지효력을 가진다(상 153조 2항 · 149조 5항).

이 증감을 명하는 재판은 회사에 대하여 주주에 지급을 명하는 이행재판(履行裁判)이 아니고 환급액의 증감변경을 명하는 형성재판(形成裁判)이다. 따라서 주문(主文)에서는 "납입금액에 금○○원을 가한(또는 납입금액에서○○원을 공제한다) 금액으로 한다"라는 뜻을 기재하여야 한다.

실제상 문제가 되는 것은 증감은 어느 때 회사의 재산상태를 표준으로 할 것인가에 있다. 심문종결 당시의 재산상태가 아니며 신주발행 무효판결 확정 당시의 회사의 재상상태를 표준으로 하여야 한다.

이 재판이 있으면 회사는 그로 인하여 명령받은 금액을 지급하게 되나, 이 재판은 이행의 재판이 아니어서 집행력이 없다. 따라서 회사가 이 금액을 지급하지 않았을 때에 주주는 회사를 상대로 하여 이행의 소를 제기하여야 한다. 이 경우 법원은 이행할 금액에 대하여 증감변경(增減變更)을 명한 재판에 기속(羈束)하게 되는 것이다.

환급의 경우 주식질권의 보호, 신주발행이 무효가 되면 신주를 질권의 목적으로 하고 있는 질권자는 담보를 상실하므로 손해를 보게 된다. 그러므로 주식의 소각(상 343조), 병합(상 440조 · 444조), 전환(상 346조 · 350조)이 있는 때에는 이로 인하여 종전의 주주가 받을 금전이나 주식에 대하여 종전의 주식을 목적으로 한 질권을 행사할 수 있는 것이다. 상법은 준비금의 자본금전입에 의한 주식발행제도를 새로이 인정하고 있으며, 이 경우 본조의 물상대위가 인정된다(상 461조 4항). 여기에 물상대위라고 함은 담보물권의 목적물의 소유자가 그 목적물의 매각, 임대, 멸실, 훼손에 의하여 금전 기타의 물건(대위물)을 얻는 경우에 그 대위물에 대하여 그 담보물권의 효력을 미치는 것을 말한다. 본 조에 의하여 질권의 물상대위가 인정된 주식 또는 금전에 관하여서는 질권자는 회사로부터 직접 그 인도 또는 그 지급을 받아 다른 채권자에 우선하여 이를 자기 채권의 변제에 충당할 수는 없다.

이들 주식 또는 금전상에 그 권리를 행사하려면 민법의 일반원칙에 따라 회사로부터 주주에 대하여 그 인도 또는 지급이 있기 전에 억류를 할 필요가 있다. 또한 전질의 경우에도 본 조의 규정은 적용된다.

**(다) 그 밖의 조치**

신주발행의 무효의 판결이 있더라도 신주발행이 유효함을 전제로 행하여진 이익 또는 이자의 배당, 의결권 행사, 주식의 양도·입질 등은 무효판결의 영향을 받지 않는다.

## 03 특수한 신주발행(新株發行)

### 1. 특수한 신주발행의 의의

특수한 신주발행은 준비금의 자본금전입, 주식배당, 전환주식 또는 전환사채의 전환, 신주인수권부의 신주인수권의 행사, 흡수합병, 주식병합 및 분할, 회사정리절차 등에 의해 이루어진다. 특수한 신주의 발행도 정관에 정한 발행주식총수의 범위 내에서 신주의 종류 등 그 정함에 따라서 행하여져야 한다.

### 2. 준비금의 자본금전입

#### (1) 개 념

준비금의 자본금전입이라 함은 회사의 계산상 준비금계정(準備金計定)에 속하는 금액을 자본금계정으로 이체하는 것을 말한다. 이로 인하여 자본금에 전입한 금액만큼 준비금이 감소하는 동시에 자본금이 증가한다. 이것은 자본금증가의 한 경우로서 회사는 그 증가하는 자본금액에 따른 신주를 발행하여 종래 주주에 대하여 그가 가진 주식의 수에 따라서 무상으로 교부하게 된다. 그러므로 회사의 발행 주식총수와 각 주주의 지주수는 증가하나 회사의 재산에는 아무런 변경이 없다. 주주의 지주수는 증가하는 반면 각 주식의 실질적 가치는 그 만큼 감소하게 된다. 따라서 자본금전입에 의한 신주발행으로 인하여 너무 높은 주식의 시가를 내리게 하여 주식의 거래와 신주발행을 쉽게 할 수 있다는 경제적 효과를 거둘 수도 있다.

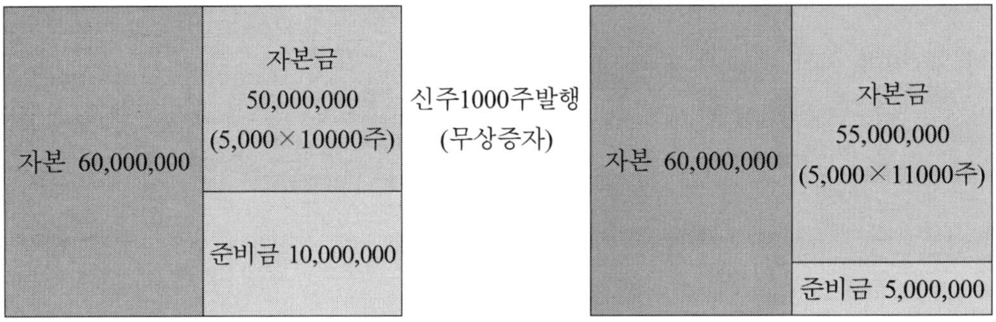


### (2) 자본금전입의 절차

회사는 이사회의 결의에 의하여 준비금의 전부, 일부를 자본금에 전입할 수 있다. 그러나 정관에 주주총회에서 결정하기로 한 경우에는 이에 따른다(상 461조 1항). 법정준비금은 자본준비금이든 이익준비금이든 사용목적이 국한되어 오직 자본금 결손의 전보를 위해서만 사용할 수 있다. 이것을 자본금화하여도 주주의 이해에 관계없는 것 같이 생각되지만 실은 이익준비금을 자본금에 전입하면 그 후의 이익으로 자본금의 2분의 1까지 적립해야 하므로 이익준비금의 자본금전입은 주주에 대한 이익배당에 영향을 주는 바가 크므로 전입의 결정을 이사회 또는 주주총회의 결의사항으로 한 것은 당연하다하겠다.

여기서 준비금의 해석에 관하여서는 여러 설로 나뉘어져 있으나 통설은 자본금전입이 인정되는 것은 법정준비금에 한하고 임의준비금은 이에 포함되지 않는다고 본다.

### (3) 자본금전입의 효력

주주총회는 언제든지 자본금전입의 결의를 할 수 있으며 영업연도의 중간이라도 상관이 없다. 이 결의는 결의를 한 때 곧 효력이 생기는 것이 원칙이나, 그 결의에 조건 또는 기한을 붙일 수 있으며 이 경우 조건의 성취 또는 기한의 도래로 인하여 결의의 효력이 생긴다. 결의의 효력이 생긴 때에는 당연히 자본금전입이 되어서 정한 금액만큼 법정준비금이 감소하는 동시에 그만큼 자본금이 증가한다.

### ⑷ 자본금전입에 의한 주식발행

법정준비금을 자본금에 전입한 때에는 회사의 자본금이 증가하므로 이에 따라 신주를 발행하여야 한다. 이것은 주주평등의 원칙상 주주 전원에 대하여 그 지주수에 따라 무상으로 배정되어야 한다(상 461조 2항 전단). 따라서 제삼자의 신주인수권은 이에 미치지 못한다. 배당시에 신주 1주를 받기에 부족한 단수주(端數株)를 가지고 있는 주주에 대하여는 배정되는 단수주를 합하여 매각하고 그 대금을 단수주주에게 분배하면 주주평등의 원칙에 반하지 않는다고 본다. 이 경우 신주발행수도 정관에 정한 발행예정주식 총수의 범위내(상 289조 1항 3호 · 437조)이어야 하며, 또한 정관에서 인정된 종류주식의 발행주식 예정수의 범위내(상 344조 · 345조 · 370조) 이어야 한다.

법정준비금의 자본금전입에 의한 신주를 발행하는 경우에는 원칙으로 그 결의시에 신주발행의 효력이 생기어 주주는 이때부터 신주의 주주가 된다(상 461조 2항 후단). 그 결의에 의하여 발행될 신주의 배당을 받을 주주를 확정하기 위하여 기준일을 정하거나 주주명부(株主名簿)의 폐쇄(閉鎖)를 할 수 있다(상 354조). 회사는 그날에 주주명부에 기재된 주주가 무상 신주의 주주가 된다는 뜻을 신주배정일의 2주간 전에 공고하여야 하며, 만일 그 날이 주주명부폐쇄기간 중인 때에는 그 초일의 2주간 전에 공고하여야 한다(상 461조 3항).

자본금전입에 의한 신주발행은 특수한 신주발행이므로 보통의 신주발행에 관한 규정(상 416조 이하)이 당연히 적용되는 것은 아니다. 그러나 신주발행의 유지청구권(상 424조), 신주발행 무효의 소(상 429조)에 관한 규정은 유추 적용되어야 한다.

### ⑸ 신주에 대한 질권(質權)의 효력

자본금전입의 결의가 있는 때에는 이사는 곧 신주를 받은 주주와 등록질권자에 대하여 그 주주가 받은 주식의 종류와 수를 통지하고, 무기명식의 주권을 발행한 경우에는 그 결의의 내용을 공고하여야 한다(상 461조 3항). 또 종전의 주식에 대한 질권은 주주가 받은 신주 또는 단수주(端數株)의 처분에 의한 매득금(賣得金) 위에 물상대위의 효력이 생긴다.

### ⑹ 등 기

준비금의 자본금전입으로 인하여 자본금의 액이 증가하고 신주발행에 따른 발행주식 총수도 증가하므로 각각 변경등기를 하여야 한다(상 317조 3항 · 183조).

## 3. 주식회사 재평가적립금(再評價積立金)의 자본전입

### (1) 재평가적립금과 자본전입

재평가적립금이란 회사가 재산재평가를 한 결과 이로 인하여 발생한 재평가 차액으로부터 재평가일 1일 전의 대차대조표상의 이월결손금(移越缺損金)을 공제한 잔액을 적립한 금액을 말한다(자재 28조).

재평가적립금은 법정준비금의 일종이나 특별법에 바탕을 둔 독립된 준비금이라고 보아야 하며, 재무제표규칙은 이를 자본잉여금으로 취급하고 있다. 재평가적립금은 재평가세의 납부, 자본금전입의 경우 외에는 이를 사용하지 못하며(자재 28조 2항) 자본금전입을 하는 경우 적립금에서 평가세액을 공제한 잔액으로 하여야 한다(자재 30조 1항). 만약 단주가 생긴 때에는 그 금액을 이익금으로 산입할 수 있도록 규정하고 있다(자재 28조 2항 단서). 이때 자본금으로서 전입에 따른 자금의 출처에 관하여 등록세나 지방세를 부과할 목적으로 조사하지 못하며 재평가차액에 대하여서는 재평가세 이외의 등록세나 지방세를 부과하지 못한다(자재 37조).

### (2) 등 기

등기는 대표이사가 관할법원에 신청하여야 한다.

## 4. 전환주식(轉換株式)

### (1) 전환주식의 의의

회사가 여러 종류의 주식을 발행하는 경우(상 344조) 정관으로 다른 종류의 주식으로 전환할 수 있는 권리가 부여된 주식을 전환주식이라고 한다. 전환주식의 주주인 전환권자가 전환기간 중에 전환을 청구하면 회사는 신주를 발행하여 교부하여야 한다. 전환주식의 전환에 의하여 신주가 발행되는 경우에도 주주의 출자는 없음으로 회사의 재산에는 변동이 없다. 이는 주주의 모집을 용이하게 하기 위한 제도이다. 상법은 신주발행시 뿐만 아니라 회사설립시에도 전환주식을 발행할 수 있게 하고 있다.

### (2) 전환주식의 발행청구

회사가 전환주식을 발행하고자 할 때에는 전환을 청구할 수 있다는 뜻과 전환될 주식과 이에 대하여 대여할 주식의 비율, 전환의 청구기간과 전환으로 인하여 발행한 주식의 수와 내용 등의 전환조건을 정관으로써 정하여야 한다(상 346조 1항).

또 회사는 전환청구의 기간 내에 전환으로 인하여 발행할 주식의 수를 정관에 정한 발행예정주식의 총수(상 289조 1항 3호)중에 유보하여야 한다(상 346조 2항).

전환은 주주의 청구에 의하며 청구서 2통에 주권을 첨부하여 회사에 제출하여야 한다(상 349조). 전환권은 형성권(形成權)이므로 전환의 청구가 있으면 당연히 전환의 효력이 생기며 회사의 승낙 등 다른 협력을 요하지 않는다. 전환으로 인하여 발행하는 신주식의 발행가액은 전환 전의 주식의 발행가액으로써 한다(상 348조). 전환의 효력은 각 주주가 청구를 한 때에 생기는 것이나, 이익이나 이자의 배당에 관하여는 청구를 한 때가 속하는 영업연도말에 전환된 것으로 본다(상 350조).

### (3) 전환으로 인한 변경등기

전환주식의 전환으로 인하여 각종 주식의 발행주식수에 변경이 생기게 되므로 이에 관하여 소정의 변경등기를 전환한 날로부터 본점 소재지에서 2주 내에 하여야 한다(상 351조). 이 때 등기의무자는 대표이사가 된다(비 250조 1항).

### (4) 전환사채(轉換社債)

사채권자의 청구에 의하여 사채발행회사의 주식으로 전환할 권리가 인정된 사채를 전환사채라고 한다.

전환사채는 사채의 특성인 투자의 안정성 이외에 주식의 특성인 투기성도 주어 사채모집을 용이하게 하기 위한 제도이다. 이 사채는 잠재적인 주식이라고도 할 수 있으며, 그 발행의 수권은 신주인수권의 부여와 동일한 효과를 가진다. 일반적으로 정관으로써 또는 특정한 경우에는 개별적으로 주주총회의 특별결의로써 전환의 조건, 전환에 의하여 발생하는 신주의 내용, 전환을 청구할 수 있는 기간을 정하지 않으면 발행할 수 없고, 그 수권의 내용은 사채청약서, 채권과 사채원부, 등기부(상 351조 · 514조)에 기재하여야 한다.

전환청구권자가 전환청구를 할 수 있는 기간내에 전환하려고 하는 사채를 표시하여 청구 년 · 월 · 일을 기재한 청구서 2통에 채권을 첨부하여 기명날인하거나 서명한 것을 회사에 제출하면 전환의 효력이 발생한다(상 515조 · 350조 · 254조 2항). 이때 회사의 재산에는 변동이 없으며, 발행되는 신주의 액면총액만큼 자본금이 증가한다.

전환의 효력발생시기, 전환의 등기에 대하여서도 '주식의 전환'의 경우를 준용하는 것이다.

## 04 사채(社債)의 발행

### 1. 사채의 의의

사채란 회사가 채권발행의 방법에 의하여 직접 또는 간접으로 일반대중으로부터 비교적 장기의 자금을 집단적 · 대량적으로 조달하기 위하여 채권이나 유가증권을 발행하여 부담하는 장기 채무를 뜻한다. 따라서 사채란 협의의 공채(公債)인 국채(國債) · 지방채(地方債)와 구별된다.

사채의 발행자는 보통 주식회사이다. 인적회사의 경우에는 사원의 전부 또는 일부가 회사의 채무에 대하여 연대 · 무한책임을 지기 때문에 채권자보호에 관한 규정 등 간섭적 규정을 둘 필요가 없기 때문에, 상법에 인적회사의 사채발행에 대한 하등의 규정이 없다. 그러므로 인적회사는 상법의 간섭적 규정없이 사채발행이 가능하다. 유한회사(有限會社)의 경우에는 각 사원의 책임이 유한책임임에도 불구하고 채권자보호를 위한 아무런 규정이 없는 점 및 사채의 상환을 완료하지 않는 주식회사는 유한회사를 존속회사(存續會社) 또는 신설회사(新設會社)로 하는 회사합병 및 유한회사로의 조직변경을 금하고 있어 사채를 발행할 수 없다(상 600조 2항 · 604조 1항).

### 2. 사채와 주식의 차이

사채와 주식은 주식회사의 자금조달방법으로서 특성상 다음과 같은 차이점과 공통점이 있는가 하면, 또 한편 서로 접근해 가는 경향도 있다.

〈표 6-1〉 사채와 주식의 차이

| 구분 \ 종류 | 주 식 | 채 권 |
|---|---|---|
| 출 자 자 | 주주 | 회사의 채권자 |
| 배 당 | 불확실한 이익배당 | 일정한 확정이자 지급 |
| 상 환 | 상환기간이 없음 | 상환기간 있음 |
| 주 주 총 회 | 의결권을 갖는다. | 의결권이 없다. |
| 액 면 금 액 | 100원 이상 | 제한 없음 |
| 기업과의 관계 | 경영상태에 따라 시세변동 | 영향 없음 |
| 해 산 시 | 잔여재산 분배 받음 | 주주에 우선하여 분배 받음 |

## (1) 차이점

주식회사의 자본은 주식발행을 통하여 조달된 자기자본과 사채발행을 통하여 조달된 타인자본으로 구성된다. 따라서 ① 주식은 자본유지의 원칙상 액면미달발행이 허용되지 않으나(상 330조), 사채는 액면미달발행이 허용된다(상 474조 2항). ② 주금의 납입은 상계로써 대항하지 못하고(상 334조), 전액을 납입하여야 하나(상 295조 · 305조), 사채의 납입은 상계로써 회사에 대항할 수 있다. 분할납입도 가능하다(상 476조 1항). ③ 주식에는 현물출자가 인정되나, 사채에는 금전납입만이 인정된다(상 4476조). ④ 주식은 자본금의 구성분자이므로 원칙적으로 상환할 수 없으나, 사채는 상환기한이 도래하면 당연히 상환한다. ④ 자기주식의 취득은 원칙적으로 금지하고 있다(상 341조). 그러나 자기사채의 취득은 가능하다.

주식의 귀속자는 회사 내부의 구성원인 주주인 데 대하여, 사채의 귀속자는 회사 외부의 제3자인 채권자이다. ① 주주는 회사의 영업에 참여할 공익권이 있으나, 사채권자는 경영에 참여할 수 없다. ② 주주는 공익권(共益權) 이외에 자익권(自益權)으로서 이익이 발생하는 경우에 이익배당청구권이 있으며, 사채권자는 이익의 유무와 많고 · 적음에 관계없이 일정한 이자의 지급을 받는다. 따라서 주권은 투기증권이고, 채권은 이자증권이다. ③ 주식에 대하여는 주권이 채권에 대하여는 채권이 발행된다. ④ 회사가 해산을 하는 경우에 주주는 잔여재산분배청구권(殘餘財產分配請求權)을 가지며, 회사의 일반채권자가 변제를 받은 후에나 재산의 분배를 받는데(상 542조 2항 · 260조), 사채권자는 일반회사채권자와 같은 순위로 변제받는다. ⑤ 주식에는 입질에 관한 특별규정이 있으나(상 338조 · 340조), 사채의 입질에는 특별규정이 없고 민법의 일반규정에 따른다.

### ⑵ 공통점

주식과 사채의 공통점으로, ① 주식이나 사채는 모두 장기자본금조달의 목적으로 발행된다. ② 주식이나 사채는 모두 균등한 비례적 단위로 분할되고, 이 단위에는 최저액이 정하여지며, 또 유가증권화하여 유통성을 높이고 있다. ③ 주식이나 사채는 모두 그 발행을 원칙적으로 이사회가 결정한다(상 416조 · 469조). ④ 주식이나 사채는 모두 인수에 일정한 형식을 갖춘 청약서에 의하도록 하고 있다(상 420조 · 474조). ⑤ 주식이나 사채는 모두 기명식과 무기명식으로 발행할 수 있는데, 기명식으로 발행한 경우에는 그의 이전에 소정의 대항요건을 갖추어야 한다(상 337조 · 479조). ⑥ 주식이나 사채나 모두 공모를 하는 경우로서 모집액이 일정액을 초과하는 경우에는 증권거래법상 일정한 제한을 받는다(증거 8조 · 9조 · 12조)는 것 등이 있다.

### ⑶ 양자의 접근

이상과 같은 주식과 사채의 공통점과 차이점과 함께 회사의 자금조달의 편의성을 위하여 주식의 사채화와 사채의 주식화 현상이 발생하여 양자의 중간적 성질을 가지는 증권이 많아지고 있다.

주식의 사채화의 특성을 지니고 있는 것으로는 ① 무의결권주식(無議決權株式)은 우선주(優先株)인 이익배당의 보장하에 의결권이 정지되므로 의결권 없는 사채와 유사하다. ② 비참가적 · 누적적 우선주는 고정적인 이익배당을 받게 되어 사채와 유사하다. ③ 상환주식(償還株式)은 상환조항에 따라서 주금액(株金額)을 상환하는 것이므로 원본을 상환하는 사채와 유사하다.

사채의 주식화의 특성을 지니고 있는 것으로는 ① 전환사채는 사채이면서도 회사사업이 호황인 때에는 주식으로 전환하게 된다. ② 외국의 입법례에 의하면, 일정률의 이자지급뿐만 아니라 이익배당에도 참가하는 이익참가사채, 기업의 이익이 있는 것을 조건으로 이자가 지급되는 소득사채, 또는 상환을 하지 않는 영구사채도 있어서 사채는 주식과 매우 유사하게 보인다.

## 3. 사채의 발행

### ⑴ 사채의 발행방법

사채의 모집방법은 총액인수방법과 공모발행의 방법이 있다. 그리고 공모발행으로는 직접모집, 위탁모집, 인수모집, 매출발행방법이 있다.

〈표 6-2〉 사채의 발행방법

| 총액인수 | 특정인(인수인)에게 사채의 총액을 일괄하여 인수시키는 방법 | |
|---|---|---|
| 모집발행 | 직접모집 | 회사가 직접 사채의 발행사무를 보는 것 |
| | 위탁모집 | 다른 회사에 사채의 발행 사무를 위탁하는 것 |
| | 인수모집 | 인수모집자가 응모액이 사채총액에 미달하는 경우 그 부족액을 인수하는 것 |
| | 매출발행 | 사채총액을 확정하지 않고 일정 기간 중 사채권을 대중에게 매출하는 것 |

### 1) 총액인수(總額引受)

총액인수의 방법은 특정인(인수인)에게 사채의 총액을 일괄하여 인수시키는 방법이며(상 475조 1문), 인수인은 그 인수한 사채를 매출하여 그 차액을 이득하게 된다. 증권거래법은 사채인수를 하는 자를 증권회사에 한정하고 있다(증거 28조 1항 · 2항, 2조 8항 5호).

### 2) 공모발행(公募發行)

공모발행의 방법은 일반대중으로부터 사채권자를 모집하는 방법인데, 다음의 네 가지 방법으로 나뉜다.

#### ㈎ 직접모집

직접모집의 방법은 회사가 직접 사채의 발행사무를 보는 것인데, 우리상법은 이를 중심으로 규정하고 있다. 이 방법은 중개자에 대한 수수료를 절감할 수 있는 장점이 있으나, 오늘날 사채발행사무처리는 전문화되었기 때문에 이를 직접 처리하는 것은 많은 인력이 소모되므로 이 방법에 의하여 발행하는 경우는 거의 없다.

#### ㈏ 위탁모집

위탁모집의 방법은 회사가 다른 회사에 사채의 발행사무를 위탁하는 것이다. 이 때 사채관리회사는 무담보사채의 경우는 은행 · 신탁회사 또는 증권회사(상부 6조)이며, 담보부사채인 경우 담보의 사채관리회사이다. 이들 사채관리회사는 사채모집절차의 진행, 채권의 발행 · 사채의 상환 · 이자의 지급 등에 관하여 광범위한 권한을 갖는다(담사신 18조). 따라서 사채관리회사는 납입청구권(納入請求權)이나 채권교부의무(債權交付義務)와 같은 사채모집의 절차에 관한 권리의무를 스스로 가지게 되지만, 사채관계자는 직접 사채발행회사와 사채권자 사이에 생긴다.

#### ㈐ 인수모집

인수모집(도급모집)의 방법은 수탁모집의 한 형태이며 수급인인 인수모집자가 응모액이 사채총액에 미달하는 경우 그 부족액을 인수하는 것이다.

#### ㈑ 매출발행

매출발행의 방법은 사채총액을 확정하지 않고 일정 기간을 정하여 그 기간 중에 사채권을 대중에게 매출하는 것이다. 그러나 채권은 사채금액의 납입이 완료된 후가 아니면 발행할 수 없도록 되어 있다(상 478조). 그러므로 일반 주식회사의 경우에는 매출발행을 할 수 없으며, 특별법(산은시 27조)에 의한 예외적인 경우에 한하여 발행할 수 있다.

## ⑵ 사채의 발행절차

### 1) 이사회의 결의

사채발행은 우선 이사회의 결의가 있어야 한다(상 469조). 이사회의 결의에서 사채의 총액·각 사채의 금액·이율·발행가액·상환방법 및 기한 등 사채의 주요 내용을 정하여야 한다. 이사회의 결의가 없거나 또는 결의에 위반하여 사채를 발행하는 경우에는 사채발행 자체는 유효하다. 다만, 이사의 책임이 발생한다.

### 2) 사채청약의 성립

공모발행의 경우 사채모집에 응하고자 하는 자는 사채발행회사 또는 사채관리회사가 만든 사채청약서 2통에 사채의 수와 주소를 기재하고 기명날인 또는 서명함으로써 청약을 한다. 사채청약서는 이사가 이를 작성하고 법정기재사항[95]을 기재하여야 한다. 적법한

---

95) 1. 회사의 상호. 2. 자본금과 준비금의 총액.
3. 최종의 대차대조표에 의하여 회사에 현존하는 순 재산액.
4. 사채의 총액. 5. 각사채의 금액.
6. 사채발행의 가액 또는 그 최저가액.
7. 사채의 이율. 8. 사채의 상환과 이자지급의 방법과 기한.
9. 사채를 수회에 분납할 것을 정한 때에는 그 분납금액과 시기.
10. 채권을 기명식 또는 무기명식에 한한 때에는 그 뜻. 채권을 발행하는 대신 전자등록기관의 전자등록부에 사채권자의 권리를 등록하는 때에는 그 뜻.
11. 전에 모집한 사채가 있는 때에는 그 상환하지 아니한 금액.
12. 사채모집의 위탁을 받은 회사가 있는 때에는 그 상호와 주소. 사채관리회사가 있는 때에는 그 상호와 주소. 사채관리회사가 사채권자집회결의에 의하지 아니하고 해당 사채 전부에 관한 소송행위 또는 채무자회생 및 파산에 관한 절차에 속하는 행위를 할 수 있

사채청약서를 작성하지 않으면 과태료의 제재를 받는다. 그러나 사채발행의 효력에는 영향을 미치지 않는다. 총액인수의 경우와 사채모집의 사채관리회사가 인수하는 일부에 대해서는 사채청약서의 작성을 요하지 않는다. 사채는 주식과 달리 인수권자가 따로 없기 때문에 사채발행회사 또는 사채관리회사는 청약자에게 자유로이 배정할 수 있다.

#### 3) 사채의 납입

사채모집이 끝나면 이사(위탁모집의 경우는 사채관리회사)는 지체없이 인수인에게 사채의 전액납입 또는 제1회 납입을 시켜야 한다(상 476조 1항). 납입지체에 대하여는 회사설립에 있어서의 주식모집과 같은 실권절차는 인정되지 않는다. 사채의 납입에는 반드시 전액납입을 요하지 않으며 상계, 대물변제 등도 금지하지 않으며(상 334조), 납입장소의 제한(상 295조 2문 · 302조)도 없다.

### ⑶ 등 기

전환사채 및 신주인수권부사채를 제외하고는 등기를 요하지 않는다.

## 4. 사채의 유통

사채의 유통성을 확보하기 위하여 상법은 채권의 발행을 인정하고 있다. 그 양도에 관하여 특별규정을 두고 있다.

### ⑴ 채 권(債券)

채권(bond certificate) 또는 사채권이란 사채계약상의 권리를 표창하는 유가증권을 말한다. 채권에는 기명식과 무기명식이 있다. 양자는 양도(讓渡) · 입질(入質)에 있어서 대항요건이 다르다. 사채권자는 원칙으로 양자간의 전환을 청구할 수 있다. 그러나 사채발행시 기명채권이나 무기명채권의 어느 하나로 한정한다는 것을 발행조건으로 정한 때에는

---

도록 정한 때에는 그 뜻.

13. 제12호의 위탁을 받은 회사가 그 모집액이 총액에 달하지 못한 경우에 그 잔액을 인수할 것을 약정한 때에는 그 뜻.
14. 명의개서대리인을 둔 때에는 그 성명 · 주소 및 영업소. 사채발행의 최저가액을 정한 경우에는 응모자는 사채청약서에 응모가액을 기재하여야 한다.

그러하지 아니한다(상 480조 단서). 채권은 요식증권이므로, 일정한 법정사항과 번호를 기재하고 대표이사가 기명날인 또는 서명을 하여야 한다(상 478조 2항).

채권은 사채총액의 납입이 완료된 후가 아니면 발행하지 못한다(상 478조 1항). 이를 위반하면 과태료의 제재를 받는다(상 635조 1항 24호). 그러나 사채계약이 존재하는 한 전액 납입이 없는 채권도 무효는 아니다. 한편 사채권의 불소지에 대하여는 공사채등록법(1970.1.1 법률 제2164호)에 의하면 주권불소지제도와 같은 취지에서 사채를 전자등록기관의 전자등록부에 등록하면 채권을 발행하지 않고, 이미 발행된 채권에 대하여는 전자등록기관이 채권을 회수하여야 한다고 규정하고 있다.

### ⑵ 사채원부(社債原簿)

사채원부란 사채·채권 및 사채권자에 관한 사항을 명백히 하기 위하여 작성하는 장부를 말한다. 이사는 사채원부를 작성 본점 또는 명의개서대리인의 영업소에 비치하여 영업시간 내에는 언제든지 주주와 회사채권자가 열람 또는 등사를 할 수 있게 하여야 한다(상 396조). 사채원부의 기재사항은 법정되어 있으며(상 488조), 이 사채원부의 기능은 주주명부의 그것과 같다(상 489조 1항). 즉, 사채원부는 기명사채이전의 대항요건(상 479조), 사채권자에 대한 통지·최고(상 489조 1항·353조), 신탁의 표시(신 3조 2항)등의 경우 중요한 의의가 있다. 그러나 실제로는 무기명주권이 대부분이므로 사채원부의 의미는 거의 없다.[96)]

### ⑶ 사채의 양도와 입질

사채의 양도와 입질은 자유이며, 주식의 경우와는 달리 자기사채의 취득이나 입질의 제한이 없다.

#### 1) 무기명사채(無記名社債)

무기명사채의 양도와 입질에 관하여는 상법에 규정이 없다. 그러므로 민법의 규정에 따른다. 양수자 또는 질권자에게 채권을 교부함으로써 그 효력이 생긴다(민 523조·351조). 등록한 무기명사채의 양도나 입질은 사채등록부에 등록을 하여야 사채발행회사 기타 제3자에게 대항할 수 있다(사증 6조 1항).

---

96) 鄭(東)(會), 511면.

### 2) 기명사채(記名社債)

기명사채의 양도방법에 대하여는 상법에 특별한 규정이 없다. 기명사채는 지시식(指示式)으로 발행되지 않는 한 일종의 지명채권(指名債權)으로 보아야 할 것이다. 따라서 기명사채의 양도는 의사표시와 채권의 교부로써 효력이 발생한다. 또 제삼자에게 대항하려면 취득자의 성명과 주소를 사채원부(또는 명의개서대리인을 두는 경우에는 사채원부의 등본)에 기재하고 그 성명을 채권에 기재하여야 한다. 기명사채의 입질도 의사표시와 채권의 교부로써 효력이 발생한다(민 346조 · 347조). 회사에 대한 통지 또는 회사의 승낙이 있어야 회사에 대항할 수 있다(민 349조). 기명채권은 법률상 지시증권이 아니므로 배서(背書)에 의하여 양도할 수는 없다.

## 5. 사채관리회사

사채를 발행하는 경우에 사채관리회사를 정하여 변제의 수령, 채권의 보전, 그 밖에 사채의 관리를 위탁할 수 있다(상 480조 2항).

은행, 신탁회사, 그 밖에 대통령령으로 정하는 자가 아닌 자, 사채의 인수인, 그리고 발행한 회사와 특수한 이해관계가 있는 자로서 대통령령으로 정하는 자는 사채관리회사가 될 수 없다.

### (1) 사채관리회사의 사임 · 해임

사채관리회사는 사채를 발행한 회사와 사채권자집회의 동의를 받아 사임할 수 있다. 부득이한 사유가 있어 법원의 허가를 받은 경우에도 같다. 사채관리회사가 그 사무를 처리하기에 적임이 아니거나 그 밖에 정당한 사유가 있을 때에는 법원은 사채를 발행하는 회사 또는 사채권자집회의 청구에 의하여 사채관리회사를 해임할 수 있다(상 481조 · 482조).

사채관리회사의 사임 또는 해임으로 인하여 사채관리회사가 없게 된 경우에는 사채를 발행한 회사는 그 사무를 승계할 사채관리회사를 정하여 사채권자를 위하여 사채 관리를 위탁하여야 한다. 이 경우 회사는 지체 없이 사채권자집회를 소집하여 동의를 받아야 한다. 부득이한 사유가 있는 때에는 이해관계인은 사무승계자의 선임을 법원에 청구할 수 있다(상 483조).

### (2) 사채관리회사의 권한

사채관리회사는 사채권자를 위하여 사채에 관한 채권을 변제받거나 채권의 실현을 보전하기 위하여 필요한 재판상 또는 재판 외의 모든 행위를 할 수 있다. 변제를 받으면 지체 없이 그 뜻을 공고하고, 알고 있는 사채권자에게 통지하여야 한다.

사채권자는 사채관리회사에 사채 상환액 및 이자 지급을 청구할 수 있다. 이 경우 사채권이 발행된 때에는 사채권과 상환하여 상환액지급청구를 하고, 이권(利券)과 상환하여 이자지급청구를 하여야 한다.

사채관리회사가 해당 사채 전부에 대한 지급의 유예, 그 채무의 불이행으로 발생한 책임의 면제 또는 화해 그리고 해당 사채 전부에 관한 소송행위 또는 채무자회생 및 파산에 관한 절차에 속하는 행위 중 어느 하나에 해당하는 행위(사채에 관한 채권을 변제받거나 채권의 실현을 보전하기 위한 행위는 제외한다)를 하는 경우에는 사채권자집회의 결의에 의하여야 한다(상 484조).

사채관리회사는 법원의 허가를 받아 사채를 발행한 회사의 업무와 재산상태를 조사할 수 있다.

### (3) 사채관리회사의 의무 및 책임

사채관리회사는 사채권자를 위하여 공평하고 성실하게 그리고 선량한 관리자의 주의로 사채를 관리하여야 한다. 사채관리회사가 법이나 사채권자집회결의를 위반한 행위를 한 때에는 사채권자에 대하여 연대하여 이로 인하여 발생한 손해를 배상할 책임이 있다(상 484조 2항).

사채관리회사가 둘 이상 있을 때에는 그 권한에 속하는 행위는 공동으로 하여야 한다. 이 경우에 사채관리회사가 사채권자를 위하여 사채에 관한 채권을 변제를 받은 때에는 사채관리회사는 사채권자에 대하여 연대하여 변제액을 지급할 의무가 있다(상 485조).

## 6. 사채의 이자지급(利子支給)과 상환(償還)

### (1) 이자지급

회사는 사채권자에 대하여 이자를 지급하여야 한다. 사채의 이율·이자지급의 방법과 기한은 사채발행조건이 정하는 바에 따라야 한다. 이 조건은 사채청약서·사채권·사채원부의 기재사항이다(상 474조 2항). 이자의 지급은 기명채권의 경우에는 사채원부에 기재된 사채권자에게 지급되고, 무기명채권의 경우에는 무기명채권에 이권이 붙어 있으며, 이권은 이자지급청구권을 표창하는 사채권으로부터 독립된 유가증권이므로 이와 상환으로 이자를 지급하게 된다. 이 때 사채권 자체는 제시할 필요가 없다.

채권과 이권은 각각 독립하여 유통의 대상이 될 수 있으므로 사채발행회사가 무기명사채를 기한 전에 상환함으로 하여 무기명사채의 이권에 그 흠결(欠缺)된 경우 그 이권에 상당한 금액은 상환액으로부터 공제되어야 한다. 그 이권의 소지인은 언제든지 그 공제액을 청구할 수 있다.

사채발행회사가 사채의 이자지급을 게을리한 때에는 사채권자집회의 결의에 의하여 일정한 기간내(2월 이상)에 지급할 것을 최고(催告)하고, 이 기간 내에 지급하지 않으면 사채총액에 관하여 기한의 이익을 상실한다(상 505조).

이자지급청구권(利子支給請求權)의 소멸시효기간(消滅時效其間)은 5년이다(상 487조 3항).

### ⑵ 상 환

사채의 상환이란 회사가 사채권자에 대하여 채무를 변제하는 것을 말한다. 상환방법과 기한은 사채의 발행조건으로 정해져서 사채청약서 · 사채권 · 사채원부에 기재된다. 보통 일정한 기간 거치한 후 정기적으로 일정한 금액을 상환한다. 또는 일정한 기일까지 수시로 상환하든가, 일정액이상의 금액을 추첨에 의하여 상환한다.

또 사채에 관하여는 자기주식취득의 금지와 같은 규정이 없기 때문에 사채의 시장가격이 상환금액보다 쌀 경우에는 사채발행회사가 사채를 사들여서 소각할 수도 있다(매입소각). 회사가 만기에 상환할 금액은 권면액이 원칙이며, 앞서 말한바와 같이 권면액을 초과하여 상환할 것을 정한 때에는 그 초과액은 각 사채에 대하여 동률이어야 한다(상 473조). 거치기간 중에는 사채권자의 의사에 반하여 상환할 수 없지만(민 153조 2항), 이 거치기간 경과 후에는 사채발행회사는 상환의 조건에 따라 상환의무를 지고 이를 게을리 할 때에는 사채총액에 대하여 기한의 이익을 잃게 하는 등 여러 가지 특별규정(상 505조 · 506조)을 두고 있다. 사채의 상환은 채권과 상환한다.

사채상환청구권의 소멸시효기간은 10년이다(상 487조 1항).

## 7. 사채권자의 공동단체성(共同團體性)

사채권자는 잡다한 대중이므로 개개인이 자신의 이익과 권리를 수호하기에는 어려움이 있다. 그러므로 상호간 이해관계를 같이 하므로 일종의 이익공동체를 이룩하여 단체활동을 할 수 있는 소지가 있다. 이런 점을 고려하여 상법은 사채관리회사와 사채권자집회에 관한 특별규정을 두어 사채권자를 보호하고 있다.

### (1) 사채관리회사(社債管理會社)

사채관리회사란 사채발행회사로부터 사채모집의 위탁을 받은 회사를 말한다. 이러한 사채관리회사의 자격은 은행·신탁회사 또는 그밖에 대통령이 정하는 자를 말한다(상 480조의 3). 사채관리회사는 사채발행회사와는 위탁관계가 있으며, 사채권자와는 특별한 관계가 없다. 그러나 사채권자의 이익보호를 위하여 ① 사채모집에 관한 본래의 권한 외에, ② 사채의 상환을 받는 데 필요한 재판상·재판 외의 모든 행위를 할 수 있는 권한, ③ 사채발행회사의 불공정행위에 대한 취소청구의 소를 제기할 수 있는 권한, ④ 사채권자집회의 소집 기타 조치를 취할 수 있는 권한이 주어진 법정대리인으로서의 지위를 갖는다. 따라서 사채관리회사는 선량한 관리자의 주의로써 그 권한을 행사할 의무를 부담한다.

사채관리회사는 사채발행회사와 위임계약에 의하여 선임되고, 이 위임계약의 종료에 의하여 해임된다. 그런데 사채관리회사는 한편 사채권자를 보호할 의무를 가지고 있으며 또한 사채발행회사와 사채권자에게 중대한 영향을 미치므로, 상법은 사채관리회사의 사임과 해임에 관하여도 일정한 제한을 두고 있다. 즉, 사채관리회사는 사채발행회사와 사채권자집회의 동의를 얻어서만 사임할 수 있다. 다만 부득이한 사유가 있는 때에는 법원의 허가를 얻어서 사임할 수 있다. 또 사채발행회사도 임의로 사채관리회사를 해임할 수 없다. 사채관리회사가 사무처리에 부적임하거나 기타 정당한 사유가 있는 때에 한하여 사채발행회사 또는 사채권자집회의 청구에 의하여 법원이 해임할 수 있다(상 482조). 사채관리회사가 사임하거나 해임됨으로써 사채관리회사가 없게 된 때에는 사채발행회사와 사채권자집회의 합의일치로써 그 사무의 승계자를 정할 수 있다. 부득이한 사유가 있을 경우 이해관계인이 사무승계자의 선임을 법원에 청구할 수 있다.

### (2) 사채권자집회(社債權者集會)

#### 1) 의 의

사채권자집회란 사채권자의 이익을 보호하기 위하여 종류가 동일한 사채의 사채권자로써 조직되어 사채권자에게 중대한 이해관계가 있는 사항에 관해서만 결의하는 임시적 의결단체이다. 사채권자집회는 회사 밖에 존재하는 임시기관으로 회사의 기관은 아니다. 그러나 회의체이며, 다수결에 의한 결의는 총사채권자를 구속하는 점에서 주주총회와 비슷하다. 주주총회에 관한 규정이 준용된다.

사채권자집회는 사채권자의 이익을 보호하기 위하여 인정된 제도이나, 사채발행회사를 위하여도 단일의 상대방이 있게 되어 매우 편리한 제도이다.

### 2) 소 집

사채권자집회는 필요한 때에 수시로 소집된다. 그 소집권자는 사채를 발행한 회사 또는 사채관리회사, 사채총액의 10분의 1 이상에 해당하는 사채권자도 먼저 사채를 발행한 회사 또는 사채관리회사에 소집청구를 할 수 있고(상 491조 2항), 이러한 청구를 받은 회사가 지체없이 소집절차를 밟지 않는 경우에는 법원의 허가를 얻어 직접 소집할 수 있다.

### 3) 결 의

각 사채권자는 그가 가지는 해당 종류의 사채금액의 합계액(상환 받은 액은 제외한다)에 따라 의결권을 행사하고(상 492조 1항), 무기명채권을 가진 자는 회일로부터 1주간 전에 그 채권을 공탁하여야 의결권을 행사할 수 있다(상 492조 2항). 사채권자집회의 결의는 원칙적으로 주주총회의 특별결의와 같은 방법으로 출석한 사채권자의결권의 3분의 2 이상의 수와 사채발행총수의 3분의 1 이상의 다수로서 하여야 한다(상 495조 1항 · 434조). 그러나 사채관리회사의 사임 · 해임 · 승계자의 선임 · 사채발행회사 대표자의 사채권자집회에의 출석요구 등의 경우 출석한 사채권자의 의결권의 과반수의 찬성으로 결의 한다. 자기사채 등 의결권이 없는 사채는 발행사채총수에 산입하지 않으며 특별이해관계인이 가진 사채도 출석한 사채권자의 의결권의 수에 산입하지는 않는다. 결의사항은 법률이 규정한 것이며 사채관리회사의 사임동의 및 해임, 사채관리회사의 사무승계자의 선정, 사채발행회사의 대표자의 출석요구, 사채권자집회의 대표자 선임, 결의의 집행자 선정, 대표자 및 집행자의 해임 · 위임사항의 변경, 기한의 이익의 상실, 자본금감소 · 합병의 경우의 이의제기, 발행회사의 불공정한 행위를 취소하기 위한 소제기(상 512조) 등이 있으며, 후자로는 원리금의 지급유예, 이율의 인하, 불이행에서 생긴 책임의 면제, 화해, 정리게시 등이 있다. 이상의 사채권자집회의 권한에 속하는 사항은 사채권자가 단독으로 정하지 못한다.

사채권자집회는 사채총액의 500분의 1 이상을 가진 사채권자 중에서 1인 또는 수인의 대표자를 선정하여 그 결의할 사항을 위임할 수 있다(상 500조 1항). 대표자가 수인인 때에는 그 과반수의 찬성으로 결정하며(상 510조 · 373조), 또 그 권한에 속하는 행위는 공동으로 하여야 하고, 채무는 연대하여 부담한다(상 502조 · 485조).

### 4) 결의의 효력과 집행

사채권자집회의 결의(決議)는 법원의 인가(認可)를 얻어야 그 효력이 발생한다(상 498조 1항). 이러한 법원의 인가가 있으면 사채권자집회의 결의는 그 종류의 사채를 가진 모든 사채권자에게 그 효력이 있다(상 498조 2항). 따라서 사채권자집회의 소집자는 결의한 날로부터 1주 내에 결의의 인가를 법원에 청구하여야 한다(상 496조). 그러나 법원은 다음의 경우에는 인과하지 않는다.

① 사채권자집회소집절차 또는 그 결의방법이 법령이나 사채모집계획서의 기재에 위반할 때

② 결의가 부당한 방법에 의하여 성립할 때

③ 결의내용이 현저하게 불공정한 때

④ 결의가 사채권자 일반의 이익에 반하는 때

다만 법원은 위 ①과 ②의 경우에는 결의의 내용 기타 모든 사정을 참작하여 이를 인가할 수도 있다(상 497조 2항). 사채발행회사는 법원의 결정을 공고하여야 한다.

이와 같이 사채권자집회의 결의에 관하여는 법원의 인가제도가 있기 때문에 결의의 하자에 관한 별도의 소(訴)제도가 없다.

의결의 집행은 사채관리회사가 하고, 사채관리회사가 없는 때에는 사채권자집회의 대표자가 행한다(상 501조).

대표자나 집행자가 수인인 때에는 공동으로 그 권한을 행사한다. 사채권자집회는 언제든지 대표자나 집행자를 해임하거나 위임한 사항을 변경할 수 있다.

### 5) 비용과 보수의 부담

사채권자집회에 관한 비용은 원칙적으로 사채발행회사가 부담한다(상 508조 1항).

법원의 결의의 인가를 청구하는 비용도 사채발행회사가 부담하여야 한다. 그러나 법원은 이해관계인의 신청 또는 직권으로 그 전부 또는 일부에 관하여 따로 부담자를 정할 수 있다(상 508조 2항). 사채관리회사, 대표자, 집행자가 받을 보수와 그 사무처리에 필요한 비용도 별도의 약정이 없으면 법원의 허가를 얻어 사채발행회사로 하여금 부담하게 할 수 있다. 사채관리회사, 대표자 또는 집행자는 상환액에서 사채권자에 우선하여 이 보수와 비용을 받을 수 있다(상 507조).

## 8. 특수사채(特殊社債)

특수사채는 상법이 인정하고 있는 전환사채와 신주인수권부사채가 있으며, 특별법이 인정하고 있는 담보부사채와 이익참가부사채 및 교환사채가 있다. 전환사채는 자본금증가에서 언급하였다.

### (1) 신주인수권부사채(新株引受權附社債)

신주인수권부사채(bonds with stock purchase warrants)란 사채권자에게 신주인수권이 부여된 사채를 말한다. 신주인수권부사채의 사채권자는 원금보장과 약속된 이자를 받는 사채의 안전한 지위를 확보함과 동시에 원하면 주식을 인수하여 주식의 투기성 수익을 추구할 수 있다. 이와 같이 신주인수권부사채는 사채와 주식의 특성을 지니고 있어 안정적이고 높은 수익을 추구하는 투자자의 수요를 충족시켜주고, 회사는 이 제도에 의하여 용이하고 유리하게 자금을 조달할 수 있다.

### (2) 담보부사채(擔保附社債)

담보부사채(mortgage bond)란 일정한 회사의 재산을 담보로 하여 모집하는 사채를 말한다. 사채에 대한 회사의 담보는 사채관리회사와 위탁회사(사채발행회사) 간에 신탁체결을 하고 그 신탁계약에 따라서 사채관리회사는 물산담보권을 확보하고 이것을 총 사채권자를 위하여 보존하고 실행할 의무를 가진다.

### (3) 이익참가부사채

이익참가부사채(participating bond)란 사채권자가 일정한 원리금을 받을 권리 이외에 이익배당에도 참가할 수 있는 권한이 부여된 사채를 말한다.

### (4) 교환사채

교환사채란 교환사채를 발행한 회사가 보유하고 있는 유가증권과의 교환을 청구할 수 있는 권한이 부여된 채권을 말한다.

# 단답형 문제

**01** (　　　　　)이란 회사 성립 후 신주를 발행하는 경우에 다른 사람에 우선하여 신주를 인수할 수 있는 권리이다.

**02** 신주배정일(新株配定日)은 그 날의 (　　　　　) 전에 이를 공고하여야 한다.

**03** 회사가 여러 종류의 주식을 발행하는 경우 (　　　　　)으로 다른 종류의 주식으로 전환할 수 있는 권리가 부여된 주식을 전환주식이라고 한다.

**04** 사채의 발행방법으로 직접, 위탁, 인수, 매출 발행하는 방법은 (　　　　　)이다.

**05** 사채권자집회는 필요한 때에 수시로 소집된다. 그 소집권자는 사채를 발행한 회사 또는 사채관리회사, 사채총액의 (　　　　　) 이상에 해당하는 사채권자도 먼저 사채를 발행한 회사 또는 사채관리회사에 소집청구를 할 수 있다.

| | | | |
|---|---|---|---|
| 1 | 신주인수권 | 2 | 2주간 |
| 3 | 정관 | 4 | 모집발행 |
| 5 | 1/10 | | |

# 7
CHAPTER

# 자본의 감소

Chapter

# 07 자본의 감소

## 01 의 의

자본의 감소(reduction of capital)는 회사가 보유할 재산액의 기준이 되는 자본금을 일정한 절차에 따라 감소하는 행위 또는 그 행위의 법적 효과를 말한다. 자본금은 정관의 절대적 기재 사항이 아니므로 상법상 자본금의 감소는 정관의 변경을 가져오는 것은 아니다. 그러나 자본금이 감소하면 그 만큼 회사가 유보하여야 할 현실재산이 감소됨으로 대외적으로는 회사채권자에게 불리하게 될 뿐만이 아니라, 대내적으로도 주주의 권리의 존재와 범위에 영향을 주게 된다. 이러한 점 때문에 상법은 자본금의 감소에 관하여 엄한 요건을 규정하고 있다. 자본금의 감소는 실질적으로 이에 상당하는 회사의 적극재산(積極財產)의 감소를 가져오는 실질상의 감자가 일반적이나 다액의 결손으로 배당이 어려울 경우 장래의 이익배당을 가능하게 하기 위하여 자본금을 회사재산에 합치하도록 하는 계산상의 감자도 있다. 또 회사의 재정정리를 위하여 계산상의 감자를 행하고 동시에 실질상 증자를 행하는 일도 적지 않다. 합병의 준비를 위하여 감자하는 일도 있다.

## 02 주주총회(株主總會)의 특별결의(特別決議)

감자를 하는 데는 주주총회의 특별결의에 의하여 결정하여야 한다(상 438조 1항). 이 경우 감자를 결정하는 총회의 결의에서 감소할 자본금액 외 감소의 방법을 정하여(상 439조 1항) 이 의안(議案)의 요령을 총회소집의 통지 및 공고에 적어야 한다(상 438조 2항).

## 03 자본금 감소의 방법

자본금감소의 방법에는 ① 기존주식의 주금액(株金額)의 감소 ② 주식수(株式數)의 감소 ③ 양자 병용의 방법이 있다

주금액 감소의 방법은 납입주금액의 일부의 환급(還給) 및 주금의 절기(切棄)가 있다. 환급은 납입된 주금액의 일부를 주주에게 반환하는 것이며, 절기는 이미 납입된 주금의 일부를 주주의 손실에서 삭제하는 것이다. 어느 방법을 취하든 잔액이 새로운 주금액이 된다. 따라서 법정최저금액의 제한과 주금액 균일의 원칙에 반하여서는 안 된다.

주식수의 감소에는 주식의 소각과 주식의 병합의 두 가지 방법이 있다. 소각에는 강제소각(强制消却)과 임의소각(任意消却)이 있다. 그 밖에 소각에 따른 대가를 주는 여부에 따라 유상소각(有償消却)과 무상소각(無償消却)도 있다. 강제소각은 추첨이나 안분비례(按分比例)의 방법에 의하여 주주의 의사에 관계없이 주권을 일정기간 내(3월 이상)에 회사에 제출케 하는 방법으로써 소각하고, 임의소각은 회사와 주주가 양해한 후 회사가 자기주식을 취득한 후 그 주식을 소멸시키는 것이다. 상법은 강제소각의 방법에 대하여만 규정하고 있다(상 343조 2항).

주식의 병합이란 2주 이상의 주식을 병합하여 전보다 적은 수의 주식으로 변경하는 것이다. 절차는 주식의 병합을 한다는 것과 주권을 일정기간 내(3월 이상)에 회사에 제공할 뜻을 통지・공고하여(상 440조) 구주권과 상환, 신주권을 교부한다. 이 경우 구주권을 제출하지 못하는 자가 있을 때에는 회사는 그 자의 청구에 의하여 이해관계인에 대하여 이의가 있으면 일정한 기간 내(3월 이상)에 이의를 제출하라는 취지를 공고하여야 한다. 그 후 이의 없이 그 기간을 경과하면 신주권을 교부할 수 있다(상 442조 1항). 병합에 적당하지 않은 단주가 있을 때에는 그 병합에 적당하지 않은 부분에 대하여 신주를 경매하고 또는 본점소재지의 지방법원의 허가를 얻어 임의매각하여 그 대금을 종전의 주주에게 지급하여야 한다(상 433조 1항). 주식병합을 위하여 주권을 제출하여야 한다는 공고가 있었음에도 불구하고 제출이 없는 무기명식 주권도 같은 방법에 의하여 처리한다(상 444조).

## 04 자본금 감소의 절차

자본금의 감소는 정관변경을 요하는 사항은 아니지만 주주의 권리의 소멸 또는 그 범위의 축소를 가져오는 중대한 사항이므로 정관변경의 경우와 같이 주주총회의 특별결의를 얻어야 한다(상 438조 1항). 자본금 감소의 결의가 행하여지면 그 결의한 날로부터 2주 내에 재산목록과 대차대조표를 작성하여야 하며, 또 그 기간내에 채권자에 대하여 이의가 있으면 일정한 기간 내(2개월 이상)에 이의를 제출할 것을 공고하여야 한다. 또한 알고 있는 채권자에 대하여서는 각각 이를 통지하지 않으면 안 된다(상 439조 2항 · 231조 · 232조 1항). 사채권자가 이의를 진술하는 때에는 개별적으로 이의를 제기할 수 없으며 사채권자 집회의 결의에 의할 것을 요한다. 이 경우 법원은 이해관계인의 청구에 의하여 이의기간을 연장할 수 있다(상 439조 3항).

만약 그 기간 내에 채권자가 이의를 제출하지 않으면 감자를 승인한 것으로 보며, 이의를 제출할 때에는 그 자에 대하여 변제하든가 또는 상당한 담보를 제공하든가 또는 채권자로 하여금 변제를 받을 수 있도록 신탁회사에 상당한 재산을 신탁하여야 한다(상 232조 3항).

## 05 자본금 감소의 효력

자본금 감소의 효력은 원칙적으로 채권자보호절차 및 감자 실행의 절차를 종료한 때에 발생한다. 따라서 강제소각 및 주식병합에 의할 때 주주제출기한이 만료되었다하더라도 채권보호절차가 아직 종료되지 아니한 때는 그 절차가 종료된 때에 효력이 발생한다. 그리고 임의소각의 경우에는 회사가 취득한 주식을 소멸시킨 때 이며 주금액 감소인 경우에는 회사의 의사표시가 모든 주주에게 도달한 때 효력이 발생한다.

## 06 자본금 감소의 변경등기(變更登記)

자본금 감소는 등기사항의 변경이므로 자본금 감소에 따라 자본금의 총액, 1주의 금액, 발행주식의 총수 등에 변경이 생기면 대표이사는 자본금 감소의 효력이 발생한 때로부터 본점 소재지에서 2주 이내, 지점 소재지에서는 3주 내에 자본금 감소로 인한 변경등기를 하여야 한다(상 317조 3항 · 183조).

이 등기도 자본금 감소의 효력에는 관계없이 단순히 자본금을 감소하고 발행주식수나 주금액 등을 감소한 사실을 공시하기 위하여서이고, 상업등기의 일반원칙의 적용은 없다.

## 07 자본금 감소의 무효

### 1. 무효원인(無效原因)

자본금 감소의 절차 또는 내용에 하자가 있는 경우에는 그 자본금 감소는 무효이다. 자본금 감소의 무효원인으로는 자본금 감소의 결의가 소에 의하여 취소되었거나 무효가 확인된 경우, 채권자 보호절차가 이행되지 않은 경우, 주주평등의 원칙에 반한 경우 등이 있다.

### 2. 무효의 소

자본금 감소의 무효원인이 있는 경우에는 회사의 집단적 법률관계를 획일적으로 처리하고 기존상태 존중의 정신에서, 상법은 그 주장방법 · 제소권자 · 제소기간 · 소송절차 · 판결의 효력 등에 관하여 특별한 규정을 두고 있다.

자본금 감소의 무효는 주주 · 이사 · 감사 · 청산인 · 파산관리인 또는 자본금 감소를 승인하지 아니한 채권자만이 자본금 감소로 인한 변경등기가 된 날로부터 6개월 안에 소만으로 주장할 수 있다(상 445조).

소의 관할, 소제기의 공고, 소의 병합심리, 하자의 보완 등과 법원의 청구기각 · 패소원고의 책임 · 무효판결의 등기 등에 관하여 회사설립 무효에 관한 규정이 준용된다(상 446조 · 186조~189조 · 191조 · 192조). 그리고 원고인 회사채권자 또는 주주의 담보제공의무에 관하여 주주총회결의취소의 소에 관한 규정을 준용하고 있다(상 446조 · 377조).

## 3. 무효판결의 효과

감자무효의 소에서 원고가 승소하면 그 효력은 제3자에게도 획일적으로 미친다(상 446조 · 190조). 그리고 이때에 본점과 지점의 소재지에서 등기하여야 한다(상 446조 · 192조). 감자무효의 소에서 원고가 패소하면 원고에게 악의(惡意) 또는 중과실(重過失)이 있는 때에는 원고는 회사에 대하여 연대하여 손해배상 할 책임을 진다(상 446조 · 191조).

# 단답형 문제

**01** 감자를 하는 데는 주주총회의 (　　　　　)에 의하여 결정하여야 한다.

**02** 소각에 따른 대가를 주는 여부에 따라 (　　　　　)과 무상소각이 있다.

**03** 자본금 감소의 무효는 (　　　　　)·(　　　　　)·(　　　　　)·청산인·파산관리인 또는 자본금 감소를 승인하지 아니한 채권자만이 자본금 감소로 인한 변경등기가 된 날로부터 6개월 안에 소만으로 주장할 수 있다.

| 1 | 특별결의 | 2 | 유상소각 |
|---|---|---|---|
| 3 | 주주, 이사, 감사 | | |

# 8
CHAPTER

# 주식회사의 계산

Chapter

# 08 주식회사의 계산

## 01 주식회사계산의 중요성

주식회사는 영리를 목적으로 하는 자본단체로서 그 재산은 주주의 이해관계와 밀접할 뿐만 아니라 회사채권자에게는 채권담보물로서 중요한 가치를 지니고 있으며, 그 밖에 회사 및 일반공중의 이해관계와도 직결되는 것이다. 따라서 회사의 손익계산서나 재산의 처리방법, 기타 재무관계는 분명하고 정확하게 할 필요가 있다. 따라서 상법은 이러한 중요성을 고려하여 특별규정을 두어 주주 및 회사채권자를 보호하고 회사 자체의 충실한 발전을 도모하고 있다.

개정상법은 종래 재산법적 회계체계를 버리고, 기업회계의 실무에 맞추어 손익법적회계체계를 채택하였다. 재산법적회계체계는 기업회계의 주된 목적을 채권자보호에 두고 있으나, 손익법적회계체계는 채권자 이외의 투자자 특히 주주의 보호에 두고 있다.

## 02 재무제표(財務諸表)

### 1. 의 의

주식회사의 대표이사는 매결산기에 대차대조표(貸借對照表), 손익계산서(損益計算書) 그 밖에 회사의 재무상태와 경영성과를 표시하는 것으로서 대통령령으로 정하는 서류와 그 부속명세서(附屬明細書)를 작성하여야 한다. 대통령령으로 정하는 회사의 이사는 연결재무제표(聯結財務諸表)를 작성하여 이사회의 승인을 받아야 한다(상 447조). 재무제표라 함은 회사의 경영과 재산상황을 명확히 하기 위하여 계산서류로 대차대조표・손익계산서・이익잉여금처분계산서 또는 결손금처리계산서와 그 부속명세서를 말한다. 그러므로 재무제표는 상업 장부보다는 넓은 개념이다(상 29조 참조).[97]

대차대조표(balance sheet ; B/S)란 일정시점의 회사의 재산상태를 총괄적으로 표시한 서류를 말하며, 손익계산서(profit or loss statement ; P/L)는 일정한 영업연도의 영업성과를 표시한 서류를 말한다. 그리고 이익잉여금처분계산서 또는 결손금처분계산서는 영업연도의 이익금 또는 결손금의 처분에 관한 계획서이다. 부속명세서는 대차대조표와 손익계산서의 중요한 항목에 관하여 그 명세를 기재한 서류이다.

## 2. 재무제표 등의 작성・제출・공시

대표이사는 재무제표와 그 부속명세서(상 447조) 및 영업보고서(상 447조의 2)를 작성[98]하여 이사회의 승인을 받은 후 정기총회 회일의 6주간 전에 감사에게 제출하여야 한다(상 447조의 3). 감사는 이 서류를 받은 날부터 4주내에 감사를 하여 감사보고서를 대표이사에게 제출하면(상 447조의 4 1항),[99] 대표이사는 정기총회 회일의 1주간 전부터 재무제표・그 부속명세서・영업보고서에 감사가 제출한 감사보고서(외부감사를 받아야 하는 주식회사는 외부감사인의 감사보고서도 함께)를 첨부하여 본점에 5년 동안, 그리고 그 등본을 지점에 3년 동안 비치하여야 한다(상 448조 1항).

주주와 회사채권자는 영업시간 내에는 언제든지 그러한 비치서(備置書)를 열람(閱覽)할 수 있으며(상 447조 및 447조의 2의 서류), 회사가 정한 비용을 지급하고 그 등본이나 초본

97) 한국채택국제회계기준(K-IFRS)에서는 재무제표의 범위를 재무상태표, 포괄손익계산서, 현금흐름표, 자본변동표 및 주석으로 규정하고 있다.

98) 외부감사의 대상이 되는 회사 중 경제활동에서 효용과 이익을 얻기 위하여 다른 회사(조합 등 법인격이 없는 기업을 포함한다)의 재무정책과 영업정책을 결정할 수 있는 능력을 가지는 주식회사(이하 "지배회사"라 한다)의 이사는 연결재무제표(聯結財務諸表)를 작성하여 이사회의 승인을 받아야 한다.

99) 주식회사의 외부감사에 관한 법률에 의하여 외부감사를 받아야 하는 주식회사는 회사법상의 재무제표 및 현금흐름표를 작성하여 정기총회의 6주 전까지 감사인에게 제출하여야 하고(외감 7조, 동시행령 6조), 감사인은 감사보고서를 작성하여 회사에 대하여는 정기총회 1주일 전에, 증권관리위원회에 대하여는 정기총회 종료 후 2주일 이내에 각각 제출하여야 한다(외감 8조 1항, 동시행령 7조 1항).

의 교부를 청구할 수 있다(상 448조 2항).

## 3. 재무제표 등의 승인(承認) · 효과(效果)

대표이사는 재무제표를 정기총회에 제출하여 그 승인을 요구하여야 한다(상 449조 1항). 영업보고서는 정기총회에 제출하되 그 내용을 보고하기만 하면 된다(상 449조 2항). 주주총회는 이사가 제출한 서류와 감사의 보고서를 조사하게 하기 위하여 검사인을 선임할 수 있다(상 367조). 재무제표의 승인은 주주총회의 보통결의에 의하는데, 주주총회는 그 승인을 가결 또는 부결할 수 있을 뿐만이 아니라 그 내용을 수정하여 결의할 수도 있다. 이사는 주주총회의 승인 후 지체없이 정관에 정한 방법으로 대차대조표를 공시하여야 한다(상 449조 3항). 이 공시는 승인일(承認日)로부터 늦어도 15일 이내에 하여야 한다.

주주총회에 의한 재무제표의 승인의 직접적인 효과는 재무제표를 확정하고, 이에 따라 이익 또는 손실의 처분을 결정하는 것으로, 일단 승인하면 그 후 2년 내에 다른 결의가 없는 한 이사와 감사의 책임은 부정행위가 있는 것을 제외[100]하고 해제된 것으로 보게 된다(상 450조). 이러한 책임해제의 법적 성질에 대하여 2년의 제소기간이 경과한 것으로 본다.

---

100) 大判 1977. 1. 28. 75 나 2885 ;

이사의 부정행위라 함은 반드시 악의의 가해행위일 뿐만 아니라 이사의 권한 내의 행위라 할지라도 당해 사정 하에서 이를 행함이 정당시될 수 없는 모든 경우를 포함한다.

따라서 X회사의 대표이사직을 맡고 있는 Y이는 자기 소유의 이 사건 토지를 X회사에 매도함에 있어서 스스로 적정한 매매가격을 사정하여 X회사가 이를 매수하도록 하여야 할 선량한 관리자로서의 주의의무가 있음에도 불구하고, 자신의 이익만을 도모하기 위하여 그 임무를 해태하여 위 토지의 적정한 시가초차 확인함이 없이 매수인인 X회사의 대표자 및 매도인의 지위에서 일방적으로 그 시가의 무려 2배가 넘는 매매대금으로 X회사가 매수한 것은 상법 제450조의 이사의 부정행위에 속한다.

# 03 준비금(準備金)

## 1. 준비금의 의의

준비금(reserve)이란 자본금액을 초과하는 회사의 재산액(잉여금) 중 일부를 장래에 생길지도 모르는 필요에 대비하기 위하여 회사에 유보해 두는 금액으로, 적립금 또는 부가자본금이라고도 한다. 말하자면 준비금은 기업저축이라고도 할 수 있으며, 경제학상 자본금과 함께 자기자본을 이루고 있다. 준비금은 실질적으로 회사 이익의 유보액이지만, 이를 이익산출에 있어서 공제항목으로 처리하기 위하여 자본금과 더불어 대차대조표의 부채부(負債部)에 계상한다(상 462조 1항). 그러므로 준비금의 자본금전입의 경우에도 준비금계정에서 자본금계정으로 장부상의 이체가 있을 뿐 회사의 실제재산에는 변동이 생기지 않는다.

자본금액을 초과하는 재산은 주주에게 배당할 수 있지만, 그것을 전부 배당하면 장래의 회사의 손실에 대처하는 데나 회사의 발전을 도모할 수 없게 된다. 이에 상법은 자본금을 초과하는 재산의 일부분을 준비금으로 회사에 적립할 수 있도록 하고 있다.

## 2. 준비금의 종류

준비금에는 상법의 규정에 의하여 그 적립이 강제되는 법정준비금과 회사가 스스로 정관이나 주주총회 결의에 의하여 적립하는 임의준비금이 있다. 또 법정준비금에는 적립하는 재원에 따라 이익준비금(상 458조)과 자본준비금(상 459조)이 있다. 준비금은 상법이 규정하는 법정준비금 이외에도 자산재평가법이 규정하는 재평가적립금이 있다. 이는 대차대조표상 자본준비금과 분리하여 기재되고, 영업이익이 아니므로 그 처분 용도가 한정되어 있다.

실제로 의사준비금(擬似準備金) 또는 비밀준비금(秘密準備金) 등이 관행으로 되어 있으나, 이는 부진정준비금(不眞正準備金)이라고 본다.

### (1) 법정준비금(法定準備金)

#### 1) 이익준비금(利益準備金)

이익준비금이란 회사의 영업거래에서 생긴 이익을 적립재원으로 하는 준비금이다. 이것은 본래 주주에게 배당할 것이나, 미리 회사의 재산적 기초를 튼튼히 함으로써 장래의 손실에 대비하기 위한 것이다. 이를 위하여 이익준비금의 적립액과 적립한도에 대하여 상법은 자본금의 2분의 1에 달할 때까지 매결산기의 금전에 의한 이익배당액[101]의 10분의 1 이상의 금액을 이익준비금으로 적립하도록 규정하고 있다(상 458조).[102] 적립한도를 초과한 금액은 임의준비금이 된다.

#### 2) 자본준비금(資本準備金)

자본준비금이란 회사의 영업이익 이외의 자본거래에서 발생한 잉여금을 재원으로하여 적립하는 준비금이다. 여기에는 주식발행초과금액(株式發行超過金額) · 감자잉여금(減資剩餘金)[103] · 합병잉여금(合併剩餘金)[104] · 기타 자본 거래에서 발생한 잉여금[105](상 50조 1~4호)과 재평가적립금(자재평 28조)이 포함된다. 이러한 것은 주주의 출자의 일부 또는 자본금에 준할 성질의 것이기 때문에 이익배당에 부적당하여 자본금으로 적립하는 것이다.

다만 합병잉여금 중 합병으로 인하여 소멸 또는 소멸되는 회사의 이익준비금이나 그 밖의 법정준비금은 합병 · 분할 · 분할합병 후 존속하는 회사 또는 신설회사가 그대로 승계 할 수 있다(상 459조 2항).

이 법정준비금은 원칙적으로 자본금의 결손전보(缺損塡補)에만 충당하여야 하나, 예외적으로 이를 자본금에 전입할 수도 있다.

---

101) 금전에 의한 이익배당액이란 그 결산기에 주주에게 배당하기로 결정된 액이며, 실제로 지급한 액을 의미하지 않는다. 따라서 주식배당과 같이 자본화된 금액을 포함하지 않는 것은 물론이다(鄭(會), 559면).

102) 은행 · 신탁회사 등과 같은 공공기업에 있어서는 특별법에 의하여 법정준비금의 적립률과 적립한도가 높여져 있으며, 상장회사는 자기자본비율의 100분의 30에 달할 때까지 매 결산기마다 일정한 이익을 적립하여야 한다(상장법인재무관리규정 10조 1항).

103) 자본감소액－(주식의 소각액 또는 환급액＋결손충당액)

104) 합병으로 인한 소멸회사로부터의 승계재산－(승계채무액＋합병교부금＋존속회사의 증자액 또는 신설회사의 자본액)

105) 자본보전을 목적으로 제공된 자산수증이익(資産受贈利益)과 채무면제이익(債務免除利益), 자기주식처분이익, 기타 자본잉여금

### ⑵ 임의준비금(任意準備金)

임의준비금은 주주총회의 결의 또는 정관의 규정에 의하여 법정준비금을 공제한 잔여 이익에서 적립하는 준비금이다. 임의준비금의 목적은 자본금전입을 제외한 그 제한이 없으나, 장래의 사업확장·개선, 감가상각, 사채의 상환, 배당의 평준화·손실의 전보, 주식의 소각 등에 대비하고자 하는데 있으며, 그 금액이나 적립방법에는 제한이 없다.

## 3. 준비금의 용도

법정준비금의 용도는 다음과 같이 한정되어 있으나 임의준비금에 관해서는 정관의 변경 또는 주주총회의 결의로써 자유로이 그 용도를 정할 수 있다.

### ⑴ 자본금의 결손전보

법정준비금은 자본금의 결손전보에만 충당할 뿐 이를 달리 처분하지 못하며, 이때에는 먼저 이익준비금으로써 충당하고 부족한 경우에 한하여 자본준비금으로 충당하여야 한다. 여기서 "자본금의 결손"이란 회사의 순재산액이 자본금과 법정준비금의 합계액보다 적은 것을 말하며, "결손의 전보"란 계산상 대차대조표의 부채의 부에서 법정준비금의 액을 감하고 그 만큼 자산의 부에서 손실액을 감하는 것을 말한다.

### ⑵ 법정준비금의 자본금전입

#### 1) 의 의

법정준비금의 자본금전입이란 법정준비금을 자본금으로 전입시켜 회사의 자본금을 증가하게 하는 것이다. 이를 인정하는 이유는 법정준비금 중에서 자본준비금은 적립에 한도가 없어(상 459조), 경우에 따라서는 회사의 자본금구성에 있어서 불균형을 초래할 수 있으므로 이를 바로 잡기 위해서이다.

법정준비금을 자본금전입하여 증가된 자본금에 대하여는 신주를 발행하게 되므로 신주발행을 쉽게 하여, 실질적으로는 주식의 분활과 같은 경제적 효과를 통하여 주가를 조절할 수 있으므로 주식 거래에도 좋은 효과가 있다.

### 2) 자본금전입할 수 있는 준비금

상법 제461조의 준비금의 자본금전입에 관하여 그 준비금이 법정준비금 또는 임의준비금에 대한 명백한 용어를 사용하지 않으므로 임의 준비금도 자본금전입 할 수 있다는 학설이 있으나, 임의준비금의 목적의 특정성 또는 자본금전입절차로 보아 자본금전입할 수 있는 준비금은 법정준비금에 한정된다고 본다.

### 3) 자본금전입의 결정

자본금전입의 결정은 이사회의 결의사항이지만, 정관으로 주주총회에서 결정할 수도 있다(상 461조 1항). 이 때의 결의에서는 전입의 뜻뿐만이 아니라 전입할 준비금의 종류와 그 금액 및 주식발행사항[106] 등이 포함되어야 한다. 상법은 전입의 순서를 정하지 않고 있다.

### 4) 자본금전입의 효력

자본금전입의 효력발생시기는 원칙적으로 신주배정일 또는 주주총회에서 결의한 때이다(상 461조 1항). 그러나 그 결의가 조건부 또는 기한부인 때에는 그 조건이 성취한 때 또는 기한이 도래한 때에 효력이 생긴다. 자본금전입의 효력에 의하여 전입액만큼 준비금은 감소하고 그만큼 자본금은 증가한다. 이사회 또는 주주총회의 결의 없이 자본금전입을 한다든가, 법정준비금이 없는 상태에서 자본금전입의 결의를 하는 경우에는 그 자본금전입은 당연히 무효이다.

### 5) 자본금전입에 의한 신주발행

준비금의 일부를 자본금으로 전입하면 전입한 금액만큼의 주식을 발행하여야 한다. 이 때에는 모든 주주에 대하여 그 지주수에 따라 평등하게 무상으로 신주를 배정하여야 한다. 이 경우에 단주가 생기면 각 주주에게 배정되는 단주를 합하여 매각한 후 그 대금을 단주주에게 분배하여야 한다(상 461조 2항).

이 경우 발행되는 신주에 대한 이익이나 이자의 배당에 관한 기준시점은 전환주식(轉換株式)의 경우와 같이 정관이 정하는 바에 따라 자본금전입의 결의가 있는 영업연도의 직전 영업연도말에 전입된 것으로 하여 배당기산일을 소급시킬 수 있다(상 461조 6항).

---

106) 大判 1988. 6. 14. 87 다카 2599 · 2600 ;
상법 제461조에 의하여 주식회사가 이사회의 결의로 준비금을 자본에 전입하여 주식을 발행할 경우에는 회사에 대한 관계에서는 이사회의 결의로 정한 일정한 날에 주주명부에 주주로 기재된 자만이 신주의 주주가 된다고 할 것이다.

신주발행의 경우, 주주가 신주주로 되는 것은 신주배정일 또는 주주총회에서 자본금전입결의가 있은 때부터이다(상 461조 3 · 4조). 그리고 총회결의에 의하여 발행될 신주의 배정을 받을 주주를 확정하기 위하여 신주 배정일을 정하거나, 주주명부를 폐쇄할 수도 있다(상 354조).

자본금전입에 의한 신주발행은 정관상의 발행예정주식 총수의 범위(상 289조 1 · 3호)내에서만 가능하며, 종류주식을 발행한 경우에도 정관에 규정된 발행예정주식수의 범위(상 344조 · 346조 · 370조)내에서 허용된다. 만약, 그 이상의 신주를 발행하고자 한다면, 먼저 정관변경절차를 밟아야 할 것이다.

#### 6) 통지 · 공고 · 등기

자본금전입의 결의가 있으면, 이사는 지체없이 신주를 받은 주주와 주주명부에 기재된 질권자에게 그 주주가 받은 주식의 종류와 수를 통지하고, 무기명주권을 발행한때에는 그 결의내용을 공고하여야 하며(상 461조 4항), 등기사항이 변경되었으므로 변경등기를 하여야 한다(상 317조 3항 · 183조).

#### 7) 신주에 대한 실권의 효력

종전의 주주에 대한 질권자(質權者)는 주주가 받을 신주 또는 단주의 처분에 의한 매득금(賣得金)위에 물상대위권(物上代位權)을 행사할 수 있다(상 461조 6항 · 339조).

## 04 이익배당(利益配當)

### 1. 이익배당의 의의

이익배당이란 회사가 기업활동의 결과로 생긴 이익을 주주에게 분배하는 것이다. 주식회사는 영리단체(營利團體)로서 이윤을 추구하여 그 획득한 이익을 주주에게 분배하여야 하는 바, 그 분배방법은 회사가 해산한 경우에 잔여재산(殘餘財産)의 분배에 의할 수도 있으나, 대개의 회사는 존속기간(存續期間)의 예정이 없기 때문에 정기적인 결산기에 이익을 배당하는 방법을 택한다. 이익이 없는데도 불구하고 이익배당을 하는 것은 회사 재산의 손실을 가져오므로, 상법은 이익배당의 요건을 엄격하게 규제를 하는 동시에(상 462조·464조), 배당금지급시기(配當金支給時期)를 규정하고 있다(상 465조 2). 그러나 많은 이익이 발생하였음에도 불구하고 이를 주주에게 배당하지 아니하고 사내에 유보하는 것에 대하여는 상법에 그 규정이 없다.[107)]

이익배당의 방법에는 현금배당·재산배당·주식배당의 세 가지가 있으며, 우리 상법은 재산배당을 인정하고 있지 않다. 따라서 우리나라 상법상 광의의 이익배당이란 현금배당 및 주식배당을 의미하지만, 협의의 이익배당이란 현금배당만을 의미한다. 그러므로 여기서는 협의의 이익배당, 주식배당 그리고 이익배당의 선급(先給)이라고 볼 수 있는 건설이자배당(建設利子配當)에 대하여 살펴본다.

## 2. 이익배당의 요건

적법한 이익배당을 하자면 배당가능이익이 존재하고 주주총회의 승인이 있어야 한다. 여기서 "배당가능이익"이란 대차대조표상의 순재산액으로부터 자본금의 액, 그 결산기까지 적립된 법정준비금(자본준비금과 이익준비금의 합계액) 및 그 결산기에 적립하여야 할 이익준비금의 액 등을 공제한 금액이다(상 462조 1항). 또한 정관의 규정 또는 주주총회의 결의로 임의준비금의 적립을 정한 때에는 정하여진 임의준비금의 금액도 공제하여야 하며, 재평가적립금이 있는 경우에는 재평가적립금도 공제하여야 한다. 그리고 이익의 일부를 임원상여금으로 지급하거나 차기이월이익으로서 유보하는 경우도 있다.

순재산액으로부터 이들 공제금액을 빼고 남는 것이 없으면 어떤 주주이든 이익배당을 받을 수 없는 것이 원칙이다. 그러나 이러한 원칙에 대한 특별한 예외로는 상법상 건설배당이자의 경우(상 465조)가 있고, 특별법으로서 "주식배당보장에 관한 법률"에 의하여 지정된 특수회사의 경우(주배 2조)가 있을 뿐이다.

---

107) 이에 대한 학설 중에는 주주에게 이익배당청구소송(利益配當請求訴訟) 인정하여야 한다는 견해도 있으나(鄭(東)(會), 581면), 우리나라의 대법원판례는 이 같은 배당강제소송(配當强制訴訟)을 인정하지 않는다.

대판 1983. 3. 22. 81 다 343 ;
정관의 제 규정 및 관계 상업규정이 정하고 있는 사원총회(주주총회)의 계산서류 승인에 의한 배당금의 확정과 배당에 관한 결의가 없는 경우에는 주주의 회사에 대한 이익배당금 청구는 이유없다.

다음으로 주주총회의 승인결의가 있어야 한다. 즉, 이익배당을 하기 위해서는 결산기에 이익잉여금처분계산에 대한 승인이 있어야 한다(상 49조 1항 · 447조 3호). 총회에서 이익잉여금처분계산서의 승인을 함으로써 주주는 이익배당청구권을 가지게 되며, 이것은 주주권에서 유출된 독립적인 채권으로서 주주의 고유권이다. 따라서 이익배당청구권은 양도와 압류의 목적이 될 수 있고, 5년 소멸시효에도 걸린다(상 464조의 2 2항).

## 3. 이익배당의 방법

이익의 배당은 원칙적으로 각 주주가 가진 주식의 수에 따라서 평등하게 지급한다(상 464조). 그러나 배당내용이 다른 수종의 주식을 발행한 경우(상 464조 단서) 또는 특별법상으로는 공공적 법인에 있어서 배당률이 시중금리에 미치지 못하는 경우에는 그 차액에 대해 일반주주에게 우선적으로 배당할 경우(증거 191조의 6)에 있어서는 예외가 인정된다.[108)]

이익배당은 결산기에 재무제표를 이사회가 작성하고, 감사를 받은 후 주주총회에 제출하면 주주총회에서 이를 승인하면 확정된다. 이때부터 주주는 회사에 대하여 구체적인 이익배당처우권을 취득한다. 중간배당은 있을 수 없고 매결산기에 1회로 한정된다.

배당금의 지급은 이익잉여금처분 계산서가 총회에서 승인이 있은 날로부터 1월 이내에 해야 하지만, 총회에 그 지급시기를 따로 정한 경우에는 그러하지 아니하다(상 464조의 2 1항).

## 4. 위법배당(違法配當)의 효과

이익배당의 요건 · 기준 · 절차에 하자(瑕疵)가 있는 위법배당의 경우에는 그 배당은 원칙적으로 무효이고, 이사와 감사는 회사 및 제3자에 대하여 손해배상책임을 지고(상 399조 · 401조 · 414조), 벌금의 제재를 받는다(상 625조 3호). 그리고 외부감사인이 허위 감사보고서를 작성한 경우에도 회사 및 제3자에 대하여 손해배상책임을 지며(외감법 17조), 회사

108) 예컨대 차등배당(差等配當)을 하는 경우가 있다. 그러나 이것은 대주주가 자기에게 돌아올 이익배당청구권의 일부 또는 전부의 포기라고 할 수 있으므로, 주주평등의 원칙은 위반한 것이 아니다.

**大判** 1980. 8. 26. 80 다 1263 ;
대주주가 참석하여 당해 사업년도 잉여이익 중 자기들이 배당받을 몫의 일부를 스스로 떼내어 소액주주들에게 고루 나눠 주기로 한 것이니, 이는 주주가 스스로 그 배당받을 권리를 포기하거나 양도하는 것과 마찬가지로서 상법 제464조의 규정에 위반된다고 할 수 없다.

는 배당받은 주주에 대하여 부당이득반환청구를 할 수 있다(민 741조). 상법은 회사채권자도 주주에게 위법배당금을 회사에 반환한 것을 청구할 수 있도록 하고 있다(상 462조 2항).

회사채권자란 청구 당시의 전 채권자이며 위법 배당시의 채권자에 한하지 않는다. 이 반환청구를 소로써 하는 경우에는 본점 소재지의 지방법원의 관할에 전속한다(상 462조 3항 · 186조). 위법배당한 경우에 이사는 법령위반을 한 것이므로 회사에 대하여 손해배상책임을 진다(상 399조).

## 05 주식배당

### 1. 주식배당의 의의

주식배당(stock dividends)이란 주식회사가 주주에게 배당할 수 있는 이익의 일부를 새로이 발행하는 주식으로써 주주에게 그 지분비율에 따라 무상으로 배당하는 것을 말한다.

회사가 주식배당을 하면 ① 회사의 투자를 위하여 필요한 자금의 사내유보를 가능하게 하고, ② 이익배당을 위하여 무리하게 금전을 차입하는 번거로움을 피할 수 있으며, ③ 회사채권자로서는 자본금의 증가로 인하여 회사의 담보력이 커져서 유리하고, ④ 주주의 경우에도 액면배당을 하기 때문에 주가가 액면을 상회하면 현금배당보다 유리할 수 있고, ⑤ 주식의 유통량을 증가시킴으로써 주식의 시장성이 강화되고, ⑥ 자본금의 증가로 회사의 대외적인 신용도가 높아지는 등의 여러 가지 이점이 있다. 그러나 ① 주식배당의 경우에 따라 주식수의 증가로 배당률이 저하되고, 주가가 하락할 염려가 있고, ② 주식의 현금화가 곤란하게 할 수 있고, ③ 분식결산에 의한 이익으로 주식을 배당함으로써 회사의 자본금충실을 해하고, ④ 주가의 변동에 따라 투기의 목적으로 주식배당제도가 악용될 수 있으며, ⑤ 회사에 대해서는 배당압력을 가중시키는 등의 단점도 있다.[109)]

주식배당의 법적 성질에 대하여는 이익배당설, 주식분할설, 자본금전입설 등이 있으나, 이익배당설이 타당하다고 본다. 따라서 회사가 보유하는 자기주식은 주식배당청구권이 없다.

---

109) 金(圖), 369면.

## 2. 주식배당의 요건

### (1) 배당가능이익(配當可能利益)의 존재

주식배당도 이익배당의 일종이므로, 당해연도의 발생한 배당가능이익이 있거나, 이월이익잉여금 또는 임의준비금이 있어야 한다.

### (2) 주식배당의 한도

주식배당은 총주주의 동의가 없는 한 주주총회의 결의로도 이익배당총액의 2분의 1을 초과할 수 없다(상 462조의 2 1항 단서). 다만 증권상장회사의 경우에는 당해주식의 시가가 권면액(券面額)에 미달하는 경우를 제외하고는 이러한 제한은 없다(증거 191조의 3).

### (3) 주주총회의 결의

회사가 이익배당총액의 2분의 1을 초과하지 않는 범위 내에서 주식배당을 하려면 정기 또는 임시주주총의 보통결의가 있어야 한다(상 462조의 2 1항). 주주총회의 결의 내용은 배당가능이익의 총액 중 2분의 1을 초과하지 않는 범위 내에서 실제로 얼마나 주식배당을 할 것이며, 또 어느 종류의 주식을 몇 주 발행할 것인가를 결의한다.

### (4) 수권주식(授權株式)의 존재

주주총회의 결의에 의하며 주식배당을 하는 경우에는 발행예정주식총수 중에 미발행주식이 있는 범위 내에서만 신주를 발행할 수 있다. 따라서 이를 초과하는 때에는 정관의 변경으로(상 433조) 회사의 발행예정주식총수를 증가시켜야 한다.

### (5) 신주의 발행가액

주식배당은 주식의 권면액으로 하나, 수종(數種)의 주식을 발행한 때에는 같은 종류의 주식으로 할 수 있다(상 462조의 2 2항). 발행가액이 권면액에 미달하거나 초과하는 것은 인정되지 않는다. 왜냐하면 상법상 회사의 자본금은 회사가 발행한 주식의 액면총액(상 451조)이어야 하기 때문이다.

### ⑹ 단주(端株)에 대한 주식배당

주식으로 배당할 이익의 금액 중 신주식의 권면액에 미달하는 단주가 있는 때에는 그 부분에 대하여는 자본금감소의 경우와 같이 처리한다(상 462조의 2 3항). 즉, 주식의 병합(상 433조 1항), 준비금의 자본금전입의 경우(상 462조 2항 2문 · 443조 1항)와 같이 주식을 매각하여 그 대금을 주식수에 따라 지급하여야 한다.

## 3. 주식배당의 효과

주식배당을 받은 주주는 주식배당결의를 한 주주총회가 종료한 때로부터 신주의 주주가 된다(상 462조의 2 4항 전단). 그러나 신주에 대한 이익이나 이자의 배당에 관해서는 정관이 정하는 바에 의하여 그 주주총회가 종결한 때가 속하는 영업연도의 직전영업연도 말에 신주가 발행한 것으로 할 수 있다(동조 4항 후단). 주주총회의 결의가 있는 때에는 지체없이 배당을 받을 주주와 등록질권자에게 배당할 주식의 종류와 수를 통지하여야 하고, 무기명주식의 주권을 발행한 때에는 주식배당의 결의에 관한 결의의 내용을 공고하여야 한다(동조 5항). 회사는 주식배당결의를 한 주주총회의 종결 후 지체없이 주권을 발행하여 주주에게 교부하여야 하며(상 355조), 이 때 질권설정자에게는 물상대위권이 인정되고, 질권자는 회사에 대하여 질권의 효력이 미치는 신주에 대한 주권의 교부를 청구할 수 있다(상 462조의 2 6항 2문 · 340조 3항).

주식배당의 결과로 회사가 발행한 주식수와 자본금이 증가하게 된다. 따라서 이에 대한 변경등기를 하여야 한다(상 183조 · 317조 2항 2호 3호).

## 4. 위법배당(違法配當)

주식배당의 요건 및 절차를 위반한 경우에는 신주발행의 무효를 주장할 수 있고(상 429조), 주식배당이 있기 전에는 신주발행의 유지를 청구할 수 있다(상 424조). 이때에 주주 등이 신주발행무효의 소를 제기하여 승소의 확정판결을 받은 경우에도, 주주는 원래부터 주금액을 납입했던 것이 아니므로 회사는 신주의 주주에 대하여 주금을 반환할 필요가 없다(상 432조의 유추적용 배제). 위법배당으로 인하여 회사에 손해가 있는 때에는 이사 · 감사가 손해배상책임을 지고, 과태료의 제재를 받는다(상 399조 · 414조 · 625조 3호). 그러나 이 경우에 이사의 자본금충실책임은 없다고 본다. 신주발행이 무효로 된 경우에는 무효인 주권에 대해서도 주권실효절차를 취해야 할 것이다.

## 06 현물배당(現物配當)

현물배당은 현금 이외에 주식과 채권 옵션 상품 등 현물로 배당하는 것을 말한다.

회사는 정관으로 금전 외의 재산으로 배당을 할 수 있음을 정할 수 있다(상 462조의 4). 현물배당을 결정한 회사는 다음 사항을 정할 수 있다.

1) 주주가 배당되는 금전 외의 재산 대신 금전의 지급을 회사에 청구할 수 있도록 한 경우에는 그 금액 및 청구할 수 있는 기간
2) 일정 수 미만의 주식을 보유한 주주에게 금전 외의 재산 대신 금전을 지급하기로 한 경우에는 그 일정 수 및 금액

## 07 주주의 경리감독권(經理監督權)

### 1. 서 설

주주는 회사의 업무집행에는 관여하지 못하고 이사와 대표이사에 의해서만 수행되므로, 상법은 이사회의 권한를 견제하기 위하여 주주에게 여러 가지의 업무집행 감독권을 규정하여 주어지고 있다. 즉, 주주의 대표소송제기권(代表訴訟提起權)(상 403조), 이사의 해임청구권(解任請求權)(상 385조) 및 위법행위유지청구권(違法行爲留止請求權)(상 402조) 등을 규정하고 있다. 한편 이러한 감독권을 효율적으로 행사할 수 있도록 다음과 같은 경리감독권도 부여하고 있다.

## 2. 재무제표열람청구권(財務諸表閱覽請求權)

주주는 회사의 업무와 재산상태를 파악하기 위하여 이사가 본점과 지점에 비치하고 있는 재무제표와 그 부속명세서, 영업보고서 및 감사보고서를 영업시간 안에는 언제든지 열람할 수 있고, 회사가 정한 비용을 내고 그 등본 또는 초본의 교부를 청구할 수 있다(상 448조 2항).

## 3. 회계장부열람권(會計帳簿閱覽券)

재무제표만 열람하고 그 자세한 내용을 파악할 수 없는 경우도 있으므로 주주에게 회계장부와 서류의 열람권 및 등사 청구권을 인정하고 있다(상 466조). 이 열람권 행사에는 경영의 비밀 보전상 발행주식수의 100분의 3이상에 해당하는 주식을 가진 소수주주에게만 인정하되,[110] 이유를 붙인 서면으로 청구할 수 있게 하였다(상 466조 1항).

## 4. 검사인(檢査人)의 선임청구권(選任請求權)

회사의 업무집행에 관하여 부정행위 또 법령이나 정관에 위반한 중대한 사실이 있음을 의심할 사유가 있는 때[111]에는 신중을 기하기 위하여 발행주식 총수의 100분의 3 이상에 해당하는 주식을 가진 주주는 회사의 업무와 재산상태를 조사하기 위하여 법원에 검사인의 선임을 청구할 수 있다(상 467조 1항). 검사인은 회사의 업무와 재산상태를 조사할 수 있고, 그 결과를 법원에 보고하여야 한다. 이 때에 검사인은 주주총회에도 조사보고서를 제출하여야 하는데(상 467조 3항 2문 · 310조 2항), 이사와 감사는 지체없이 그 보고서의 정확여부를 주주총회에 보고하여야 한다(상 467조 4항).

검사인으로 선임될 수 있는 자는 이사 · 감사 · 지배인 · 기타 상업사용인을 제외하고는

110) 6월부터 계속하여 증권상장법인 또는 코스닥상장법인의 경우에는 0.1% 이상, 대통령이 정하는 법인은 0.05% 이상 임.

111) 大判 1985. 7. 31. 85 마 214 ;
상법 제467조 제1항이 규정하고 있는 검사인 선임청구사유인 "업무집행에 관하여 부정행위 또는 법령이나 정관에 위반한 중대한 사실"에 대하여는, 그 내용을 구체적으로 명확히 적시하여야 하고 단순히 결산보고서의 내용이 실제의 재산상태와 일치하는지 여부에 의심이 간다는 정도의 막연한 것으로 그 사유를 삼을 수는 없다.

특별한 제한이 없다.[112)]

## 08 기타 규정

상법은 회사의 계산과 관련하여 이익공여의 금지(상 467조의 2) 및 사용인의 우선변제(상 468조)를 규정하고 있다. 이러한 사항은 직접적으로는 회사의 계산과 관련이 없으나, 보통 주주의 권리행사 또는 재무제표 등과 관련되어 간접적으로 회사의 계산과 관련이 있는 사항이므로, 상법은 이러한 사항을 회사의 계산에 관한 규정에서 함께 규정하고 있다. 즉, 신원보증금의 반환을 받을 채권 기타 회사와 사용인 사이의 고용관계로 채권(급여, 상여금)이 있는 자는 회사의 총재산에 대하여 우선 변제를 받을 권리가 있다(상 468조). 그러나 이 우선변제권도 질권이나 저당권에는 우선하지 못한다(상 468조).

---

112) 大判 1960. 8. 18. 4293 민재항 167 ;
상법 제467조의 검사인 피선자격에 대하여는 이사·지배인 기타 사용인이나 감사가 검사인으로 피선될 수 없음은 검사인의 성질상 당연하다 할 것이나, 그 외에는 하등의 제한이 없으므로 상대방의 대리인을 검사인에 선임하였다 하더라도 이를 위법이라 할 수 없다.

# 단답형 문제

**01** 재무제표의 승인은 주주총회의 (　　　　)에 의한다.

**02** 준비금에는 상법의 규정에 의하여 그 적립이 강제되는 (　　　　)과 회사가 스스로 정관이나 주주총회 결의에 의하여 적립하는 임의준비금이 있다.

**03** (　　　　)이란 회사가 기업활동의 결과로 생긴 이익을 주주에게 분배하는 것이다. 주식회사는 영리단체(營利團體)로서 이윤을 추구하여 그 획득한 이익을 주주에게 분배하여야 한다.

**04** 주주에게 회계장부와 서류의 열람권 및 등사 청구권을 인정하고 있다. 이 열람권 행사에는 경영의 비밀 보전상 발행주식수의 (　　　　) 이상에 해당하는 주식을 가진 소수주주에게만 인정된다.

| 1 | 보통결의 | 2 | 법정준비금 |
|---|---|---|---|
| 3 | 이익배당 | 4 | 3/100 |

# 메모

60 SECONDS
IS IT ENOUGH FOR YOU?

60 MINUTES
IS IT ENOUGH FOR YOU?

24 HOURS
IS IT ENOUGH FOR YOU?

30 DAYS
IS IT ENOUGH FOR YOU?

# 9 CHAPTER

# 주식회사의 조직변경과 합병

Chapter

# 09 주식회사의 조직변경과 합병

## 01 조직변경(組織變更)

조직변경(transformation)이란 회사가 법인격의 동일성을 유지하면서 다른 종류의 회사로 법률상의 조직을 변경하는 것을 말한다. 조직변경은 회사의 조직이 변경되어 다른 종류의 회사로 되는데도 불구하고 그 법인격의 동일성을 유지되는 점에서 회사를 해산·청산하고 새로이 설립절차를 밟아야 하는 불편함을 피할 수 있다

조직변경은 회사를 해산함과 동시에 그 사원이 다른 종류의 회사를 설립하고 전 회사의 영업 전부를 양수하는 사실상의 조직변경과 한 회사가 소멸하고 타 회사가 그 권리 의무를 포괄적으로 승계하는 합병과는 구별된다.

## 02 주식회사의 합병

### 1. 합병의 의의 및 유형

합병은 둘 또는 그 이상의 회사가 합하여 하나의 회사로 만드는 행위를 말한다. 합병은 상법규정에 따라 청산절차를 거치지 않고 1개 회사 이상의 소멸과 권리의무의 포괄적 이전이 이루어지는 회사간의 법률적, 경제적 통합을 하는 행위로 상법에서 규정하고 있는 엄격한 법정절차를 준수해야 하고 합병등기를 함으로써 종결된다. 합병은 해산, 영업양도, 사원수용 등의 '사실상의 합병'과는 다르며, 회사의 영업만을 양수하는 '매수'와도 구

별된다.

합병은 합병 당사회사 중 한 회사만이 존속하고 다른 회사는 계속 존속하는 회사에 흡수되어 법률적으로 해산하는 흡수합병(merger)과 두 회사 모두 해산하고 신설회사를 설립하는 신설합병(consolidation)이 있다.

## 2. 합병의 제한

### (1) 상법상의 제한

상법에서는 주식회사 또는 유한회사가 다른 형태의 회사와 합병하는 경우에 그 제한을 두고 있다. 합병을 하는 회사의 일방 또는 쌍방이 주식회사, 유한회사 또는 유한책임회사인 경우에는 합병 후 존속회사 또는 신설회사는 주식회사, 유한회사 또는 유한책임회사이어야 한다(상 174조 2항). 유한회사와 주식회사가 합병 시 주식회사 형태로 합병하는 경우에는 법원의 인가를 받아야하고(상 600조 1항), 유한회사 형태로 합병하는 경우에는 주식회사의 사채의 상환을 완료하여야 한다(상 600조 2항).

이는 자기자본 출자금 내에서 회사의 제3자에 대해 책임을 지는 유한책임사원인 주식회사의 주주나 유한회사의 사원이 합명 또는 합자회사의 사원이 되어 회사의 제3자에 대하여 직접 유한 또는 무한 책임을 지는 일이 없도록 하기 위한 것이며, 법원의 인가를 받게 하는 것은 합병을 통하여 유한회사의 자본금충실책임을 벗어나려 하거나 주식회사설립 시 요구되는 엄격한 절차를 하지 않으려는 것을 방지하기 위한 것이다.

### (2) 독점규제 및 공정거래에 관한 법률상의 제한

독점규제법에서는 "누구든지 직접 또는 대통령령이 정하는 특수한 관계에 있는 자(이하 '특수관계인'이라 한다)를 통하여 기업결합으로 일정한 거래분야에서 경쟁을 실질적으로 제한하는 행위를 하여서는 아니 된다. 다만 산업합리화 또는 국제경쟁력의 강화를 위한 것으로서 대통령령이 정하는 요건에 해당한다고 공정거래위원회가 인정하는 기업결합에 대하여는 그러하지 아니하다(독 7조 1항)."고 규정하면서 거래의 객체별 · 단계별 또는 지역별로 경쟁관계에 있거나 경쟁관계가 성립될 수 있는 기업간의 합병을 제한하고 자유로운 경쟁을 촉진하고 있다.

### ⑶ 증권거래법상의 합병 신고제도

증권거래법에서는 주권상장법인 또는 코스닥 등록법인이 다른 회사와 합병할 때에는 금융감독위원회와 증권거래소(한국증권선물거래소)에 대통령이 정하는 합병요건 · 절차 등 합병기준에 따라 합병관련사항을 신고하도록 하고 있다(증거 190조의 2 1항). 이는 합병에 따른 재무구조, 주주의 지분소유구조 등이 변하게 됨으로 합병 당사회사에 관하여 충분한 공시가 되도록 하여 소액주주를 보호하기 위한 제도이다.

비상장 또는 비 등록법이 상장 또는 등록법인과 합병하고자하는 경우에 당해 법인이 금융감독위원회에 유가증권발행인의 등록을 한 날로부터 2개월이 경과한 후에 주주총회의 승인이 되어야 그 효력이 있다(상 522조, 증거 190조).

## 3. 합병의 절차

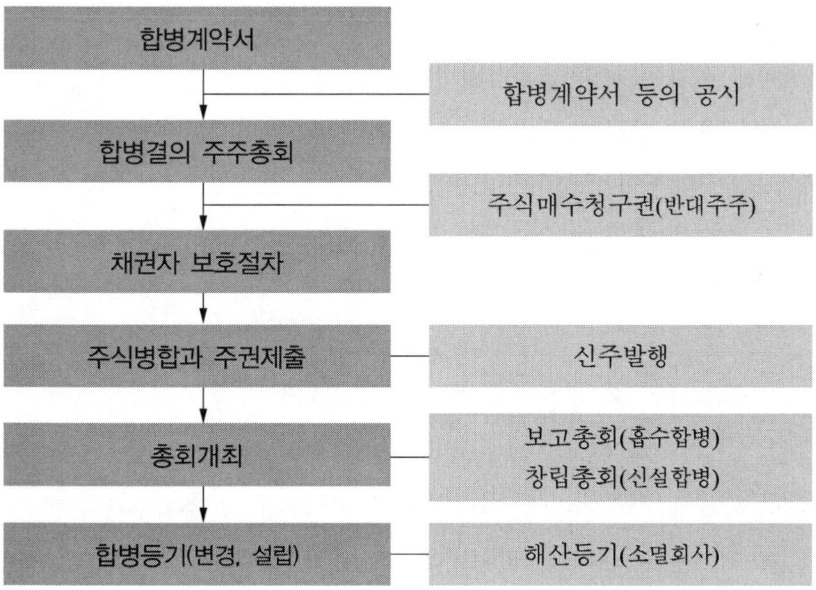


〈그림 9-1〉 주식회사합병의 절차

### (1) 흡수합병(吸收合倂)

#### 1) 합병계약서

**(가) 존속하는 회사가 합병으로 인하여 그 발행하는 주식총수가 증가하는 때에는 그 증가할 주식의 총수, 종류 및 수**

소멸하는 회사의 주주에 대하여 발행하는 신주수와 존속회사의 발행필주식 총수의 합계가 존속회사의 '채권자본의 범주'를 초과하는 때에는 이의 규정을 하여야 한다. 비록 초과하지 않는다 하여도 이 규정을 둘 수 있다. 더욱이 합병 후의 발행필주식 총수의 4배를 초과할 수 없다(상 523조 참조).

**(나) 존속하는 회사가 합병할 때에 발행하는 신주의 총수, 종류 및 수와 합병으로 인하여 소멸하는 회사의 주주에 대한 신주배정에 관한 사항(발행하는 주식과 할당비율)**

소멸회사의 주주에 대한 신주의 배정에 관한 사항이란 소위 합병비율인 것이나 이는 주로 당사회사의 총괄적 가치의 결정문제인 것이다. 이 기업평가에 대하여 일반적으로 생각되는 것은 다음과 같다.

① 장부가격에 따른 회사의 실재산액에 의하는 방법
② 재 조달가치에 기인하는 방법
③ 수익환원가치에 의하는 방법
④ 위의 ②, ③의 평균에 의하는 방법
⑤ 주가에 의하는 방법

실무상 대등합병(1 대 1)의 경우가 많다. 수익환원가치는 수익력으로부터 기업평가를 하는 것으로써 다음과 같은 계산이 된다.

**(다) 존속하는 회사의 증가할 자본의 액 및 준비금 총액**

합병할 때에 발행하는 주식이 액면주식이라면 권면액에 그 주식수를 곱한 것이 증가할 자본금의 액이 되고, 준비금의 액은 소멸회사의 순재산으로부터 자본금과 합병교부금의 액을 공제하여 결정한다.

**(라) 존속하는 회사가 합병으로 인하여 소멸하는 회사의 주주에게 (나)에도 불구하고 그 대가의 전부 또는 일부로서 금전이나 그 밖의 재산을 제공하는 경우에는 그 내용 및 배정에 관한 사항**

소위 합병교부금이며 소멸회사의 주주에 대한 신주배정비율의 조정을 위한 것과 당사회사의 결산기가 다를 때 그 지난 기간의 배정상당분을 교부하는 목적인 것 등이 있다.

**㈒ 각 회사에게 합병의 결의(상 522조 1항)를 할 사원 또는 주주총회의 기일**

일반적으로 각 당사회사는 동일 동시로 정하는 경우가 많다.

**㈓ 합병을 할 날과 그 규정(합병기일)**

이 규정에 대하여서는 두 가지로 나누어 생각할 수 있다. 하나는 등기를 할 날짜로 하고, 다른 하나는 실제로 재산의 인계, 주식의 배정 등을 하는 날로 하고 있다. 그것은 상대적 기재사항이므로 정하여 두지 않아도 되며 실제에 있어서도 후설이 많이 이용되고 있다. 법정되어 있는 기재사항은 이상과 같은 것이나 기타 일반적으로 계약서에 정하는 사항으로서 계약으로부터 실행일까지의 경영이나 계산에 관한 사항과 퇴직사원의 위로금, 종업원에 관한 사항, 배당금에 관한 사항 등을 정하는 경우가 많다.

**㈔ 각 회사가 합병으로 이익배당을 할 때에는 그 한도액**

**㈕ 합병으로 인하여 존속하는 회사에 취임할 이사와 감사 또는 감사위원회의 위원을 정한 때에는 그 성명 및 주민등록번호**

(공증을 요함)

## 합 병 계 약 서

××주식회사(이하 "갑" 이라 한다)와 ○○주식회사(이하 "을" 이라 한다)는 경영합리화를 위하여 아래와 같이 합병계약을 체결한다.

제 1 조 (합병 방법)

"갑"은 "을"을 흡수합병하여 존속하고, "을"은 해산한다.

제 2 조 (증가할 자본금과 회사가 발행할 주식의 총수)

"갑"이 합병으로 인하여 증가할 자본금은 금 370,000,000원으로 하고(증가후의 자본금은 1,537,685,000원이 됨) 회사가 발행할 주식의 총수는 2,000,000주(변경 없음)로 한다.

제 3 조 (합병시 발행할 신주의 총수 및 교부비율)

1. "갑"은 합병시 기명식 보통주식(1주의 금액 5,000원) 74,000주를 발행하여 합병기일 현재 "을"의 주식명부에 기재되어 있는 주주에 대하여 그가 소유하는 "을"의 주식 1주에 대하여 "갑"의 보통 주식 0.4주의 비율로 배정하여 교부한다. 다만, "갑"이 소유하고 있는 "을"의 주식 440,000주에 대하여는 합병으로 인한 신주를 배정하지 아니한다.
2. 단주 발생시 그 단주는 추후 "갑"의 이사회 결의에 의해 처리키로 한다.

제 4 조 (합병승인 총회기일)

"갑"과 "을"은 ○○○○년 ○○월 ○○일 각각 주주총회를 소집하여 본 계약서의 승인 및 합병에 따른 필요한 사항에 대하여 결의하기로 한다. 다만, 합병절차 진행상 필요한 경우에는 "갑"과 "을"이 협의하여 이를 변경할 수 있다.

제 5 조 (합병기일)

"갑"과 "을"의 합병기일은 ○○○○년 ○○월 ○○일로 한다. 다만, 위 기일까지 합병에 필요한 절차를 진행할 수 없을 경우에는 "갑"과 "을"이 협의하여 이를 변경할 수 있다.

제 6 조 (재산 및 권리의무의 인수인계)

1. "을"은 ○○○○년 ○○월 ○○일 현재의 대차대조표와 동일 현재의 기타 계산서류를 기초로 하여 그 자산, 부채 및 권리의무 일체를 합병기일에 "갑"에게 인계하고 "갑"은 이를 인수한다.
2. "을"은 ○○○○년 ○○월 ○○일부터 합병기일에 이르기까지 자산, 부채의 변동에 대하여 따로 계산서를 첨부하여 그 내용을 "갑"에게 제시하여 확인을 받아야 한다.

제 7 조 (선량한 관리자로서의 주의의무)

"갑"과 "을"은 본 계약체결 후 합병기일에 이르기까지 선량한 관리자의 주의로 업무를 집행하고 모든 재산의 관리운영을 철저히 수행하여야 하며, 그 재산 및 권리의무에 중대한 영향을 미치는 행위를 하는 경우에는 미리 "갑"과 "을"의 협의에 의하여 이를 실행하여야 한다.

제 8 조 (종업원의 인수 등)
"갑"은 "을"의 종업원을 합병기일에 "갑"의 종업원으로 인수하며, 퇴직금의 지급없이 "을"의 근속년수를 "갑"의 근속년수로 통산하여 인수하며, 기타사항에 관하여는 "갑"과 "을"이 협의하여 정하기로 한다.

제 9 조 (임원의 선임)
합병에 의하여 새로 "갑"의 임원이 되는 임원은 "갑"의 합병보고 총회에서 선임키로 하며 그 임기는 "갑"의 다른 임원의 잔여임기와 같이 한다.

제 10 조 (신주의 이익배당 기산일)
제3조에 의하여 발행하는 주식에 대한 이익배당의 계산은 ○○○○년 ○○월 ○○일부터 기산한다.

제 11 조 (합병조건의 변경, 합병계약의 해제)
이 계약 체결일로부터 합병기일에 이르기까지 사이에 천재지변 기타 사유에 의하여 "갑" 또는 "을"의 재산이나 경영상태에 중대한 변동이 생긴 경우, 또는 관계법규의 개정 등 회사경영 이외의 사유로 인하여 합병조건을 변경하여야 할 경우에는 이를 상대방에게 통지함과 아울러 "갑"과 "을"이 협의하여 합병조건을 변경하거나 이 계약을 해지할 수 있다.

제 12 조 (비용부담)
"을"의 해산에 관한 비용은 "갑"이 부담한다.

제 13 조 (계약의 효력발생)
본 계약은 제4조에 규정하는 "갑"과 "을"의 주주총회 승인을 얻을 때에 그 효력이 발생하고, 다만 법령상 정하여진 인·허가를 얻지 못한 때에는 그 효력을 상실한다.

제 14 조 (기타 사항)
본 계약이 정하는 내용 이외의 합병에 관한 필요사항은 본 계약의 취지에 따라 "갑"과 "을"이 협의하여 결정한다.
본 계약의 성립을 입증하기 위하여 계약서 2통을 작성하고 "갑"과 "을"의 각 대표이사가 기명날인하여 각 1통씩 보관한다.

○○○○년 ○○월 ○○일
"갑" : 서울특별시 ○○구 ○○동 ○○번지
××주식회사
대표이사 ○○○
"을" : 서울특별시 ○○구 ○○동 ○○번지
××주식회사
대표이사 ○○○

**합 병 공 고**

○○○○년 ○○월 ○○일 개최된 양사의 주주총회에서 하기 양회사는 합병을 하고 갑은 을의 권리, 의무 일체를 승계하고 존속하며 을은 해산하기로 결정하였으므로 이 합병결의에 대하여 이의가 있는 채권자는 이 공고 익일부터 1개월 이내에 관계회사에 이의를 제출하여 주시기 바랍니다.

○○○○년 ○○월 ○○일
(갑) 서울시 ○○구 ○○동 ○○번지
법 인 명 ○○주식회사
대표이사 ○○○
(을) 서울시 ○○구 ○○동 ○○번지
법 인 명 ○○주식회사
대표이사 ○○○

### 2) 주주총회

합병계약서에 정한 기일에 소집한다. 그 총회에 출석하여 의결권을 행사할 수 있는 주주를 확정할 필요가 있는 이상 기준일을 정하든가 주주명단을 폐쇄하여야 하며, 그에 앞서 2주전에 공고하여야 한다. 정기총회에 제안할 때에는 법률상 공고할 필요가 없다.

이와 같이 하여 의결권을 행사할 수 있는 주주가 확정되면 회일의 2주 전에 각 주주에게 서면에 의한 소집통지를 발송하여야 한다(상 363조 1항). 통지서 외에 합병취지서와 의결권 대리행사의 권유를 위하여 위임장의 용지 외에 ① 합병계약서의 내용 ② 합병 당사회사의 최근 사업연도 말의 대차대조표 ③ 최근 사업연도의 손익계산서를 동봉하여 발송하여야 한다.

한편 이사회의 합병결의에 반대하는 주주는 주주총회 전에 서면으로 반대의 의사를 통지한 경우, 그 총회의 결의일로부터 20일 이내에 주식종류와 수를 기재한 서면으로 회사에 대하여 자기가 소유하고 있는 주식의 매수를 청구할 수 있다(상 522조 3항).

### 3) 채권자 보호절차(債權者 保護節次)

합병계약서 승인총회의 종결 후 2주 내에 대차대조표를 작성하여야 하고(상 530조) 동일한 기간 내(2주 내)에 회사채권자에 대하여 합병에 이의가 있으면 일정한 기간 내(2월 이상)에 이를 제출할 것을 공고하고 이를 알고 있는 채권자에 대하여는 제각기 이의를 최고하여야 한다(상 530조 · 232조 1항).

공고 및 최고를 한 후 소정기간 내에 이의신청자가 없을 때에는 합병을 승인한 것으로 간주한다(상 232조 2항). 만약 이의를 제출한 채권자가 있는 때에는 회사는 그 채권자에 대하여 변제를 하거나 상당한 담보를 제공 또는 이를 목적으로 신탁회사에 상당한 재산을 신탁하여야 한다. 사채권자가 이의를 하려면 사채권자집회의 결의가 필요하다. 이러한 절차를 이행하지 않은 때에는 합병무효의 원인이 된다.

### 4) 주주의 합병에 관한 절차

합병비율이 1 대 1 이외인 때에는 주식합병의 절차를 필요로 한다. 소멸회사는 감자의 절차에 준하여 합병을 행할 뜻과 일정한 기간(3월 이상)까지 주권을 회사에 제공할 뜻을 공고하고 또한 주주 및 주주명단에 기재가 있는 채권자에 대하여는 개별적으로 통지하여야 한다. 이 경우의 공고는 정관 소정의 공고방법으로 취급하여도 된다.

주주의 합병은 위의 기간만료시에 효력이 발생하나 채권자보호절차가 미완료인 때에는 채권자에 대한 공고 및 최고에 관한 절차가 종료 후에 효력이 생기는 것이라고 보아야 할 것이다.

주식합병의 효력이 생기면 합병기일에 주식인수인이 된다. 1주 미만의 단주(端株)는 모아서 존속회사가 처분하여 그 대금을 당해 주주에 교부한다. 처분 방법은 경매 또는 지방법원의 허가를 얻어 다른 곳에서 매각한다(증권업자와 협의하여 일괄 매입하게 하는 등).

### 5) 합병보고총회(合併報告總會)

채권자 이의신청기일 및 주권제출기일 후에 소멸회사로부터 대차대조표 및 재산목록과 주주명단의 인도를 마치면 합병이 실질적으로 행하여지게 되어 소멸회사는 기업으로서의 존재가 없게 된다.

이러한 절차가 종료한 때에는 존속회사는 단주의 처치(處置)(상 443조)의 처분을 한 후 지체 없이 주주총회를 소집하여 합병에 관한 사항을 보고하여야 한다(상 526조). 그 총회 때문에 존속회사는 출석주주확정에 필요상(소멸회사는 실질상 확정되어 있으므로 필요 없다) 기준일 또는 주주명단의 폐쇄를 결정하여 주주를 확정한다. 그렇게 한 후 자기회사의 주주 및 소멸회사의 주주(신주인수인)에 대하여 소집통지를 한다. 이 주주총회에 있어서 신주인수인은 주주와 동일한 권리를 갖는다(상 526조 2항). 이 보고총회는 보통결의로 한다.

### 6) 합병등기

흡수합병에 있어서 보고총회 종료일로부터 본점 소재지에서는 2주 내, 지점소재지에서는 3주 내에 합병에 존속회사는 변경등기를 하여야 한다(상 233조). 합병의 법률상 효력은 이 변경등기에 의하여 발생한다. 등기기간의 기산일은 보고총회가 종결한 날(상 526조), 보고총회가 생략되는 경우에는 그 보고에 갈음하는 공고일이 된다.

이 등기의 신청은 이사의 공동신청에 의하여 행한다.

## (2) 신설합병(新設合併)

신설합병은 설립위원의 직무권한이 법률상 불명확하여 합병기일(合併期日)로부터 설립등기까지의 재무관리라든가 기업활동에 불안한 면이 있는 점, 허가, 인가를 받는 업종은 합병으로 인한 신설회사도 다시 그것을 구해야만 한다는 점, 또 주식거래상 신회사가 일반적으로 거래가 한산하여 상장하기 어려운 점 등에서 흡수합병에 비하여 그다지 많이 이용되고 있지 않다.

### 1) 합병계약서

먼저 합병계약서를 작성한다. 법정기재사항은 아래와 같다(상 523조).

㈎ 합병으로 인하여 설립되는 회사에 대하여 ① 회사의 목적 ② 상호 ③ 발행예정주식의 총수 ④ 액면주식의 1주의 금액 ⑤ 수종의 주식을 발행하는 때에는 그 주식의 종류와 수 ⑥ 본점 소재지 신설합병은 새로이 회사를 설립하는 형식을 취하는 것이므로 이러한 정관의 기재사항을 표시하는 것이 필요하다.

㈏ 합병으로 인하여 설립하는 회사가 합병 당시 발행하는 주식의 총수 및 종류의 수와 각 회사의 주주에 대한 주식의 배정에 관한 사항(발행하는 주식과 배정비율)

㈐ 합병으로 인하여 설립되는 회사 자본금의 액과 준비금의 액

㈑ 각 회사의 주주에게 지급할 금액을 정한 때에는 그 규정(합병교부금)

㈒ 각 회사에 있어서 합병의 승인결의를 할 사원 또는 주주총회의 기일

㈓ 합병할 시기를 정한 때에는 그 규정(합병기일)

이것은 흡수합병과 다름이 없다.

기타 기재사항으로서 합병 당사회사는 전부 해산하고 그 재산 및 경영의 관리운영 등은 설립위원이 담당하게 되므로 그에 관한 규정이 많다.

### 2) 합병의 실행

합병계약서의 승인총회, 채권보호를 위한 법정의 절차, 합병의 실질적 실행, 주식병합 절차 등 모두 흡수합병의 경우와 같다.

### 3) 합병으로 인한 설립총회

신설합병의 경우는 설립위원이 합병계약서에 따라 정관을 작성하여(상 175조) 그 인증을 받는다(상 292조). 소집은 흡수합병과 같이 합병절차가 진행한 때 행한다. 설립위원이 소집하여 해산하는 각 주식회사의 주주가 주식인수인으로서 소집되며 의결권을 행사한다. 모두 창립총회와 같은 결의요건이 있다(상 527조 · 308조).

결의사항은 설립위원의 설립에 관한 보고와 이사, 감사의 선임이며 합병계약의 취지에 반하지 않는 범위 내에서 정관의 변경을 할 수도 있다(상 527조 2항).

선임된 이사는 이사회에서 다시 대표이사를 선임한다.

### 4) 합병으로 인한 등기

신설합병인 때에는 창립총회가 종료한 날로부터 2주 내(지점 소재지에서 3주 내)에 합병에 관한 설립등기를 하여야 한다. 합병으로 소멸되는 회사에 대한 소멸등기는 신설회사설립등기일로부터 2주 내에 하여야 한다. 등기기간의 기산일은 창립총회가 종결한 날 또는 총회가 생략되는 경우에는 총회에서 보고에 갈음하는 공고일이 기산일이 됨으로 이 날로부터 2주간(본점) 또는 3주간(지점)이 계산된다.

등기는 이사의 공동신청에 의하여 행한다.

## 이세일과 셀피아의 신설합병(사례)

국내 인터넷 경매시장에서 미국 e-bay의 옥션이 거대한 네트워크를 구성하여 그 외의 인터넷 경매 기업들은 생존의 위협을 받고 있다. 이세일과 셀피아의 합병은 옥션 이외의 기업들의 생존전략과 관련된 사례이다. 한 인터넷 경매 사이트에 회원 수가 증가하면 경매에 이용되는 제품 및 서비스들의 양이 많아지거나, 다양해지는 등 소비자의 효용이 증대하게 된다는 점에서 인터넷 경매 시장에도 수요측면에서 네트워크 외부성이 존재한다.

### 1) 기업 개요

이세일(esale)은 1999년 9월에 인터넷 경매 서비스를 시작하였으며, 기획, 그룹, 저가경매 등 다양한 서비스를 실시하였다. 특히, 이세일은 2000년 하반기부터 공격적인 전략을 앞세워 옥션의 지배적인 위치에 도전하기 위하여 전자결제시스템인 이크레딧과 물품배송시스템인 이트랜스를 도입하여 운영하였으며, 제휴 파트너 전략을 채택하여 방문자수를 대폭 확대하여 왔다.- 셀피아(sellpia)는 1999년 10월 인터넷 경매 서비스를 시작하였으며, 국내에서 유일한 경매허브사이트라는 특징을 지니고 있었다. 즉 제휴사이트의 경매서비스가 연결되어 이중 한 곳에서 경매가 발생하더라고 모든 사이트에서 경매가 동시에 진행되었다. 대형 포털과 오프라인 업체를 연결한 네트워크 경매 서비스업체로 경매 솔루션을 제공하는 ASP를 선보였으며, B2B e-marketplace를 추로 구축할 계획 이었다.

### 2) 합병 내용

2001년 2월 셀피아와 이쎄일은 1대 1의 비율로 전격 합병을 발표했다. 자본 규모가 19억 5천만원인 규모의 셀피아와 30억원(19억 5천만원으로 감자) 규모인 이세일을 통합하여 통합법인 이셀피아로 신설합병을 실시하였다. 자본금 39억원(19억 5천+19억 5천), 직원 수 78명, 월거래액 200억원, 회원수 140만명의 국내 2위의 인터넷 경매업체로 합병되었다. 모든 법적 절차는 4월 말 마무리되어 통합법인은 5월 초 정식 출범하였다. 통합기업의 신규로고 등 CI작업 역시 4월 말에 마무리되어 양사의 회원통합작업은 법률적인 합병절차가 끝나 5월 초 통합사이트 운영과 함께 진행되었다. 공동대표체제로 운영되는 이셀피아는 정재윤대표가 경매 솔루션 개발과 서비스운영 등을 맡는 경매서비스 본부를, 윤용 대표가 신규사업 및 경매 네트워크 강화를 위한 사업본부를 총괄한다.

### 3) 합병의 예상효과

국내 인터넷 경매 시장의 70% 이상을 점유하고 있는 옥션은 1998년 4월 국내최초로 경매서비스를 시작하여 선발업체로서의 이점과 더불어 다양한 경매방식도입, 매매 보호장치 개발 등의 노력을 기울였고, TV광고, 다양한 이벤트 등 마케팅 능력을 갖추어 거대한 네트워크를 구축하는데 성공하였다. 이세일과 셀피아는 합병 전 두 기업 합쳐서 약 14% 수준의 시장점유율을 보유하였다. 두 업체의 이셀피아(eSellpia)로의 신설합병은 미국의 e-Bay의 옥션 인수 이후 생존위기를 느끼는 가운데 자구책에서 출발하였다. 결국 이세일과 셀피아의 합병은 인터넷 기업이 본격적으로 성장하는 국면에서 동종업계 2, 3위간 업체가 옥션이 거대한 네트워크를 형성하며 시장 경쟁을 제한하는 것에 대한 대응이다. 기존 양사의 회원이 이셀피아로 통합됨으로써 네트워크의 비약적인 확대효과를 누릴 수 있다. 또한 이셀피아가 탄생함으로써 온라인 경매 시장에 있어 거래액, 회원 등 모든 지표가 이베이-옥션의 40~50%에 육박하여 인터넷경매 시장이 이베이-옥션과 이셀피아, 2강 구도로 되었다. 합병의 효과는 즉각적으로 삼성옥션의 사업철수 결정이 있었는데 이는 옥션과 이셀피아로 인해 시장지배력 확보가 불가능해졌기 때문이라고 해석할 수 있다.

## 4. 합병의 효과

### (1) 회사의 소멸과 신설

합병이 이루어지면 흡수합병의 경우는 흡수되는 회사가, 신설합병의 경우는 합병참여회사 모두가 소멸한다(상 227조 4호 · 269조 · 517조 1호 · 609조 1항 1호). 이때 존속하거나 신설되는 회사가 모든 권리의무를 승계하므로 소멸하는 회사는 별도의 청산절차를 거치지 아니하고 합병과 동시에 소멸된다.

### (2) 권리 · 의무의 포괄승계

존속회사나 신설회사는 소멸하는 회사의 모든 권리와 의무(납세의무 등 공법상 의무 포함)를 포괄적으로 승계한다.[113] 따라서 항목별 이전행위는 필요 없으나, 재산 등을 제3자에게 처분하기 위하여서는 미리 등기 또는 등록을 하여 두어야 한다(민 187조). 또 회사가 보유하고 있는 다른 회사의 주식의 경우에는 명의개서를 하여야만 해당 회사에 대항할 수 있다.

### (3) 사원의 수용

주식매수 청구권을 행사한 주주(사원)를 제외한 소멸회사의 사원은 존속회사 또는 신설회사의 사원이 된다.[114]

## 5. 합병의 무효

합병등기이후 합병절차에 하자가 있으면 합병무효의 소를 제기할 수 있으며 합병무효의 판결이 확정되면 합병은 무산되고 합병에 참여한 회사들은 합병 전 당사회사로 환원된다. 따라서 합병 전 회사로의 환원조치로 본 · 지점에서 존속회사는 변경등기, 신설회사는 해산등기, 소멸회사는 회복등기를 하여야 한다.

---

113) 大判 1980. 3. 25. 77 누 265 ;
피합병회사의 권리 · 의무는 모두 합병으로 인하여 존속회사에게 승계된다.

114) 大判 1994. 3. 8. 93 다 1589 ;
합병에 의하여 근로관계가 승계되는 경우에는 종전의 근로계약상의 지위가 그대로 포괄적으로 승계됨으로 근로자에 대한 퇴직금관하여도 종전과 같은 내용으로 승계된다.

합병무효의 소의 원인으로는 일반적으로 다음과 같다.

① 합병을 제한하는 법규정을 위반한 경우
② 합병계약서에 하자가 있는 경우
③ 합병결의에 하자가 있는 경우
④ 존속회사 또는 신설회사에 관한 상법상의 적격성이 결여된 경우
⑤ 채권자보호절차를 위반한 경우 등

# 03 주식회사의 분할

## 1. 분할의 의의

회사분할은 1997년 IMF 이후 기업구조조정지원을 위하여 1998년 개정상법에서 그 규정을 둔 기업구조조정제도로 주식회사에 대하여만 인정되고 있다.

분할(division)은 하나의 회사가 둘 이상으로 분할되어 하나 또는 여러 개의 회사를 설립하는 행위를 말한다. 분할로 인하여 소멸되는 회사는 상법규정에 따라 청산절차를 거치지 아니한다. 회사분할은 상법에서 규정하고 있는 엄격한 법정절차를 준수해야 하고 분할등기를 함으로써 종결된다.

## 2. 분할의 유형

1998년 개정상법에서는 분할(단순분할)과 분할합병을 모두 인정하면서 양자의 혼합형태도 인정하고 있다(상 530조의 2 1항 · 3항).

## 3. 분할계획서

분할에 의하여 회사를 설립하는 경우와 존속하는 경우에는 분할계획서를 작성하여야 한다(상 530조의 5). 분할에 의하여 회사를 설립하는 경우에는 분할계획서에 다음 사항을

기재하여야 한다.

㈎ 설립되는 회사의 상호, 목적, 본점의 소재지 및 공고의 방법

㈏ 설립되는 회사가 발행할 주식의 총수 및 액면주식·무액면주식의 구분

㈐ 설립되는 회사가 분할 당시에 발행하는 주식의 총수, 종류 및 종류주식의 수, 액면주식·무액면주식의 구분

㈑ 분할되는 회사의 주주에 대한 설립되는 회사의 주식의 배정에 관한 사항 및 배정에 따른 주식의 병합 또는 분할을 하는 경우에는 그에 관한 사항

㈒ 분할되는 회사의 주주에게 지급할 금액을 정한 때에는 그 규정

㈓ 설립되는 회사의 자본금과 준비금에 관한 사항

㈔ 설립되는 회사에 이전될 재산과 그 가액

㈕ 분할에 의하여 회사를 설립하는 경우에는 설립되는 회사가 분할되는 회사의 채무 중에서 출자한 재산에 관한 채무만을 부담할 것을 정할 수 있다. 이 경우 분할되는 회사가 분할 후에 존속하는 때에는 분할로 인하여 설립되는 회사가 부담하지 아니하는 채무만을 부담한다는 정함이 있는 경우에는 그 내용

㈖ 설립되는 회사의 이사와 감사를 정한 경우에는 그 성명과 주민등록번호

㈗ 설립되는 회사의 정관에 기재할 그 밖의 사항

분할 후 회사가 존속하는 경우에는 존속하는 회사에 관하여 분할계획서에 다음 사항을 기재하여야 한다.

㈎ 감소할 자본금과 준비금의 액

㈏ 자본금감소의 방법

㈐ 분할로 인하여 이전할 재산과 그 가액

㈑ 분할후의 발행주식의 총수

㈒ 회사가 발행할 주식의 총수를 감소하는 경우에는 그 감소할 주식의 총수, 종류 및 종류별 주식의 수

㈓ 정관변경을 가져오게 하는 그 밖의 사항

## 4. 분할합병계약서

분할되는 회사의 일부가 다른 회사와 합병하여 그 다른 회사(상대방 회사)가 존속하는 경우에는 분할합병계약서에 다음 사항을 기재하여야 한다(상 530조의 6).

(가) 분할합병의 상대방 회사가 분할합병으로 인하여 발행할 주식의 총수를 증가하는 경우에는 증가할 주식의 총수, 종류 및 종류별 주식의 수
(나) 분할합병의 상대방 회사가 분할합병을 함에 있어서 발행하는 신주의 총수, 종류 및 종류별 주식의 수
(다) 분할되는 회사의 주주에 대한 분할합병의 상대방 회사의 주식의 배정에 관한 사항 및 배정에 따른 주식의 병합 또는 분할을 하는 경우에는 그에 관한 사항
(라) 분할되는 회사의 주주에 대하여 분할합병의 상대방 회사가 지급할 금액을 정한 때에는 그 규정
(마) 분할합병의 상대방 회사의 증가할 자본금의 총액과 준비금에 관한 사항
(바) 분할되는 회사가 분할합병의 상대방 회사에 이전할 재산과 그 가액
(사) 합병에 의하여 회사를 설립하는 경우에는 설립되는 회사가 분할되는 회사의 채무 중에서 출자한 재산에 관한 채무만을 부담할 것을 정할 수 있다. 이 경우 분할되는 회사가 분할 후에 존속하는 때에는 분할로 인하여 설립되는 회사가 부담하지 아니하는 채무만을 부담한다는 정함이 있는 경우에는 그 내용
(아) 각 회사에서 분할계획서 또는 분할합병계약서를 작성하여 주주총회의 승인을 얻는 결의를 할 주주총회의 기일
(자) 분할합병을 할 날
(차) 분할합병의 상대방 회사의 이사와 감사를 정한 때에는 그 성명과 주민등록번호
(카) 분할합병의 상대방 회사의 정관변경을 가져오게 하는 그 밖의 사항

분할되는 회사의 일부가 다른 회사 또는 다른 회사의 일부와 분할합병을 하여 회사를 설립하는 경우에는 분할합병계약서에 다음 사항을 기재하여야 한다.

(가) 설립되는 회사의 상호, 목적, 본점의 소재지 및 공고의 방법
(나) 설립되는 회사가 발행할 주식의 총수 및 액면주식·무액면주식의 구분
(다) 설립되는 회사의 자본금과 준비금에 관한 사항

㈑ 설립되는 회사의 정관에 기재할 그 밖의 사항 지 제10호에 규정된 사항
㈒ 설립되는 회사가 분할합병을 함에 있어서 발행하는 주식의 총수, 종류 및 종류별 주식의 수
㈓ 각 회사의 주주에 대한 주식의 배정에 관한 사항과 배정에 따른 주식의 병합 또는 분할을 하는 경우에는 그 규정
㈔ 각 회사가 설립되는 회사에 이전할 재산과 그 가액
㈕ 각 회사의 주주에게 지급할 금액을 정한 때에는 그 규정
㈖ 각 회사에서 분할계획서 또는 분할합병계약서를 작성하여 주주총회의 승인을 얻는 결의를 할 주주총회의 기일
㈗ 분할합병을 할 날

## 5. 분할 및 분할합병에 관한 계산 및 공시

분할되는 회사의 이사는 회사가 분할 또는 분할합병을 하는 때에는 분할계획서 또는 분할합병계약서를 작성하여 주주총회의 승인을 얻기 전 주주총회의 회일의 2주 전부터 분할의 등기를 한 날 또는 분할합병을 한 날 이후 6월간 다음 서류를 본점에 비치하여야 한다(상 530조의 7).

㈎ 분할계획서 또는 분할합병계약서
㈏ 분할되는 부분의 대차대조표
㈐ 분할합병의 경우 분할합병의 상대방 회사의 대차대조표
㈑ 분할되는 회사의 주주에게 발행할 주식의 배정에 관하여 그 이유를 기재한 서면

분할합병의 상대방 회사의 이사는 분할합병을 승인하는 주주총회의 회일의 2주 전부터 분할합병의 등기를 한 후 6월간 다음 서류를 본점에 비치하여야 한다.

㈎ 분할합병계약서
㈏ 분할되는 회사의 분할되는 부분의 대차대조표
㈐ 분할되는 회사의 주주에게 발행할 주식의 배정에 관하여 그 이유를 기재한 서면

분할 또는 분할합병으로 인하여 설립되는 회사 또는 분할합병의 상대방 회사가 영업권을 취득한 경우에는 그 취득가액을 대차대조표의 자산의 부에 계상할 수 있다. 이 경우에는 설립등기 또는 분할합병의 등기를 한 후 5년 내의 매 결산기에 균등액 이상을 상각하여야 한다.

## 6. 분할 및 분할합병후의 회사의 책임

분할 또는 분할합병으로 인하여 설립되는 회사 또는 존속하는 회사는 분할 또는 분할합병전의 회사채무에 관하여 연대하여 변제할 책임이 있다(상 530조의 9). 이 규정에 불구하고 분할되는 회사는 설립되는 회사가 분할되는 회사의 채무 중에서 출자한 재산에 관한 채무만을 부담할 것을 정할 수 있다. 이 경우 분할되는 회사가 분할 후에 존속하는 때에는 분할로 인하여 설립되는 회사가 부담하지 아니하는 채무만을 부담한다.

분할합병의 경우에 분할되는 회사는 분할합병에 따른 출자를 받는 존립중의 회사가 분할되는 회사의 채무 중에서 출자한 재산에 관한 채무만을 부담할 것을 정할 수 있다.

## 7. 분할 또는 분할합병의 효과

분할 또는 분할합병으로 인하여 설립되는 회사 또는 존속하는 회사는 분할하는 회사의 권리와 의무를 분할계획서 또는 분할합병계약서가 정하는 바에 따라서 승계한다(상 530조의 10).

1. 단순분할

가. 완전분할(신설분할) – 제530조의 2 제1항

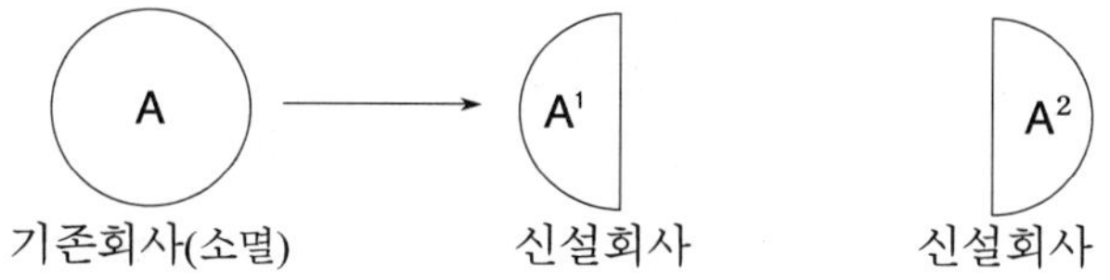


나. 불완전분할(존속분할) – 제530조의 2 제1항

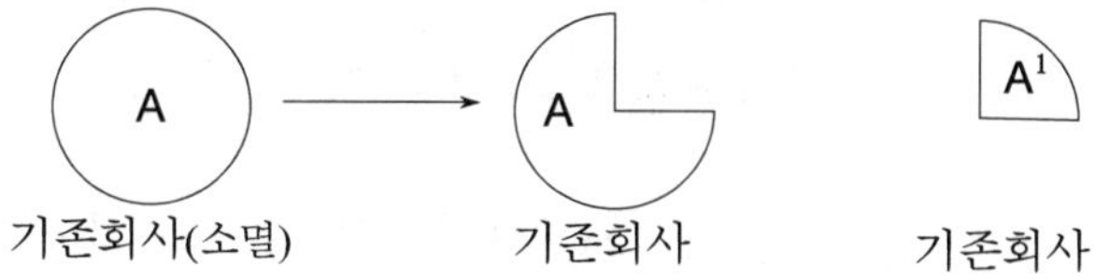


2. 분할합병

가. 분할합병(흡수)

1) 완전분할합병(흡수) – 제530조의 2 제2항

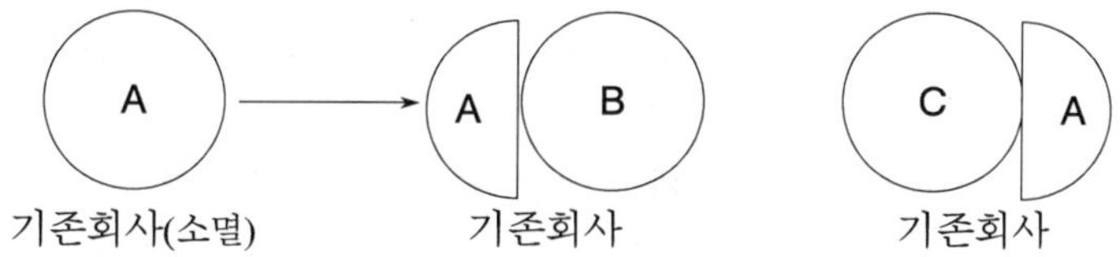


2) 불완전분할합병(흡수) – 제530조의 2 제2항

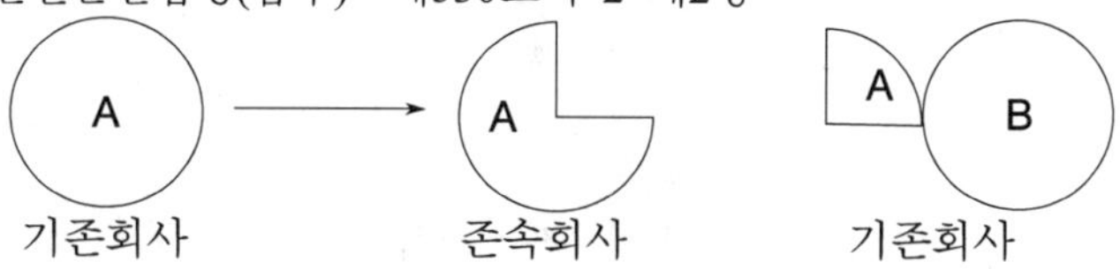


나. 분할합병(신설)

1) 완전분할합병(신설) – 제530조의 2 제3항

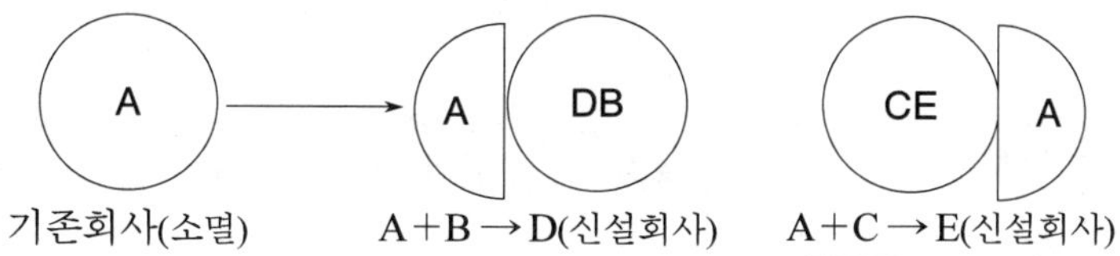


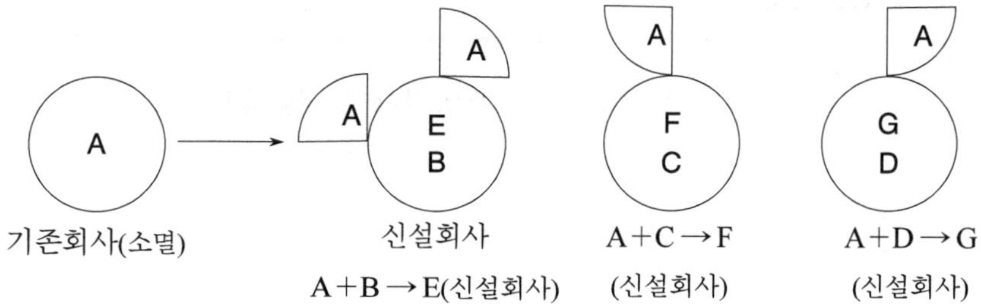

2) 불완전분할합병(신설)－제530조의 2 제3항

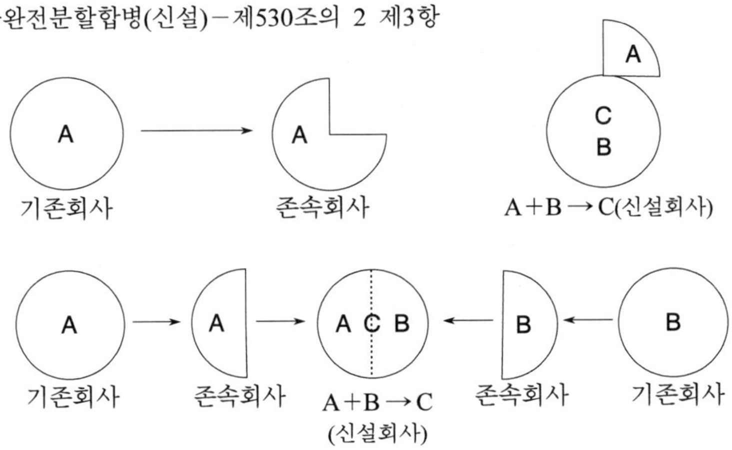


다. 분할합병(혼합)－제530조의 2 제3항

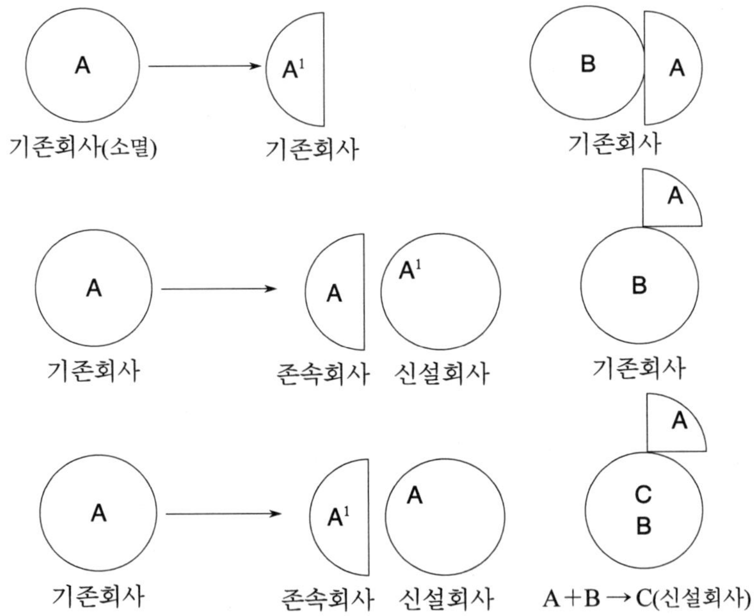


자료 : 崔(會), 684~686면.

〈그림 9－2〉 주식회사의 분할유형

# 단답형 문제

**01** 합병등기 이후 합병절차에 하자가 있으면 (          )를 제기할 수 있다.

| 1 | 합병무효의 소 |
|---|---|

# 메모

60
SECONDS
IS IT ENOUGH FOR YOU ?

60
MINUTES
IS IT ENOUGH FOR YOU ?

24
HOURS
IS IT ENOUGH FOR YOU ?

30
DAYS
IS IT ENOUGH FOR YOU ?

# 10 CHAPTER

# 주식회사의 해산과 청산

Chapter

# 10 주식회사의 해산과 청산

## 01 주식회사의 해산(解散)

### 1. 해산의 의의

주식회사의 해산이란 회사의 법인격의 소멸을 가져올 원인이 되는 법률사실을 말한다. 해산은 곧바로 법인격이 소멸하는 것은 아니며, 단지 그 하나의 원인으로 되는데 불과하다. 그리고 해산에 의하여 회사는 영업활동을 중지하고 이에 계속 법률관계의 처리를 하기 위하여 청산절차에 들어가는 것이다. 왜 해산에 의하여 바로 법인격을 해산시키지 않는가 하면 회사는 자연인과 달리 상속이란 것이 없어서 만약 해산에 의하여 즉시 법인격을 소멸시켜서 회사를 말소하여 버리면 종래의 법률관계자는 막심한 곤란을 받으므로 그런 일이 없도록 하기 위함이다. 해산은 단지 법인격의 소멸의 원인이 되는데 그치고, 다시 청산절차에 의하여 내외의 법률관계를 정리하고(예컨대, 채무의 변제를 하고 채권의 추심을 한다) 청산이 종료한 후에야 비로소 법인격이 소멸되는 것이다.

해산은 회사의 법인격이 소멸하는 원인이나 그 유일한 원인은 아니다. 회사는 해산 이외의 원인으로서도 소멸하게 된다. 합병의 경우에는 합병 그 자체가 효력이 생기었을 때 회사의 법인격이 즉시 소멸할 수 있다. 따라서 합병은 법인격의 소멸원인이 아니고 법인격의 소멸 그 자체이다. 이와 같이 그 회사는 각종 원인에 의하여 소멸하는 것이나 이런 것은 특별한 사정이 있는 경우이며 법인격의 소멸원인은 보통해산이다.

## 2. 해산의 소멸과 원인

해산의 원인에는 회사의 의사에 기인한 임의해산과 회사의 임의에 기인하지 않는 강제해산이 있다.

① 회식의 존립시기의 만료 기타 정관으로써 정한 사유의 발생
② 주주총회의 특별결의
③ 합병 · 분할 또는 분할합병
④ 회사의 파산선고
⑤ 법원의 해산명령
⑥ 법원의 해산판결
⑦ 휴면회사의 해산의제

### (1) 존립시기의 만료 기타 정관으로 정한 사유의 발생

정관에서 회사의 존속기간을 예컨대 설립한 날로부터 20년이라든가 ○○년 ○월 ○일까지라고 정한 것과 같은 경우에는 그 시기의 도래로써 당연히 회사는 해산하다. 그러나 실제상 그와 같은 회사는 드물 것이다.

또한 정관에서 특허권의 기간이 만료한 때는 해산한다든가, 광산의 매장물을 굴진한다고 하는 것과 같이 정한 경우에는 그 사실이 도래할 때에 해산한다.

다만 이와 같은 사유로써 해산한 청산종결의 등기를 하기까지의 사이에 주주총회의 특별결의로써 회사를 계속하여 재차 영업활동을 계속시킬 수 있다(상 519조).

### (2) 주주총회의 결의

회사는 주주총회의 특별결의에 의하여 언제든지 해산할 수 있다(상 518조).

#### 1) 해산결의의 효력발생

해산결의의 효력은 원칙적으로 결의와 동시에 발생한다. 다만 3월 31일 주주총회 결의로 5월 1일로써 해산한다는 것을 정하는 것과 같이 기한부로 해산결의를 하는 것은 무방하나 일정한 사실이 발생한 때 해산한다고 하는 것과 같은 조건부 해산결의는 허용되지 않는다. 왜냐하면 기한부의 경우는 회사는 일정기한에 해산하는 것이 확실하므로 이해관계인에 대하여 곤란하게 하는 일은 없으나 조건부의 경우는 회사가 장래 해산할지 안 할지 분명하지 못하기 때문에 이해관계인의 지위를 심히 불안하게 만들기 때문이다.

### 2) 해산결의와 계속결의(繼續決議)

주주총회에서 해산결의를 하여 청산에 들어간 회사라도 청산종결의 등기 전이라면 언제라도 주주총회의 특별결의에 의하여 회사를 계속할 수가 있으며, 이는 존속기간 만료 등에 의한 해산의 경우와 동일하다(상 519조).

## (3) 회사의 파산

회사가 경제적으로 파탄한 경우 그 총재산을 가지고 총채권자에게 공평한 금전적 만족을 주는 것을 목적으로 하여 파산을 선고하는 일이 있다. 이 경우에 회사는 해산한다(상 517조 · 227조 5호).

### 1) 파산내용

① 지급불능(파 116조 1항)

변제자금의 융통이 되지 않기 때문에 일반채무를 순조롭게 변제하지 못하는 상태를 말한다.

② 지급정지(파 116조 2항)

변제자금의 융통이 되지 않기 때문에 일반적으로 채무의 변제를 하지 못하는 것을 채무자가 표명하는 것을 말한다.

③ 채무초과(파 117조 1항)

회사의 채무액이 순자산액보다 많은 경우이다.

### 2) 파산신청권자

파산선고의 신청을 할 수 있는 자는 채권자, 채무자(회사)외 이사, 그리고 청산인(파 123조 2항)이며, 파산은 이들의 신청에 의하여 선고하는 것이다. 그러나 화의절차(和議節次)에서 ① 화의폐지(和議廢止)의 결정 또는 화의불인가(和議不認可), ② 화의취소(和議取消)의 결정이 확정한 때(화의 9조), ③ 파산선고 전에 회사에 대하여 회사정리절차 신청기각, ④ 정리절차폐지 또는 정리계획 불인가결정이 확정한 경우에 법원이 그 회사에 파산원인이 있다고 인정한 때(회정 23조)와 같은 경우에는 직권으로써 파산을 선고하는 것이다.

## ⑷ 법원의 해산명령(解散命令)(상 517조 1호)

### 1) 해산명령의 의의

해산명령이란 회사의 법인격이 남용되는 경우에 공익적 견지에서 회사의 법인격을 박탈하기 위하여 인정된 제도로 법원이 이해관계인이나 검사의 청구에 의하여 또는 직권으로 회사를 해산한다.

### 2) 해산명령이 발하는 경우

해산명령을 법원이 발하는 데 대하여는 다음과 같은 실체적 요건과 형식적 요건을 구비하여야 한다.

#### ㈎ 실체적 요건

법원이 해산명령을 발할 수 있는 때는 다음 세 가지 경우이며, 어느 것도 공익을 유지하기 위하여 회사의 존립을 허용할 수가 없다고 인정되는 경우에 한한다.

① 회사의 설립이 불법한 목적으로 되었을 때(상 176조 1항 1호)
위 경우 회사의 존속을 허용하는 것은 공익상 허용할 수 없으므로 해산을 명한다. 불법의 목적이라고 하는 것은 정관 기재의 회사의 목적(상 289조 1항 1호)이 회사가 하는 사업 그 자체를 의미하는 것과는 상이한 것이다. 예컨대 무역업이라는 적법한 사업을 목적으로 설립한 회사가 은밀히 밀수출입을 할 기도로 설립한 경우와 같은 것이다. 정관에 정한 회사의 목적이 불법일 경우 회사설립 그 자체가 무효이므로 설립무효의 소(상 328조)에 의하여 무효가 된다. 그러나 설립무효의 소에 대하여 제기기간 및 제기권자에 대하여 법률상의 제한이 있기 때문에 설립무효의 소를 제기할 수 없는 결과 공익의 요구에 합치하지 않는 경우가 생긴다.

② 회사가 정당한 사유 없이 설립 후 1년 이내에 영업을 개시하지 않거나 1년 이상 영업을 휴지하는 때(상 176조 1항 2호)
회사가 정당한 사유 없이 성립 후 1년 이내에 개업하지 않거나 1년 이상 영업을 휴지한 때에는 회사제도의 남용을 방지하는 뜻에서 해산명령을 발하게 된다.
개업이란 회사의 사업 그 자체에 속하는 영업행위를 하는 것으로서 그 준비행위는 포함하지 않는다. 예컨대 운수회사라면 여객 또는 물품의 운송행위를 말하고, 노선을 설정하거나 정류장을 설정하는 것만으로는 개업이라고 할 수 없다. 그리고 원칙적으로 목적사업의 일부를 개업하였으면 해산명령을 발하는 원인이 되지 않으나, 다만 일부의 개업이 있어도 회사제도의 남용이라고 보게 되는 경우에는 해산명령이 원인이 된다.

영업휴지의 경우에 해산을 명하는 것은 해산 또는 파산이 될 상태에 있으면서 부질없이 회사라는 명목만을 유지하는 수가 많으므로 이를 해산시키기 위해서 이다.

③ 이사 또는 회사의 업무를 집행하는 사원이 위법행위를 한 경우(상 176조 1항 3호)

업무담당이사나 사원이 법령 또는 정관에 정한 회사의 권한을 초월 또는 남용하는 행위 또는 형벌법령에 위반하는 행위를 계속 또는 반복한 때에는 해산명령의 원인이 된다. 법령에 정한 회사의 권한을 초월하는 행위란 예컨대 은행이 무역업을 겸영하는 것과 같은 경우이며(은행 25조), 형벌법령이란 그 위반에 대하여 형벌이 과하게 되는 법령을 말하는 것이므로 과태료의 부과는 이에 포함되지 않는다.

해산명령이 발하게 되는 것은 업무담당 이사나 사원이 그 권한을 행하는 데 있어서 이와 같은 위법행위를 한 경우, 즉 회사의 위법행위라고 보게 될 경우에 한하는 것으로, 회사기관의 권한과 관계없는 개인적 행위, 예컨대 업무담당 이사나 사원의 직무태만으로 인하여 회사에 손해를 가하게 되는 경우는 포함되지 않는다.

**(나) 형식적 요건**

이해관계인이나 검사의 청구 또는 직권으로써 회사의 해산을 명할 경우이다.

### 3) 해산명령청구의 절차

**(가) 검사통지의무**

법원, 기타의 관청, 검사와 공무원은 그 직무상 검사의 청구에 의하여 재판을 하여야 할 경우가 발생한 것을 안 때에는 이를 관할법원 소재지의 검찰청장에게 통지하여야 한다(상 154조 · 16조).

**(나) 관할법원**

해산명령의 청구는 회사 본점 소재지의 지방법원 합의부의 관할이다(상 136조 1항).

**(다) 해산명령청구의 기간과 방법**

해산명령의 청구에 대하여 기간의 정함이 없으므로 청구의 이익이 있는 때에는 언제든지 할 수 있다. 해산명령의 청구는 구술로써도 되나 서면을 제출하는 것이 일반적이다.

### ㈑ 담보의 제공

이해관계인이 해산명령의 청구를 한 때에는, 법원은 회사로부터 이 청구가 부당하게 회사의 이익을 해할 의도가 담겨있다는 취지를 소명하여 담보의 제공을 청구하는 신청이 있을 때에는 회사가 받을지도 모르는 손해를 담보하는 데 상당하는 담보의 제공을 명할 수 있다(상 176조 4항).

### ㈒ 공 고

이 신청이 있으면 법원은 관보 및 신문에 지체 없이 그 취지를 공고하여야 한다(상 156조 · 152조 4항 · 5항).

### ㈓ 진술 및 의견의 청취

법원은 재판을 하기 전에 이해관계인의 진술을 청취하고 검사의 의견을 들어야 한다(상 154조 2항).

### ㈔ 재 판

신청의 이유가 충분하다고 인정된 때에는 법원은 이유를 붙인 결정으로 해산을 명한다. 이유가 없을 때에는 결정으로 각하한다(상 154조 · 139조 1항).

이 결정에 대해 회사, 이해관계인 및 검사는 즉시 항고의 신청을 할 수 있으며 그 항고는 이 결정의 집행정지의 효력을 갖는다(상 155조).

### ㈕ 등 기

해산명령이 확정한 때에는 법원은 해산한 회사의 본점 및 지점 소재지의 등기소에 그 등기를 촉탁하여야 한다(상 157조).

### ㈖ 해 산

해산명령의 선고로써 회사는 당연히 해산하게 된다.

## 4) 해산명령 전의 보전처분

### ㈎ 보전처분의 필요성과 내용

법원에 해산명령을 청구하는 경우에도 그 명령을 하게 될 때까지는 상당한 시일을 요하며 그 간에 회사의 이사가 해산명령이 있는 것을 알고 부정한 재산의 처분을 할 우려가 없다고 할 수 없다. 만약 그와 같은 일이 있으면 이해관계인은 많은 손해를 입을 것이다. 그러므로 해산명령의 청구가 있을 경우 법원은 이해관계인이나 검사의 청구에 의하여 또는 그와 같은 청구가 없어도 직권으로 관리인의 선임 기타 회사재산의 보전에 필요한 처분을 할 수 있다(상 176조 2항).

보전처분의 신청은 회사의 본점 소재지를 관할하는 지방법원에 하여야 한다.

**㈏ 관리인의 선임과 사임**

법원은 보전처분의 신청이 있으면 관리인을 선임할 수 있으며, 또는 직권으로 선임할 수도 있다. 선임에 있어서는 반드시 이해관계인의 의견을 듣는 것이 필요하다(상 156조 78조 1항). 그러나 법원이 일단 관리인을 선임 또는 해임한 때에는 불복의 신청을 할 수 없다(상 78조 2항).

관리인은 자신이 언제라도 사임할 수가 있으나 반드시 법원에 그 뜻의 신고를 하여야 하며, 그 경우 다시 다른 관리인을 선임한다(상 42조 2항 · 77조).

관리인과 회사는 위임관계에 있으며 민법의 위임에 관한 규정이 준용된다. 따라서 관리인은 위임의 본지에 따라 선량한 관리자의 주의로서 회사의 위임 사무를 처리하며(민 681조), 위임사무를 처리하는데 있어서 얻어진 금전 기타의 물건 및 그 얻어진 과실을 회사에 이전하여야 한다(민 684조). 또 회사에 인도할 금전 또는 회사의 이익을 위하여 사용할 금전을 자기를 위하여 소비한 때에는 소비한 날 이후의 이자로 지급하여야 한다. 그 외의 손해가 있으면 배상할 책임을 지며(민 685조), 위임사무의 처리를 위하여 비용을 지급한 때에는 그 비용의 상환을 회사에 대하여 청구할 수가 있다.

**㈐ 관리인의 보수**

법원은 회사에 명하여 관리인에게 보수를 지급시킬 수 있다. 그 경우 보수액은 이사와 감사의 의견을 들은 후 법원이 결정한다. 이 결정에 대하여 불복이 있으면 즉시 항고(抗告)의 신청을 할 수 있다.

**㈑ 관리인의 보고 및 계산서**

법원은 선임한 관리인에게 회사의 재산상태를 보고하도록 하고 또 관리를 위한 계산을 할 것을 명할 수 있다. 이 재판에 대하여는 불복을 신청하지 못한다.

이해관계인은 관리인의 보고서와 계산서의 열람을 신청하거나 수수료를 납부하고 그 등본의 교부를 신청할 수 있다.

**㈒ 재산의 보전처분명령**

법원은 관리인을 선임하는 외에 적당한 보전처분을 명할 수 있으나 일반적으로 재산에 대하여 보전처분명령을 한다.

보전처분의 내용은 법원의 허가 없이 중요한 재산(구체적으로 지정한다)의 양도 · 임대 ·

담보의 설정 등의 처분행위를 금하고 차입행위와 채무지급행위를 금하는 것이다.

㈓ **보전처분 절차비용 등의 부담**

법원이 신청에 의하여 또는 직권으로 보전처분을 명하는 재판을 한 때에는 그 비용은 모두 회사의 부담이다(상 158조). 법원의 재판에 대하여 항고하고 항고법원이 그 항고를 인용하였을 때에는 그 비용 등은 회사가 부담한다(상 158조 1항).

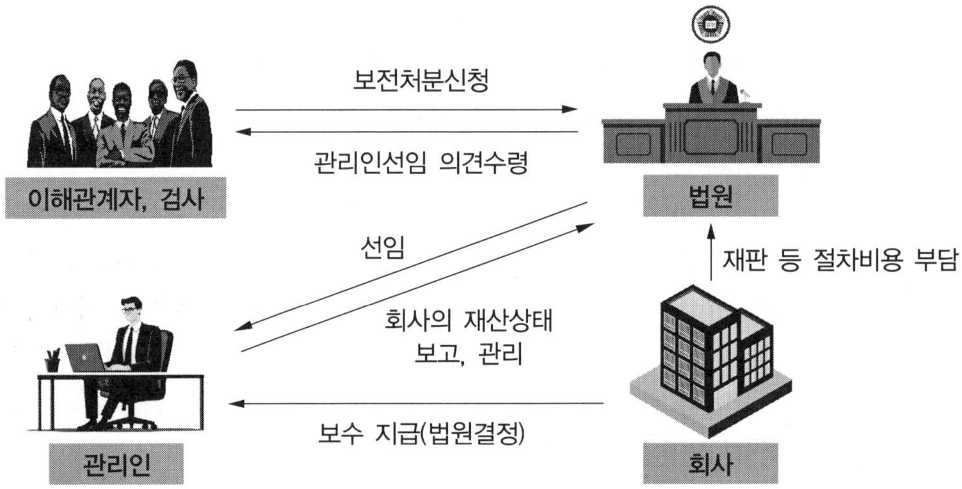


### ⑸ 법원의 해산판결

#### 1) 해산판결의 의의

해산판결이란 소수주주의 청구에 의하여 법원이 형성판결로써 회사의 해산을 명하는 것을 말한다. 해산명령과 다른 점은 해산명령은 공익의 보호를 목적으로 하나 해산판결은 소수주주의 이익보호를 목적으로 하는 점이다. 해산명령은 비송사건이나 해산판결은 민사소송사건으로서 회사를 상대로 소송에 의하여 재판하는 점이 다르다.

#### 2) 해산판결을 인정한 입법취지

회사의 대주주를 배경으로 한 이사가 자의로 사리사욕을 꾀하고 있는 경우 소주주이익이 희생하게 된다. 이 경우 소수주주는 회사를 해산시켜 스스로 이익을 보호할 수밖에는 없으나, 해산에 필요한 주주총회의 특별결의를 얻을 수 가없는 경우가 생긴다. 이 경우 소수주주의 이익을 보호하기 위하여 해산의 소를 제기하는 것을 인정하고 있다.

### 3) 해산판결의 소를 제기할 수 있는 경우

회사의 해산을 명한다고 하는 것은 극히 중요한 것이다. 그러므로 이 소(訴)는 다음의 경우와 같이 부득이한 때, 즉 회사를 해산하는 이외에는 회사의 정상적인 운영을 기할 수 없을 때나, 주주의 정당한 이익을 보호하는 방법이 없는 경우에 한하여 인정되는 것이다. 회사업무의 집행상 현저한 난국에 당하여 회사에 복원할 수 없는 손해가 생기거나 또는 손해가 발생할 우려가 있을 때, 회사재산의 관리 또는 처분이 적절하지 못하여 회사의 존립이 위태롭게 할 때 해산판결의 소를 제기할 수 있다.

주주총회의 해산결의(상 518조), 이사의 위법행위의 유지(상 385조 2항) 또는 이사의 해임 등에 의하여 주주의 이익을 충분히 보호할 수가 있는 경우에는 부득이한 사정이 없으면 해산청구소송을 제기할 수 없다.

### 4) 해산판결청구의 제소권자

해산판결의 청구자는 발행주식 총수의 100분의 10 이상에 해당하는 주식을 가진 주주이다. 다만 이 요건은 수인으로서 충당할 필요는 없으므로 주주의 1인의 100분의 10 이상의 주식을 가진 때에는 단독으로 이소를 제기할 수가 있는 것이다.

이 소는 의결권이 없는 주식을 가진 주주도 제기할 수가 있다 .다만 회사가 스스로 해산판결을 구할 수는 없는 것으로서 자기주식에 대하여는 소를 제기할  주식의 수에 산입하지 못한다.

이 요건은 소제기 당시뿐만 아니라 소의 변론종결 시까지 계속하여야 한다. 따라서 도중에 주주의 일부가 주식을 양도한 결과 100분의 10 이상의 요건을 결하게 된 때에는 소는 부적법한 것이 되어 각하된다.

### 5) 해산청구소송의 절차

이 소는 회사의 본점 소재지의 지방법원이 전속관할이며(상 520조 2항 · 214조 2항 · 216조). 회사를 피고로 하여 일반민사소송절차에 의한다.

### 6) 재 판

법원은 원고의 청구가 이유가 있으면 회사해산판결을 선고한다. 이 판결은 형성판결로서 판결이 확정한 때에 회사는 당연히 해산하여 청산단계에 들어가는 것이다.

원고의 청구가 이유 없는 경우에는 법원은 원고의 청구를 기각한다. 이 경우에 원고가 부당하게 회사의 이익을 해할 의도를 가지고 소를 제기하고 그 때문에 회사가 손해를 받았을 때에는 회사에 대하여 손해배상을 하여야 한다(상 520조 2항 · 241조 2항 · 191조).

이 소는 제소기간이 제한이 없고, 원고패소의 판결효력은 제삼자에 미치지 않으므로 다른 소수주주는 다시 소를 제기할 수가 있다.

## 3. 해산의 공시

주식회사가 해산한 때에는 파산의 경우 외에는 이사는 지체없이 주주에 대하여 해산의 통지를 하고, 무기명주권을 발행한 때에는 이를 공고하여야 한다(상 521조). 또 합병과 파산이외의 사유로 해산한 때에는 법정기간 내에 해산등기를 하여야 한다.

해산의 통지 및 공고를 위반한 경우 주주 또는 회사에 대해 이사의 손해배상책임과 과태료의 제재가 있을 뿐 해산의 효과에는 영향이 없다(상 401조 · 399조 · 635조 1항).

## 4. 회사의 계속

회사가 존립기간의 만료, 정관에 정한 사유의 발생, 주주총회의 결의 등에 의하여 해산한 경우에는 주주총회의 특별결의로써 해산 전의 회사로 돌아가 회사를 계속시킬 수 있다(상 519조). 이 경우 이미 본점 소재지에서 해산등기를 끝낸 후라도 무방하다. 그러나 이 때는 본점 소재지에서는 2주 내, 지점 소재지에서는 3주 내에 회사계속의 등기를 하여야 한다(상 530조 1항 · 229조 3항). 또 회사가 파산선고에 의하여 해산한 후 강제화의의 가결이 있는 경우(파 263조 · 283조 · 284조)와 강제화의의 인가결정 또는 파산폐지의 결정이 있는 경우(파 319조 · 320조)에도 주주총회의 특별결의로써 회사를 계속할 수 있다. 등기신청은 해산 전 이사가 부활된다면 그 이사 전원이, 만약 새로이 선임하였다면 그 선임된 이사 전원이 신청한다(상 259조). 따라서 청산인은 그 자격을 상실하게 된다. 회사계속등기 신청과 동시에 청산인 자격상실등기를 하여야 한다. 이사라는 회사의 기관은 물론, 회사의 영업능력도 당연히 회복된다. 그러나 해산 전의 이사와 대표이사의 지위가 그대로 부활할 것인지는 의문이나 실무상으로는 회사의 계속의 결의와 동시에 이사선임결의를 하는 것이 적당하다고 생각된다.

## 주식회사 합병에 의한 해산등기 신청서

1. 등 기 번 호
1. 상　　　호
1. 본　　　점
1. 등기의 목적　합병으로 인한 해산등기
1. 등기의 사유　합병으로 인한 사유

서기　　년　월　일 주주총회에서　　시　구　동　번지 주식회사가 합병하여　　　주식회사를 설립할 것을 결의하고 공고와 최고의 절차를 밟아 서기　　년　월　일 신 회사의 창립총회를 종결하고 서기　　년　월　일 신 회사 설립등기하여 본 회사가 해산됨으로 다음 사항의 등기를 구함.

서기　　년　월　일　　시　구　동　번지 주식회사를 설립하였으므로 해산함.

1. 등 록 세　금　　　원, 교육세 금　　　원, 합계금 금　　　원
1. 첨 부 서 류

| | |
|---|---|
| 합병계약서 | 통 |
| 합병에 관한 주주총회 의사록 | 통 |
| 공고, 최고를 한 증명 또는 서면 | 통 |
| 이의 제출이 없다는 신술서 | 통 |
| 피합병회사의 등기부 등본(동일관내의 경우 불필요) | 통 |
| 위　임　장 | 통 |

위와 같이 등기 신청합니다.

서기　　년　월　일

신　청　인
대 표 이 사
위 대 리 인

**○○ 지방법원　　○○○등기소(과) 귀중**

## 주식회사 합병에 의한 해산등기 신청서

1. 등 기 번 호
1. 상　　호
1. 본　　점
1. 등기의 목적　　합병으로 인한 해산등기
1. 등기의 사유　　서기　　년　　월　　일 주주총회에서 주식회사에 합병하여 해산할 것을 결의하고 공고와 최고의 절차를 밟아 서기　　년　　월　일 존속회사의 합병에 의한 변경등기를 완료하여 동일 해산하였으므로 다음 사항의 등기를 구함.

서기　　년 월 일　　시　　구　　동　　번지
주식회사에 합병하였으므로 해산함.

1. 등 록 세　　금　　　원, 교육세 금　　　원, 합계금 금　　　원
1. 첨 부 서 류

(존속회사 등기신청서에 첨부된 문서와 동일함.)

위와 같이 등기 신청합니다.

서기　　　년　　월　　일

신 청 인　주식회사
대 표 이 사
위 대 리 인

**○○ 지방법원　　　○○○등기소(과) 귀중**

## 02 주식회사의 청산(清算)

### 1. 청산의 의의와 절차

회사의 청산이란 회사가 해산한 경우에 회사의 재산관계를 원만히 처리하고 법인격을 소멸시키는 절차를 말한다.

주식회사는 다수의 미지의 주주집단이며 또한 순전한 자본금단체이기 때문에 임의청산을 인정하지 않으며 일반적으로 법정청산을 명하고 있다.

회사는 해산 후에도 청산의 목적범위 내에서 존속하며(상 542조 · 245조), 결산 정기 주주총회의 소집도 행하여진다. 청산인은 재산목록, 대차대조표 및 사무보고서를 작성하여 정기총회의 회일로부터 2주전에 감사에게 제출해야 한다(상 534조).

### 2. 청산인

#### (1) 청산인과 그 등기

주식회사의 청산인은 청산 중에 있는 회사의 의결기관인 청산인회의 구성원이다. 청산인의 수에 대하여는 제한이 없음으로 1인이라도 상관없다.

① 정관의 규정에 의한 청산인(상 613조 1항 · 531조 1항)

② 주주총회의 선임에 의한 청산인(상 613조 1항 · 531조 1항)

③ 법정청산인(상 613조 1항 · 531조 2항) ;
정관이나 주주총회에서 청산인을 선임하지 않을 경우에는 해산이전 이사가 청산인이 된다.

④ 법원의 선임에 의한 청산인(상 613조 1항 · 531조 2항) ;
이상의 세 가지의 방법에 의하여 청산인이 될 자가 없는데 이해관계인의 청구에 의하여 법원이 청산인을 선임하다(상 531조).

또한 회사의 해산사유로써 해산을 명하는 재판에 의할 경우에는 법원은 이해관계인 또는 검사의 청구에 의하여 또는 직권으로써 청산인을 선임한다(상 542조 · 250조). 설립무효의 판결에 의하여 청산하는 때에도 이해관계인의 청구에 의하여 해임할 수가 있다(상 539조 2항). 청산인은 이사와 같이 청산인회를 구성하고 이 청산인회의 결의에 의하여 대표청산인을 선임한다.

이사가 법정청산인이 되었을 때 또는 정관에 정한 자가 청산인이 되었을 때에는 그 청산인은 해산한 날로부터 본점 소재지에서는 2주 내, 지점 소재지에 있어서 3주 내에 다음 사항을 등기하지 않으면 안 된다(상 542조 1항 · 253조 1항).

① 청산인의 성명, 주소

② 회사를 대표할 청산인을 정한 때에는 그 성명

③ 수인의 청산인이 공동하여 회사를 대표할 것을 정한 때에는 그 규정

### (2) 청산인의 사무내용

청산인의 주된 사무내용은 현존사무의 종료, 채권의 추심채무의 변제 및 잔여재산의 분배이며, 합명 · 합자회사의 경우와 다르지 않다. 그러나 주식회사의 경우는 청산인은 그 취임한 날로부터 2주 내에 해산사유와 그 연월일, 청산인의 성명 및 주소를 법원에 신고하여야 한다(상 532조).

청산인은 취임 후 지체 없이 회사재산의 상태를 조사하고 재산목록 및 대차대조표를 작성하여 이를 주주총회에 제출하여 그 승인을 얻은 후 재산목록과 대차대조표를 법원에 제출하여야 한다(상 533조).

다수의 채권자에 대한 공평한 변제와 청산의 신속성을 꾀하기 위하여 청산인은 취임한 날로부터 2개월 안에 적어도 2회의 공고(관보 및 신문)를 하여 채권자에 대하여 일정한 기간에 그 채권을 신고할 것을 최고하여야 한다. 그러나 그 기간은 2개월 이상이어야 하며, 또한 위의 공고에는 그 기간 내에 신고가 없는 때에는 청산에서 제외된다는 뜻을 제기해야 한다(상 535조). 동시에 알고 있는 채권자에 대하여는 각각 그 채권을 신고할 것을 최고하여야 한다. 알고 있는 채권자는 채권의 신고 유무를 불문하고 청산에서 제외할 수 없다(상 535조 2항). 변제는 이러한 최고기간이 경과한 후에 착수하는 것이며, 그 기간 내에는 원칙으로 회사의 채권자에 대하여 변제할 수 없다.

잔여재산의 분배는 잔여재산의 우선분배권이 있는 주식 등이 아닌 한 각 주주의 주식수에 따라서 평등하게 주주에게 분배하지 않으면 안 된다(상 538조).

청산사무가 종료한 때에는 청산인은 지체없이 결산보고서를 작성하고 이를 주주총회에 제출하여 그 승인을 얻어야 한다(상 540조 1항). 이 승인이 있으면 청산인이 부정이 없는

한 청산인에 대하여 회사는 책임을 해제하는 것이다(상 540조 2항). 이와 같이 청산이 순조롭게 진행되어 잔여재산이 분배가 종료하면 회사는 소멸한다.

## 3. 청산의 종료와 그 등기

청산이 끝나면 주주총회의 승인 후 본점 소재지에서는 2주 내, 지점 소재지에서는 3주 내에 청산종료등기를 하여야 한다(상 264조). 회사의 장부, 기타 영업 및 청산에 관한 중요 서류는 후일 문제가 야기될 때를 대비하여 증거자료로서 청산종결 등기 후 10년 간 본점 소재지에서 법원 선임의 보존인(청산인 기타 이해관계인의 청구에 의하여 법원이 선임한다)에 의하여 보존하여야 한다(상 541조). 보존자 선임의 비용은 회사부담이며(상 187조 2항), 보존자의 보수도 또한 회사부담이므로 미리 이것을 유보하여 둘 필요가 있다.

**청산종결 등기 신청서**

1. 등 기 번 호
1. 상　　　호
1. 본　　　점
1. 등기의 목적
1. 등기의 사유　　서기　　년　월　일 청산 종결하고 주주총회에서 결산보고서의 승인을 받았으므로 다음 사항의 등기를 구함.

청산 종결 연월일 : 서기　　　년　　　월　　　일

1. 등 록 세 금　　　원,　교육세 금　　　원,　합계금 금　　　원
1. 첨 부 서 류

| | |
|---|---|
| 주주총회 의사록 | 1 통 |
| 결산보고서 | 1 통 |
| 위 임 장 | 1 통 |

서기　　　년　　월　　일

신 청 인　　주식회사
대 표 이 사
위 대 리 인

**○○ 지방법원　　　○○○등기소(과) 귀중**

## 03 휴면회사(休眠會社)의 정리

### 1. 휴면회사의 의의

휴면회사란 영업을 폐지하여 사실상 존재하지 않는 회사로서, 장기간 해산등기를 하니 않은 채 등기부상으로만 존재하는 회사이다. 이러한 휴면회사는 결과적으로 타인의 상호 선정의 자유를 제한하고, 등기사무의 번잡을 가져올 뿐만 아니라, 회사매매 등 견제범죄에 악용되는 폐단이 있다. 이에 상법은 일정한 조건을 갖춘 휴면회사를 정리하는 특별규정을 두고 있다.

### 2. 휴면회사의 청산의제(淸算擬制)

법원행정처장이 최후의 등기 후 5년을 경과한 회사는 본점의 소재지를 관할하는 법원에 아직 영업을 폐지하지 아니하였다는 뜻의 신고를 할 것을 관보로써 공고하면 법원은 해당회사에 대하여 그 공고가 있었다는 뜻을 통지하여야 한다. 그리고 그 공고한 날에 이미 최후의 등기 후 5년을 경과한 회사로서 공고한 날로부터 2월 이내에 대통령령이 정하는 바에 의하여 신고를 하지 아니한 때에는 그 회사는 신고기간이 만료한 때에 해산한 것으로 본다(상 520조의 2 1항 본문). 그러나 그 기간 내에 등기를 한 회사는 해산이 의제되지 않는다[115](상 520조의 2 1항 단서).

---

115) 大判 1991. 4. 30, 90 마 672 ;
상법 제520조의 2 제2항 또는 제4항에 의하여 회사가 해산되고 그 청산이 종결된 것으로 보게 되는 회사라도, 권리관계가 남아 있어 현실적으로 정리할 필요가 있는 때에는 그 범위 내에서는 완전히 소멸하지 않는다.

## 3. 휴면회사의 계속

휴면회사는 해산이 의제된 날로부터 3년이 경과한 때에 청산이 종결된 것으로 본다[116](상 520조의 2 4항). 그러나 휴면회사는 해산이 의제된 날로부터 3년 이내에 주주총회의 특별결의(상 434조)에 의하여 회사를 계속할 수 있다(상 520조의 2 3항). 이것은 기업유지정신의 일환으로 인정된 것이다.

---

116) 청산이 종결된 것으로 보게 되는 회사라도 어떤 관리관계가 남아 있어 현실적으로 정리할 필요가 있으면 그 범위 내에서는 아직 완전히 소멸하지 아니한다(大判 1994. 5. 27, 94 다 7607).

# 메모

60
SECONDS
IS IT ENOUGH FOR YOU ?

60
MINUTES
IS IT ENOUGH FOR YOU ?

24
HOURS
IS IT ENOUGH FOR YOU ?

30
DAYS
IS IT ENOUGH FOR YOU ?

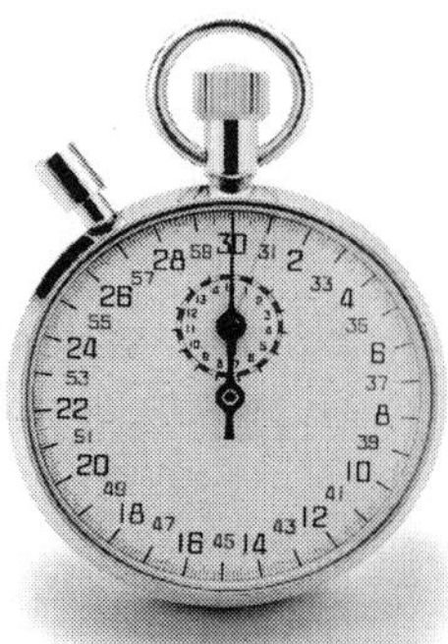

# 11
CHAPTER

# 주식회사의 정리

Chapter

# 11 주식회사의 정리

## 01 정리의 의의

회사정리란 주식회사가 재정적 궁핍으로 파탄에 직면하였으나 갱생의 가망이 있는 경우에 파산이나 강제화의에 들어가지 않고, 채권자와 주주 기타 이해관계인의 이해를 조정하고 회사 사업의 정리 · 재건을 도모하고자 하는 제도이다. 이 제도는 기업유지의 이념에서 나온 것으로서, 회사정리 절차는 특별법인 '회사정리법'에서 규정하고 있다. 그러나 이 제도를 악덕기업인이 위장도산이 수단으로 악용할 경우에는 여러 가지 폐해가 생길 수도 있다.

이러한 제도를 두게 된 이유는 기업이 해체되고 파산절차에 들어간다면 채권자는 일부만이 채권을 추심할 수 있거나 때에 따라서는 전혀 보호받지 못하는 경우가 발생하고, 주주나 종업원 등에게 큰 피해를 입힐 뿐 아니라 특히 일시적인 자금난으로 도산한 경우인 소위 흑자도산(黑字倒產)의 경우에는 기업체에게도 큰 피해가 발생한다. 따라서 경제적으로 미치는 피해를 최소화하여 경제적으로 갱생의 가치가 있다고 인정되는 경우에는 기업을 해체하지 아니하고 법원의 감독아래 채권자나 주주의 이해를 조정해 가면서 기업을 갱생시킬 필요가 있기 때문이다.

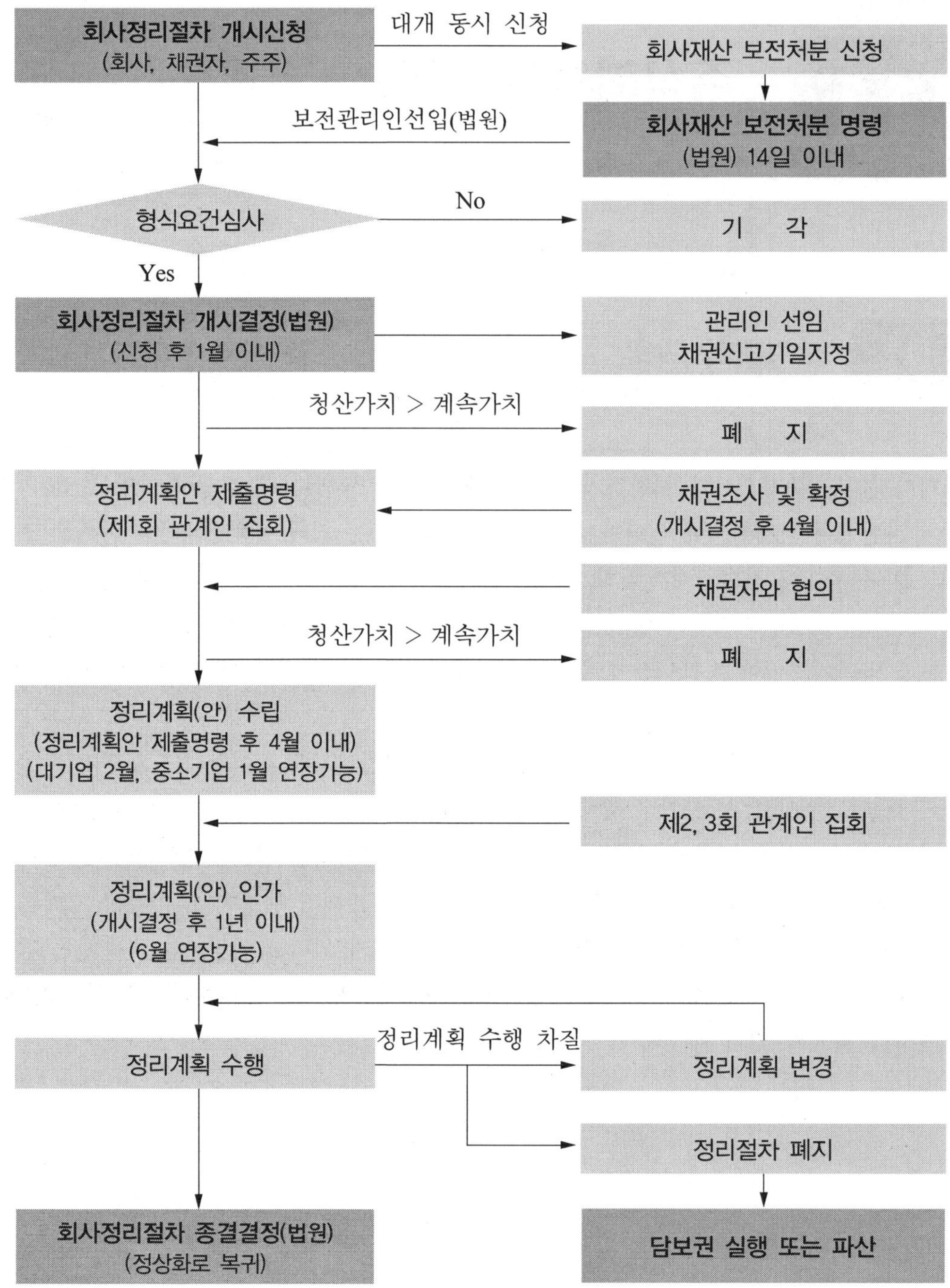


※ 최대 13개월 소요

〈그림 11-1〉 회사정리절차도

## 02 정리의 개시

### 1. 개시원인

정리절차를 개시하기 위해서는, 첫째, 회사에 파탄의 원인인 사실이 생길 염려가 있을 것. 둘째, 회사의 적극재산이 소극재산보다 많더라도 사업의 계속에 현저한 지장을 초래함이 없이는 변제기에 있는 채무를 변제할 수 없을 만큼 재정적인 궁핍상태에 빠져 있을 것(회정 30조 1항). 셋째, 경제적으로 갱생의 가치가 있을 것이라는 요건을 충족하여야 한다.

### 2. 개시의 신청

#### (1) 신청권자

회사정리절차는 일정한 자의 신청에 의하여서만 개시될 수 있고 직권으로는 절차가 개시되지 않는다(회정 제32조). 회사정리절차를 신청할 수 있는 자는 회사 자신과 채권자 및 주주로 한정되어 있는데, 변제기에 있는 채무의 변제불능의 경우에는 회사만이 신청권을 가지고, 파산원인인 사실이 생길 염려가 있는 경우에는 회사 외에 회사 자본금의 10분의 1 이상에 해당하는 채권을 가진 채권자나 발행주식총수의 10분의 1 이상에 해당하는 주식을 가진 주주도 신청권을 갖는다(회정 30조 1항 · 2항).

#### (2) 회사정리신청서의 작성요령

회사정리절차개시의 신청은 구술로는 할 수 없고 반드시 서면으로 하여야 한다(법 제32조 제1항). 이 점이 파산절차와 다른 점이다. 파산절차는 서면 뿐 아니라 구술로도 신청이 가능하다(파 104조). 이는 회사정리절차가 복잡하여 신청에 있어서 많은 사항을 진술하게 할 필요성이 있기 때문에 구술에 의한 신청은 인정하지 아니하고 서면에 의할 것으로 하였다.

### 3. 개시의 결정과 그 효과

법원은 신청을 받은 후 결정을 하기까지의 사전조치로서 이해관계인의 신청이나 직권으로 파산 · 화의 · 회사재산관계소송 등의 여러 절차의 중지를 명하거나, 이미 하고 있는 강제집행 · 가압류 · 가처분 · 경매절차 또는 조세체납처분 등의 중지를 명할 수 있다(회정 37조). 또 법원은 회사의 업무와 재산에 관하여 필요한 보전처분도 할 수 있다(회정 39조).

이와 같이 법원은 사전조치를 취하고 또 다방면으로 조사하여 갱생의 가망이 없을 때에는 신청을 기각한다(회정 38조). 그러나 신청이 이유 있다고 인정하면 정리절차개시의 결정을 하고 일정한 필요사항을 공고하는 동시에 관계인에게 송달과 통지를 하여야 한다(회정 47조 · 48조).

정리절차개시의 결정이 있으면 관리인과 조사위원을 우선적으로 선임하고 이 절차를 우선적으로 진행시키기 위하여 파산, 화의개시 또는 정리절차개시의 신청과 정리채권 또는 정리담보권에 의한 회사재산에 대한 강제집행 · 가압류 · 가처분 및 경매는 모두 금지되며, 이미 하고 있는 절차도 중지된다(회정 67조).

## 03 정리단체

정리절차의 개시결정에 의하여 회사와는 별개의 정리단체가 형성되는데, 이 단체는 법인격도 없고 고유의 재산도 없으나 집행기관으로서의 관리인과 결의기관으로서의 관계인집회를 갖는다. 정리단체의 출현으로 회사의 정상적인 운영은 중단되고, 또 이사도 그 권한을 잃게 된다. 즉 회사의 자본금감소 · 신주와 사채의 발행과 합병 · 해산 · 조직변경 · 회사의 계속 · 이익과 이자의 배당은 모두 정리절차에 의해서 해야 하며, 또 회사의 사업경영과 재산의 관리처분의 권한은 회사기관의 손을 떠나 관리인에게 존속한다(회정 52조 · 53조).

따라서 회사가 정리절차개시 후 회사재산에 관하여 한 행위는 정리단체에 대항하지 못한다(회정 56조). 동시에 관리인은 회사가 사해적(詐害的)으로 한 행위나 등기 · 등록에 대하여 부인권을 행사할 수 있으며(회정 78조 이하), 법원도 회사임원에 대한 주금납입청구권과 손해배상청구권을 사정(査定)하고 임원의 재산에 대하여 보전처분을 할 수 있다(회정 72조 이하).

## 1. 구성원

정리단체의 구성원으로서 정리절차에 참가할 수 있는 자는 ① 정리채권자 : 회사에 대하여 정리절차개시 전의 원인에 의하여 생긴 재산상의 청구권을 가진 자(회정 113조), ② 정리담보권자 : 정리채권자와 정리절차 개시 전의 원인으로 생긴 회사 이외의 자에 대한 채권자로서 당시에 회사재산상에 존재하는 유치권 · 질권 · 저당권 · 전세권 또는 우선특권으로 담보된 채권 을 가지는 자(회정 123조 1항) 및 ③ 주주(회정 129조)이다.

이러한 정리단체의 구성원은 개별적으로 회사와의 권리의무를 처리하지 못한다(회정 112조 123조 2항). 이러한 정리단체의 구성원은 법원이 정하는 신고기간 내에 그 권리를 신고하여야 하고(회정 125조~131조), 이것에 의하여 정리채권자표 · 정리담보권자표와 주주표를 작성하여 소정기일에 관계없이 출석하여 조사를 한다(회정 132조). 조사의 결과 관계인이 이의가 없으면 신고한 권리는 확정되고, 이의가 있으면 소(訴)로써 확정된다(회정 147조 이하).

## 2. 관리인

관리인은 정리회사의 기관이거나 그 대표자가 아니고 정리회사와 그 채권자 및 주주로 구성되는 소위 정리단체의 관리자로서 일종의 공적 수탁자라고 할 수 있다.

관리인은 이해관계가 없고, 그 직무를 행함에 적합한 자 중에서 법원이 선임한다(회정 94조 1항). 법인으로는 은행, 신탁회사 및 종합금융회사도 관리인이 될 수 있는데(회정 95조), 이때 그 법인은 이사 중에서 관리인의 직무를 행할 자를 지명하고 법원에 신고하여야 한다(회정 95조 2항).

관리인은 원칙적으로 1인을 선임함으로써 책임소재를 분명히 하도록 하고 있다. 그러나 ① 구 사주 측이 추천하거나 구 경영진에 속하던 사람을 관리인으로 선임하는 경우, ② 2개 이상의 관계회사에 관하여 동일한 관리인으로 선임하는 경우, ③ 정리회사의 업무적 특성상 2개 이상의 전문적 기능을 필요로 하는 경우, ④ 대립되는 이해관계의 조정을 위하여 필요한 경우에는 2인 이상의 공동관리인을 선임하는 것도 가능하다(회정 제94조).

관리인의 직무권한은 회사의 업무의 경영과 재산의 관리처분, 즉 영업을 계속하면서 정리절차를 수행하는 것이다(회정 53조 이하). 그리고 관리인은 회사의 재산에 관한 소에 있어서 원고 또는 피고가 되고(회정 96조), 회사재산에 대한 강제집행, 가압류, 가처분 등의 절차에 있어서도 관리인이 절차상의 당사자가 된다.

## 3. 조사위원

조사위원은 회사정리절차 개시결정시에 선임하도록 하고, 이들로 하여금 통상의 조사절차를 진행하는 외에 법원이 필요로 하는 사항을 조사·보고하도록 하여 법원에 대한 보조역할을 강화하였다(회정 181조의 2·181조의 3).

법원은 경영과 회계에 관하여 전문적인 지식이 있는 기관이나 개인 중에서 이해관계가 없는 자를 선임한다(회정 181조의 2 제2항). 공인회계사, 회계법인이나 한국기업평가 주식회사, 한국신용정보 주식회사, 한국신용평가 주식회사 등의 신용평가기관을 직접 선임하며, 법적인 검토가 필요한 경우에는 변호사를 공동조사위원으로 선임한다.

## 4. 관계인집회

정리단체의 구성원인 정리채권자, 정리담보권자와 주주는 관계인집회(關係人集會)를 구성하며, 정리계획안의 심리결정을 임무로 하는 의결기관이다. 관계인집회는 법원의 지휘 아래 하게 되며, 집회기일(期日)은 회사의 업무를 감독하는 행정청, 법무부장관과 증권관리위원회 위원장에게도 통지하여야 한다(회정 166조·165조).

제1회 집회에서는 관리인이 경과와 필요사항을 보고하고, 법원은 출석자로부터 관리인의 선임과 회사의 업무 및 재산의 관리에 관한 의견을 청취한다(회정 187조·188조). 제2회의 집회에서는 관리인이 작성한 정리계획안에 대한 심리를 하며(회정 192조·193조), 만일 이 집회에 법원이 계획안의 수정을 명한 때에는 다시 수정안 심의 집회를 연다(회정 198조). 최종 집회에서는 정리계획안의 결의를 한다(회정 200조).

관계인의 권리의 성질이나 이해관계가 동일하지 않기 때문에 결의는 정리채권자, 정리담보권자, 주주 등의 조로 나뉘어 하게 되며(회정 204조, 159조), 그 결의권은 정리담보권자에 있어서는 담보물의 가액, 정리채권자에 있어서는 채권액, 주주에 있어서는 주식수에 따른다(회정 124조·113조·129조).

# 04 정리계획의 결정

정리계획이란 회사정리법에 따라 회사를 재건시키기 위한 계획으로서 이해관계인의 권리변경 및 변제방법, 정리회사의 조직변경 상황 등에 관한 조항을 정하는 것을 말하고, 향후 정리절차 수행의 기본규범이 된다.

## 1. 정리계획안 작성

정리계획안은 회사의 재건계획을 문서화한 것으로서 관계인집회의 심의와 결의의 대상이 되는 것이다. 이 계획안은 관계인집회의 심리와 결의를 거쳐 최종적으로 법원의 인가결정을 받음으로써 효력이 발생하게 된다.

정리계획안의 제출권자는 관리인, 회사, 신고한 정리채권자, 정리담보권자, 주주 등이며, 이들 중 관리인은 제출자인 동시에 작성의무자로서 반드시 정리계획안을 작성하여 제출하여야 한다(회정 189조 · 190조).

정리계획안의 제출기간은 정리채권 · 정리담보권 및 주식의 신고기간 만료일로부터 4월을 넘지 못한다(회정 189조 제1항, 제3항). 단, 회사 부채의 2분의 1 이상에 해당하는 채권을 가진 정리채권자 또는 정리담보권자는 정리절차개시의 신청이 있는 때부터 제1회 관계인집회의 기일 전날까지 정리계획안을 작성하여 법원에 제출할 수 있다(회정 190조의 2 1항).

## 2. 정리계획안의 내용

정리계획안의 내용은 수행가능성이 있어야 하고, 다른 성질의 권리에는 공평하고 형평있는 차등(差等)을 두어야 하고, 같은 성질의 권리자간에는 평등하도록 되어야 한다.

계획안의 내용에는 정리채권자, 정리담보권자 또는 주주의 권리변동에 관한 조항, 공익채권의 변제에 관한 조항, 채무의 변제자금의 조달방법에 관한 조항, 계획에 있어서 예상된 액을 넘는 수익금의 용도에 관한 조항 등이 반드시 담겨있어야 한다(회정 211조 1항).

정리계획안 제출자의 신청으로 법원의 허가를 얻어 제2회 관계인집회의 기일까지 정리계획안을 수정할 수 있으며(회정 196조), 제3회 관계인 집회에서는 변경할 수도 있다.

## 3. 정리계획안의 인가

관계인 집회에서 가결된 정리계획안은 법원의 인가에 의하여 비로소 효력이 생긴다. 계획안에 관하여 동의하는 조와 동의하지 않는 조가 있는 때에는 동의하지 않는 조의 권리자의 보호책을 강구하면서 인가하는 방법도 있다.

인가의 결정이 있으면 중지 중의 파산절차, 강제 집행 등은 원칙적으로 실효된다(회정 246조). 인가된 정리계획은 회사와 이해관계인전원에 그 효력이 미치며(회정 240조), 이해관계인의 권리는 계획의 정함에 따라 실체적으로 변경된다(회정 242조). 계획의 정함이 회사정리법의 규정에 의하여 인정된 권리 이외의 주주의 권리나 회사 재산상에 존재하던 담보권은 소멸한다.

## 4. 정리계획의 대행

법원에 의하여 인가결정된 정리계획을 수행하는 것은 관리인의 임무이다(회정 247조).

법원은 회사 · 이해관계인 및 관리인에 대하여 정리계획의 수행에 필요한 명령을 할 수 있다(회정 248조). 그 이외에 계획의 수행의 간이. 신속을 꾀하는 여러 가지 규정이 있다(회정 249조). 법원의 정리계획인가의 결정이 있은 뒤에도 부득이한 사유로 계획내용을 변경하여야 할 경우가 있겠는데, 이 경우에는 법원은 이해관계인의 신청에 의하여 계획을 변경할 수 있다.

# 05 정리절차의 종료

정리절차의 종료라 함은 정리계획이 수행된 때 또는 계획이 수행될 것이 확실시된 때에 법원은 관리인, 신고한 정리채권자 또는 정리담보권자의 신청에 의하거나 직권으로 정리절차를 종결하는 것을 말한다(회정 제271조). 이 결정에 의하여 법원과 관리인의 임무는 다 끝나고, 회사의 기관은 그 지위를 회복하고 절차개시전의 상태로 활동을 하게 된다.

일단 개시된 정리절차가 종료되는 사유는 정리절차의 종결결정(회정 271조), 정리절차의 폐지결정(회정 272조 내지 276조), 정리계획의 불인가결정(회정 232조 · 238조), 정리절차

개시결정의 취소결정(회정 51조), 항고심에서의 정리계획인가결정에 대한 취소결정(회정 237조) 등이 있다.

## 1. 정리절차의 폐지

일정한 경우에는 법원은 정리절차의 폐지의 결정을 하여야 하는데, 그 사유는 다음과 같다.

### (1) 법원의 직권에 의한 폐지

법원의 직권에 의하여 폐지되는 경우인데, 소정기간 내에 정리계획안이 제출되지 않거나, 제출되더라도 가망성 없는 계획안이거나, 계획안이 가결되지 않은 경우에 한다(회정 272조).

### (2) 이해관계인의 신청에 의한 폐지

이해관계인의 신청에 의하여 폐지되는 경우인데, 신고한 모든 정리채권자와 정리담보권자에 대한 채무를 완제 할 수 있음이 명백해진 때에 한다(회정 273조).

### (3) 관리인의 신청 또는 법원의 직권에 의한 폐지

관리인의 신청 또는 법원의 직권으로 폐지하는 경우인데, 정리계획안의 결정 후에 계획수행의 가망이 없음이 명백한 때에 한다(회정 276조).

## 2. 종결결정의 효과

정리절차가 종료되면, 회사는 사업의 경영과 재산의 처분권은 종결당시의 대표이사에게 환원되고 회사는 법원의 감독으로부터 벗어나게 된다. 단, 이사, 대표이사 또는 감사로 유임되지 못한 자는 정리절차종결의 결정이 있은 후에라도 회사의 이사, 또는 감사로 선임되거나 대표이사로 선정될 수 없다(회정 271조의 2). 정리절차 중에 있는 소송 중 재산관계의 소송으로 정리채권 또는 정리담보권에 관계없는 것은 중단하고 회사가 수계한다(회정 63조 3항 · 4항). 또 정리절차개시 당시 중단된 소송으로 정리절차 중에 수계되지 않았던 소송은 회사가 당연 수계한다(회정 69조 2항).

## 3. 파산절차 · 화의절차로의 이행

정리절차는 경우에 따라 파산절차나 화의절차로 옮겨갈 수가 있다(회정 23조 · 27조).

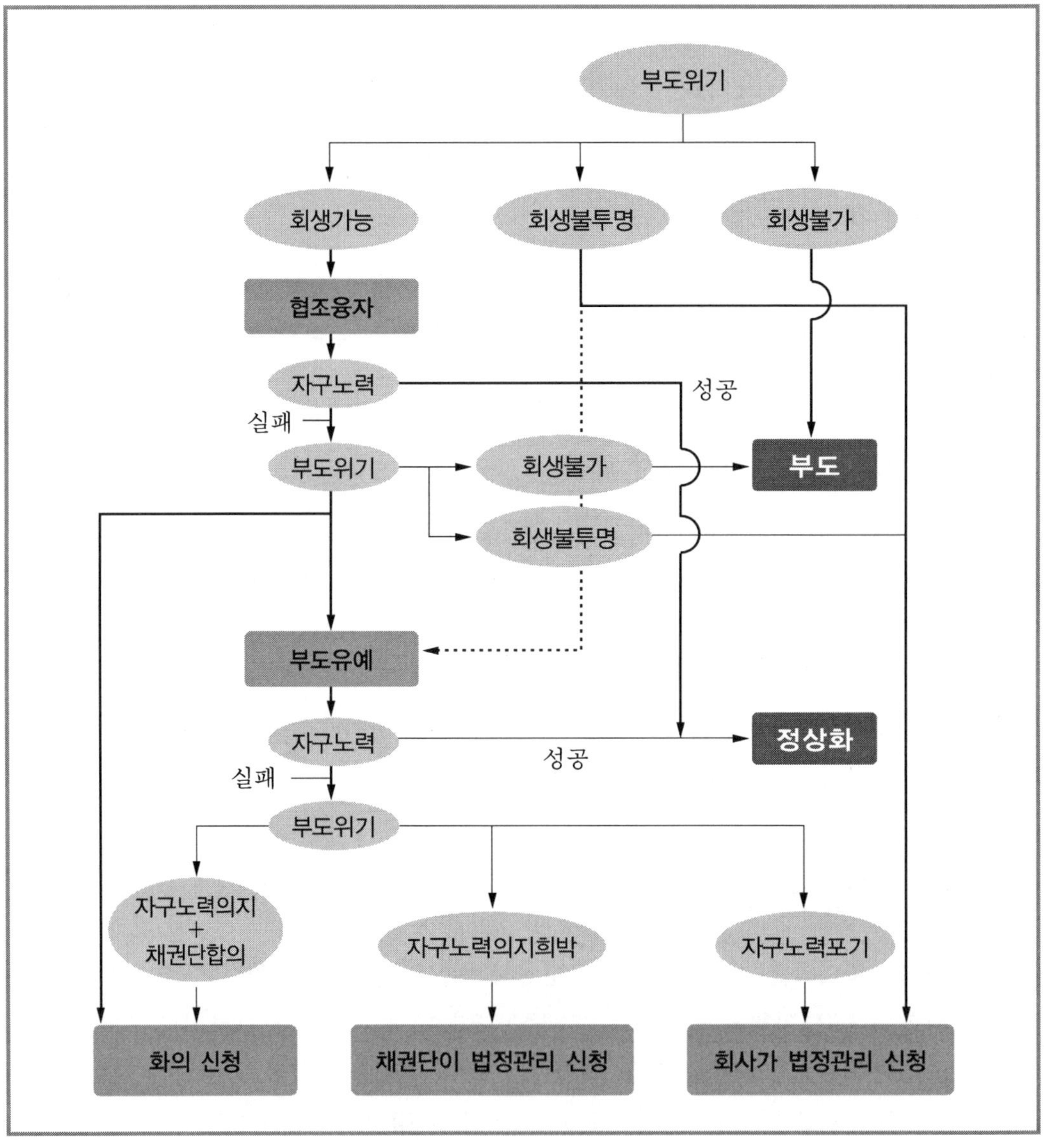


〈그림 11－2〉 부도처리 흐름도

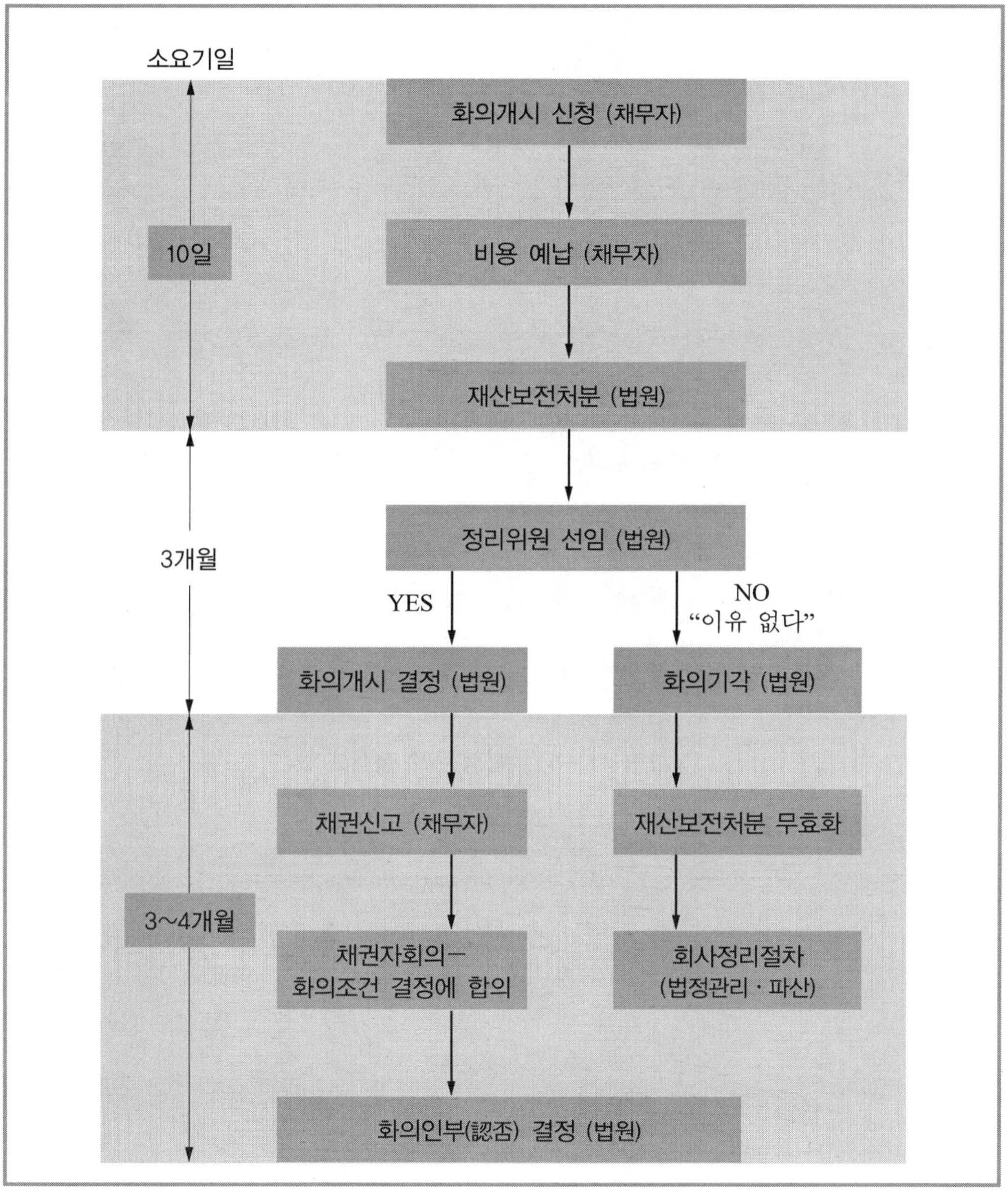


〈그림 11-3〉 화의절차 흐름도

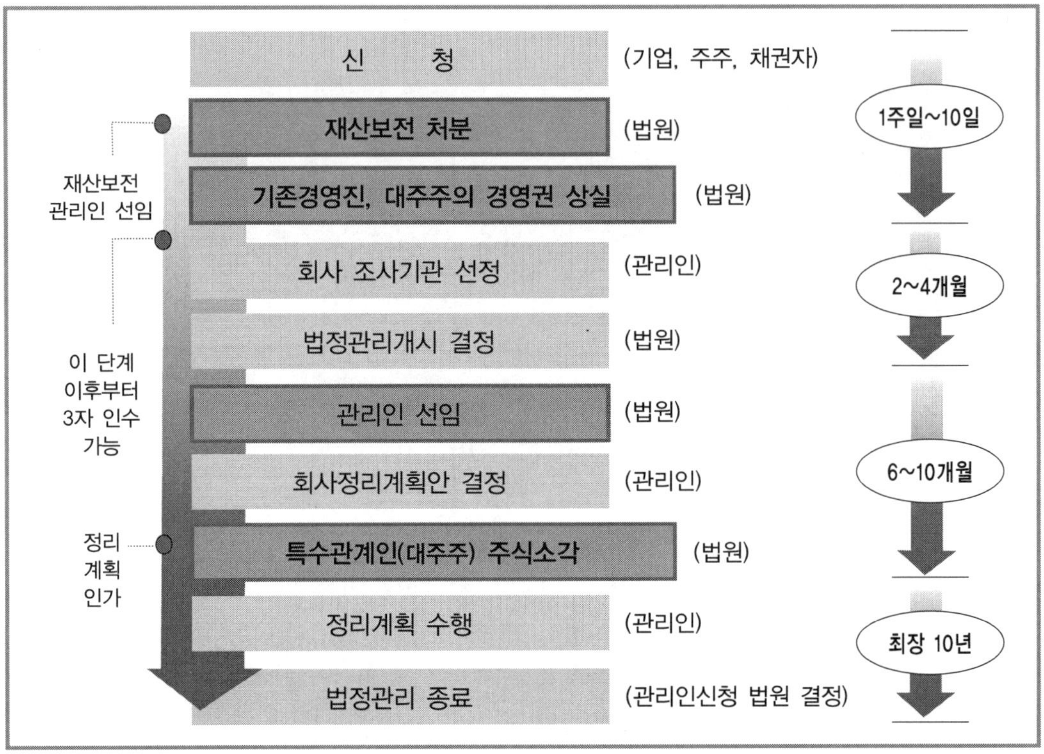


〈그림 11－4〉 법정관리 절차도

## 단답형 문제

**01** 회사정리절차를 신청할 수 있는 자는 회사 자신과 채권자 및 주주로 한정되어 있다. 발행주식 총수의 (　　　　　)의 채권이나 주식을 가진 자이다.

| 1 | 1/10 |
|---|---|

# 메모

60
SECONDS
IS IT ENOUGH FOR YOU ?
60
MINUTES
IS IT ENOUGH FOR YOU ?
24
HOURS
IS IT ENOUGH FOR YOU ?
30
DAYS
IS IT ENOUGH FOR YOU ?

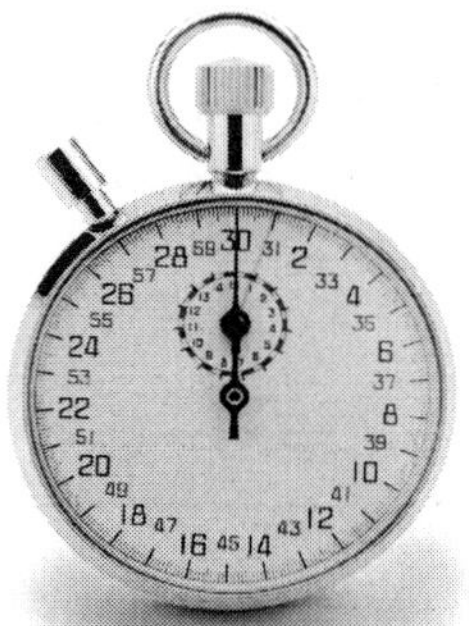

APPENDIX

# 부 록

상법 제3편 회사에 관한 규정

# 상법 제3편 회사에 관한 규정

[시행 2012.6.11] [법률 제10366호, 2010.6.10, 타법개정]

제03편 | 회 사

## 제1장 통 칙

**제169조(회사의 의의)** 이 법에서 "회사"란 상행위나 그 밖의 영리를 목적으로 하여 설립한 법인을 말한다. [전문개정 2011.4.14]

**제170조(회사의 종류)** 회사는 합명회사, 합자회사, 유한책임회사, 주식회사와 유한회사의 5종으로 한다. [전문개정 2011.4.14]

**제171조(회사의 주소)** 회사의 주소는 본점소재지에 있는 것으로 한다. [전문개정 2011.4.14]

**제172조(회사의 성립)** 회사는 본점소재지에서 설립등기를 함으로써 성립한다.

**제173조(권리능력의 제한)** 회사는 다른 회사의 무한책임사원이 되지 못한다.

**제174조(회사의 합병)** ① 회사는 합병을 할 수 있다.

② 합병을 하는 회사의 일방 또는 쌍방이 주식회사, 유한회사 또는 유한책임회사인 경우에는 합병 후 존속하는 회사나 합병으로 설립되는 회사는 주식회사, 유한회사 또는 유한책임회사이어야 한다. <개정 2011.4.14>

③ 해산후의 회사는 존립중의 회사를 존속하는 회사로 하는 경우에 한하여 합병을 할 수 있다.

**제175조(동전－설립위원)** ① 회사의 합병으로 인하여 신회사를 설립하는 경우에는 정관의 작성 기타 설립에 관한 행위는 각회사에서 선임한 설립위원이 공동으로 하여야 한다.

② 제230조, 제434조와 제585조의 규정은 전항의 선임에 준용한다.

**제176조(회사의 해산명령)** ① 법원은 다음의 사유가 있는 경우에는 이해관계인이나 검사의 청구에 의하여 또는 직권으로 회사의 해산을 명할 수 있다.

1. 회사의 설립목적이 불법한 것인때
2. 회사가 정당한 사유없이 설립후 1년내에 영업을 개시하지 아니하거나 1년이상 영업을 휴지하는 때
3. 이사 또는 회사의 업무를 집행하는 사원이 법령 또는 정관에 위반하여 회사의 존속을 허용할 수 없는 행위를 한때

② 전항의 청구가 있는 때에는 법원은 해산을 명하기 전일지라도 이해관계인이나 검사의 청구에 의하여 또는 직권으로 관리인의 선임 기타 회사재산의 보전에 필요한 처분을 할 수 있다.

③ 이해관계인이 제1항의 청구를 한 때에는 법원은 회사의 청구에 의하여 상당한 담보를 제공할 것을 명할 수 있다.

④ 회사가 전항의 청구를 함에는 이해관계인의 청구가 악의임을 소명하여야 한다.

**제177조(등기기간의 기산점)** 본편의 규정에 의하여 등기할 사항으로서 관청의 허가 또는 인가를 요하는 것에 관하여는 그 서류가 도달한 날로부터 등기기간을 기산한다.

## 제2장 합명회사

### 제1절 설 립

**제178조(정관의 작성)** 합명회사의 설립에는 2인

이상의 사원이 공동으로 정관을 작성하여야 한다.

**제179조(정관의 절대적기재사항)** 정관에는 다음의 사항을 기재하고 총사원이 기명날인 또는 서명하여야 한다. <개정 1995.12.29>

1. 목적
2. 상호
3. 사원의 성명·주민등록번호 및 주소
4. 사원의 출자의 목적과 가격 또는 평가의 표준
5. 본점의 소재지
6. 정관의 작성년월일

**제180조(설립의 등기)** 합명회사의 설립등기에 있어서는 다음의 사항을 등기하여야 한다. <개정 1995.12.29, 2011.4.14>

1. 제179조 제1호 내지 제3호 및 제5호의 사항과 지점을 둔 때에는 그 소재지. 다만, 회사를 대표할 사원을 정한 때에는 그외의 사원의 주소를 제외한다.
2. 사원의 출자의 목적, 재산출자에는 그 가격과 이행한 부분
3. 존립기간 기타 해산사유를 정한 때에는 그 기간 또는 사유
4. 회사를 대표할 사원을 정한 경우에는 그 성명·주소 및 주민등록번호
5. 수인의 사원이 공동으로 회사를 대표할 것을 정한 때에는 그 규정

**제181조(지점 설치의 등기)** ① 회사의 설립과 동시에 지점을 설치하는 경우에는 설립등기를 한 후 2주 내에 지점소재지에서 제180조 제1호 본문(다른 지점의 소재지는 제외한다) 및 제3호부터 제5호까지의 사항을 등기하여야 한다. 다만, 회사를 대표할 사원을 정한 경우에는 그 외의 사원은 등기하지 아니한다.

② 회사의 성립 후에 지점을 설치하는 경우에는 본점소재지에서는 2주 내에 그 지점소재지와 설치 연월일을 등기하고, 그 지점소재지에서는 3주 내에 제180조 제1호 본문(다른 지점의 소재지는 제외한다) 및 제3호부터 제5호까지의 사항을 등기하여야 한다. 다만, 회사를 대표할 사원을 정한 경우에는 그 밖의 사원은 등기하지 아니한다. [전문개정 2011.4.14]

**제182조(본점, 지점의 이전등기)** ① 회사가 본점을 이전하는 경우에는 2주간내에 구소재지에서는 신소재지와 이전년월일을, 신소재지에서는 제180조 각호의 사항을 등기하여야 한다. <개정 1995.12.29>

② 회사가 지점을 이전하는 경우에는 2주 내에 본점과 구지점소재지에서는 신지점소재지와 이전 연월일을 등기하고, 신지점소재지에서는 제180조 제1호 본문(다른 지점의 소재지는 제외한다) 및 제3호부터 제5호까지의 사항을 등기하여야 한다. 다만, 회사를 대표할 사원을 정한 경우에는 그 밖의 사원은 등기하지 아니한다. <개정 2011.4.14>

③ 삭제 <1995.12.29>

**제183조(변경등기)** 제180조에 게기한 사항에 변경이 있는 때에는 본점소재지에서는 2주간내, 지점소재지에서는 3주간내에 변경등기를 하여야 한다.

**제183조의2(업무집행정지가처분 등의 등기)** 사원의 업무집행을 정지하거나 직무대행자를 선임하는 가처분을 하거나 그 가처분을 변경·취소하는 경우에는 본점 및 지점이 있는 곳의 등기소에서 이를 등기하여야 한다. [본조신설 2001.12.29]

**제184조(설립무효, 취소의 소)** ① 회사의 설립의 무효는 그 사원에 한하여, 설립의 취소는 그 취소권있는 자에 한하여 회사성립의 날로부터 2년내에 소만으로 이를 주장할 수 있다.

② 민법 제140조의 규정은 전항의 설립의 취소에 준용한다.

**제185조(채권자에 의한 설립취소의 소)** 사원이 그 채권자를 해할 것을 알고 회사를 설립한 때에는 채권자는 그 사원과 회사에 대한 소로 회사의 설립취소를 청구할 수 있다.

**제186조(전속관할)** 전2조의 소는 본점소재지의 지방법원의 관할에 전속한다.

**제187조(소제기의 공고)** 설립무효의 소 또는 설립취소의 소가 제기된 때에는 회사는 지체없

이 공고하여야 한다.

**제188조(소의 병합심리)** 수개의 설립무효의 소 또는 설립취소의 소가 제기된 때에는 법원은 이를 병합심리하여야 한다.

**제189조(하자의 보완등과 청구의 기각)** 설립무효의 소 또는 설립취소의 소가 그 심리중에 원인이 된 하자가 보완되고 회사의 현황과 제반사정을 참작하여 설립을 무효 또는 취소하는 것이 부적당하다고 인정한 때에는 법원은 그 청구를 기각할 수 있다.

**제190조(판결의 효력)** 설립무효의 판결 또는 설립취소의 판결은 제3자에 대하여도 그 효력이 있다. 그러나 판결확정전에 생긴 회사와 사원 및 제3자간의 권리의무에 영향을 미치지 아니한다.

**제191조(패소원고의 책임)** 설립무효의 소 또는 설립취소의 소를 제기한 자가 패소한 경우에 악의 또는 중대한 과실이 있는 때에는 회사에 대하여 연대하여 손해를 배상할 책임이 있다.

**제192조(설립무효, 취소의 등기)** 설립무효의 판결 또는 설립취소의 판결이 확정된 때에는 본점과 지점의 소재지에서 등기하여야 한다.

**제193조(설립무효, 취소판결의 효과)** ① 설립무효의 판결 또는 설립취소의 판결이 확정된 때에는 해산의 경우에 준하여 청산하여야 한다.
② 전항의 경우에는 법원은 사원 기타의 이해관계인의 청구에 의하여 청산인을 선임할 수 있다.

**제194조(설립무효, 취소와 회사계속)** ① 설립무효의 판결 또는 설립취소의 판결이 확정된 경우에 그 무효나 취소의 원인이 특정한 사원에 한한 것인 때에는 다른 사원전원의 동의로써 회사를 계속할 수 있다.
② 전항의 경우에는 그 무효 또는 취소의 원인이 있는 사원은 퇴사한 것으로 본다.
③ 제229조 제2항과 제3항의 규정은 전2항의 경우에 준용한다.

## 제 2 절 회사의 내부관계

**제195조(준용법규)** 합명회사의 내부관계에 관하여는 정관 또는 본법에 다른 규정이 없으면 조합에 관한 민법의 규정을 준용한다.

**제196조(채권출자)** 채권을 출자의 목적으로 한 사원은 그 채권이 변제기에 변제되지 아니한 때에는 그 채권액을 변제할 책임을 진다. 이 경우에는 이자를 지급하는 외에 이로 인하여 생긴 손해를 배상하여야 한다.

**제197조(지분의 양도)** 사원은 다른 사원의 동의를 얻지 아니하면 그 지분의 전부 또는 일부를 타인에게 양도하지 못한다.

**제198조(사원의 경업의 금지)** ① 사원은 다른 사원의 동의가 없으면 자기 또는 제3자의 계산으로 회사의 영업부류에 속하는 거래를 하지 못하며 동종영업을 목적으로 하는 다른 회사의 무한책임사원 또는 이사가 되지 못한다.
② 사원이 전항의 규정에 위반하여 거래를 한 경우에 그 거래가 자기의 계산으로 한 것인 때에는 회사는 이를 회사의 계산으로 인한 것으로 볼 수 있고 제3자의 계산으로 한것인 때에는 그 사원에 대하여 회사는 이로 인한 이득의 양도를 청구 할 수 있다. <개정 1962.12.12>
③ 전항의 규정은 회사의 그 사원에 대한 손해배상의 청구에 영향을 미치지 아니한다.
④ 제2항의 권리는 다른 사원과반수의 결의에 의하여 행사하여야 하며 다른 사원의 1인이 그 거래를 안 날로부터 2주간을 경과하거나 그 거래가 있은 날로부터 1년을 경과하면 소멸한다.

**제199조(사원의 자기거래)** 사원은 다른 사원과반수의 결의가 있는 때에 한하여 자기 또는 제삼자의 계산으로 회사와 거래를 할 수 있다. 이 경우에는 민법 제124조의 규정을 적용하지 아니한다.

**제200조(업무집행의 권리의무)** ① 각사원은 정관에 다른 규정이 없는 때에는 회사의 업무를 집행할 권리와 의무가 있다.
② 각사원의 업무집행에 관한 행위에 대하여 다른 사원의 이의가 있는 때에는 곧 행위를 중

지하고 총사원과반수의 결의에 의하여야 한다.

**제200조의2(직무대행자의 권한)** ① 제183조의 2의 직무대행자는 가처분명령에 다른 정함이 있는 경우 외에는 법인의 통상업무에 속하지 아니한 행위를 하지 못한다. 다만, 법원의 허가를 얻은 경우에는 그러하지 아니하다.
② 직무대행자가 제1항의 규정에 위반한 행위를 한 경우에도 회사는 선의의 제3자에 대하여 책임을 진다. [본조신설 2001.12.29]

**제201조(업무집행사원)** ① 정관으로 사원의 1인 또는 수인을 업무집행사원으로 정한 때에는 그 사원이 회사의 업무를 집행할 권리와 의무가 있다.
② 수인의 업무집행사원이 있는 경우에 그 각 사원의 업무집행에 관한 행위에 대하여 다른 업무집행사원의 이의가 있는 때에는 곧 그 행위를 중지하고 업무집행사원과반수의 결의에 의하여야 한다.

**제202조(공동업무집행사원)** 정관으로 수인의 사원을 공동업무집행사원으로 정한때에 그 전원의 동의가 없으면 업무집행에 관한 행위를 하지 못한다. 그러나 지체할 염려가 있는 때에는 그러하지 아니하다.

**제203조(지배인의 선임과 해임)** 지배인의 선임과 해임은 정관에 다른 정함이 없으면 업무집행사원이 있는 경우에도 총사원과반수의 결의에 의하여야 한다.

**제204조(정관의 변경)** 정관을 변경함에는 총사원의 동의가 있어야 한다.

**제205조 (업무집행사원의 권한상실선고)** ① 사원이 업무를 집행함에 현저하게 부적임하거나 중대한 의무에 위반한 행위가 있는 때에는 법원은 사원의 청구에 의하여 업무집행권한의 상실을 선고할 수 있다.
② 전항의 판결이 확정된 때에는 본점과 지점의 소재지에서 등기하여야 한다.

**제206조(준용규정)** 제186조의 규정은 전조의 소에 준용한다.

## 제 3 절 회사의 외부관계

**제207조(회사대표)** 정관으로 업무집행사원을 정하지 아니한 때에는 각사원은 회사를 대표한다. 수인의 업무집행사원을 정한 경우에 각업무집행사원은 회사를 대표한다. 그러나 정관 또는 총사원의 동의로 업무집행사원중 특히 회사를 대표할 자를 정할 수 있다.

**제208조(공동대표)** ① 회사는 정관 또는 총사원의 동의로 수인의 사원이 공동으로 회사를 대표할 것을 정할 수 있다.
② 전항의 경우에도 제삼자의 회사에 대한 의사표시는 공동대표의 권한 있는 사원 1인에 대하여 이를 함으로써 그 효력이 생긴다.

**제209조(대표사원의 권한)** ① 회사를 대표하는 사원은 회사의 영업에 관하여 재판상 또는 재판외의 모든 행위를 할 권한이 있다.
② 전항의 권한에 대한 제한은 선의의 제삼자에게 대항하지 못한다.

**제210조(손해배상책임)** 회사를 대표하는 사원이 그 업무집행으로 인하여 타인에게 손해를 가한 때에는 회사는 그 사원과 연대하여 배상할 책임이 있다.

**제211조(회사와 사원간의 소에 관한 대표권)** 회사가 사원에 대하여 또는 사원이 회사에 대하여 소를 제기하는 경우에 회사를 대표할 사원이 없을 때에는 다른 사원 과반수의 결의로 선정하여야 한다.

**제212조 (사원의 책임)** ① 회사의 재산으로 회사의 채무를 완제할 수 없는 때에는 각 사원은 연대하여 변제할 책임이 있다.
② 회사재산에 대한 강제집행이 주효하지 못한 때에도 전항과 같다.
③ 전항의 규정은 사원이 회사에 변제의 자력이 있으며 집행이 용이한 것을 증명한 때에는 적용하지 아니한다.

**제213조(신입사원의 책임)** 회사성립후에 가입한 사원은 그 가입전에 생긴 회사채무에 대하여 다른 사원과 동일한 책임을 진다.

**제214조(사원의 항변)** ① 사원이 회사채무에 관하여 변제의 청구를 받은 때에는 회사가 주장할 수 있는 항변으로 그 채권자에게 대항할 수 있다.
② 회사가 그 채권자에 대하여 상계, 취소 또는 해제할 권리가 있는 경우에는 사원은 전항의 청구에 대하여 변제를 거부할 수 있다.

**제215조(자칭사원의 책임)** 사원이 아닌 자가 타인에게 자기를 사원이라고 오인시키는 행위를 하였을 때에는 오인으로 인하여 회사와 거래한 자에 대하여 사원과 동일한 책임을 진다.

**제216조(준용규정)** 제205조와 제206조의 규정은 회사의 대표사원에 준용한다.

## 제4절 사원의 퇴사

**제217조(사원의 퇴사권)** ① 정관으로 회사의 존립기간을 정하지 아니하거나 어느 사원의 종신까지 존속할 것을 정한 때에는 사원은 영업년도말에 한하여 퇴사할 수 있다. 그러나 6월전에 이를 예고하여야 한다.
② 사원이 부득이한 사유가 있을 때에는 언제든지 퇴사할 수 있다.

**제218조(퇴사원인)** 사원은 전조의 경우외에 다음의 사유로 인하여 퇴사한다.
1. 정관에 정한 사유의 발생
2. 총사원의 동의
3. 사망
4. 성년후견개시
5. 파산
6. 제명

**제219조(사원사망시 권리승계의 통지)** ① 정관으로 사원이 사망한 경우에 그 상속인이 회사에 대한 피상속인의 권리의무를 승계하여 사원이 될 수 있음을 정한 때에는 상속인은 상속의 개시를 안 날로부터 3월내에 회사에 대하여 승계 또는 포기의 통지를 발송하여야 한다.
② 상속인이 전항의 통지 없이 3월을 경과한 때에는 사원이 될 권리를 포기한 것으로 본다.

**제220조(제명의 선고)** ① 사원에게 다음의 사유가 있는 때에는 회사는 다른 사원 과반수의 결의에 의하여 그 사원의 제명의 선고를 법원에 청구 할 수 있다.
1. 출자의 의무를 이행하지 아니한때
2. 제198조 제1항의 규정에 위반한 행위가 있는 때
3. 회사의 업무집행 또는 대표에 관하여 부정한 행위가 있는 때, 권한없이 업무를 집행하거나 회사를 대표한 때
4. 기타 중요한 사유가 있는 때
② 제205조 제2항과 제206조의 규정은 전항의 경우에 준용한다.

**제221조(제명사원과 회사간의 계산)** 제명된 사원과 회사와의 계산은 제명의 소를 제기한 때의 회사재산의 상태에 따라서 하며 그때부터 법정이자를 붙여야 한다.

**제222조(지분의 환급)** 퇴사한 사원은 노무 또는 신용으로 출자의 목적으로 한 경우에도 그 지분의 환급을 받을 수 있다. 그러나 정관에 다른 규정이 있는 때에는 그러하지 아니하다.

**제223조(지분의 압류)** 사원의 지분의 압류는 사원이 장래이익의 배당과 지분의 환급을 청구하는 권리에 대하여도 그 효력이 있다.

**제224조(지분압류채권자에 의한 퇴사청구)** ① 사원의 지분을 압류한 채권자는 영업년도말에 그 사원을 퇴사시킬 수 있다. 그러나 회사와 그 사원에 대하여 6월전에 그 예고를 하여야 한다.
② 전항 단서의 예고는 사원이 변제를 하거나 상당한 담보를 제공한 때에는 그 효력을 잃는다.

**제225조(퇴사원의 책임)** ① 퇴사한 사원은 본점소재지에서 퇴사등기를 하기 전에 생긴 회사채무에 대하여는 등기후 2년내에는 다른 사원과 동일한 책임이 있다.
② 전항의 규정은 지분을 양도한 사원에 준용한다.

**제226조(퇴사원의 상호변경청구권)** 퇴사한 사원의 성명이 회사의 상호중에 사용된 경우에는 그 사원은 회사에 대하여 그 사용의 폐지를 청구할 수 있다.

## 제 5 절 회사의 해산

**제227조(해산원인)** 회사는 다음의 사유로 인하여 해산한다.

1. 존립기간의 만료 기타 정관으로 정한 사유의 발생
2. 총사원의 동의
3. 사원이 1인으로된 때
4. 합병
5. 파산
6. 법원의 명령 또는 판결

**제228조(해산등기)** 회사가 해산된 때에는 합병과 파산의 경우외에는 그 해산사유가 있은 날로부터 본점소재지에서는 2주간내, 지점소재지에서는 3주간내에 해산등기를 하여야 한다.

**제229조(회사의 계속)** ① 제227조 제1호와 제2호의 경우에는 사원의 전부 또는 일부의 동의로 회사를 계속할 수 있다. 그러나 동의를 하지 아니한 사원은 퇴사한 것으로 본다.

② 제227조 제3호의 경우에는 새로 사원을 가입시켜서 회사를 계속할 수 있다.

③ 전2항의 경우에 이미 회사의 해산등기를 하였을 때에는 본점소재지에서는 2주간내, 지점소재지에서는 3주간내에 회사의 계속등기를 하여야 한다.

④ 제213조의 규정은 제2항의 신입사원의 책임에 준용한다.

**제230조(합병의 결의)** 회사가 합병을 함에는 총사원의 동의가 있어야 한다.

**제231조** 삭제 <1984.4.10>

**제232조(채권자의 이의)** ① 회사는 합병의 결의가 있은 날부터 2주내에 회사채권자에 대하여 합병에 이의가 있으면 일정한 기간내에 이를 제출할 것을 공고하고 알고 있는 채권자에 대하여는 따로따로 이를 최고하여야 한다. 이 경우 그 기간은 1월이상이어야 한다. <개정 1984.4.10, 1998.12.28>

② 채권자가 제1항의 기간내에 이의를 제출하지 아니한 때에는 합병을 승인한 것으로 본다. <개정 1984.4.10>

③ 이의를 제출한 채권자가 있는 때에는 회사는 그 채권자에 대하여 변제 또는 상당한 담보를 제공하거나 이를 목적으로 하여 상당한 재산을 신탁회사에 신탁하여야 한다.

**제233조(합병의 등기)** 회사가 합병을 한때에는 본점소재지에서는 2주간내, 지점소재지에서는 3주간내에 합병후 존속하는 회사의 변경등기, 합병으로 인하여 소멸하는 회사의 해산등기, 합병으로 인하여 설립되는 회사의 설립등기를 하여야 한다.

**제234조(합병의 효력발생)** 회사의 합병은 합병후 존속하는 회사 또는 합병으로 인하여 설립되는 회사가 그 본점소재지에서 전조의 등기를 함으로써 그 효력이 생긴다.

**제235조(합병의 효과)** 합병후 존속한 회사 또는 합병으로 인하여 설립된 회사는 합병으로 인하여 소멸된 회사의 권리의무를 승계한다.

**제236조(합병무효의 소의 제기)** ① 회사의 합병의 무효는 각회사의 사원, 청산인, 파산관재인 또는 합병을 승인하지 아니한 회사채권자에 한하여 소만으로 이를 주장할 수 있다.

② 전항의 소는 제233조의 등기가 있은 날로부터 6월내에 제기하여야 한다.

**제237조(준용규정)** 제176조 제3항과 제4항의 규정은 회사채권자가 전조의 소를 제기한 때에 준용한다.

**제238조(합병무효의 등기)** 합병을 무효로한 판결이 확정된때에는 본점과 지점의 소재지에서 합병후 존속한 회사의 변경등기, 합병으로 인하여 소멸된 회사의 회복등기, 합병으로 인하여 설립된 회사의 해산등기를 하여야 한다.

**제239조(무효판결확정과 회사의 권리의무의 귀속)** ① 합병을 무효로한 판결이 확정된때에는 합병을한 회사는 합병후 존속한 회사 또는 합병으로 인하여 설립된 회사의 합병후 부담한 채무에 대하여 연대하여 변제할 책임이 있다.

② 합병후 존속한 회사 또는 합병으로 인하여 설립한 회사의 합병후 취득한 재산은 합병을 한 회사의 공유로 한다.

③ 전2항의 경우에 각회사의 협의로 그 부담부분 또는 지분을 정하지 못한 때에는 법원은 그 청구에 의하여 합병당시의 각회사의 재산상태 기타의 사정을 참작하여 이를 정한다.

**제240조(준용규정)** 제186조 내지 제191조의 규정은 합병무효의 소에 준용한다.

**제241조(사원에 의한 해산청구)** ① 부득이한 사유가 있는 때에는 각사원은 회사의 해산을 법원에 청구할 수 있다.
② 제186조와 제191조의 규정은 전항의 경우에 준용한다.

**제242조(조직변경)** ① 합명회사는 총사원의 동의로 일부사원을 유한책임사원으로 하거나 유한책임사원을 새로 가입시켜서 합자회사로 변경할 수 있다.
② 전항의 규정은 제229조 제2항의 규정에 의하여 회사를 계속하는 경우에 준용한다.

**제243조(조직변경의 등기)** 합명회사를 합자회사로 변경한 때에는 본점소재지에서는 2주간내, 지점소재지에서는 3주간내에 합명회사에 있어서는 해산등기, 합자회사에 있어서는 설립등기를 하여야 한다.

**제244조(조직변경에 의하여 유한책임사원이된 자의 책임)** 합명회사사원으로서 제242조 제1항의 규정에 의하여 유한책임사원이된 자는 전조의 규정에 의한 본점등기를 하기 전에 생긴 회사채무에 대하여는 등기후 2년내에는 무한책임사원의 책임을 면하지 못한다.

## 제6절 청 산

**제245조(청산중의 회사)** 회사는 해산된 후에도 청산의 목적범위내에서 존속하는 것으로 본다.

**제246조(수인의 지분상속인이 있는 경우)** 회사의 해산후 사원이 사망한 경우에 그 상속인이 수인인 때에는 청산에 관한 사원의 권리를 행사할 자 1인을 정하여야 한다. 이를 정하지 아니한 때에는 회사의 통지 또는 최고는 그중의 1인에 대하여 하면 전원에 대하여 그 효력이 있다.

**제247조(임의청산)** ① 해산된 회사의 재산처분방법은 정관 또는 총사원의 동의로 이를 정할 수 있다. 이 경우에는 해산사유가 있는 날로부터 2주간내에 재산목록과 대차대조표를 작성하여야 한다.
② 전항의 규정은 회사가 제227조 제3호 또는 제6호의 사유로 인하여 해산한 경우에는 이를 적용하지 아니한다.
③ 제232조의 규정은 제1항의 경우에 준용한다.
④ 제1항의 경우에 사원의 지분을 압류한 자가 있는 때에는 그 동의를 얻어야 한다.
⑤ 제1항의 회사는 그 재산의 처분을 완료한 날부터 본점소재지에서는 2주간내에, 지점소재지에서는 3주간내에 청산종결의 등기를 하여야 한다. <신설 1995.12.29>

**제248조(임의청산과 채권자보호)** ① 회사가 전조제3항의 규정에 위반하여 그 재산을 처분함으로써 회사채권자를 해한 때에는 회사채권자는 그 처분의 취소를 법원에 청구할 수 있다.
② 제186조와 민법 제406조 제1항 단서, 제2항 및 제407조의 규정은 전항의 취소의 청구에 준용한다.

**제249조(지분압류채권자의 보호)** 회사가 제247조제4항의 규정에 위반하여 그 재산을 처분한 때에는 사원의 지분을 압류한 자는 회사에 대하여 그 지분에 상당하는 금액의 지급을 청구할 수 있다. 이 경우에는 전조의 규정을 준용한다.

**제250조(법정청산)** 제247조 제1항의 규정에 의하여 회사재산의 처분방법을 정하지 아니한 때에는 합병과 파산의 경우를 제외하고 제251조 내지 제265조의 규정에 따라서 청산을 하여야 한다.

**제251조(청산인)** ① 회사가 해산된 때에는 총사원과반수의 결의로 청산인을 선임한다.
② 청산인의 선임이 없는 때에는 업무집행사원이 청산인이 된다.

**제252조(법원선임에 의한 청산인)** 회사가 제227

조 제3호 또는 제6호의 사유로 인하여 해산된 때에는 법원은 사원 기타의 이해관계인이나 검사의 청구에 의하여 또는 직권으로 청산인을 선임한다.

**제253조(청산인의 등기)** ① 청산인이 선임된 때에는 그 선임된 날로부터, 업무집행사원이 청산인이 된때에는 해산된 날로부터 본점소재지에서는 2주간내, 지점소재지에서는 3주간내에 다음의 사항을 등기하여야 한다. <개정 1995.12.29>

1. 청산인의 성명・주민등록번호 및 주소. 다만, 회사를 대표할 청산인을 정한 때에는 그외의 청산인의 주소를 제외한다.
2. 회사를 대표할 청산인을 정한 때에는 그 성명
3. 수인의 청산인이 공동으로 회사를 대표할 것을 정한 때에는 그 규정

② 제183조의 규정은 제1항의 등기에 준용한다. <개정 1995.12.29>

**제254조(청산인의 직무권한)** ① 청산인의 직무는 다음과 같다.

1. 현존사무의 종결
2. 채권의 추심과 채무의 변제
3. 재산의 환가처분
4. 잔여재산의 분배

② 청산인이 수인인 때에는 청산의 직무에 관한 행위는 그 과반수의 결의로 정한다.

③ 회사를 대표할 청산인은 제1항의 직무에 관하여 재판상 또는 재판외의 모든 행위를 할 권한이 있다.

④ 민법 제93조의 규정은 합명회사에 준용한다.

**제255조(청산인의 회사대표)** ① 업무집행사원이 청산인으로된 경우에는 종전의 정함에 따라 회사를 대표한다.

② 법원이 수인의 청산인을 선임하는 경우에는 회사를 대표할 자를 정하거나 수인이 공동하여 회사를 대표할 것을 정할 수 있다.

**제256조(청산인의 의무)** ① 청산인은 취임한 후 지체없이 회사의 재산상태를 조사하고 재산목록과 대차대조표를 작성하여 각사원에게 교부하여야 한다.

② 청산인은 사원의 청구가 있는 때에는 언제든지 청산의 상황을 보고하여야 한다.

**제257조(영업의 양도)** 청산인이 회사의 영업의 전부 또는 일부를 양도함에는 총사원 과반수의 결의가 있어야 한다.

**제258조(채무완제불능과 출자청구)** ① 회사의 현존재산이 그 채무를 변제함에 부족한 때에는 청산인은 변제기에 불구하고 각사원에 대하여 출자를 청구할 수 있다.

② 전항의 출자액은 각사원의 출자의 비율로 이를 정한다.

**제259조(채무의 변제)** ① 청산인은 변제기에 이르지 아니한 회사채무에 대하여도 이를 변제할 수 있다.

② 전항의 경우에 이자없는 채권에 관하여는 변제기에 이르기까지의 법정이자를 가산하여 그 채권액에 달할 금액을 변제하여야 한다.

③ 전항의 규정은 이자있는 채권으로서 그 이율이 법정이율에 달하지 못하는 것에 이를 준용한다.

④ 제1항의 경우에는 조건부채권, 존속기간이 불확정한 채권 기타 가액이 불확정한 채권에 대하여는 법원이 선임한 감정인의 평가에 의하여 변제하여야 한다.

**제260조(잔여재산의 분배)** 청산인은 회사의 채무를 완제한 후가 아니면 회사재산을 사원에게 분배하지 못한다. 그러나 다툼이 있는 채무에 대하여는 그 변제에 필요한 재산을 보류하고 잔여재산을 분배할 수 있다.

**제261조(청산인의 해임)** 사원이 선임한 청산인은 총사원과반수의 결의로 해임할 수 있다.

**제262조(동전)** 청산인이 그 직무를 집행함에 현저하게 부적임하거나 중대한 임무에 위반한 행위가 있는 때에는 법원은 사원 기타의 이해관계인의 청구에 의하여 청산인을 해임할 수 있다.

**제263조(청산인의 임무종료)** ① 청산인은 그 임무가 종료한 때에는 지체없이 계산서를 작성하여 각사원에게 교부하고 그 승인을 얻어야 한다.

② 전항의 계산서를 받은 사원이 1월내에 이의를 하지 아니한 때에는 그 계산을 승인한 것으로 본다. 그러나 청산인에게 부정행위가 있는 경우에는 그러하지 아니하다.

**제264조(청산종결의 등기)** 청산이 종결된 때에는 청산인은 전조의 규정에 의한 총사원의 승인이 있은 날로부터 본점소재지에서는 2주간내, 지점소재지에서는 3주간내에 청산종결의 등기를 하여야 한다.

**제265조(준용규정)** 제183조의 2·제199조·제200조의 2·제207조·제208조·제209조 제2항·제210조·제382조 제2항·제399조 및 제401조의 규정은 청산인에 준용한다. [전문개정 2001.12.29]

**제266조(장부, 서류의 보존)** ① 회사의 장부와 영업 및 청산에 관한 중요서류는 본점소재지에서 청산종결의 등기를 한 후 10년간 이를 보존하여야 한다. 다만, 전표 또는 이와 유사한 서류는 5년간 이를 보존하여야 한다. <개정 1995.12.29>

② 제1항의 경우에는 총사원과반수의 결의로 보존인과 보존방법을 정하여야 한다. <개정 1995.12.29>

**제267조(사원의 책임의 소멸시기)** ① 제212조의 규정에 의한 사원의 책임은 본점소재지에서 해산등기를 한후 5년을 경과하면 소멸한다.

② 전항의 기간경과후에도 분배하지 아니한 잔여재산이 있는 때에는 회사채권자는 이에 대하여 변제를 청구할 수 있다.

## 제 3 장 합자회사

**제268조(회사의 조직)** 합자회사는 무한책임사원과 유한책임사원으로 조직한다.

**제269조(준용규정)** 합자회사에는 본장에 다른 규정이 없는 사항은 합명회사에 관한 규정을 준용한다.

**제270조(정관의 절대적 기재사항)** 합자회사의 정관에는 제179조에 게기한 사항외에 각사원의 무한책임 또는 유한책임인 것을 기재하여야 한다.

**제271조(등기사항)** ① 합자회사의 설립등기를 할 때에는 제180조 각 호의 사항 외에 각 사원의 무한책임 또는 유한책임인 것을 등기하여야 한다.

② 합자회사가 지점을 설치하거나 이전할 때에는 지점소재지 또는 신지점소재지에서 제180조제1호 본문(다른 지점의 소재지는 제외한다) 및 제3호부터 제5호까지의 사항을 등기하여야 한다. 다만, 무한책임사원만을 등기하되, 회사를 대표할 사원을 정한 경우에는 다른 사원은 등기하지 아니한다. [전문개정 2011.4.14]

**제272조(유한책임사원의 출자)** 유한책임사원은 신용 또는 노무를 출자의 목적으로 하지 못한다.

**제273조(업무집행의 권리의무)** 무한책임사원은 정관에 다른 규정이 없는 때에는 각자가 회사의 업무를 집행할 권리와 의무가 있다.

**제274조(지배인의 선임, 해임)** 지배인의 선임과 해임은 업무집행사원이 있는 경우에도 무한책임사원과반수의 결의에 의하여야 한다.

**제275조(유한책임사원의 경업의 자유)** 유한책임사원은 다른 사원의 동의없이 자기 또는 제삼자의 계산으로 회사의 영업부류에 속하는 거래를 할 수 있고 동종영업을 목적으로 하는 다른 회사의 무한책임사원 또는 이사가 될 수 있다.

**제276조(유한책임사원의 지분양도)** 유한책임사원은 무한책임사원전원의 동의가 있으면 그 지분의 전부 또는 일부를 타인에게 양도할 수 있다. 지분의 양도에 따라 정관을 변경하여야 할 경우에도 같다.

**제277조(유한책임사원의 감시권)** ① 유한책임사원은 영업년도말에 있어서 영업시간내에 한하여 회사의 회계장부·대차대조표 기타의 서류를 열람할 수 있고 회사의 업무와 재산상태를 검사할 수 있다. <개정 1984.4.10>

② 중요한 사유가 있는 때에는 유한책임사원은 언제든지 법원의 허가를 얻어 제1항의 열람

과 검사를 할 수 있다. <개정 1984.4.10>

**제278조(유한책임사원의 업무집행, 회사대표의 금지)** 유한책임사원은 회사의 업무집행이나 대표행위를 하지 못한다.

**제279조(유한책임사원의 책임)** ① 유한책임사원은 그 출자가액에서 이미 이행한 부분을 공제한 가액을 한도로 하여 회사채무를 변제할 책임이 있다.
② 회사에 이익이 없음에도 불구하고 배당을 받은 금액은 변제책임을 정함에 있어서 이를 가산한다.

**제280조(출자감소의 경우의 책임)** 유한책임사원은 그 출자를 감소한 후에도 본점소재지에서 등기를 하기 전에 생긴 회사채무에 대하여는 등기후 2년내에는 전조의 책임을 면하지 못한다.

**제281조(자칭무한책임사원의 책임)** ① 유한책임사원이 타인에게 자기를 무한책임사원이라고 오인시키는 행위를 한 때에는 오인으로 인하여 회사와 거래를 한 자에 대하여 무한책임사원과 동일한 책임이 있다.
② 전항의 규정은 유한책임사원이 그 책임의 한도를 오인시키는 행위를 한 경우에 준용한다.

**제282조(책임을 변경한 사원의 책임)** 제213조의 규정은 유한책임사원이 무한책임사원으로 된 경우에, 제225조의 규정은 무한책임사원이 유한책임사원으로 된 경우에 준용한다.

**제283조(유한책임사원의 사망)** ① 유한책임사원이 사망한 때에는 그 상속인이 그 지분을 승계하여 사원이 된다.
② 전항의 경우에 상속인이 수인인 때에는 사원의 권리를 행사할 자 1인을 정하여야 한다. 이를 정하지 아니한 때에는 회사의 통지 또는 최고는 그중의 1인에 대하여 하면 전원에 대하여 그 효력이 있다.

**제284조(유한책임사원의 성년후견개시)** 유한책임사원은 성년후견개시의 심판을 받은 경우에도 퇴사되지 아니한다.

**제285조(해산, 계속)** ① 합자회사는 무한책임사원 또는 유한책임사원의 전원이 퇴사한 때에는 해산된다.
② 전항의 경우에 잔존한 무한책임사원 또는 유한책임사원은 전원의 동의로 새로 유한책임사원 또는 무한책임사원을 가입시켜서 회사를 계속할 수 있다.
③ 제213조와 제229조 제3항의 규정은 전항의 경우에 준용한다.

**제286조(조직변경)** ① 합자회사는 사원전원의 동의로 그 조직을 합명회사로 변경하여 계속할 수 있다.
② 유한책임사원전원이 퇴사한 경우에도 무한책임사원은 그 전원의 동의로 합명회사로 변경하여 계속할 수 있다.
③ 전2항의 경우에는 본점소재지에서는 2주간내, 지점소재지에서는 3주간내에 합자회사에 있어서는 해산등기를, 합명회사에 있어서는 설립등기를 하여야 한다.

**제287조(청산인)** 합자회사의 청산인은 무한책임사원과반수의 결의로 선임한다. 이를 선임하지 아니한 때에는 업무집행사원이 청산인이 된다.

## 제 3 장의 2 유한책임회사

〈신설 2011.4.14〉

### 제1절 설 립

〈신설 2011.4.14〉

**제287조의2(정관의 작성)** 유한책임회사를 설립할 때에는 사원은 정관을 작성하여야 한다. [본조신설 2011.4.14]

**제287조의3(정관의 기재사항)** 정관에는 다음 각 호의 사항을 적고 각 사원이 기명날인하거나 서명하여야 한다.
1. 제179조 제1호부터 제3호까지, 제5호 및 제6호에서 정한 사항
2. 사원의 출자의 목적 및 가액
3. 자본금의 액
4. 업무집행자의 성명(법인인 경우에는 명칭) 및 주소 [본조신설 2011.4.14]

**제287조의4(설립 시의 출자의 이행)** ① 사원은

신용이나 노무를 출자의 목적으로 하지 못한다.
② 사원은 정관의 작성 후 설립등기를 하는 때까지 금전이나 그 밖의 재산의 출자를 전부 이행하여야 한다.
③ 현물출자를 하는 사원은 납입기일에 지체 없이 유한책임회사에 출자의 목적인 재산을 인도하고, 등기, 등록, 그 밖의 권리의 설정 또는 이전이 필요한 경우에는 이에 관한 서류를 모두 갖추어 교부하여야 한다. [본조신설 2011.4.14]

**제287조의5(설립의 등기 등)** ① 유한책임회사는 본점의 소재지에서 다음 각 호의 사항을 등기함으로써 성립한다.
1. 제179조 제1호·제2호 및 제5호에서 정한 사항과 지점을 둔 경우에는 그 소재지
2. 제180조 제3호에서 정한 사항
3. 자본금의 액
4. 업무집행자의 성명, 주소 및 주민등록번호(법인인 경우에는 명칭, 주소 및 법인등록번호). 다만, 유한책임회사를 대표할 업무집행자를 정한 경우에는 그 외의 업무집행자의 주소는 제외한다.
5. 유한책임회사를 대표할 자를 정한 경우에는 그 성명 또는 명칭과 주소
6. 정관으로 공고방법을 정한 경우에는 그 공고방법
7. 둘 이상의 업무집행자가 공동으로 회사를 대표할 것을 정한 경우에는 그 규정

② 유한책임회사가 지점을 설치하는 경우에는 제181조를 준용한다.
③ 유한책임회사가 본점이나 지점을 이전하는 경우에는 제182조를 준용한다.
④ 제1항 각 호의 사항이 변경된 경우에는 본점소재지에서는 2주 내에 변경등기를 하고, 지점소재지에서는 3주 내에 변경등기를 하여야 한다.
⑤ 유한책임회사의 업무집행자의 업무집행을 정지하거나 직무대행자를 선임하는 가처분을 하거나 그 가처분을 변경 또는 취소하는 경우에는 본점 및 지점이 있는 곳의 등기소에서 등기하여야 한다. [본조신설 2011.4.14]

**제287조의6(준용규정)** 유한책임회사의 설립의 무효와 취소에 관하여는 제184조부터 제194조까지의 규정을 준용한다. 이 경우 제184조 중 "사원"은 "사원 및 업무집행자"로 본다. [본조신설 2011.4.14]

## 제 2 절　유한책임회사의 내부관계

〈신설 2011.4.14〉

**제287조의7(사원의 책임)** 사원의 책임은 이 법에 다른 규정이 있는 경우 외에는 그 출자금액을 한도로 한다. [본조신설 2011.4.14]

**제287조의8(지분의 양도)** ① 사원은 다른 사원의 동의를 받지 아니하면 그 지분의 전부 또는 일부를 타인에게 양도하지 못한다.
② 제1항에도 불구하고 업무를 집행하지 아니한 사원은 업무를 집행하는 사원 전원의 동의가 있으면 지분의 전부 또는 일부를 타인에게 양도할 수 있다. 다만, 업무를 집행하는 사원이 없는 경우에는 사원 전원의 동의를 받아야 한다.
③ 제1항과 제2항에도 불구하고 정관으로 그에 관한 사항을 달리 정할 수 있다. [본조신설 2011.4.14]

**제287조의9(유한책임회사에 의한 지분양수의 금지)** ① 유한책임회사는 그 지분의 전부 또는 일부를 양수할 수 없다.
② 유한책임회사가 지분을 취득하는 경우에 그 지분은 취득한 때에 소멸한다. [본조신설 2011.4.14]

**제287조의10(업무집행자의 경업 금지)** ① 업무집행자는 사원 전원의 동의를 받지 아니하고는 자기 또는 제3자의 계산으로 회사의 영업부류(營業部類)에 속한 거래를 하지 못하며, 같은 종류의 영업을 목적으로 하는 다른 회사의 업무집행자·이사 또는 집행임원이 되지 못한다.
② 업무집행자가 제1항을 위반하여 거래를 한 경우에는 제198조 제2항부터 제4항까지의 규정을 준용한다. [본조신설 2011.4.14]

**제287조의11(업무집행자와 유한책임회사 간의 거래)** 업무집행자는 다른 사원 과반수의 결의가

있는 경우에만 자기 또는 제3자의 계산으로 회사와 거래를 할 수 있다. 이 경우에는 「민법」 제124조를 적용하지 아니한다. [본조신설 2011.4.14]

**제287조의12(업무의 집행)** ① 유한책임회사는 정관으로 사원 또는 사원이 아닌 자를 업무집행자로 정하여야 한다.

② 1명 또는 둘 이상의 업무집행자를 정한 경우에는 업무집행자 각자가 회사의 업무를 집행할 권리와 의무가 있다. 이 경우에는 제201조 제2항을 준용한다.

③ 정관으로 둘 이상을 공동업무집행자로 정한 경우에는 그 전원의 동의가 없으면 업무집행에 관한 행위를 하지 못한다. [본조신설 2011.4.14]

**제287조의13(직무대행자의 권한 등)** 제287조의5 제5항에 따라 선임된 직무대행자의 권한에 대하여는 제200조의 2를 준용한다. [본조신설 2011.4.14]

**제287조의14(사원의 감시권)** 업무집행자가 아닌 사원의 감시권에 대하여는 제277조를 준용한다. [본조신설 2011.4.14]

**제287조의15(법인이 업무집행자인 경우의 특칙)** ① 법인이 업무집행자인 경우에는 그 법인은 해당 업무집행자의 직무를 행할 자를 선임하고, 그 자의 성명과 주소를 다른 사원에게 통지하여야 한다.

② 제1항에 따라 선임된 직무수행자에 대하여는 제287조의 11과 제287조의 12를 준용한다. [본조신설 2011.4.14]

**제287조의16(정관의 변경)** 정관에 다른 규정이 없는 경우 정관을 변경하려면 총사원의 동의가 있어야 한다. [본조신설 2011.4.14]

**제287조의17(업무집행자 등의 권한상실 선고)** ① 업무집행자의 업무집행권한의 상실에 관하여는 제205조를 준용한다.

② 제1항의 소(訴)는 본점소재지의 지방법원의 관할에 전속한다. [본조신설 2011.4.14]

**제287조의18(준용규정)** 유한책임회사의 내부관계에 관하여는 정관이나 이 법에 다른 규정이 없으면 합명회사에 관한 규정을 준용한다. [본조신설 2011.4.14]

## 제 3 절 유한책임회사의 외부관계

〈신설 2011.4.14〉

**제287조의19(유한책임회사의 대표)** ① 업무집행자는 유한책임회사를 대표한다.

② 업무집행자가 둘 이상인 경우 정관 또는 총사원의 동의로 유한책임회사를 대표할 업무집행자를 정할 수 있다.

③ 유한책임회사는 정관 또는 총사원의 동의로 둘 이상의 업무집행자가 공동으로 회사를 대표할 것을 정할 수 있다.

④ 제3항의 경우에 제3자의 유한책임회사에 대한 의사표시는 공동대표의 권한이 있는 자 1인에 대하여 함으로써 그 효력이 생긴다.

⑤ 유한책임회사를 대표하는 업무집행자에 대하여는 제209조를 준용한다. [본조신설 2011.4.14]

**제287조의20(손해배상책임)** 유한책임회사를 대표하는 업무집행자가 그 업무집행으로 타인에게 손해를 입힌 경우에는 회사는 그 업무집행자와 연대하여 배상할 책임이 있다. [본조신설 2011.4.14]

**제287조의21(유한책임회사와 사원 간의 소)** 유한책임회사가 사원(사원이 아닌 업무집행자를 포함한다. 이하 이 조에서 같다)에 대하여 또는 사원이 유한책임회사에 대하여 소를 제기하는 경우에 유한책임회사를 대표할 사원이 없을 때에는 다른 사원 과반수의 결의로 대표할 사원을 선정하여야 한다. [본조신설 2011.4.14]

**제287조의22(대표소송)** ① 사원은 회사에 대하여 업무집행자의 책임을 추궁하는 소의 제기를 청구할 수 있다.

② 제1항의 소에 관하여는 제403조 제2항부터 제4항까지, 제6항, 제7항 및 제404조부터 제406조까지의 규정을 준용한다. [본조신설 2011.4.14]

## 제 4 절 사원의 가입 및 탈퇴

〈신설 2011.4.14〉

**제287조의23(사원의 가입)** ① 유한책임회사는

정관을 변경함으로써 새로운 사원을 가입시킬 수 있다.
② 제1항에 따른 사원의 가입은 정관을 변경한 때에 효력이 발생한다. 다만, 정관을 변경한 때에 해당 사원이 출자에 관한 납입 또는 재산의 전부 또는 일부의 출자를 이행하지 아니한 경우에는 그 납입 또는 이행을 마친 때에 사원이 된다.
③ 사원 가입 시 현물출자를 하는 사원에 대하여는 제287조의 4 제3항을 준용한다. [본조신설 2011.4.14]

**제287조의24(사원의 퇴사권)** 사원의 퇴사에 관하여는 정관으로 달리 정하지 아니하는 경우에는 제217조 제1항을 준용한다. [본조신설 2011.4.14]

**제287조의25(퇴사 원인)** 사원의 퇴사 원인에 관하여는 제218조를 준용한다. [본조신설 2011.4.14]

**제287조의26(사원사망 시 권리승계의 통지)** 사원이 사망한 경우에는 제219조를 준용한다. [본조신설 2011.4.14]

**제287조의27(제명의 선고)** 사원의 제명에 관하여는 제220조를 준용한다. 다만, 사원의 제명에 필요한 결의는 정관으로 달리 정할 수 있다. [본조신설 2011.4.14]

**제287조의28(퇴사 사원 지분의 환급)** ① 퇴사 사원은 그 지분의 환급을 금전으로 받을 수 있다.
② 퇴사 사원에 대한 환급금액은 퇴사 시의 회사의 재산 상황에 따라 정한다.
③ 퇴사 사원의 지분 환급에 대하여는 정관으로 달리 정할 수 있다. [본조신설 2011.4.14]

**제287조의29(지분압류채권자에 의한 퇴사)** 사원의 지분을 압류한 채권자가 그 사원을 퇴사시키는 경우에는 제224조를 준용한다. [본조신설 2011.4.14]

**제287조의30(퇴사 사원의 지분 환급과 채권자의 이의)** ① 유한책임회사의 채권자는 퇴사하는 사원에게 환급하는 금액이 제287조의 37에 따른 잉여금을 초과한 경우에는 그 환급에 대하여 회사에 이의를 제기할 수 있다.
② 제1항의 이의제기에 관하여는 제232조를 준용한다. 다만, 제232조 제3항은 지분을 환급하더라도 채권자에게 손해를 끼칠 우려가 없는 경우에는 준용하지 아니한다. [본조신설 2011.4.14]

**제287조의31(퇴사 사원의 상호변경 청구권)** 퇴사한 사원의 성명이 유한책임회사의 상호 중에 사용된 경우에는 그 사원은 유한책임회사에 대하여 그 사용의 폐지를 청구할 수 있다. [본조신설 2011.4.14]

## 제5절 회계 등
〈신설 2011.4.14〉

**제287조의32(회계 원칙)** 유한책임회사의 회계는 이 법과 대통령령으로 규정한 것 외에는 일반적으로 공정하고 타당한 회계관행에 따른다. [본조신설 2011.4.14]

**제287조의33(재무제표의 작성 및 보존)** 업무집행자는 결산기마다 대차대조표, 손익계산서, 그 밖에 유한책임회사의 재무상태와 경영성과를 표시하는 것으로서 대통령령으로 정하는 서류를 작성하여야 한다. [본조신설 2011.4.14]

**제287조의34(재무제표의 비치·공시)** ① 업무집행자는 제287조의 33에 규정된 서류를 본점에 5년간 갖추어 두어야 하고, 그 등본을 지점에 3년간 갖추어 두어야 한다.
② 사원과 유한책임회사의 채권자는 회사의 영업시간 내에는 언제든지 제287조의 33에 따라 작성된 재무제표(財務諸表)의 열람과 등사를 청구할 수 있다. [본조신설 2011.4.14]

**제287조의35(자본금의 액)** 사원이 출자한 금전이나 그 밖의 재산의 가액을 유한책임회사의 자본금으로 한다. [본조신설 2011.4.14]

**제287조의36(자본금의 감소)** ① 유한책임회사는 정관 변경의 방법으로 자본금을 감소할 수 있다.
② 제1항의 경우에는 제232조를 준용한다. 다만, 감소 후의 자본금의 액이 순자산액 이상인 경우에는 그러하지 아니하다. [본조신설 2011.4.14]

**제287조의37(잉여금의 분배)** ① 유한책임회사는

대차대조표상의 순자산액으로부터 자본금의 액을 뺀 액(이하 이 조에서 "잉여금"이라 한다)을 한도로 하여 잉여금을 분배할 수 있다.
② 제1항을 위반하여 잉여금을 분배한 경우에는 유한책임회사의 채권자는 그 잉여금을 분배받은 자에 대하여 회사에 반환할 것을 청구할 수 있다.
③ 제2항의 청구에 관한 소는 본점소재지의 지방법원의 관할에 전속한다.
④ 잉여금은 정관에 다른 규정이 없으면 각 사원이 출자한 가액에 비례하여 분배한다.
⑤ 잉여금의 분배를 청구하는 방법이나 그 밖에 잉여금의 분배에 관한 사항은 정관으로 정할 수 있다.
⑥ 사원의 지분의 압류는 잉여금의 배당을 청구하는 권리에 대하여도 그 효력이 있다. [본조신설 2011.4.14]

### 제6절 해 산
〈신설 2011.4.14〉

**제287조의38(해산 원인)** 유한책임회사는 다음 각 호의 어느 하나에 해당하는 사유로 해산한다.
1. 제227조 제1호·제2호 및 제4호부터 제6호까지에서 규정한 사항에 해당하는 경우
2. 사원이 없게 된 경우 [본조신설 2011.4.14]

**제287조의39(해산등기)** 유한책임회사가 해산된 경우에는 합병과 파산의 경우 외에는 그 해산사유가 있었던 날부터 본점소재지에서는 2주 내에 해산등기를 하고, 지점소재지에서는 3주 내에 해산등기를 하여야 한다. [본조신설 2011.4.14]

**제287조의40(유한책임회사의 계속)** 제287조의38의 해산 원인 중 제227조 제1호 및 제2호의 경우에는 제229조 제1항 및 제3항을 준용한다. [본조신설 2011.4.14]

**제287조의41(유한책임회사의 합병)** 유한책임회사의 합병에 관하여는 제230조, 제232조부터 제240조까지의 규정을 준용한다. [본조신설 2011.4.14]

**제287조의42(해산청구)** 유한책임회사의 사원이 해산을 청구하는 경우에는 제241조를 준용한다. [본조신설 2011.4.14]

### 제7절 조직변경
〈신설 2011.4.14〉

**제287조의43(조직의 변경)** ① 주식회사는 총회에서 총주주의 동의로 결의한 경우에는 그 조직을 변경하여 이 장에 따른 유한책임회사로 할 수 있다.
② 유한책임회사는 총사원의 동의에 의하여 주식회사로 변경할 수 있다. [본조신설 2011.4.14]

**제287조의44(준용규정)** 유한책임회사의 조직의 변경에 관하여는 제232조 및 제604조부터 제607조까지의 규정을 준용한다. [본조신설 2011.4.14]

### 제8절 청 산
〈신설 2011.4.14〉

**제287조의45(청산)** 유한책임회사의 청산(清算)에 관하여는 제245조, 제246조, 제251조부터 제257조까지 및 제259조부터 제267조까지의 규정을 준용한다. [본조신설 2011.4.14]

## 제4장 주식회사

### 제1절 설 립

**제288조(발기인)** 주식회사를 설립함에는 발기인이 정관을 작성하여야 한다. [전문개정 2001.7.24]

**제289조(정관의 작성, 절대적 기재사항)** ① 발기인은 정관을 작성하여 다음의 사항을 적고 각 발기인이 기명날인 또는 서명하여야 한다. <개정 1984.4.10, 1995.12.29, 2001.7.24, 2011.4.14>
1. 목적
2. 상호
3. 회사가 발행할 주식의 총수
4. 액면주식을 발행하는 경우 1주의 금액
5. 회사의 설립시에 발행하는 주식의 총수
6. 본점의 소재지
7. 회사가 공고를 하는 방법
8. 발기인의 성명·주민등록번호 및 주소

9. 삭제 <1984.4.10>
② 삭제 <2011.4.14>
③ 회사의 공고는 관보 또는 시사에 관한 사항을 게재하는 일간신문에 하여야 한다. 다만, 회사는 그 공고를 정관으로 정하는 바에 따라 전자적 방법으로 할 수 있다. <개정 2009.5.28>
④ 회사는 제3항에 따라 전자적 방법으로 공고할 경우 대통령령으로 정하는 기간까지 계속 공고하고, 재무제표를 전자적 방법으로 공고할 경우에는 제450조에서 정한 기간까지 계속 공고하여야 한다. 다만, 공고기간 이후에도 누구나 그 내용을 열람할 수 있도록 하여야 한다. <신설 2009.5.28>
⑤ 회사가 전자적 방법으로 공고를 할 경우에는 게시 기간과 게시 내용에 대하여 증명하여야 한다. <신설 2009.5.28>
⑥ 회사의 전자적 방법으로 하는 공고에 관하여 필요한 사항은 대통령령으로 정한다. <신설 2009.5.28>

**제290조(변태설립사항)** 다음의 사항은 정관에 기재함으로써 그 효력이 있다.
1. 발기인이 받을 특별이익과 이를 받을 자의 성명
2. 현물출자를 하는 자의 성명과 그 목적인 재산의 종류, 수량, 가격과 이에 대하여 부여할 주식의 종류와 수
3. 회사성립후에 양수할 것을 약정한 재산의 종류, 수량, 가격과 그 양도인의 성명
4. 회사가 부담할 설립비용과 발기인이 받을 보수액

**제291조(설립 당시의 주식발행사항의 결정)** 회사설립 시에 발행하는 주식에 관하여 다음의 사항은 정관으로 달리 정하지 아니하면 발기인 전원의 동의로 이를 정한다.
1. 주식의 종류와 수
2. 액면주식의 경우에 액면 이상의 주식을 발행할 때에는 그 수와 금액
3. 무액면주식을 발행하는 경우에는 주식의 발행가액과 주식의 발행가액 중 자본금으로 계상하는 금액 [전문개정 2011.4.14]

**제292조(정관의 효력발생)** 정관은 공증인의 인증을 받음으로써 효력이 생긴다. 다만, 자본금 총액이 10억원 미만인 회사를 제295조 제1항에 따라 발기설립(發起設立)하는 경우에는 제289조 제1항에 따라 각 발기인이 정관에 기명날인 또는 서명함으로써 효력이 생긴다. [전문개정 2009.5.28]

**제293조(발기인의 주식인수)** 각발기인은 서면에 의하여 주식을 인수하여야 한다.

**제294조** 삭제 <1995.12.29>

**제295조(발기설립의 경우의 납입과 현물출자의 이행)** ① 발기인이 회사의 설립시에 발행하는 주식의 총수를 인수한 때에는 지체없이 각주식에 대하여 그 인수가액의 전액을 납입하여야 한다. 이 경우 발기인은 납입을 맡을 은행 기타 금융기관과 납입장소를 지정하여야 한다. <개정 1995.12.29>
② 현물출자를 하는 발기인은 납입기일에 지체없이 출자의 목적인 재산을 인도하고 등기, 등록 기타 권리의 설정 또는 이전을 요할 경우에는 이에 관한 서류를 완비하여 교부하여야 한다.

**제296조(발기설립의 경우의 임원선임)** ① 전조의 규정에 의한 납입과 현물출자의 이행이 완료된 때에는 발기인은 지체없이 의결권의 과반수로 이사와 감사를 선임하여야 한다.
② 발기인의 의결권은 그 인수주식의 1주에 대하여 1개로 한다.

**제297조(발기인의 의사록작성)** 발기인은 의사록을 작성하여 의사의 경과와 그 결과를 기재하고 기명날인 또는 서명하여야 한다. <개정 1995.12.29>

**제298조(이사·감사의 조사·보고와 검사인의 선임청구)** ① 이사와 감사는 취임후 지체없이 회사의 설립에 관한 모든 사항이 법령 또는 정관의 규정에 위반되지 아니하는지의 여부를 조사하여 발기인에게 보고하여야 한다.
② 이사와 감사중 발기인이었던 자·현물출자자 또는 회사성립후 양수할 재산의 계약당사

자인 자는 제1항의 조사·보고에 참가하지 못한다.
③ 이사와 감사의 전원이 제2항에 해당하는 때에는 이사는 공증인으로 하여금 제1항의 조사·보고를 하게 하여야 한다.
④ 정관으로 제290조 각호의 사항을 정한 때에는 이사는 이에 관한 조사를 하게 하기 위하여 검사인의 선임을 법원에 청구하여야 한다. 다만, 제299조의 2의 경우에는 그러하지 아니하다. [전문개정 1995.12.29]

**제299조(검사인의 조사, 보고)** ① 검사인은 제290조 각 호의 사항과 제295조에 따른 현물출자의 이행을 조사하여 법원에 보고하여야 한다.
② 제1항은 다음 각 호의 어느 하나에 해당할 경우에는 적용하지 아니한다.
1. 제290조 제2호 및 제3호의 재산총액이 자본금의 5분의 1을 초과하지 아니하고 대통령령으로 정한 금액을 초과하지 아니하는 경우
2. 제290조 제2호 또는 제3호의 재산이 거래소에서 시세가 있는 유가증권인 경우로서 정관에 적힌 가격이 대통령령으로 정한 방법으로 산정된 시세를 초과하지 아니하는 경우
3. 그 밖에 제1호 및 제2호에 준하는 경우로서 대통령령으로 정하는 경우

③ 검사인은 제1항의 조사보고서를 작성한 후 지체 없이 그 등본을 각 발기인에게 교부하여야 한다.
④ 검사인의 조사보고서에 사실과 다른 사항이 있는 경우에는 발기인은 이에 대한 설명서를 법원에 제출할 수 있다. [전문개정 2011.4.14]

**제299조의2(현물출자등의 증명)** 제290조제1호 및 제4호에 기재한 사항에 관하여는 공증인의 조사·보고로, 제290조 제2호 및 제3호의 규정에 의한 사항과 제295조의 규정에 의한 현물출자의 이행에 관하여는 공인된 감정인의 감정으로 제299조 제1항의 규정에 의한 검사인의 조사에 갈음할 수 있다. 이 경우 공증인 또는 감정인은 조사 또는 감정결과를 법원에 보고하여야 한다. <개정 1998.12.28>
[본조신설 1995.12.29]

**제300조(법원의 변경처분)** ① 법원은 검사인 또는 공증인의 조사보고서 또는 감정인의 감정결과와 발기인의 설명서를 심사하여 제290조의 규정에 의한 사항을 부당하다고 인정한 때에는 이를 변경하여 각발기인에게 통고할 수 있다. <개정 1998.12.28>
② 제1항의 변경에 불복하는 발기인은 그 주식의 인수를 취소할 수 있다. 이 경우에는 정관을 변경하여 설립에 관한 절차를 속행할 수 있다. <개정 1998.12.28>
③ 법원의 통고가 있은 후 2주내에 주식의 인수를 취소한 발기인이 없는 때에는 정관은 통고에 따라서 변경된 것으로 본다. <개정 1998.12.28>

**제301조(모집설립의 경우의 주식모집)** 발기인이 회사의 설립시에 발행하는 주식의 총수를 인수하지 아니하는 때에는 주주를 모집하여야 한다.

**제302조(주식인수의 청약, 주식청약서의 기재사항)** ① 주식인수의 청약을 하고자 하는 자는 주식청약서 2통에 인수할 주식의 종류 및 수와 주소를 기재하고 기명날인 또는 서명하여야 한다. <개정 1995.12.29>
② 주식청약서는 발기인이 작성하고 다음의 사항을 적어야 한다. <개정 1962.12.12, 1984.4.10, 1995.12.29, 2011.4.14>
1. 정관의 인증년월일과 공증인의 성명
2. 제289조 제1항과 제290조에 게기한 사항
3. 회사의 존립기간 또는 해산사유를 정한 때에는 그 규정
4. 각발기인이 인수한 주식의 종류와 수
5. 제291조에 게기한 사항

5의2. 주식의 양도에 관하여 이사회의 승인을 얻도록 정한 때에는 그 규정

6. 삭제 <2011.4.14>
7. 주주에게 배당할 이익으로 주식을 소각할 것을 정한 때에는 그 규정
8. 일정한 시기까지 창립총회를 종결하지 아니한 때에는 주식의 인수를 취소할 수 있다는 뜻
9. 납입을 맡을 은행 기타 금융기관과 납입장소

10. 명의개서대리인을 둔 때에는 그 성명·주소 및 영업소

③ 민법 제107조 제1항 단서의 규정은 주식인수의 청약에는 적용하지 아니한다.

**제303조(주식인수인의 의무)** 주식인수를 청약한 자는 발기인이 배정한 주식의 수에 따라서 인수가액을 납입할 의무를 부담한다.

**제304조(주식인수인 등에 대한 통지, 최고)** ① 주식인수인 또는 주식청약인에 대한 통지나 최고는 주식인수증 또는 주식청약서에 기재한 주소 또는 그 자로부터 회사에 통지한 주소로 하면 된다.

② 전항의 통지 또는 최고는 보통 그 도달할 시기에 도달한 것으로 본다.

**제305조(주식에 대한 납입)** ① 회사설립시에 발행하는 주식의 총수가 인수된 때에는 발기인은 지체없이 주식인수인에 대하여 각주식에 대한 인수가액의 전액을 납입시켜야 한다.

② 전항의 납입은 주식청약서에 기재한 납입장소에서 하여야 한다.

③ 제295조 제2항의 규정은 제1항의 경우에 준용한다.

**제306조(납입금의 보관자등의 변경)** 납입금의 보관자 또는 납입장소를 변경할 때에는 법원의 허가를 얻어야 한다.

**제307조(주식인수인의 실권절차)** ① 주식인수인이 제305조의 규정에 의한 납입을 하지 아니한 때에는 발기인은 일정한 기일을 정하여 그 기일내에 납입을 하지 아니하면 그 권리를 잃는다는 뜻을 기일의 2주간전에 그 주식인수인에게 통지하여야 한다.

② 전항의 통지를 받은 주식인수인이 그 기일내에 납입의 이행을 하지 아니한 때에는 그 권리를 잃는다. 이 경우에는 발기인은 다시 그 주식에 대한 주주를 모집할 수 있다.

③ 전2항의 규정은 그 주식인수인에 대한 손해배상의 청구에 영향을 미치지 아니한다.

**제308조(창립총회)** ① 제305조의 규정에 의한 납입과 현물출자의 이행을 완료한 때에는 발기인은 지체없이 창립총회를 소집하여야 한다.

② 제363조 제1항·제2항, 제364조, 제368조 제3항·제4항, 제368조의 2, 제369조 제1항, 제371조 제2항, 제372조, 제373조, 제376조 내지 제381조와 제435조의 규정은 창립총회에 준용한다. <개정 1984.4.10>

**제309조(창립총회의 결의)** 창립총회의 결의는 출석한 주식인수인의 의결권의 3분의 2이상이며 인수된 주식의 총수의 과반수에 해당하는 다수로 하여야 한다.

**제310조(변태설립의 경우의 조사)** ① 정관으로 제290조에 게기한 사항을 정한 때에는 발기인은 이에 관한 조사를 하게 하기 위하여 검사인의 선임을 법원에 청구하여야 한다.

② 전항의 검사인의 보고서는 이를 창립총회에 제출하여야 한다.

③ 제298조 제4항 단서 및 제299조의 2의 규정은 제1항의 조사에 관하여 이를 준용한다. <신설 1995.12.29>

**제311조(발기인의 보고)** ① 발기인은 회사의 창립에 관한 사항을 서면에 의하여 창립총회에 보고하여야 한다.

② 전항의 보고서에는 다음의 사항을 명확히 기재하여야 한다.

1. 주식인수와 납입에 관한 제반상황
2. 제290조에 게기한 사항에 관한 실태

**제312조(임원의 선임)** 창립총회에서는 이사와 감사를 선임하여야 한다.

**제313조(이사, 감사의 조사, 보고)** ① 이사와 감사는 취임후 지체없이 회사의 설립에 관한 모든 사항이 법령 또는 정관의 규정에 위반되지 아니하는지의 여부를 조사하여 창립총회에 보고하여야 한다. <개정 1962.12.12, 1995.12.29>

② 제298조 제2항 및 제3항의 규정은 제1항의 조사와 보고에 관하여 이를 준용한다. <개정 1995.12.29>

③ 삭제 <1995.12.29>

**제314조(변태설립사항의 변경)** ① 창립총회에서는 제290조에 게기한 사항이 부당하다고 인정한 때에는 이를 변경할 수 있다.

② 제300조 제2항과 제3항의 규정은 전항의 경우에 준용한다.

**제315조(발기인에 대한 손해배상청구)** 전조의 규정은 발기인에 대한 손해배상의 청구에 영향을 미치지 아니한다.

**제316조(정관변경, 설립폐지의 결의)** ① 창립총회에서는 정관의 변경 또는 설립의 폐지를 결의할 수 있다.

② 전항의 결의는 소집통지서에 그 뜻의 기재가 없는 경우에도 이를 할 수 있다.

**제317조(설립의 등기)** ① 주식회사의 설립등기는 발기인이 회사설립시에 발행한 주식의 총수를 인수한 경우에는 제299조와 제300조의 규정에 의한 절차가 종료한 날로부터, 발기인이 주주를 모집한 경우에는 창립총회가 종결한 날 또는 제314조의 규정에 의한 절차가 종료한 날로부터 2주간내에 이를 하여야 한다.

② 제1항의 설립등기에 있어서는 다음의 사항을 등기하여야 한다. <개정 1962.12.12, 1984.4.10, 1995.12.29, 1999.12.31, 2009.1.30, 2011.4.14>

1. 제289조 제1항 제1호 내지 제4호, 제6호와 제7호에 게기한 사항
2. 자본금의 액
3. 발행주식의 총수, 그 종류와 각종주식의 내용과 수

3의2. 주식의 양도에 관하여 이사회의 승인을 얻도록 정한 때에는 그 규정

3의3. 주식매수선택권을 부여하도록 정한 때에는 그 규정

3의4. 지점의 소재지

4. 회사의 존립기간 또는 해산사유를 정한 때에는 그 기간 또는 사유
5. 삭제 <2011.4.14>
6. 주주에게 배당할 이익으로 주식을 소각할 것을 정한 때에는 그 규정
7. 전환주식을 발행하는 경우에는 제347조에 게기한 사항
8. 사내이사, 사외이사, 그 밖에 상무에 종사하지 아니하는 이사, 감사 및 집행임원의 성명과 주민등록번호
9. 회사를 대표할 이사 또는 집행임원의 성명·주민등록번호 및 주소
10. 둘 이상의 대표이사 또는 대표집행임원이 공동으로 회사를 대표할 것을 정한 경우에는 그 규정
11. 명의개서대리인을 둔 때에는 그 상호 및 본점소재지
12. 감사위원회를 설치한 때에는 감사위원회 위원의 성명 및 주민등록번호

③ 주식회사의 지점 설치 및 이전 시 지점소재지 또는 신지점소재지에서 등기를 할 때에는 제289조 제1항 제1호·제2호·제6호 및 제7호와 이 조 제2항 제4호·제9호 및 제10호에 따른 사항을 등기하여야 한다. <개정 2011.4.14>

④ 제181조 내지 제183조의 규정은 주식회사의 등기에 준용한다.

**제318조(납입금 보관자의 증명과 책임)** ① 납입금을 보관한 은행이나 그 밖의 금융기관은 발기인 또는 이사의 청구를 받으면 그 보관금액에 관하여 증명서를 발급하여야 한다.

② 제1항의 은행이나 그 밖의 금융기관은 증명한 보관금액에 대하여는 납입이 부실하거나 그 금액의 반환에 제한이 있다는 것을 이유로 회사에 대항하지 못한다.

③ 자본금 총액이 10억원 미만인 회사를 제295조 제1항에 따라 발기설립하는 경우에는 제1항의 증명서를 은행이나 그 밖의 금융기관의 잔고증명서로 대체할 수 있다. [전문개정 2009.5.28]

**제319조(권리주의 양도)** 주식의 인수로 인한 권리의 양도는 회사에 대하여 효력이 없다.

**제320조(주식인수의 무효주장, 취소의 제한)** ① 회사성립후에는 주식을 인수한 자는 주식청약서의 요건의 흠결을 이유로 하여 그 인수의 무효를 주장하거나 사기, 강박 또는 착오를 이유로 하여 그 인수를 취소하지 못한다.

② 창립총회에 출석하여 그 권리를 행사한 자는 회사의 성립전에도 전항과 같다.

**제321조(발기인의 인수, 납입담보책임)** ① 회사

설립시에 발행한 주식으로서 회사성립후에 아직 인수되지 아니한 주식이 있거나 주식인수의 청약이 취소된 때에는 발기인이 이를 공동으로 인수한 것으로 본다.
② 회사성립후 제295조 제1항 또는 제305조 제1항의 규정에 의한 납입을 완료하지 아니한 주식이 있는 때에는 발기인은 연대하여 그 납입을 하여야 한다.
③ 제315조의 규정은 전2항의 경우에 준용한다.

**제322조(발기인의 손해배상책임)** ① 발기인이 회사의 설립에 관하여 그 임무를 해태한 때에는 그 발기인은 회사에 대하여 연대하여 손해를 배상할 책임이 있다.
② 발기인이 악의 또는 중대한 과실로 인하여 그 임무를 해태한 때에는 그 발기인은 제삼자에 대하여도 연대하여 손해를 배상할 책임이 있다.

**제323조(발기인, 임원의 연대책임)** 이사 또는 감사가 제313조 제1항의 규정에 의한 임무를 해태하여 회사 또는 제삼자에 대하여 손해를 배상할 책임을 지는 경우에 발기인도 책임을 질 때에는 그 이사, 감사와 발기인은 연대하여 손해를 배상할 책임이 있다.

**제324조(발기인의 책임면제, 주주의 대표소송)** 제400조와 제403조 내지 제406조의 규정은 발기인에 준용한다.

**제325조(검사인의 손해배상책임)** 법원이 선임한 검사인이 악의 또는 중대한 과실로 인하여 그 임무를 해태한 때에는 회사 또는 제삼자에 대하여 손해를 배상할 책임이 있다.

**제326조(회사불성립의 경우의 발기인의 책임)** ① 회사가 성립하지 못한 경우에는 발기인은 그 설립에 관한 행위에 대하여 연대하여 책임을 진다.
② 전항의 경우에 회사의 설립에 관하여 지급한 비용은 발기인이 부담한다.

**제327조(유사발기인의 책임)** 주식청약서 기타 주식모집에 관한 서면에 성명과 회사의 설립에 찬조하는 뜻을 기재할 것을 승낙한 자는 발기인과 동일한 책임이 있다.

**제328조(설립무효의 소)** ① 회사설립의 무효는 주주·이사 또는 감사에 한하여 회사성립의 날로부터 2년내에 소만으로 이를 주장할 수 있다. <개정 1984.4.10>
② 제186조 내지 제193조의 규정은 제1항의 소에 준용한다. <개정 1984.4.10>

## 제2절 주 식

### 제1관 주식과 주권
〈신설 2001.7.24〉

**제329조(자본금의 구성)** ① 회사는 정관으로 정한 경우에는 주식의 전부를 무액면주식으로 발행할 수 있다. 다만, 무액면주식을 발행하는 경우에는 액면주식을 발행할 수 없다.
② 액면주식의 금액은 균일하여야 한다.
③ 액면주식 1주의 금액은 100원 이상으로 하여야 한다.
④ 회사는 정관으로 정하는 바에 따라 발행된 액면주식을 무액면주식으로 전환하거나 무액면주식을 액면주식으로 전환할 수 있다.
⑤ 제4항의 경우에는 제440조, 제441조 본문 및 제442조를 준용한다. [전문개정 2011.4.14]

**제329조의2(주식의 분할)** ① 회사는 제434조의 규정에 의한 주주총회의 결의로 주식을 분할할 수 있다.
② 제1항의 경우에 분할 후의 액면주식 1주의 금액은 제329조제3항에 따른 금액 미만으로 하지 못한다. <개정 2011.4.14>
③ 제440조 내지 제444조의 규정은 제1항의 규정에 의한 주식분할의 경우에 이를 준용한다. [본조신설 1998.12.28]

**제330조 (액면미달발행의 제한)** 주식은 액면미달의 가액으로 발행하지 못한다. 그러나 제417조의 경우에는 그러하지 아니하다.

**제331조(주주의 책임)** 주주의 책임은 그가 가진 주식의 인수가액을 한도로 한다.

**제332조(가설인, 타인의 명의에 의한 인수인의 책임)** ① 가설인의 명의로 주식을 인수하거나

타인의 승락없이 그 명의로 주식을 인수한 자는 주식인수인으로서의 책임이 있다.
② 타인의 승락을 얻어 그 명의로 주식을 인수한 자는 그 타인과 연대하여 납입할 책임이 있다.

**제333조(주식의 공유)** ① 수인이 공동으로 주식을 인수한 자는 연대하여 납입할 책임이 있다.
② 주식이 수인의 공유에 속하는 때에는 공유자는 주주의 권리를 행사할 자 1인을 정하여야 한다.
③ 주주의 권리를 행사할 자가 없는 때에는 공유자에 대한 통지나 최고는 그 1인에 대하여 하면된다.

**제334조** 삭제 <2011.4.14>

**제335조(주식의 양도성)** ① 주식은 타인에게 양도할 수 있다. 다만, 회사는 정관으로 정하는 바에 따라 그 발행하는 주식의 양도에 관하여 이사회의 승인을 받도록 할 수 있다. <개정 2011.4.14>
② 제1항 단서의 규정에 위반하여 이사회의 승인을 얻지 아니한 주식의 양도는 회사에 대하여 효력이 없다. <신설 1995.12.29>
③ 주권발행전에 한 주식의 양도는 회사에 대하여 효력이 없다. 그러나 회사성립후 또는 신주의 납입기일후 6월이 경과한 때에는 그러하지 아니하다. <개정 1984.4.10>

**제335조의2(양도승인의 청구)** ① 주식의 양도에 관하여 이사회의 승인을 얻어야 하는 경우에는 주식을 양도하고자 하는 주주는 회사에 대하여 양도의 상대방 및 양도하고자 하는 주식의 종류와 수를 기재한 서면으로 양도의 승인을 청구할 수 있다.
② 회사는 제1항의 청구가 있는 날부터 1월 이내에 주주에게 그 승인여부를 서면으로 통지하여야 한다.
③ 회사가 제2항의 기간내에 주주에게 거부의 통지를 하지 아니한 때에는 주식의 양도에 관하여 이사회의 승인이 있는 것으로 본다.
④ 제2항의 양도승인거부의 통지를 받은 주주는 통지를 받은 날부터 20일내에 회사에 대하여 양도의 상대방의 지정 또는 그 주식의 매수를 청구할 수 있다. [본조신설 1995.12.29]

**제335조의3(양도상대방의 지정청구)** ① 주주가 양도의 상대방을 지정하여 줄 것을 청구한 경우에는 이사회는 이를 지정하고, 그 청구가 있은 날부터 2주간내에 주주 및 지정된 상대방에게 서면으로 이를 통지하여야 한다.
② 제1항의 기간내에 주주에게 상대방지정의 통지를 하지 아니한 때에는 주식의 양도에 관하여 이사회의 승인이 있는 것으로 본다. [본조신설 1995.12.29]

**제335조의4(지정된 자의 매도청구권)** ① 제335조의 3 제1항의 규정에 의하여 상대방으로 지정된 자는 지정통지를 받은 날부터 10일 이내에 지정청구를 한 주주에 대하여 서면으로 그 주식을 자기에게 매도할 것을 청구할 수 있다.
② 제335조의 3 제2항의 규정은 주식의 양도 상대방으로 지정된 자가 제1항의 기간내에 매도의 청구를 하지 아니한 때에 이를 준용한다.
[본조신설 1995.12.29] [제목개정 2001.7.24]

**제335조의5(매도가액의 결정)** ① 제335조의4의 경우에 그 주식의 매도가액은 주주와 매도청구인간의 협의로 이를 결정한다. <개정 2001.7.24>
② 제374조의 2 제4항 및 제5항의 규정은 제335조의 4 제1항의 규정에 의한 청구를 받은 날부터 30일 이내에 제1항의 규정에 의한 협의가 이루어지지 아니하는 경우에 이를 준용한다. <개정 2001.7.24>
[본조신설 1995.12.29] [제목개정 2001.7.24]

**제335조의6(주식의 매수청구)** 제374조의 2 제2항 내지 제5항의 규정은 제335조의 2 제4항의 규정에 의하여 주주가 회사에 대하여 주식의 매수를 청구한 경우에 이를 준용한다. <개정 2001.7.24>
[본조신설 1995.12.29]

**제335조의7(주식의 양수인에 의한 승인청구)** ① 주식의 양도에 관하여 이사회의 승인을 얻어야 하는 경우에 주식을 취득한 자는 회사에 대하여 그 주식의 종류와 수를 기재한 서면으로 그 취득의 승인을 청구할 수 있다.

② 제335조의 2 제2항 내지 제4항, 제335조의 3 내지 제335조의 6의 규정은 제1항의 경우에 이를 준용한다. [본조신설 1995.12.29]

**제336조(주식의 양도방법)** ① 주식의 양도에 있어서는 주권을 교부하여야 한다.
② 주권의 점유자는 이를 적법한 소지인으로 추정한다. [전문개정 1984.4.10]

**제337조(기명주식의 이전의 대항요건)** ① 기명주식의 이전은 취득자의 성명과 주소를 주주명부에 기재하지 아니하면 회사에 대항하지 못한다.
② 회사는 정관이 정하는 바에 의하여 명의개서대리인을 둘 수 있다. 이 경우 명의개서대리인이 취득자의 성명과 주소를 주주명부의 복본에 기재한 때에는 제1항의 명의개서가 있는 것으로 본다. <신설 1984.4.10>

**제338조(기명주식의 입질)** ① 기명주식을 질권의 목적으로 하는 때에는 주권을 질권자에게 교부하여야 한다.
② 질권자는 계속하여 주권을 점유하지 아니하면 그 질권으로써 제삼자에게 대항하지 못한다.

**제339조(질권의 물상대위)** 주식의 소각, 병합, 분할 또는 전환이 있는 때에는 이로 인하여 종전의 주주가 받을 금전이나 주식에 대하여도 종전의 주식을 목적으로한 질권을 행사할 수 있다. <개정 1998.12.28>

**제340조(기명주식의 등록질)** ① 기명주식을 질권(質權)의 목적으로 한 경우에 회사가 질권설정자의 청구에 따라 그 성명과 주소를 주주명부에 덧붙여 쓰고 그 성명을 주권(株券)에 적은 경우에는 질권자는 회사로부터 이익배당, 잔여재산의 분배 또는 제339조에 따른 금전의 지급을 받아 다른 채권자에 우선하여 자기채권의 변제에 충당할 수 있다. <개정 2011.4.14>
② 민법 제353조 제3항의 규정은 전항의 경우에 준용한다.
③ 제1항의 질권자는 회사에 대하여 전조의 주식에 대한 주권의 교부를 청구할 수 있다.

**제340조의2(주식매수선택권)** ① 회사는 정관으로 정하는 바에 따라 제434조의 주주총회의 결의로 회사의 설립·경영 및 기술혁신 등에 기여하거나 기여할 수 있는 회사의 이사, 집행임원, 감사 또는 피용자(被用者)에게 미리 정한 가액(이하 "주식매수선택권의 행사가액"이라 한다)으로 신주를 인수하거나 자기의 주식을 매수할 수 있는 권리(이하 "주식매수선택권"이라 한다)를 부여할 수 있다. 다만, 주식매수선택권의 행사가액이 주식의 실질가액보다 낮은 경우에 회사는 그 차액을 금전으로 지급하거나 그 차액에 상당하는 자기의 주식을 양도할 수 있다. 이 경우 주식의 실질가액은 주식매수선택권의 행사일을 기준으로 평가한다.
② 다음 각 호의 어느 하나에 해당하는 자에게는 제1항의 주식매수선택권을 부여할 수 없다.
1. 의결권 없는 주식을 제외한 발행주식총수의 100분의 10 이상의 주식을 가진 주주
2. 이사·집행임원·감사의 선임과 해임 등 회사의 주요 경영사항에 대하여 사실상 영향력을 행사하는 자
3. 제1호와 제2호에 규정된 자의 배우자와 직계존비속

③ 제1항에 따라 발행할 신주 또는 양도할 자기의 주식은 회사의 발행주식총수의 100분의 10을 초과할 수 없다.
④ 제1항의 주식매수선택권의 행사가액은 다음 각 호의 가액 이상이어야 한다.
1. 신주를 발행하는 경우에는 주식매수선택권의 부여일을 기준으로 한 주식의 실질가액과 주식의 권면액(券面額) 중 높은 금액. 다만, 무액면주식을 발행한 경우에는 자본으로 계상되는 금액 중 1주에 해당하는 금액을 권면액으로 본다.
2. 자기의 주식을 양도하는 경우에는 주식매수선택권의 부여일을 기준으로 한 주식의 실질가액 [전문개정 2011.4.14]

**제340조의3(주식매수선택권의 부여)** ① 제340조의 2 제1항의 주식매수선택권에 관한 정관의 규정에는 다음 각호의 사항을 기재하여야 한다.
1. 일정한 경우 주식매수선택권을 부여할 수

있다는 뜻
2. 주식매수선택권의 행사로 발행하거나 양도할 주식의 종류와 수
3. 주식매수선택권을 부여받을 자의 자격요건
4. 주식매수선택권의 행사기간
5. 일정한 경우 이사회결의로 주식매수선택권의 부여를 취소할 수 있다는 뜻

② 제340조의 2 제1항의 주식매수선택권에 관한 주주총회의 결의에 있어서는 다음 각호의 사항을 정하여야 한다.

1. 주식매수선택권을 부여받을 자의 성명
2. 주식매수선택권의 부여방법
3. 주식매수선택권의 행사가액과 그 조정에 관한 사항
4. 주식매수선택권의 행사기간
5. 주식매수선택권을 부여받을 자 각각에 대하여 주식매수선택권의 행사로 발행하거나 양도할 주식의 종류와 수

③ 회사는 제2항의 주주총회 결의에 의하여 주식매수선택권을 부여 받은 자와 계약을 체결하고 상당한 기간내에 그에 관한 계약서를 작성하여야 한다.

④ 회사는 제3항의 계약서를 주식매수선택권의 행사기간이 종료할 때까지 본점에 비치하고 주주로 하여금 영업시간내에 이를 열람할 수 있도록 하여야 한다. [본조신설 1999.12.31]

**제340조의4(주식매수선택권의 행사)** ① 제340조의 2 제1항의 주식매수선택권은 제340조의 3 제2항 각호의 사항을 정하는 주주총회결의일부터 2년 이상 재임 또는 재직하여야 이를 행사할 수 있다.

② 제340조의 2 제1항의 주식매수선택권은 이를 양도할 수 없다. 다만, 동조 제2항의 규정에 의하여 주식매수선택권을 행사할 수 있는 자가 사망한 경우에는 그 상속인이 이를 행사할 수 있다. [본조신설 1999.12.31]

**제340조의5(준용규정)** 제350조 제2항, 제350조 제3항 후단, 제351조, 제516조의 9 제1항 · 제3항 · 제4항 및 제516조의 10 전단은 주식매수선택권의 행사로 신주를 발행하는 경우에 이를 준용한다. <개정 2011.4.14>

[본조신설 1999.12.31]

**제341조(자기주식의 취득)** ① 회사는 다음의 방법에 따라 자기의 명의와 계산으로 자기의 주식을 취득할 수 있다. 다만, 그 취득가액의 총액은 직전 결산기의 대차대조표상의 순자산액에서 제462조 제1항 각 호의 금액을 뺀 금액을 초과하지 못한다.

1. 거래소에서 시세(時勢)가 있는 주식의 경우에는 거래소에서 취득하는 방법
2. 제345조 제1항의 주식의 상환에 관한 종류주식의 경우 외에 각 주주가 가진 주식 수에 따라 균등한 조건으로 취득하는 것으로서 대통령령으로 정하는 방법

② 제1항에 따라 자기주식을 취득하려는 회사는 미리 주주총회의 결의로 다음 각 호의 사항을 결정하여야 한다. 다만, 이사회의 결의로 이익배당을 할 수 있다고 정관으로 정하고 있는 경우에는 이사회의 결의로써 주주총회의 결의를 갈음할 수 있다.

1. 취득할 수 있는 주식의 종류 및 수
2. 취득가액의 총액의 한도
3. 1년을 초과하지 아니하는 범위에서 자기주식을 취득할 수 있는 기간

③ 회사는 해당 영업연도의 결산기에 대차대조표상의 순자산액이 제462조 제1항 각 호의 금액의 합계액에 미치지 못할 우려가 있는 경우에는 제1항에 따른 주식의 취득을 하여서는 아니 된다.

④ 해당 영업연도의 결산기에 대차대조표상의 순자산액이 제462조 제1항 각 호의 금액의 합계액에 미치지 못함에도 불구하고 회사가 제1항에 따라 주식을 취득한 경우 이사는 회사에 대하여 연대하여 그 미치지 못한 금액을 배상할 책임이 있다. 다만, 이사가 제3항의 우려가 없다고 판단하는 때에 주의를 게을리하지 아니하였음을 증명한 경우에는 그러하지 아니하다. [전문개정 2011.4.14]

**제341조의2(특정목적에 의한 자기주식의 취득)** 회사는 다음 각 호의 어느 하나에 해당하는 경우에는 제341조에도 불구하고 자기의 주식을 취득할 수 있다.

1. 회사의 합병 또는 다른 회사의 영업전부의 양수로 인한 경우
2. 회사의 권리를 실행함에 있어 그 목적을 달성하기 위하여 필요한 경우
3. 단주(端株)의 처리를 위하여 필요한 경우
4. 주주가 주식매수청구권을 행사한 경우

[전문개정 2011.4.14]

**제341조의3(자기주식의 질취)** 회사는 발행주식총수의 20분의 1을 초과하여 자기의 주식을 질권의 목적으로 받지 못한다. 다만, 제341조의 2 제1호 및 제2호의 경우에는 그 한도를 초과하여 질권의 목적으로 할 수 있다.
[전문개정 2011.4.14]

**제342조(자기주식의 처분)** 회사가 보유하는 자기의 주식을 처분하는 경우에 다음 각 호의 사항으로서 정관에 규정이 없는 것은 이사회가 결정한다.
1. 처분할 주식의 종류와 수
2. 처분할 주식의 처분가액과 납입기일
3. 주식을 처분할 상대방 및 처분방법

[전문개정 2011.4.14]

**제342조의2(자회사에 의한 모회사주식의 취득)** ① 다른 회사의 발행주식의 총수의 100분의 50을 초과하는 주식을 가진 회사(이하 "모회사"라 한다)의 주식은 다음의 경우를 제외하고는 그 다른 회사(이하 "자회사"라 한다)가 이를 취득할 수 없다. <개정 2001.7.24>
1. 주식의 포괄적 교환, 주식의 포괄적 이전, 회사의 합병 또는 다른 회사의 영업전부의 양수로 인한 때
2. 회사의 권리를 실행함에 있어 그 목적을 달성하기 위하여 필요한 때

② 제1항 각호의 경우 자회사는 그 주식을 취득한 날로부터 6월 이내에 모회사의 주식을 처분하여야 한다.
③ 다른 회사의 발행주식의 총수의 100분의 50을 초과하는 주식을 모회사 및 자회사 또는 자회사가 가지고 있는 경우 그 다른 회사는 이 법의 적용에 있어 그 모회사의 자회사로 본다. <개정 2001.7.24>
[본조신설 1984.4.10]

**제342조의3(다른 회사의 주식취득)** 회사가 다른 회사의 발행주식총수의 10분의 1을 초과하여 취득한 때에는 그 다른 회사에 대하여 지체없이 이를 통지하여야 한다.
[본조신설 1995.12.29]

**제343조(주식의 소각)** ① 주식은 자본금 감소에 관한 규정에 따라서만 소각(消却)할 수 있다. 다만, 이사회의 결의에 의하여 회사가 보유하는 자기주식을 소각하는 경우에는 그러하지 아니하다.
② 자본금감소에 관한 규정에 따라 주식을 소각하는 경우에는 제440조 및 제441조를 준용한다.
[전문개정 2011.4.14]

**제343조의2** 삭제 <2011.4.14>

**제344조(종류주식)** ① 회사는 이익의 배당, 잔여재산의 분배, 주주총회에서의 의결권의 행사, 상환 및 전환 등에 관하여 내용이 다른 종류의 주식(이하 "종류주식"이라 한다)을 발행할 수 있다.
② 제1항의 경우에는 정관으로 각 종류주식의 내용과 수를 정하여야 한다.
③ 회사가 종류주식을 발행하는 때에는 정관에 다른 정함이 없는 경우에도 주식의 종류에 따라 신주의 인수, 주식의 병합·분할·소각 또는 회사의 합병·분할로 인한 주식의 배정에 관하여 특수하게 정할 수 있다.
④ 종류주식 주주의 종류주주총회의 결의에 관하여는 제435조 제2항을 준용한다.
[전문개정 2011.4.14]

**제344조의2(이익배당, 잔여재산분배에 관한 종류주식)** ① 회사가 이익의 배당에 관하여 내용이 다른 종류주식을 발행하는 경우에는 정관에 그 종류주식의 주주에게 교부하는 배당재산의 종류, 배당재산의 가액의 결정방법, 이익을 배당하는 조건 등 이익배당에 관한 내용을 정하여야 한다.
② 회사가 잔여재산의 분배에 관하여 내용이 다른 종류주식을 발행하는 경우에는 정관에

잔여재산의 종류, 잔여재산의 가액의 결정방법, 그 밖에 잔여재산분배에 관한 내용을 정하여야 한다. [본조신설 2011.4.14]

**제344조의3(의결권의 배제·제한에 관한 종류주식)** ① 회사가 의결권이 없는 종류주식이나 의결권이 제한되는 종류주식을 발행하는 경우에는 정관에 의결권을 행사할 수 없는 사항과, 의결권행사 또는 부활의 조건을 정한 경우에는 그 조건 등을 정하여야 한다.

② 제1항에 따른 종류주식의 총수는 발행주식총수의 4분의 1을 초과하지 못한다. 이 경우 의결권이 없거나 제한되는 종류주식이 발행주식총수의 4분의 1을 초과하여 발행된 경우에는 회사는 지체 없이 그 제한을 초과하지 아니하도록 하기 위하여 필요한 조치를 하여야 한다. [본조신설 2011.4.14]

**제345조(주식의 상환에 관한 종류주식)** ① 회사는 정관으로 정하는 바에 따라 회사의 이익으로써 소각할 수 있는 종류주식을 발행할 수 있다. 이 경우 회사는 정관에 상환가액, 상환기간, 상환의 방법과 상환할 주식의 수를 정하여야 한다.

② 제1항의 경우 회사는 상환대상인 주식의 취득일부터 2주 전에 그 사실을 그 주식의 주주 및 주주명부에 적힌 권리자에게 따로 통지하여야 한다. 다만, 통지는 공고로 갈음할 수 있다.

③ 회사는 정관으로 정하는 바에 따라 주주가 회사에 대하여 상환을 청구할 수 있는 종류주식을 발행할 수 있다. 이 경우 회사는 정관에 주주가 회사에 대하여 상환을 청구할 수 있다는 뜻, 상환가액, 상환청구기간, 상환의 방법을 정하여야 한다.

④ 제1항 및 제3항의 경우 회사는 주식의 취득의 대가로 현금 외에 유가증권(다른 종류주식은 제외한다)이나 그 밖의 자산을 교부할 수 있다. 다만, 이 경우에는 그 자산의 장부가액이 제462조에 따른 배당가능이익을 초과하여서는 아니 된다.

⑤ 제1항과 제3항에서 규정한 주식은 종류주식(상환과 전환에 관한 것은 제외한다)에 한정하여 발행할 수 있다. [전문개정 2011.4.14]

**제346조(주식의 전환에 관한 종류주식)** ① 회사가 종류주식을 발행하는 경우에는 정관으로 정하는 바에 따라 주주는 인수한 주식을 다른 종류주식으로 전환할 것을 청구할 수 있다. 이 경우 전환의 조건, 전환의 청구기간, 전환으로 인하여 발행할 주식의 수와 내용을 정하여야 한다.

② 회사가 종류주식을 발행하는 경우에는 정관에 일정한 사유가 발생할 때 회사가 주주의 인수 주식을 다른 종류주식으로 전환할 수 있음을 정할 수 있다. 이 경우 회사는 전환의 사유, 전환의 조건, 전환의 기간, 전환으로 인하여 발행할 주식의 수와 내용을 정하여야 한다.

③ 제2항의 경우에 이사회는 다음 각 호의 사항을 그 주식의 주주 및 주주명부에 적힌 권리자에게 따로 통지하여야 한다. 다만, 통지는 공고로 갈음할 수 있다.

1. 전환할 주식
2. 2주 이상의 일정한 기간 내에 그 주권을 회사에 제출하여야 한다는 뜻
3. 그 기간 내에 주권을 제출하지 아니할 때에는 그 주권이 무효로 된다는 뜻

④ 제344조 제2항에 따른 종류주식의 수 중 새로 발행할 주식의 수는 전환청구기간 또는 전환의 기간 내에는 그 발행을 유보(留保)하여야 한다.

[전문개정 2011.4.14]

**제347조(전환주식발행의 절차)** 제346조의 경우에는 주식청약서 또는 신주인수권증서에 다음의 사항을 적어야 한다. <개정 1984.4.10, 2011.4.14>

1. 주식을 다른 종류의 주식으로 전환할 수 있다는 뜻
2. 전환의 조건
3. 전환으로 인하여 발행할 주식의 내용
4. 전환청구기간 또는 전환의 기간

**제348조(전환으로 인하여 발행하는 주식의 발행가액)** 전환으로 인하여 신주식을 발행하는 경우에는 전환전의 주식의 발행가액을 신주식

의 발행가액으로 한다.

**제349조(전환의 청구)** ① 주식의 전환을 청구하는 자는 청구서 2통에 주권을 첨부하여 회사에 제출하여야 한다.
② 제1항의 청구서에는 전환하고자 하는 주식의 종류, 수와 청구년월일을 기재하고 기명날인 또는 서명하여야 한다. <개정 1995.12.29>
③ 삭제 <1995.12.29>

**제350조(전환의 효력발생)** ① 주식의 전환은 주주가 전환을 청구한 경우에는 그 청구한 때에, 회사가 전환을 한 경우에는 제346조 제3항 제2호의 기간이 끝난 때에 그 효력이 발생한다. <개정 2011.4.14>

② 제354조 제1항의 기간중에 전환된 주식의 주주는 그 기간중의 총회의 결의에 관하여는 의결권을 행사할 수 없다.

③ 전환에 의하여 발행된 주식의 이익배당에 관하여는 주주가 전환을 청구한 때 또는 제346조 제3항 제2호의 기간이 끝난 때가 속하는 영업연도 말에 전환된 것으로 본다. 이 경우 신주에 대한 이익배당에 관하여는 정관으로 정하는 바에 따라 그 청구를 한 때 또는 제346조 제3항 제2호의 기간이 끝난 때가 속하는 영업연도의 직전 영업연도 말에 전환된 것으로 할 수 있다. <개정 2011.4.14>
[전문개정 1995.12.29]

**제351조(전환의 등기)** 주식의 전환으로 인한 변경등기는 전환을 청구한 날 또는 제346조 제3항 제2호의 기간이 끝난 날이 속하는 달의 마지막 날부터 2주 내에 본점소재지에서 하여야 한다. [전문개정 2011.4.14]

**제352조(주주명부의 기재사항)** ① 기명주식을 발행한 때에는 주주명부에 다음의 사항을 기재하여야 한다. <개정 1984.4.10>
1. 주주의 성명과 주소
2. 각 주주가 가진 주식의 종류와 그 수
2의2. 각 주주가 가진 주식의 주권을 발행한 때에는 그 주권의 번호
3. 각주식의 취득년월일

② 무기명식의 주권을 발행한 때에는 주주명부에 그 종류, 수, 번호와 발행년월일을 기재하여야 한다.
③ 제1항 및 제2항의 경우에 전환주식을 발행한 때에는 제347조에 게기한 사항도 주주명부에 기재하여야 한다. <개정 1984.4.10>

**제352조의2(전자주주명부)** ① 회사는 정관으로 정하는 바에 따라 전자문서로 주주명부(이하 "전자주주명부"라 한다)를 작성할 수 있다.
② 전자주주명부에는 제352조 제1항의 기재사항 외에 전자우편주소를 적어야 한다.
③ 전자주주명부의 비치 · 공시 및 열람의 방법에 관하여 필요한 사항은 대통령령으로 정한다. [본조신설 2009.5.28]

**제353조(주주명부의 효력)** ① 주주 또는 질권자에 대한 회사의 통지 또는 최고는 주주명부에 기재한 주소 또는 그 자로부터 회사에 통지한 주소로 하면 된다.
② 제304조 제2항의 규정은 전항의 통지 또는 최고에 준용한다.

**제354조(주주명부의 폐쇄, 기준일)** ① 회사는 의결권을 행사하거나 배당을 받을 자 기타 주주 또는 질권자로서 권리를 행사할 자를 정하기 위하여 일정한 기간을 정하여 주주명부의 기재변경을 정지하거나 일정한 날에 주주명부에 기재된 주주 또는 질권자를 그 권리를 행사할 주주 또는 질권자로 볼 수 있다. <개정 1984.4.10>
② 제1항의 기간은 3월을 초과하지 못한다. <개정 1984.4.10>
③ 제1항의 날은 주주 또는 질권자로서 권리를 행사할 날에 앞선 3월내의 날로 정하여야 한다. <개정 1984.4.10>
④ 회사가 제1항의 기간 또는 날을 정한 때에는 그 기간 또는 날의 2주간전에 이를 공고하여야 한다. 그러나 정관으로 그 기간 또는 날을 지정한 때에는 그러하지 아니하다.

**제355조(주권발행의 시기)** ① 회사는 성립후 또는 신주의 납입기일후 지체없이 주권을 발행하여야 한다.

② 주권은 회사의 성립후 또는 신주의 납입기일후가 아니면 발행하지 못한다.
③ 전항의 규정에 위반하여 발행한 주권은 무효로 한다. 그러나 발행한 자에 대한 손해배상의 청구에 영향을 미치지 아니한다.

**제356조(주권의 기재사항)** 주권에는 다음의 사항과 번호를 기재하고 대표이사가 기명날인 또는 서명하여야 한다. <개정 1995.12.29, 2011.4.14>
1. 회사의 상호
2. 회사의 성립년월일
3. 회사가 발행할 주식의 총수
4. 액면주식을 발행하는 경우 1주의 금액
5. 회사의 성립후 발행된 주식에 관하여는 그 발행년월일
6. 종류주식이 있는 경우에는 그 주식의 종류와 내용
6의2. 주식의 양도에 관하여 이사회의 승인을 얻도록 정한 때에는 그 규정
7. 삭제 <2011.4.14>
8. 삭제 <2011.4.14>

**제356조의2(주식의 전자등록)** ① 회사는 주권을 발행하는 대신 정관으로 정하는 바에 따라 전자등록기관(유가증권 등의 전자등록 업무를 취급하는 것으로 지정된 기관을 말한다. 이하 같다)의 전자등록부에 주식을 등록할 수 있다.
② 전자등록부에 등록된 주식의 양도나 입질(入質)은 전자등록부에 등록하여야 효력이 발생한다.
③ 전자등록부에 주식을 등록한 자는 그 등록된 주식에 대한 권리를 적법하게 보유한 것으로 추정하며, 이러한 전자등록부를 선의(善意)로, 그리고 중대한 과실 없이 신뢰하고 제2항의 등록에 따라 권리를 취득한 자는 그 권리를 적법하게 취득한다.
④ 전자등록의 절차·방법 및 효과, 전자등록기관의 지정·감독 등 주식의 전자등록 등에 관하여 필요한 사항은 대통령령으로 정한다.
[본조신설 2011.4.14]

**제357조(무기명식의 주권의 발행)** ① 무기명식의 주권은 정관에 정한 경우에 한하여 이를 발행할 수 있다.
② 주주는 언제든지 무기명식의 주권을 기명식으로 할 것을 회사에 청구할 수 있다.

**제358조(무기명주주의 권리행사)** 무기명식의 주권을 가진 자는 그 주권을 회사에 공탁하지 아니하면 주주의 권리를 행사하지 못한다.

**제358조의2(주권의 불소지)** ① 주주는 정관에 다른 정함이 있는 경우를 제외하고는 그 기명주식에 대하여 주권의 소지를 하지 아니하겠다는 뜻을 회사에 신고할 수 있다.
② 제1항의 신고가 있는 때에는 회사는 지체없이 주권을 발행하지 아니한다는 뜻을 주주명부와 그 복본에 기재하고, 그 사실을 주주에게 통지하여야 한다. 이 경우 회사는 그 주권을 발행할 수 없다.
③ 제1항의 경우 이미 발행된 주권이 있는 때에는 이를 회사에 제출하여야 하며, 회사는 제출된 주권을 무효로 하거나 명의개서대리인에게 임치하여야 한다.
④ 제1항 내지 제3항의 규정에 불구하고 주주는 언제든지 회사에 대하여 주권의 발행 또는 반환을 청구할 수 있다. [전문개정 1995.12.29]

**제359조(주권의 선의취득)** 수표법 제21조의 규정은 주권에 관하여 이를 준용한다.
[전문개정 1984.4.10]

**제360조(주권의 제권판결, 재발행)** ① 주권은 공시최고의 절차에 의하여 이를 무효로 할 수 있다.
② 주권을 상실한 자는 제권판결을 얻지 아니하면 회사에 대하여 주권의 재발행을 청구하지 못한다.

### 제2관 주식의 포괄적 교환
<신설 2001.7.24>

**제360조의2(주식의 포괄적 교환에 의한 완전모회사의 설립)** ① 회사는 이 관의 규정에 의한 주식의 포괄적 교환에 의하여 다른 회사의 발행주식의 총수를 소유하는 회사(이하 "완전모회사"라 한다)가 될 수 있다. 이 경우 그 다른 회사를 "완전자회사"라 한다.
② 주식의 포괄적 교환(이하 이 관에서 "주식

교환"이라 한다)에 의하여 완전자회사가 되는 회사의 주주가 가지는 그 회사의 주식은 주식을 교환하는 날에 주식교환에 의하여 완전모회사가 되는 회사에 이전하고, 그 완전자회사가 되는 회사의 주주는 그 완전모회사가 되는 회사가 주식교환을 위하여 발행하는 신주의 배정을 받음으로써 그 회사의 주주가 된다.
[본조신설 2001.7.24]

**제360조의3(주식교환계약서의 작성과 주주총회의 승인)** ① 주식교환을 하고자 하는 회사는 주식교환계약서를 작성하여 주주총회의 승인을 얻어야 한다.
② 제1항의 승인결의는 제434조의 규정에 의하여야 한다.
③ 주식교환계약서에는 다음 각호의 사항을 적어야 한다. <개정 2011.4.14>
1. 완전모회사가 되는 회사가 주식교환으로 인하여 정관을 변경하는 경우에는 그 규정
2. 완전모회사가 되는 회사가 주식교환을 위하여 발행하는 신주의 총수·종류와 종류별 주식의 수 및 완전자회사가 되는 회사의 주주에 대한 신주의 배정에 관한 사항
3. 완전모회사가 되는 회사의 증가할 자본금과 자본준비금에 관한 사항
4. 완전자회사가 되는 회사의 주주에게 지급할 금액을 정한 때에는 그 규정
5. 각 회사가 제1항의 결의를 할 주주총회의 기일
6. 주식교환을 할 날
7. 각 회사가 주식교환을 할 날까지 이익배당을 할 때에는 그 한도액
8. 제360조의 6의 규정에 의하여 회사가 자기의 주식을 이전하는 경우에는 이전할 주식의 총수·종류 및 종류별 주식의 수
9. 완전모회사가 되는 회사에 취임할 이사와 감사 또는 감사위원회의 위원을 정한 때에는 그 성명 및 주민등록번호

④ 회사는 제363조의 규정에 의한 통지와 공고에 다음 각호의 사항을 기재하여야 한다.
1. 주식교환계약서의 주요내용
2. 제360조의 5 제1항의 규정에 의한 주식매수청구권의 내용 및 행사방법
3. 일방회사의 정관에 주식의 양도에 관하여 이사회의 승인을 요한다는 뜻의 규정이 있고 다른 회사의 정관에 그 규정이 없는 경우 그 뜻

⑤ 주식교환으로 인하여 주식교환에 관련되는 각 회사의 주주의 부담이 가중되는 경우에는 제1항 및 제436조의 결의 외에 그 주주 전원의 동의가 있어야 한다. <신설 2011.4.14>
[본조신설 2001.7.24]

**제360조의4(주식교환계약서 등의 공시)** ① 이사는 제360조의 3 제1항의 주주총회의 회일의 2주전부터 주식교환의 날 이후 6월이 경과하는 날까지 다음 각호의 서류를 본점에 비치하여야 한다.
1. 주식교환계약서
2. 완전자회사가 되는 회사의 주주에 대한 주식의 배정에 관하여 그 이유를 기재한 서면
3. 제360조의 3 제1항의 주주총회의 회일(제360조의 9의 규정에 의한 간이주식교환의 경우에는 동조 제2항의 규정에 의하여 공고 또는 통지를 한 날)전 6월 이내의 날에 작성한 주식교환을 하는 각 회사의 최종 대차대조표 및 손익계산서

② 제1항의 서류에 관하여는 제391조의 3 제3항의 규정을 준용한다. [본조신설 2001.7.24]

**제360조의5(반대주주의 주식매수청구권)** ① 제360조의 3 제1항의 규정에 의한 승인사항에 관하여 이사회의 결의가 있는 때에 그 결의에 반대하는 주주는 주주총회전에 회사에 대하여 서면으로 그 결의에 반대하는 의사를 통지한 경우에는 그 총회의 결의일부터 20일 이내에 주식의 종류와 수를 기재한 서면으로 회사에 대하여 자기가 소유하고 있는 주식의 매수를 청구할 수 있다.
② 제360조의 9 제2항의 공고 또는 통지를 한 날부터 2주내에 회사에 대하여 서면으로 주식교환에 반대하는 의사를 통지한 주주는 그 기간이 경과한 날부터 20일 이내에 주식의 종류와 수를 기재한 서면으로 회사에 대하여 자기가 소유하고 있는 주식의 매수를 청구할 수

있다.

③ 제1항 및 제2항의 매수청구에 관하여는 제374조의 2 제2항 내지 제5항의 규정을 준용한다. [본조신설 2001.7.24]

**제360조의6(신주발행에 갈음할 자기주식의 이전)** 완전모회사가 되는 회사는 주식교환을 함에 있어서 신주발행에 갈음하여 회사가 소유하는 자기의 주식으로서 제342조의 규정에 의하여 상당한 시기에 처분하여야 할 주식을 완전자회사가 되는 회사의 주주에게 이전할 수 있다. [본조신설 2001.7.24]

**제360조의7(완전모회사의 자본금 증가의 한도액)** ① 완전모회사가 되는 회사의 자본금은 주식교환의 날에 완전자회사가 되는 회사에 현존하는 순자산액에서 다음 각호의 금액을 뺀 금액을 초과하여 증가시킬 수 없다. <개정 2011. 4.14>

1. 완전자회사가 되는 회사의 주주에게 지급할 금액
2. 제360조의 6의 규정에 의하여 완전자회사가 되는 회사의 주주에게 이전하는 주식의 회계장부가액의 합계액

② 완전모회사가 되는 회사가 주식교환 이전에 완전자회사가 되는 회사의 주식을 이미 소유하고 있는 경우에는 완전모회사가 되는 회사의 자본금은 주식교환의 날에 완전자회사가 되는 회사에 현존하는 순자산액에 그 회사의 발행주식총수에 대한 주식교환으로 인하여 완전모회사가 되는 회사에 이전하는 주식의 수의 비율을 곱한 금액에서 제1항 각호의 금액을 뺀 금액의 한도를 초과하여 이를 증가시킬 수 없다. <개정 2011.4.14>

[본조신설 2001.7.24] [제목개정 2011.4.14]

**제360조의8(주권의 실효절차)** ① 주식교환에 의하여 완전자회사가 되는 회사는 주주총회에서 제360조의 3 제1항의 규정에 의한 승인을 한 때에는 다음 각호의 사항을 주식교환의 날 1월전에 공고하고, 주주명부에 기재된 주주와 질권자에 대하여 따로 따로 그 통지를 하여야 한다.

1. 제360조의 3 제1항의 규정에 의한 승인을 한 뜻
2. 주식교환의 날의 전날까지 주권을 회사에 제출하여야 한다는 뜻
3. 주식교환의 날에 주권이 무효가 된다는 뜻

② 제442조 및 제444조의 규정은 제360조의3 제1항의 규정에 의한 승인을 한 경우에 이를 준용한다. [본조신설 2001.7.24]

**제360조의9(간이주식교환)** ① 완전자회사가 되는 회사의 총주주의 동의가 있거나 그 회사의 발행주식총수의 100분의 90 이상을 완전모회사가 되는 회사가 소유하고 있는 때에는 완전자회사가 되는 회사의 주주총회의 승인은 이를 이사회의 승인으로 갈음할 수 있다.

② 제1항의 경우에 완전자회사가 되는 회사는 주식교환계약서를 작성한 날부터 2주내에 주주총회의 승인을 얻지 아니하고 주식교환을 한다는 뜻을 공고하거나 주주에게 통지하여야 한다. 다만, 총주주의 동의가 있는 때에는 그러하지 아니하다. [본조신설 2001.7.24]

**제360조의10(소규모 주식교환)** ① 완전모회사가 되는 회사가 주식교환을 위하여 발행하는 신주의 총수가 그 회사의 발행주식총수의 100분의 5를 초과하지 아니하는 경우에는 그 회사에서의 제360조의 3 제1항의 규정에 의한 주주총회의 승인은 이를 이사회의 승인으로 갈음할 수 있다. 다만, 완전자회사가 되는 회사의 주주에게 지급할 금액을 정한 경우에 그 금액이 제360조의 4 제1항 제3호에서 규정한 최종 대차대조표에 의하여 완전모회사가 되는 회사에 현존하는 순자산액의 100분의 2를 초과하는 때에는 그러하지 아니하다.

② 제360조의 6의 규정에 의하여 완전자회사가 되는 회사의 주주에게 이전하는 주식은 제1항의 규정을 적용함에 있어서 이를 주식교환을 위하여 발행하는 신주로 본다.

③ 제1항 본문의 경우에는 주식교환계약서에 완전모회사가 되는 회사에 관하여는 제360조의 3 제1항의 규정에 의한 주주총회의 승인을 얻지 아니하고 주식교환을 할 수 있는 뜻을 기재하여야 하며, 동조 제3항 제1호의 사항은 이

를 기재하지 못한다.
④ 완전모회사가 되는 회사는 주식교환계약서를 작성한 날부터 2주내에 완전자회사가 되는 회사의 상호와 본점, 주식교환을 할 날 및 제360조의 3 제1항의 승인을 얻지 아니하고 주식교환을 한다는 뜻을 공고하거나 주주에게 통지하여야 한다.
⑤ 완전모회사가 되는 회사의 발행주식총수의 100분의 20 이상에 해당하는 주식을 가지는 주주가 제4항에 따른 공고 또는 통지를 한 날부터 2주 내에 회사에 대하여 서면으로 제1항 본문에 따른 주식교환에 반대하는 의사를 통지한 경우에는 이 조에 따른 주식교환을 할 수 없다. <개정 2011.4.14>
⑥ 제1항 본문의 경우에 완전모회사가 되는 회사에 관하여 제360조의 4 제1항의 규정을 적용함에 있어서는 동조동항 각호외의 부분중 "제360조의 3 제1항의 주주총회의 회일의 2주전" 및 동조동항 제3호 중 "제360조의 3 제1항의 주주총회의 회일"은 각각 "이 조 제4항의 규정에 의한 공고 또는 통지의 날"로 한다.
⑦ 제1항 본문의 경우에는 제360조의 5의 규정은 이를 적용하지 아니한다. [본조신설 2001.7.24]

**제360조의11(단주처리 등에 관한 규정의 준용)** ① 제443조의 규정은 회사의 주식교환의 경우에 이를 준용한다.
② 제339조 및 제340조 제3항의 규정은 주식교환의 경우에 완전자회사가 되는 회사의 주식을 목적으로 하는 질권에 이를 준용한다. [본조신설 2001.7.24]

**제360조의12(주식교환사항을 기재한 서면의 사후공시)** ① 이사는 다음 각호의 사항을 기재한 서면을 주식교환의 날부터 6월간 본점에 비치하여야 한다.
1. 주식교환의 날
2. 주식교환의 날에 완전자회사가 되는 회사에 현존하는 순자산액
3. 주식교환으로 인하여 완전모회사에 이전한 완전자회사의 주식의 수
4. 그 밖의 주식교환에 관한 사항

② 제1항의 서면에 관하여는 제391조의3제3항의 규정을 준용한다. [본조신설 2001.7.24]

**제360조의13(완전모회사의 이사·감사의 임기)** 주식교환에 의하여 완전모회사가 되는 회사의 이사 및 감사로서 주식교환전에 취임한 자는 주식교환계약서에 다른 정함이 있는 경우를 제외하고는 주식교환후 최초로 도래하는 결산기에 관한 정기총회가 종료하는 때에 퇴임한다. [본조신설 2001.7.24]

**제360조의14(주식교환무효의 소)** ① 주식교환의 무효는 각 회사의 주주·이사·감사·감사위원회의 위원 또는 청산인에 한하여 주식교환의 날부터 6월내에 소만으로 이를 주장할 수 있다.
② 제1항의 소는 완전모회사가 되는 회사의 본점소재지의 지방법원의 관할에 전속한다.
③ 주식교환을 무효로 하는 판결이 확정된 때에는 완전모회사가 된 회사는 주식교환을 위하여 발행한 신주 또는 제360조의 6의 규정에 의하여 이전한 주식의 주주에 대하여 그가 소유하였던 완전자회사가 된 회사의 주식을 이전하여야 한다.
④ 제187조 내지 제189조, 제190조 본문, 제191조, 제192조, 제377조 및 제431조의 규정은 제1항의 소에, 제339조 및 제340조 제3항의 규정은 제3항의 경우에 각각 이를 준용한다. [본조신설 2001.7.24]

## 제3관 주식의 포괄적 이전
〈신설 2001.7.24〉

**제360조의15(주식의 포괄적 이전에 의한 완전모회사의 설립)** ① 회사는 이 관의 규정에 의한 주식의 포괄적 이전(이하 이 관에서 "주식이전"이라 한다)에 의하여 완전모회사를 설립하고 완전자회사가 될 수 있다.
② 주식이전에 의하여 완전자회사가 되는 회사의 주주가 소유하는 그 회사의 주식은 주식이전에 의하여 설립하는 완전모회사에 이전하고, 그 완전자회사가 되는 회사의 주주는 그 완전모회사가 주식이전을 위하여 발행하는 주식의 배정을 받음으로써 그 완전모회사의 주주가 된다. [본조신설 2001.7.24]

**제360조의16(주주총회에 의한 주식이전의 승인)** ① 주식이전을 하고자 하는 회사는 다음 각호의 사항을 적은 주식이전계획서를 작성하여 주주총회의 승인을 받아야 한다. <개정 2011.4.14>

1. 설립하는 완전모회사의 정관의 규정
2. 설립하는 완전모회사가 주식이전에 있어서 발행하는 주식의 종류와 수 및 완전자회사가 되는 회사의 주주에 대한 주식의 배정에 관한 사항
3. 설립하는 완전모회사의 자본금 및 자본준비금에 관한 사항
4. 완전자회사가 되는 회사의 주주에 대하여 지급할 금액을 정한 때에는 그 규정
5. 주식이전을 할 시기
6. 완전자회사가 되는 회사가 주식이전의 날까지 이익배당을 할 때에는 그 한도액
7. 설립하는 완전모회사의 이사와 감사 또는 감사위원회의 위원의 성명 및 주민등록번호
8. 회사가 공동으로 주식이전에 의하여 완전모회사를 설립하는 때에는 그 뜻

② 제1항의 승인결의는 제434조의 규정에 의하여야 한다.

③ 제360조의 3 제4항의 규정은 제1항의 경우의 주주총회의 승인에 이를 준용한다.

④ 주식이전으로 인하여 주식이전에 관련되는 각 회사의 주주의 부담이 가중되는 경우에는 제1항 및 제436조의 결의 외에 그 주주 전원의 동의가 있어야 한다. <신설 2011.4.14>

[본조신설 2001.7.24]

**제360조의17(주식이전계획서 등의 서류의 공시)** ① 이사는 제360조의 16 제1항의 규정에 의한 주주총회의 회일의 2주전부터 주식이전의 날 이후 6월을 경과하는 날까지 다음 각호의 서류를 본점에 비치하여야 한다.

1. 제360조의 16 제1항의 규정에 의한 주식이전계획서
2. 완전자회사가 되는 회사의 주주에 대한 주식의 배정에 관하여 그 이유를 기재한 서면
3. 제360조의 16 제1항의 주주총회의 회일전 6월 이내의 날에 작성한 완전자회사가 되는 회사의 최종 대차대조표 및 손익계산서

② 제1항의 서류에 관하여는 제391조의 3 제3항의 규정을 준용한다.

[본조신설 2001.7.24]

**제360조의18(완전모회사의 자본금의 한도액)** 설립하는 완전모회사의 자본금은 주식이전의 날에 완전자회사가 되는 회사에 현존하는 순자산액에서 그 회사의 주주에게 지급할 금액을 뺀 액을 초과하지 못한다. <개정 2011.4.14>

[본조신설 2001.7.24] [제목개정 2011.4.14]

**제360조의19(주권의 실효절차)** ① 주식이전에 의하여 완전자회사가 되는 회사는 제360조의 16 제1항의 규정에 의한 결의를 한 때에는 다음 각호의 사항을 공고하고, 주주명부에 기재된 주주와 질권자에 대하여 따로 따로 그 통지를 하여야 한다.

1. 제360조의 16 제1항의 규정에 의한 결의를 한 뜻
2. 1월을 초과하여 정한 기간내에 주권을 회사에 제출하여야 한다는 뜻
3. 주식이전의 날에 주권이 무효가 된다는 뜻

② 제442조 및 제444조의 규정은 제360조의 16 제1항의 규정에 의한 결의를 한 경우에 이를 준용한다.

[본조신설 2001.7.24]

**제360조의20(주식이전에 의한 등기)** 주식이전을 한 때에는 설립한 완전모회사의 본점의 소재지에서는 2주내에, 지점의 소재지에서는 3주내에 제317조 제2항에서 정하는 사항을 등기하여야 한다.

[본조신설 2001.7.24]

**제360조의21(주식이전의 효력발생시기)** 주식이전은 이로 인하여 설립한 완전모회사가 그 본점소재지에서 제360조의 20의 규정에 의한 등기를 함으로써 그 효력이 발생한다.

[본조신설 2001.7.24]

**제360조의22(주식교환 규정의 준용)** 제360조의 5, 제360조의 11 및 제360조의 12의 규정은 주식이전의 경우에 이를 준용한다.

[본조신설 2001.7.24]

**제360조의23(주식이전무효의 소)** ① 주식이전의 무효는 각 회사의 주주·이사·감사·감사위원회의 위원 또는 청산인에 한하여 주식이전의 날부터 6월내에 소만으로 이를 주장할 수 있다.
② 제1항의 소는 완전모회사가 되는 회사의 본점소재지의 지방법원의 관할에 전속한다.
③ 주식이전을 무효로 하는 판결이 확정된 때에는 완전모회사가 된 회사는 주식이전을 위하여 발행한 주식의 주주에 대하여 그가 소유하였던 완전자회사가 된 회사의 주식을 이전하여야 한다.
④ 제187조 내지 제193조 및 제377조의 규정은 제1항의 소에, 제339조 및 제340조 제3항의 규정은 제3항의 경우에 각각 이를 준용한다.
[본조신설 2001.7.24]

### 제4관 지배주주에 의한 소수주식의 전부 취득 〈신설 2011.4.14〉

**제360조의24(지배주주의 매도청구권)** ① 회사의 발행주식총수의 100분의 95 이상을 자기의 계산으로 보유하고 있는 주주(이하 이 관에서 "지배주주"라 한다)는 회사의 경영상 목적을 달성하기 위하여 필요한 경우에는 회사의 다른 주주(이하 이 관에서 "소수주주"라 한다)에게 그 보유하는 주식의 매도를 청구할 수 있다.
② 제1항의 보유주식의 수를 산정할 때에는 모회사와 자회사가 보유한 주식을 합산한다. 이 경우 회사가 아닌 주주가 발행주식총수의 100분의 50을 초과하는 주식을 가진 회사가 보유하는 주식도 그 주주가 보유하는 주식과 합산한다.
③ 제1항의 매도청구를 할 때에는 미리 주주총회의 승인을 받아야 한다.
④ 제3항의 주주총회의 소집을 통지할 때에는 다음 각 호에 관한 사항을 적어야 하고, 매도를 청구하는 지배주주는 주주총회에서 그 내용을 설명하여야 한다.
1. 지배주주의 회사 주식의 보유 현황
2. 매도청구의 목적
3. 매매가액의 산정 근거와 적정성에 관한 공인된 감정인의 평가
4. 매매가액의 지급보증

⑤ 지배주주는 매도청구의 날 1개월 전까지 다음 각 호의 사실을 공고하고, 주주명부에 적힌 주주와 질권자에게 따로 그 통지를 하여야 한다.
1. 소수주주는 매매가액의 수령과 동시에 주권을 지배주주에게 교부하여야 한다는 뜻
2. 교부하지 아니할 경우 매매가액을 수령하거나 지배주주가 매매가액을 공탁(供託)한 날에 주권은 무효가 된다는 뜻

⑥ 제1항의 매도청구를 받은 소수주주는 매도청구를 받은 날부터 2개월 내에 지배주주에게 그 주식을 매도하여야 한다.
⑦ 제6항의 경우 그 매매가액은 매도청구를 받은 소수주주와 매도를 청구한 지배주주 간의 협의로 결정한다.
⑧ 제1항의 매도청구를 받은 날부터 30일 내에 제7항의 매매가액에 대한 협의가 이루어지지 아니한 경우에는 매도청구를 받은 소수주주 또는 매도청구를 한 지배주주는 법원에 매매가액의 결정을 청구할 수 있다.
⑨ 법원이 제8항에 따라 주식의 매매가액을 결정하는 경우에는 회사의 재산상태와 그 밖의 사정을 고려하여 공정한 가액으로 산정하여야 한다. [본조신설 2011.4.14]

**제360조의25(소수주주의 매수청구권)** ① 지배주주가 있는 회사의 소수주주는 언제든지 지배주주에게 그 보유주식의 매수를 청구할 수 있다.
② 제1항의 매수청구를 받은 지배주주는 매수를 청구한 날을 기준으로 2개월 내에 매수를 청구한 주주로부터 그 주식을 매수하여야 한다.
③ 제2항의 경우 그 매매가액은 매수를 청구한 주주와 매수청구를 받은 지배주주 간의 협의로 결정한다.
④ 제2항의 매수청구를 받은 날부터 30일 내에 제3항의 매매가액에 대한 협의가 이루어지지 아니한 경우에는 매수청구를 받은 지배주주 또는 매수청구를 한 소수주주는 법원에 대하여 매매가액의 결정을 청구할 수 있다.
⑤ 법원이 제4항에 따라 주식의 매매가액을 결

정하는 경우에는 회사의 재산상태와 그 밖의 사정을 고려하여 공정한 가액으로 산정하여야 한다. [본조신설 2011.4.14]

**제360조의26(주식의 이전 등)** ① 제360조의 24와 제360조의 25에 따라 주식을 취득하는 지배주주가 매매가액을 소수주주에게 지급한 때에 주식이 이전된 것으로 본다.

② 제1항의 매매가액을 지급할 소수주주를 알 수 없거나 소수주주가 수령을 거부할 경우에는 지배주주는 그 가액을 공탁할 수 있다. 이 경우 주식은 공탁한 날에 지배주주에게 이전된 것으로 본다. [본조신설 2011.4.14]

## 제 3 절 회사의 기관

### 제 1 관 주주총회

**제361조(총회의 권한)** 주주총회는 본법 또는 정관에 정하는 사항에 한하여 결의할 수 있다.

**제362조(소집의 결정)** 총회의 소집은 본법에 다른 규정이 있는 경우외에는 이사회가 이를 결정한다.

**제363조(소집의 통지, 공고)** ① 주주총회를 소집할 때에는 주주총회일의 2주 전에 각 주주에게 서면으로 통지를 발송하거나 각 주주의 동의를 받아 전자문서로 통지를 발송하여야 한다. 다만, 그 통지가 주주명부상 주주의 주소에 계속 3년간 도달하지 아니한 경우에는 회사는 해당 주주에게 총회의 소집을 통지하지 아니할 수 있다.

② 제1항의 통지서에는 회의의 목적사항을 적어야 한다.

③ 회사가 무기명식 주권을 발행한 경우에는 주주총회일의 3주 전에 총회를 소집하는 뜻과 회의의 목적사항을 공고하여야 한다.

④ 제1항 및 제3항에도 불구하고 자본금 총액이 10억원 미만인 회사가 주주총회를 소집하는 경우에는 주주총회일의 10일 전에 각 주주에게 서면으로 통지를 발송하거나 각 주주의 동의를 받아 전자문서로 통지를 발송할 수 있고, 무기명식의 주권을 발행한 경우에는 주주총회일의 2주 전에 주주총회를 소집하는 뜻과 회의의 목적사항을 공고할 수 있다.

⑤ 자본금 총액이 10억원 미만인 회사는 주주 전원의 동의가 있을 경우에는 소집절차 없이 주주총회를 개최할 수 있고, 서면에 의한 결의로써 주주총회의 결의를 갈음할 수 있다. 결의의 목적사항에 대하여 주주 전원이 서면으로 동의를 한 때에는 서면에 의한 결의가 있는 것으로 본다.

⑥ 제5항의 서면에 의한 결의는 주주총회의 결의와 같은 효력이 있다.

⑦ 서면에 의한 결의에 대하여는 주주총회에 관한 규정을 준용한다.

⑧ 제1항부터 제5항까지의 규정은 의결권 없는 주주에게는 적용하지 아니한다.

[전문개정 2009.5.28]

**제363조의2(주주제안권)** ① 의결권 없는 주식을 제외한 발행주식총수의 100분의 3 이상에 해당하는 주식을 가진 주주는 이사에게 주주총회일(정기주주총회의 경우 직전 연도의 정기주주총회일에 해당하는 그 해의 해당일. 이하 이 조에서 같다)의 6주 전에 서면 또는 전자문서로 일정한 사항을 주주총회의 목적사항으로 할 것을 제안(이하 '주주제안'이라 한다)할 수 있다. <개정 2009.1.30>

② 제1항의 주주는 이사에게 주주총회일의 6주 전에 서면 또는 전자문서로 회의의 목적으로 할 사항에 추가하여 당해 주주가 제출하는 의안의 요령을 제363조에서 정하는 통지와 공고에 기재할 것을 청구할 수 있다. <개정 2009.1.30>

③ 이사는 제1항에 의한 주주제안이 있는 경우에는 이를 이사회에 보고하고, 이사회는 주주제안의 내용이 법령 또는 정관을 위반하는 경우와 그 밖에 대통령령으로 정하는 경우를 제외하고는 이를 주주총회의 목적사항으로 하여야 한다. 이 경우 주주제안을 한 자의 청구가 있는 때에는 주주총회에서 당해 의안을 설명할 기회를 주어야 한다. <개정 2009.1.30>

[본조신설 1998.12.28]

**제364조(소집지)** 총회는 정관에 다른 정함이 없

으면 본점소재지 또는 이에 인접한 지에 소집하여야 한다.

**제365조(총회의 소집)** ① 정기총회는 매년 1회 일정한 시기에 이를 소집하여야 한다.
② 연 2회이상의 결산기를 정한 회사는 매기에 총회를 소집하여야 한다.
③ 임시총회는 필요있는 경우에 수시 이를 소집한다.

**제366조(소수주주에 의한 소집청구)** ① 발행주식총수의 100분의 3 이상에 해당하는 주식을 가진 주주는 회의의 목적사항과 소집의 이유를 적은 서면 또는 전자문서를 이사회에 제출하여 임시총회의 소집을 청구할 수 있다. <개정 2009.5.28>
② 제1항의 청구가 있은 후 지체 없이 총회소집의 절차를 밟지 아니한 때에는 청구한 주주는 법원의 허가를 받아 총회를 소집할 수 있다. 이 경우 주주총회의 의장은 법원이 이해관계인의 청구나 직권으로 선임할 수 있다. <개정 2011.4.14>
③ 제1항 및 제2항의 규정에 의한 총회는 회사의 업무와 재산상태를 조사하게 하기 위하여 검사인을 선임할 수 있다. <개정 1998.12.28>

**제366조의2(총회의 질서유지)** ① 총회의 의장은 정관에서 정함이 없는 때에는 총회에서 선임한다.
② 총회의 의장은 총회의 질서를 유지하고 의사를 정리한다.
③ 총회의 의장은 고의로 의사진행을 방해하기 위한 발언·행동을 하는 등 현저히 질서를 문란하게 하는 자에 대하여 그 발언의 정지 또는 퇴장을 명할 수 있다.
[본조신설 1999.12.31]

**제367조(검사인의 선임)** ① 총회는 이사가 제출한 서류와 감사의 보고서를 조사하게 하기 위하여 검사인(檢査人)을 선임할 수 있다.
② 회사 또는 발행주식총수의 100분의 1 이상에 해당하는 주식을 가진 주주는 총회의 소집절차나 결의방법의 적법성을 조사하기 위하여 총회 전에 법원에 검사인의 선임을 청구할 수 있다. [전문개정 2011.4.14]

**제368조(총회의 결의방법과 의결권의 행사)** ① 총회의 결의는 이 법 또는 정관에 다른 정함이 있는 경우를 제외하고는 출석한 주주의 의결권의 과반수와 발행주식총수의 4분의 1 이상의 수로써 하여야 한다. <개정 1995.12.29>
② 무기명식의 주권을 가진 자는 회일의 1주간전에 그 주권을 회사에 공탁하여야 한다.
③ 주주는 대리인으로 하여금 그 의결권을 행사하게 할 수 있다. 이 경우에는 그 대리인은 대리권을 증명하는 서면을 총회에 제출하여야 한다.
④ 총회의 결의에 관하여 특별한 이해관계가 있는 자는 의결권을 행사하지 못한다.

**제368조의2(의결권의 불통일행사)** ① 주주가 2 이상의 의결권을 가지고 있는 때에는 이를 통일하지 아니하고 행사할 수 있다. 이 경우 주주총회일의 3일전에 회사에 대하여 서면 또는 전자문서로 그 뜻과 이유를 통지하여야 한다. <개정 2009.5.28>
② 주주가 주식의 신탁을 인수하였거나 기타 타인을 위하여 주식을 가지고 있는 경우외에는 회사는 주주의 의결권의 불통일행사를 거부할 수 있다. [본조신설 1984.4.10]

**제368조의3(서면에 의한 의결권의 행사)** ① 주주는 정관이 정한 바에 따라 총회에 출석하지 아니하고 서면에 의하여 의결권을 행사할 수 있다.
② 회사는 총회의 소집통지서에 주주가 제1항의 규정에 의한 의결권을 행사하는데 필요한 서면과 참고자료를 첨부하여야 한다.
[본조신설 1999.12.31]

**제368조의4(전자적 방법에 의한 의결권의 행사)**
① 회사는 이사회의 결의로 주주가 총회에 출석하지 아니하고 전자적 방법으로 의결권을 행사할 수 있음을 정할 수 있다.
② 회사는 제363조에 따라 소집통지나 공고를 할 때에는 주주가 제1항에 따른 방법으로 의결권을 행사할 수 있다는 내용을 통지하거나 공

고하여야 한다.
③ 회사가 제1항에 따라 전자적 방법에 의한 의결권행사를 정한 경우에 주주는 주주 확인 절차 등 대통령령으로 정하는 바에 따라 의결권을 행사하여야 한다. 이 경우 회사는 의결권행사에 필요한 양식과 참고자료를 주주에게 전자적 방법으로 제공하여야 한다.
④ 동일한 주식에 관하여 제1항 또는 제368조의 3 제1항에 따라 의결권을 행사하는 경우 전자적 방법 또는 서면 중 어느 하나의 방법을 선택하여야 한다.
⑤ 회사는 의결권행사에 관한 전자적 기록을 총회가 끝난 날부터 3개월간 본점에 갖추어 두어 열람하게 하고 총회가 끝난 날부터 5년간 보존하여야 한다.
⑥ 주주 확인절차 등 전자적 방법에 의한 의결권행사의 절차와 그 밖에 필요한 사항은 대통령령으로 정한다.
[본조신설 2009.5.28]

**제369조(의결권)** ① 의결권은 1주마다 1개로 한다.
② 회사가 가진 자기주식은 의결권이 없다.
③ 회사, 모회사 및 자회사 또는 자회사가 다른 회사의 발행주식의 총수의 10분의 1을 초과하는 주식을 가지고 있는 경우 그 다른 회사가 가지고 있는 회사 또는 모회사의 주식은 의결권이 없다. <신설 1984.4.10>

**제370조** 삭제 <2011.4.14>

**제371조(정족수, 의결권수의 계산)** ① 총회의 결의에 관하여는 제344조의 3 제1항과 제369조 제2항 및 제3항의 의결권 없는 주식의 수는 발행주식총수에 산입하지 아니한다.
② 총회의 결의에 관하여는 제368조 제4항에 따라 행사할 수 없는 주식의 의결권 수와 제409조 제2항·제3항 및 제542조의 12 제3항·제4항에 따라 그 비율을 초과하는 주식으로서 행사할 수 없는 주식의 의결권 수는 출석한 주주의 의결권의 수에 산입하지 아니한다.
[전문개정 2011.4.14]

**제372조(총회의 연기, 속행의 결의)** ① 총회에서는 회의의 속행 또는 연기의 결의를 할 수 있다.
② 전항의 경우에는 제363조의 규정을 적용하지 아니한다.

**제373조(총회의 의사록)** ① 총회의 의사에는 의사록을 작성하여야 한다.
② 의사록에는 의사의 경과요령과 그 결과를 기재하고 의장과 출석한 이사가 기명날인 또는 서명하여야 한다. <개정 1995.12.29>

**제374조 (영업양도, 양수, 임대등)** ① 회사가 다음 각 호의 어느 하나에 해당하는 행위를 할 때에는 제434조에 따른 결의가 있어야 한다. <개정 2011.4.14>
1. 영업의 전부 또는 중요한 일부의 양도
2. 영업 전부의 임대 또는 경영위임, 타인과 영업의 손익 전부를 같이 하는 계약, 그 밖에 이에 준하는 계약의 체결·변경 또는 해약
3. 회사의 영업에 중대한 영향을 미치는 다른 회사의 영업 전부 또는 일부의 양수

② 제1항의 행위에 관한 주주총회의 소집의 통지 또는 공고를 하는 때에는 제374조의 2 제1항 및 제2항의 규정에 의한 주식매수청구권의 내용 및 행사방법을 명시하여야 한다. <신설 1995.12.29>

**제374조의2(반대주주의 주식매수청구권)** ① 제374조의 규정에 의한 결의사항에 반대하는 주주는 주주총회전에 회사에 대하여 서면으로 그 결의에 반대하는 의사를 통지한 경우에는 그 총회의 결의일부터 20일내에 주식의 종류와 수를 기재한 서면으로 회사에 대하여 자기가 소유하고 있는 주식의 매수를 청구할 수 있다.
② 회사는 제1항의 청구를 받은 날부터 2월 이내에 그 주식을 매수하여야 한다.
③ 제2항의 규정에 의한 주식의 매수가액은 주주와 회사간의 협의에 의하여 결정한다. <개정 2001.7.24>
④ 제1항의 청구를 받은 날부터 30일 이내에 제3항의 규정에 의한 협의가 이루어지지 아니한 경우에는 회사 또는 주식의 매수를 청구한 주주는 법원에 대하여 매수가액의 결정을 청구할 수 있다. <개정 2001.7.24>

⑤ 법원이 제4항의 규정에 의하여 주식의 매수가액을 결정하는 경우에는 회사의 재산상태 그 밖의 사정을 참작하여 공정한 가액으로 이를 산정하여야 한다. <신설 2001.7.24>
[본조신설 1995.12.29]

**제375조(사후설립)** 회사가 그 성립 후 2년 내에 그 성립 전부터 존재하는 재산으로서 영업을 위하여 계속하여 사용하여야 할 것을 자본금의 100분의 5 이상에 해당하는 대가로 취득하는 계약을 하는 경우에는 제374조를 준용한다.
[전문개정 2011.4.14]

**제376조 (결의취소의 소)** ① 총회의 소집절차 또는 결의방법이 법령 또는 정관에 위반하거나 현저하게 불공정한 때 또는 그 결의의 내용이 정관에 위반한 때에는 주주·이사 또는 감사는 결의의 날로부터 2월내에 결의취소의 소를 제기할 수 있다. <개정 1984.4.10, 1995.12.29>
② 제186조 내지 제188조, 제190조 본문과 제191조의 규정은 제1항의 소에 준용한다. <개정 1984.4.10, 1995.12.29>

**제377조(제소주주의 담보제공의무)** ① 주주가 결의취소의 소를 제기한 때에는 법원은 회사의 청구에 의하여 상당한 담보를 제공할 것을 명할 수 있다. 그러나 그 주주가 이사 또는 감사인 때에는 그러하지 아니하다. <개정 1984.4.10>
② 제176조제4항의 규정은 제1항의 청구에 준용한다. <개정 1984.4.10>

**제378조(결의취소의 등기)** 결의한 사항이 등기된 경우에 결의취소의 판결이 확정된 때에는 본점과 지점의 소재지에서 등기하여야 한다.

**제379조(법원의 재량에 의한 청구기각)** 결의취소의 소가 제기된 경우에 결의의 내용, 회사의 현황과 제반사정을 참작하여 그 취소가 부적당하다고 인정한 때에는 법원은 그 청구를 기각할 수 있다.

**제380조(결의무효 및 부존재확인의 소)** 제186조 내지 제188조, 제190조 본문, 제191조, 제377조와 제378조의 규정은 총회의 결의의 내용이 법령에 위반한 것을 이유로하여 결의무효의 확인을 청구하는 소와 총회의 소집절차 또는 결의방법에 총회결의가 존재한다고 볼 수 없을 정도의 중대한 하자가 있는 것을 이유로 하여 결의부존재의 확인을 청구하는 소에 이를 준용한다. <개정 1984.4.10, 1995.12.29>

**제381조(부당결의의 취소, 변경의 소)** ① 주주가 제368조제4항의 규정에 의하여 의결권을 행사할 수 없었던 경우에 결의가 현저하게 부당하고 그 주주가 의결권을 행사하였더라면 이를 저지할 수 있었을 때에는 그 주주는 그 결의의 날로부터 2월내에 결의의 취소의 소 또는 변경의 소를 제기할 수 있다.
② 제186조 내지 제188조, 제190조 본문, 제191조, 제377조와 제378조의 규정은 제1항의 소에 준용한다. <개정 1998.12.28>

### 제2관 이사와 이사회

**제382조(이사의 선임, 회사와의 관계 및 사외이사)** ① 이사는 주주총회에서 선임한다.
② 회사와 이사의 관계는 「민법」의 위임에 관한 규정을 준용한다.
③ 사외이사(社外理事)는 해당 회사의 상무(常務)에 종사하지 아니하는 이사로서 다음 각 호의 어느 하나에 해당하지 아니하는 자를 말한다. 사외이사가 다음 각 호의 어느 하나에 해당하는 경우에는 그 직을 상실한다. <개정 2011.4.14>

1. 회사의 상무에 종사하는 이사·집행임원 및 피용자 또는 최근 2년 이내에 회사의 상무에 종사한 이사·감사·집행임원 및 피용자
2. 최대주주가 자연인인 경우 본인과 그 배우자 및 직계 존속·비속
3. 최대주주가 법인인 경우 그 법인의 이사·감사·집행임원 및 피용자
4. 이사·감사·집행임원의 배우자 및 직계 존속·비속
5. 회사의 모회사 또는 자회사의 이사·감사·집행임원 및 피용자
6. 회사와 거래관계 등 중요한 이해관계에 있는 법인의 이사·감사·집행임원 및 피용자
7. 회사의 이사·집행임원 및 피용자가 이사·

집행임원으로 있는 다른 회사의 이사·감사·집행임원 및 피용자
[전문개정 2009.1.30]

**제382조의2(집중투표)** ① 2인 이상의 이사의 선임을 목적으로 하는 총회의 소집이 있는 때에는 의결권없는 주식을 제외한 발행주식총수의 100분의 3 이상에 해당하는 주식을 가진 주주는 정관에서 달리 정하는 경우를 제외하고는 회사에 대하여 집중투표의 방법으로 이사를 선임할 것을 청구할 수 있다.
② 제1항의 청구는 주주총회일의 7일 전까지 서면 또는 전자문서로 하여야 한다. <개정 2009.5.28>
③ 제1항의 청구가 있는 경우에 이사의 선임결의에 관하여 각 주주는 1주마다 선임할 이사의 수와 동일한 수의 의결권을 가지며, 그 의결권은 이사 후보자 1인 또는 수인에게 집중하여 투표하는 방법으로 행사할 수 있다.
④ 제3항의 규정에 의한 투표의 방법으로 이사를 선임하는 경우에는 투표의 최다수를 얻은 자부터 순차적으로 이사에 선임되는 것으로 한다.
⑤ 제1항의 청구가 있는 경우에는 의장은 의결에 앞서 그러한 청구가 있다는 취지를 알려야 한다.
⑥ 제2항의 서면은 총회가 종결될 때까지 이를 본점에 비치하고 주주로 하여금 영업시간내에 열람할 수 있게 하여야 한다.
[본조신설 1998.12.28]

**제382조의3(이사의 충실의무)** 이사는 법령과 정관의 규정에 따라 회사를 위하여 그 직무를 충실하게 수행하여야 한다.
[본조신설 1998.12.28]

**제382조의4(이사의 비밀유지의무)** 이사는 재임중 뿐만 아니라 퇴임후에도 직무상 알게된 회사의 영업상 비밀을 누설하여서는 아니된다.
[본조신설 2001.7.24]

**제383조(원수, 임기)** ① 이사는 3명 이상이어야 한다. 다만, 자본금 총액이 10억원 미만인 회사는 1명 또는 2명으로 할 수 있다. <개정 2009.5.28>
② 이사의 임기는 3년을 초과하지 못한다. <개정 1984.4.10>
③ 제2항의 임기는 정관으로 그 임기중의 최종의 결산기에 관한 정기주주총회의 종결에 이르기까지 연장할 수 있다. <개정 1984.4.10>
④ 제1항 단서의 경우에는 제302조 제2항 제5호의 2, 제317조 제2항 제3호의 2, 제335조 제1항 단서 및 제2항, 제335조의 2 제1항·제3항, 제335조의 3 제1항·제2항, 제335조의 7 제1항, 제340조의 3 제1항 제5호, 제356조 제6호의 2, 제397조 제1항·제2항, 제397조의 2 제1항, 제398조, 제416조 본문, 제451조 제2항, 제461조 제1항 본문 및 제3항, 제462조의 3 제1항, 제464조의 2 제1항, 제469조, 제513조 제2항 본문 및 제516조의 2 제2항 본문(준용되는 경우를 포함한다) 중 "이사회"는 각각 "주주총회"로 보며, 제360조의 5 제1항 및 제522조의 3 제1항 중 "이사회의 결의가 있는 때"는 "제363조 제1항에 따른 주주총회의 소집통지가 있는 때"로 본다. <개정 2009.5.28, 2011.4.14>
⑤ 제1항 단서의 경우에는 제341조 제2항 단서, 제390조, 제391조, 제391조의 2, 제391조의 3, 제392조, 제393조 제2항부터 제4항까지, 제399조 제2항, 제408조의 2 제3항·제4항, 제408조의 3 제2항, 제408조의 4 제2호, 제408조의 5 제1항, 제408조의 6, 제408조의 7, 제412조의 4, 제449조의 2, 제462조 제2항 단서, 제526조 제3항, 제527조 제4항, 제527조의 2, 제527조의 3 제1항 및 제527조의 5 제2항은 적용하지 아니한다. <개정 2009.5.28, 2011.4.14>
⑥ 제1항 단서의 경우에는 각 이사(정관에 따라 대표이사를 정한 경우에는 그 대표이사를 말한다)가 회사를 대표하며 제343조 제1항 단서, 제346조 제3항, 제362조, 제363조의 2 제3항, 제366조 제1항, 제368조의 4 제1항, 제393조 제1항, 제412조의 3 제1항 및 제462조의 3 제1항에 따른 이사회의 기능을 담당한다. <개정 2009.5.28, 2011.4.14>

**제384조** 삭제 <1995.12.29>

**제385조(해임)** ① 이사는 언제든지 제434조의 규

정에 의한 주주총회의 결의로 이를 해임할 수 있다. 그러나 이사의 임기를 정한 경우에 정당한 이유없이 그 임기만료전에 이를 해임한 때에는 그 이사는 회사에 대하여 해임으로 인한 손해의 배상을 청구할 수 있다.

② 이사가 그 직무에 관하여 부정행위 또는 법령이나 정관에 위반한 중대한 사실이있음에도 불구하고 주주총회에서 그 해임을 부결한 때에는 발행주식의 총수의 100분의3 이상에 해당하는 주식을 가진 주주는 총회의 결의가 있은 날부터 1월내에 그 이사의 해임을 법원에 청구할 수 있다. <개정 1998.12.28>

③ 제186조의 규정은 전항의 경우에 준용한다.

**제386조(결원의 경우)** ① 법률 또는 정관에 정한 이사의 원수를 결한 경우에는 임기의 만료 또는 사임으로 인하여 퇴임한 이사는 새로 선임된 이사가 취임할 때까지 이사의 권리의무가 있다.

② 제1항의 경우에 필요하다고 인정할 때에는 법원은 이사, 감사 기타의 이해관계인의 청구에 의하여 일시이사의 직무를 행할 자를 선임할 수 있다. 이 경우에는 본점의 소재지에서 그 등기를 하여야 한다. <개정 1995.12.29>

**제387조(자격주)** 정관으로 이사가 가질 주식의 수를 정한 경우에 다른 규정이 없는 때에는 이사는 그 수의 주권을 감사에게 공탁하여야 한다.

**제388조(이사의 보수)** 이사의 보수는 정관에 그 액을 정하지 아니한 때에는 주주총회의 결의로 이를 정한다.

**제389조(대표이사)** ① 회사는 이사회의 결의로 회사를 대표할 이사를 선정하여야 한다. 그러나 정관으로 주주총회에서 이를 선정할 것을 정할 수 있다.

② 전항의 경우에는 수인의 대표이사가 공동으로 회사를 대표할 것을 정할 수 있다.

③ 제208조 제2항, 제209조, 제210조와 제386조의 규정은 대표이사에 준용한다. <개정 1962. 12.12>

**제390조(이사회의 소집)** ① 이사회는 각이사가 소집한다. 그러나 이사회의 결의로 소집할 이사를 정한 때에는 그러하지 아니하다.

② 제1항 단서의 규정에 의하여 소집권자로 지정되지 않은 다른 이사는 소집권자인 이사에게 이사회 소집을 요구할 수 있다. 소집권자인 이사가 정당한 이유없이 이사회 소집을 거절하는 경우에는 다른 이사가 이사회를 소집할 수 있다. <신설 2001.7.24>

③ 이사회를 소집함에는 회일을 정하고 그 1주간전에 각 이사 및 감사에 대하여 통지를 발송하여야 한다. 그러나 그 기간은 정관으로 단축할 수 있다. <개정 1984.4.10>

④ 이사회는 이사 및 감사전원의 동의가 있는 때에는 제3항의 절차없이 언제든지 회의할 수 있다. <개정 1984.4.10, 2001.7.24>

**제391조(이사회의 결의방법)** ① 이사회의 결의는 이사 과반수의 출석과 출석이사의 과반수로 하여야 한다. 그러나 정관으로 그 비율을 높게 정할 수 있다.

② 정관에서 달리 정하는 경우를 제외하고 이사회는 이사의 전부 또는 일부가 직접 회의에 출석하지 아니하고 모든 이사가 음성을 동시에 송수신하는 원격통신수단에 의하여 결의에 참가하는 것을 허용할 수 있다. 이 경우 당해 이사는 이사회에 직접 출석한 것으로 본다. <신설 1999.12.31, 2011.4.14>

③ 제368조 제4항 및 제371조 제2항의 규정은 제1항의 경우에 이를 준용한다.

[전문개정 1984.4.10]

**제391조의2(감사의 이사회출석 · 의견진술권)** ① 감사는 이사회에 출석하여 의견을 진술할 수 있다.

② 감사는 이사가 법령 또는 정관에 위반한 행위를 하거나 그 행위를 할 염려가 있다고 인정한 때에는 이사회에 이를 보고하여야 한다.

[본조신설 1984.4.10]

**제391조의3(이사회의 의사록)** ① 이사회의 의사에 관하여는 의사록을 작성하여야 한다.

② 의사록에는 의사의 안건, 경과요령, 그 결과, 반대하는 자와 그 반대이유를 기재하고 출석한 이사 및 감사가 기명날인 또는 서명하여

야 한다. <개정 1995.12.29, 1999.12.31>
③ 주주는 영업시간내에 이사회의사록의 열람 또는 등사를 청구할 수 있다. <신설 1999.12.31>
④ 회사는 제3항의 청구에 대하여 이유를 붙여 이를 거절할 수 있다. 이 경우 주주는 법원의 허가를 얻어 이사회의사록을 열람 또는 등사할 수 있다. <신설 1999.12.31>
[본조신설 1984.4.10]

**제392조(이사회의 연기·속행)** 제372조의 규정은 이사회에 관하여 이를 준용한다.
[전문개정 1984.4.10]

**제393조(이사회의 권한)** ① 중요한 자산의 처분 및 양도, 대규모 재산의 차입, 지배인의 선임 또는 해임과 지점의 설치·이전 또는 폐지 등 회사의 업무집행은 이사회의 결의로 한다. <개정 2001.7.24>
② 이사회는 이사의 직무의 집행을 감독한다.
③ 이사는 대표이사로 하여금 다른 이사 또는 피용자의 업무에 관하여 이사회에 보고할 것을 요구할 수 있다. <신설 2001.7.24>
④ 이사는 3월에 1회 이상 업무의 집행상황을 이사회에 보고하여야 한다. <신설 2001.7.24>
[전문개정 1984.4.10]

**제393조의2(이사회내 위원회)** ① 이사회는 정관이 정한 바에 따라 위원회를 설치할 수 있다.
② 이사회는 다음 각호의 사항을 제외하고는 그 권한을 위원회에 위임할 수 있다.
1. 주주총회의 승인을 요하는 사항의 제안
2. 대표이사의 선임 및 해임
3. 위원회의 설치와 그 위원의 선임 및 해임
4. 정관에서 정하는 사항
③ 위원회는 2인 이상의 이사로 구성한다.
④ 위원회는 결의된 사항을 각 이사에게 통지하여야 한다. 이 경우 이를 통지받은 각 이사는 이사회의 소집을 요구할 수 있으며, 이사회는 위원회가 결의한 사항에 대하여 다시 결의할 수 있다.
⑤ 제386조 제1항·제390조·제391조·제391조의 3 및 제392조의 규정은 위원회에 관하여 이를 준용한다.
[본조신설 1999.12.31]

**제394조(이사와 회사간의 소에 관한 대표)** ① 회사가 이사에 대하여 또는 이사가 회사에 대하여 소를 제기하는 경우에 감사는 그 소에 관하여 회사를 대표한다. 회사가 제403조 제1항의 청구를 받음에 있어서도 같다.
② 제415조의 2의 규정에 의한 감사위원회의 위원이 소의 당사자인 경우에는 감사위원회 또는 이사는 법원에 회사를 대표할 자를 선임하여 줄 것을 신청하여야 한다. <신설 1999.12.31> [전문개정 1984.4.10]

**제395조(표현대표이사의 행위와 회사의 책임)** 사장, 부사장, 전무, 상무 기타 회사를 대표할 권한이 있는 것으로 인정될만한 명칭을 사용한 이사의 행위에 대하여는 그 이사가 회사를 대표할 권한이 없는 경우에도 회사는 선의의 제삼자에 대하여 그 책임을 진다.

**제396조(정관등의 비치, 공시의무)** ① 이사는 회사의 정관, 주주총회의 의사록을 본점과 지점에, 주주명부, 사채원부를 본점에 비치하여야 한다. 이 경우 명의개서대리인을 둔 때에는 주주명부나 사채원부 또는 그 복본을 명의개서대리인의 영업소에 비치할 수 있다. <개정 1984.4.10, 1999.12.31>
② 주주와 회사채권자는 영업시간내에 언제든지 제1항의 서류의 열람 또는 등사를 청구할 수 있다. <개정 1984.4.10>

**제397조(경업금지)** ① 이사는 이사회의 승인이 없으면 자기 또는 제삼자의 계산으로 회사의 영업부류에 속한 거래를 하거나 동종영업을 목적으로 하는 다른 회사의 무한책임사원이나 이사가 되지 못한다. <개정 1995.12.29>
② 이사가 제1항의 규정에 위반하여 거래를 한 경우에 회사는 이사회의 결의로 그 이사의 거래가 자기의 계산으로 한 것인 때에는 이를 회사의 계산으로 한 것으로 볼 수 있고 제삼자의 계산으로 한 것인 때에는 그 이사에 대하여 이로 인한 이득의 양도를 청구할 수 있다. <개정 1962.12.12, 1995.12.29>
③ 제2항의 권리는 거래가 있은 날로부터 1년

을 경과하면 소멸한다. <개정 1995.12.29>

**제397조의2(회사의 기회 및 자산의 유용 금지)** ① 이사는 이사회의 승인 없이 현재 또는 장래에 회사의 이익이 될 수 있는 다음 각 호의 어느 하나에 해당하는 회사의 사업기회를 자기 또는 제3자의 이익을 위하여 이용하여서는 아니 된다. 이 경우 이사회의 승인은 이사 3분의 2 이상의 수로써 하여야 한다.

1. 직무를 수행하는 과정에서 알게 되거나 회사의 정보를 이용한 사업기회
2. 회사가 수행하고 있거나 수행할 사업과 밀접한 관계가 있는 사업기회

② 제1항을 위반하여 회사에 손해를 발생시킨 이사 및 승인한 이사는 연대하여 손해를 배상할 책임이 있으며 이로 인하여 이사 또는 제3자가 얻은 이익은 손해로 추정한다.

[본조신설 2011.4.14]

**제398조(이사 등과 회사 간의 거래)** 다음 각 호의 어느 하나에 해당하는 자가 자기 또는 제3자의 계산으로 회사와 거래를 하기 위하여는 미리 이사회에서 해당 거래에 관한 중요사실을 밝히고 이사회의 승인을 받아야 한다. 이 경우 이사회의 승인은 이사 3분의 2 이상의 수로써 하여야 하고, 그 거래의 내용과 절차는 공정하여야 한다.

1. 이사 또는 제542조의 8 제2항 제6호에 따른 주요주주
2. 제1호의 자의 배우자 및 직계존비속
3. 제1호의 자의 배우자의 직계존비속
4. 제1호부터 제3호까지의 자가 단독 또는 공동으로 의결권 있는 발행주식 총수의 100분의 50 이상을 가진 회사 및 그 자회사
5. 제1호부터 제3호까지의 자가 제4호의 회사와 합하여 의결권 있는 발행주식총수의 100분의 50 이상을 가진 회사

[전문개정 2011.4.14]

**제399조(회사에 대한 책임)** ① 이사가 고의 또는 과실로 법령 또는 정관에 위반한 행위를 하거나 그 임무를 게을리한 경우에는 그 이사는 회사에 대하여 연대하여 손해를 배상할 책임이 있다. <개정 2011.4.14>

② 전항의 행위가 이사회의 결의에 의한 것인 때에는 그 결의에 찬성한 이사도 전항의 책임이 있다.

③ 전항의 결의에 참가한 이사로서 이의를 한 기재가 의사록에 없는 자는 그 결의에 찬성한 것으로 추정한다.

**제400조(회사에 대한 책임의 감면)** ① 제399조에 따른 이사의 책임은 주주 전원의 동의로 면제할 수 있다.

② 회사는 정관으로 정하는 바에 따라 제399조에 따른 이사의 책임을 이사가 그 행위를 한 날 이전 최근 1년간의 보수액(상여금과 주식매수선택권의 행사로 인한 이익 등을 포함한다)의 6배(사외이사의 경우는 3배)를 초과하는 금액에 대하여 면제할 수 있다. 다만, 이사가 고의 또는 중대한 과실로 손해를 발생시킨 경우와 제397조 제397조의 2 및 제398조에 해당하는 경우에는 그러하지 아니하다.

[전문개정 2011.4.14]

**제401조(제삼자에 대한 책임)** ① 이사가 고의 또는 중대한 과실로 그 임무를 게을리한 때에는 그 이사는 제3자에 대하여 연대하여 손해를 배상할 책임이 있다. <개정 2011.4.14>

② 제399조 제2항, 제3항의 규정은 전항의 경우에 준용한다.

**제401조의2(업무집행지시자 등의 책임)** ① 다음 각호의 1에 해당하는 자는 그 지시하거나 집행한 업무에 관하여 제399조·제401조 및 제403조의 적용에 있어서 이를 이사로 본다.

1. 회사에 대한 자신의 영향력을 이용하여 이사에게 업무집행을 지시한 자
2. 이사의 이름으로 직접 업무를 집행한 자
3. 이사가 아니면서 명예회장·회장·사장·부사장·전무·상무·이사 기타 회사의 업무를 집행할 권한이 있는 것으로 인정될 만한 명칭을 사용하여 회사의 업무를 집행한 자

② 제1항의 경우에 회사 또는 제3자에 대하여 손해를 배상할 책임이 있는 이사는 제1항에 규

정된 자와 연대하여 그 책임을 진다.
[본조신설 1998.12.28]

**제402조(유지청구권)** 이사가 법령 또는 정관에 위반한 행위를 하여 이로 인하여 회사에 회복할 수 없는 손해가 생길 염려가 있는 경우에는 감사 또는 발행주식의 총수의 100분의 1 이상에 해당하는 주식을 가진 주주는 회사를 위하여 이사에 대하여 그 행위를 유지할 것을 청구할 수 있다. <개정 1984.4.10, 1998.12.28>

**제403조(주주의 대표소송)** ① 발행주식의 총수의 100분의 1이상에 해당하는 주식을 가진 주주는 회사에 대하여 이사의 책임을 추궁할 소의 제기를 청구할 수 있다. <개정 1998.12.28>
② 제1항의 청구는 그 이유를 기재한 서면으로 하여야 한다. <개정 1998.12.28>
③ 회사가 전항의 청구를 받은 날로부터 30일내에 소를 제기하지 아니한 때에는 제1항의 주주는 즉시 회사를 위하여 소를 제기할 수 있다.
④ 제3항의 기간의 경과로 인하여 회사에 회복할 수 없는 손해가 생길 염려가 있는 경우에는 전항의 규정에 불구하고 제1항의 주주는 즉시 소를 제기할 수 있다. <개정 1998.12.28>
⑤ 제3항과 제4항의 소를 제기한 주주의 보유주식이 제소후 발행주식총수의 100분의 1 미만으로 감소한 경우(발행주식을 보유하지 아니하게 된 경우를 제외한다)에도 제소의 효력에는 영향이 없다. <신설 1998.12.28>
⑥ 회사가 제1항의 청구에 따라 소를 제기하거나 주주가 제3항과 제4항의 소를 제기한 경우 당사자는 법원의 허가를 얻지 아니하고는 소의 취하, 청구의 포기·인락·화해를 할 수 없다. <신설 1998.12.28, 2011.4.14>
⑦ 제176조 제3항, 제4항과 제186조의 규정은 본조의 소에 준용한다.

**제404조(대표소송과 소송참가, 소송고지)** ① 회사는 전조제3항과 제4항의 소송에 참가할 수 있다.
② 전조제3항과 제4항의 소를 제기한 주주는 소를 제기한 후 지체없이 회사에 대하여 그 소송의 고지를 하여야 한다.

**제405조(제소주주의 권리의무)** ① 제403조 제3항과 제4항의 규정에 의하여 소를 제기한 주주가 승소한 때에는 그 주주는 회사에 대하여 소송비용 및 그 밖에 소송으로 인하여 지출한 비용중 상당한 금액의 지급을 청구할 수 있다. 이 경우 소송비용을 지급한 회사는 이사 또는 감사에 대하여 구상권이 있다. <개정 1962.12.12, 2001.7.24>
② 제403조 제3항과 제4항의 규정에 의하여 소를 제기한 주주가 패소한 때에는 악의인 경우외에는 회사에 대하여 손해를 배상할 책임이 없다.

**제406조(대표소송과 재심의 소)** ① 제403조의 소가 제기된 경우에 원고와 피고의 공모로 인하여 소송의 목적인 회사의 권리를 사해할 목적으로써 판결을 하게한 때에는 회사 또는 주주는 확정한 종국판결에 대하여 재심의 소를 제기할 수 있다.
② 전조의 규정은 전항의 소에 준용한다.

**제406조의2(다중대표소송)** ① 모회사 발행주식총수의 100분의 1 이상에 해당하는 주식을 가진 주주는 자회사에 대하여 자회사 이사의 책임을 추궁할 소의 제기를 청구할 수 있다.
② 제1항의 주주는 자회사가 제1항의 청구를 받은 날부터 30일 내에 소를 제기하지 아니한 때에는 즉시 자회사를 위하여 소를 제기할 수 있다.
③ 제1항 및 제2항의 소에 관하여는 제176조 제3항·제4항, 제403조 제2항, 같은 조 제4항부터 제6항까지 및 제404조부터 제406조까지의 규정을 준용한다.
④ 제1항의 청구를 한 후 모회사가 보유한 자회사의 주식이 자회사 발행주식총수의 100분의 50 이하로 감소한 경우(발행주식을 보유하지 아니하게 된 경우를 제외한다)에도 제1항 및 제2항에 따른 제소의 효력에는 영향이 없다.
⑤ 제1항 및 제2항의 소는 자회사의 본점소재지의 지방법원의 관할에 전속한다.

**제407조(직무집행정지, 직무대행자선임)** ① 이사선임결의의 무효나 취소 또는 이사해임의 소가 제기된 경우에는 법원은 당사자의 신청

에 의하여 가처분으로써 이사의 직무집행을 정지할 수 있고 또는 직무대행자를 선임할 수 있다. 급박한 사정이 있는 때에는 본안 소송의 제기전에도 그 처분을 할 수 있다.
② 법원은 당사자의 신청에 의하여 전항의 가처분을 변경 또는 취소할 수 있다.
③ 전2항의 처분이 있는 때에는 본점과 지점의 소재지에서 그 등기를 하여야 한다.

**제408조(직무대행자의 권한)** ① 전조의 직무대행자는 가처분명령에 다른 정함이 있는 경우외에는 회사의 상무에 속하지 아니한 행위를 하지 못한다. 그러나 법원의 허가를 얻은 경우에는 그러하지 아니하다.
② 직무대행자가 전항의 규정에 위반한 행위를 한 경우에도 회사는 선의의 제삼자에 대하여 책임을 진다.

**제408조의2(집행임원 설치회사, 집행임원과 회사의 관계)** ① 회사는 집행임원을 둘 수 있다. 이 경우 집행임원을 둔 회사(이하 "집행임원 설치회사"라 한다)는 대표이사를 두지 못한다.
② 집행임원 설치회사와 집행임원의 관계는 「민법」 중 위임에 관한 규정을 준용한다.
③ 집행임원 설치회사의 이사회는 다음의 권한을 갖는다.
1. 집행임원과 대표집행임원의 선임·해임
2. 집행임원의 업무집행 감독
3. 집행임원과 집행임원 설치회사의 소송에서 집행임원 설치회사를 대표할 자의 선임
4. 집행임원에게 업무집행에 관한 의사결정의 위임(이 법에서 이사회 권한사항으로 정한 경우는 제외한다)
5. 집행임원이 여러 명인 경우 집행임원의 직무 분담 및 지휘·명령관계, 그 밖에 집행임원의 상호관계에 관한 사항의 결정
6. 정관에 규정이 없거나 주주총회의 승인이 없는 경우 집행임원의 보수 결정

④ 집행임원 설치회사는 이사회의 회의를 주관하기 위하여 이사회 의장을 두어야 한다. 이 경우 이사회 의장은 정관의 규정이 없으면 이사회 결의로 선임한다.
[본조신설 2011.4.14]

**제408조의3(집행임원의 임기)** ① 집행임원의 임기는 정관에 다른 규정이 없으면 2년을 초과하지 못한다.
② 제1항의 임기는 정관에 그 임기 중의 최종 결산기에 관한 정기주주총회가 종결한 후 가장 먼저 소집하는 이사회의 종결 시까지로 정할 수 있다.
[본조신설 2011.4.14]

**제408조의4(집행임원의 권한)** 집행임원의 권한은 다음 각 호의 사항으로 한다.
1. 집행임원 설치회사의 업무집행
2. 정관이나 이사회의 결의에 의하여 위임받은 업무집행에 관한 의사결정

[본조신설 2011.4.14]

**제408조의5(대표집행임원)** ① 2명 이상의 집행임원이 선임된 경우에는 이사회 결의로 집행임원 설치회사를 대표할 대표집행임원을 선임하여야 한다. 다만, 집행임원이 1명인 경우에는 그 집행임원이 대표집행임원이 된다.
② 대표집행임원에 관하여는 이 법에 다른 규정이 없으면 주식회사의 대표이사에 관한 규정을 준용한다.
③ 집행임원 설치회사에 대하여는 제395조를 준용한다. [본조신설 2011.4.14]

**제408조의6(집행임원의 이사회에 대한 보고)** ① 행임원은 3개월에 1회 이상 업무의 집행상황을 이사회에 보고하여야 한다.
② 집행임원은 제1항의 경우 외에도 이사회의 요구가 있으면 언제든지 이사회에 출석하여 요구한 사항을 보고하여야 한다.
③ 이사는 대표집행임원으로 하여금 다른 집행임원 또는 피용자의 업무에 관하여 이사회에 보고할 것을 요구할 수 있다.
[본조신설 2011.4.14]

**제408조의7(집행임원의 이사회 소집 청구)** ① 집행임원은 필요하면 회의의 목적사항과 소집이유를 적은 서면을 이사(소집권자가 있는 경우에는 소집권자를 말한다. 이하 이 조에서 같다)에게 제출하여 이사회 소집을 청구할 수 있다.

② 제1항의 청구를 한 후 이사가 지체 없이 이사회 소집의 절차를 밟지 아니하면 소집을 청구한 집행임원은 법원의 허가를 받아 이사회를 소집할 수 있다. 이 경우 이사회 의장은 법원이 이해관계자의 청구에 의하여 또는 직권으로 선임할 수 있다.
[본조신설 2011.4.14]

**제408조의8(집행임원의 책임)** ① 집행임원이 고의 또는 과실로 법령이나 정관을 위반한 행위를 하거나 그 임무를 게을리한 경우에는 그 집행임원은 집행임원 설치회사에 손해를 배상할 책임이 있다.
② 집행임원이 고의 또는 중대한 과실로 그 임무를 게을리한 경우에는 그 집행임원은 제3자에게 손해를 배상할 책임이 있다.
③ 집행임원이 집행임원 설치회사 또는 제3자에게 손해를 배상할 책임이 있는 경우에 다른 집행임원·이사 또는 감사도 그 책임이 있으면 다른 집행임원·이사 또는 감사와 연대하여 배상할 책임이 있다.
[본조신설 2011.4.14]

**제408조의9(준용규정)** 집행임원에 대하여는 제382조의 3, 제382조의 4, 제396조, 제397조, 제397조의 2, 제398조, 제400조, 제401조의 2, 제402조부터 제408조까지, 제412조 및 제412조의2를 준용한다.
[본조신설 2011.4.14]

### 제3관 감사 및 감사위원회

〈개정 1999.12.31〉

**제409조(선임)** ① 감사는 주주총회에서 선임한다.
② 의결권없는 주식을 제외한 발행주식의 총수의 100분의 3(정관에서 더 낮은 주식 보유비율을 정할 수 있으며, 정관에서 더 낮은 주식 보유비율을 정한 경우에는 그 비율로 한다)을 초과하는 수의 주식을 가진 주주는 그 초과하는 주식에 관하여 제1항의 감사의 선임에 있어서는 의결권을 행사하지 못한다.
③ 회사가 제368조의4 제1항에 따라 전자적 방법으로 의결권을 행사할 수 있도록 한 경우에는 제368조 제1항에도 불구하고 출석한 주주의 의결권의 과반수로써 제1항에 따른 감사의 선임을 결의할 수 있다.
④ 제1항, 제296조 제1항 및 제312조에도 불구하고 자본금의 총액이 10억원 미만인 회사의 경우에는 감사를 선임하지 아니할 수 있다. <신설 2009.5.28>
⑤ 제4항에 따라 감사를 선임하지 아니한 회사가 이사에 대하여 또는 이사가 그 회사에 대하여 소를 제기하는 경우에 회사, 이사 또는 이해관계인은 법원에 회사를 대표할 자를 선임하여 줄 것을 신청하여야 한다. <신설 2009.5.28>
⑥ 제4항에 따라 감사를 선임하지 아니한 경우에는 제412조, 제412조의 2 및 제412조의 5 제1항·제2항 중 "감사"는 각각 "주주총회"로 본다. <신설 2009.5.28, 2011.4.14>

**제409조의2(감사의 해임에 관한 의견진술의 권리)** 감사는 주주총회에서 감사의 해임에 관하여 의견을 진술할 수 있다.
[본조신설 1995.12.29]

**제410조(임기)** 감사의 임기는 취임후 3년내의 최종의 결산기에 관한 정기총회의 종결시까지로 한다. <개정 1995.12.29> [전문개정 1984.4.10]

**제411조(겸임금지)** 감사는 회사 및 자회사의 이사 또는 지배인 기타의 사용인의 직무를 겸하지 못한다. <개정 1995.12.29>

**제412조(감사의 직무와 보고요구, 조사의 권한)** ① 감사는 이사의 직무의 집행을 감사한다.
② 감사는 언제든지 이사에 대하여 영업에 관한 보고를 요구하거나 회사의 업무와 재산상태를 조사할 수 있다.
③ 감사는 회사의 비용으로 전문가의 도움을 구할 수 있다. <신설 2011.4.14>
[전문개정 1984.4.10] [제목개정 2011.4.14]

**제412조의2(이사의 보고의무)** 이사는 회사에 현저하게 손해를 미칠 염려가 있는 사실을 발견한 때에는 즉시 감사에게 이를 보고하여야 한다. [본조신설 1995.12.29]

**제412조의3(총회의 소집청구)** ① 감사는 회의의 목적사항과 소집의 이유를 기재한 서면을 이사회에 제출하여 임시총회의 소집을 청구할 수 있다.

② 제366조제2항의 규정은 감사가 총회를 소집하는 경우에 이를 준용한다.

[본조신설 1995.12.29]

**제412조의4(감사의 이사회 소집 청구)** ① 감사는 필요하면 회의의 목적사항과 소집이유를 서면에 적어 이사(소집권자가 있는 경우에는 소집권자를 말한다. 이하 이 조에서 같다)에게 제출하여 이사회 소집을 청구할 수 있다.

② 제1항의 청구를 하였는데도 이사가 지체 없이 이사회를 소집하지 아니하면 그 청구한 감사가 이사회를 소집할 수 있다.

[본조신설 2011.4.14]

[종전 제412조의4는 제412조의5로 이동 <2011.4.14>]

**제412조의5(자회사의 조사권)** ① 모회사의 감사는 그 직무를 수행하기 위하여 필요한 때에는 자회사에 대하여 영업의 보고를 요구할 수 있다.

② 모회사의 감사는 제1항의 경우에 자회사가 지체없이 보고를 하지 아니할 때 또는 그 보고의 내용을 확인할 필요가 있는 때에는 자회사의 업무와 재산상태를 조사할 수 있다.

③ 자회사는 정당한 이유가 없는 한 제1항의 규정에 의한 보고 또는 제2항의 규정에 의한 조사를 거부하지 못한다.

[본조신설 1995.12.29]

[제412조의4에서 이동 <2011.4.14>]

**제413조(조사ㆍ보고의 의무)** 감사는 이사가 주주총회에 제출할 의안 및 서류를 조사하여 법령 또는 정관에 위반하거나 현저하게 부당한 사항이 있는지의 여부에 관하여 주주총회에 그 의견을 진술하여야 한다.

[전문개정 1984.4.10]

**제413조의2(감사록의 작성)** ① 감사는 감사에 관하여 감사록을 작성하여야 한다.

② 감사록에는 감사의 실시요령과 그 결과를 기재하고 감사를 실시한 감사가 기명날인 또는 서명하여야 한다. <개정 1995.12.29>

[본조신설 1984.4.10]

**제414조(감사의 책임)** ① 감사가 그 임무를 해태한 때에는 그 감사는 회사에 대하여 연대하여 손해를 배상할 책임이 있다.

② 감사가 악의 또는 중대한 과실로 인하여 그 임무를 해태한 때에는 그 감사는 제삼자에 대하여 연대하여 손해를 배상할 책임이 있다.

③ 감사가 회사또는 제삼자에 대하여 손해를 배상할 책임이 있는 경우에 이사도 그 책임이 있는 때에는 그 감사와 이사는 연대하여 배상할 책임이 있다.

**제415조(준용규정)** 제382조 제2항, 제382조의 4, 제385조, 제386조, 제388조, 제400조, 제401조와 제403조 내지 제407조의 규정은 감사에 준용한다. <개정 1984.4.10, 2001.7.24>

**제415조의2(감사위원회)** ① 회사는 정관이 정한 바에 따라 감사에 갈음하여 제393조의2의 규정에 의한 위원회로서 감사위원회를 설치할 수 있다. 감사위원회를 설치한 경우에는 감사를 둘 수 없다.

② 감사위원회는 제393조의 2 제3항에도 불구하고 3명 이상의 이사로 구성한다. 다만, 사외이사가 위원의 3분의 2 이상이어야 한다. <개정 2009.1.30>

③ 감사위원회의 위원의 해임에 관한 이사회의 결의는 이사 총수의 3분의2 이상의 결의로 하여야 한다.

④ 감사위원회는 그 결의로 위원회를 대표할 자를 선정하여야 한다. 이 경우 수인의 위원이 공동으로 위원회를 대표할 것을 정할 수 있다.

⑤ 감사위원회는 회사의 비용으로 전문가의 조력을 구할 수 있다.

⑥ 감사위원회에 대하여는 제393조의 2 제4항 후단을 적용하지 아니한다. <신설 2009.1.30>

⑦ 제296조ㆍ제312조ㆍ제367조ㆍ제387조ㆍ제391조의 2 제2항ㆍ제394조 제1항ㆍ제400조ㆍ제402조 내지 제407조ㆍ제412조 내지 제414조ㆍ제447조의 3ㆍ제447조의 4ㆍ제450조ㆍ제

527조의 4 · 제530조의 5 제1항 제9호 · 제530조의 6 제1항 제10호 및 제534조의 규정은 감사위원회에 관하여 이를 준용한다. 이 경우 제530조의 5 제1항 제9호 및 제530조의 6 제1항 제10호 중 "감사"는 "감사위원회 위원"으로 본다. <개정 2009.1.30> [본조신설 1999.12.31]

## 제 4 절 신주의 발행

**제416조(발행사항의 결정)** 회사가 그 성립 후에 주식을 발행하는 경우에는 다음의 사항으로서 정관에 규정이 없는 것은 이사회가 결정한다. 다만, 이 법에 다른 규정이 있거나 정관으로 주주총회에서 결정하기로 정한 경우에는 그러하지 아니하다. <개정 1984.4.10, 2011.4.14>

1. 신주의 종류와 수
2. 신주의 발행가액과 납입기일

2의2. 무액면주식의 경우에는 신주의 발행가액 중 자본금으로 계상하는 금액

3. 신주의 인수방법
4. 현물출자를 하는 자의 성명과 그 목적인 재산의 종류, 수량, 가액과 이에 대하여 부여할 주식의 종류와 수
5. 주주가 가지는 신주인수권을 양도할 수 있는 것에 관한 사항
6. 주주의 청구가 있는 때에만 신주인수권증서를 발행한다는 것과 그 청구기간

**제417조(액면미달의 발행)** ① 회사가 성립한 날로부터 2년을 경과한 후에 주식을 발행하는 경우에는 회사는 제434조의 규정에 의한 주주총회의 결의와 법원의 인가를 얻어서 주식을 액면미달의 가액으로 발행할 수 있다. <개정 1962.12.12>

② 전항의 주주총회의 결의에서는 주식의 최저발행가액을 정하여야 한다.

③ 법원은 회사의 현황과 제반사정을 참작하여 최저발행가액을 변경하여 인가할 수 있다. 이 경우에 법원은 회사의 재산상태 기타 필요한 사항을 조사하게 하기 위하여 검사인을 선임할 수 있다.

④ 제1항의 주식은 법원의 인가를 얻은 날로부터 1월내에 발행하여야 한다. 법원은 이 기간을 연장하여 인가할 수 있다.

**제418조(신주인수권의 내용 및 배정일의 지정 · 공고)** ① 주주는 그가 가진 주식 수에 따라서 신주의 배정을 받을 권리가 있다. <개정 2001.7.24>

② 회사는 제1항의 규정에 불구하고 정관에 정하는 바에 따라 주주 외의 자에게 신주를 배정할 수 있다. 다만, 이 경우에는 신기술의 도입, 재무구조의 개선 등 회사의 경영상 목적을 달성하기 위하여 필요한 경우에 한한다. <신설 2001.7.24>

③ 회사는 일정한 날을 정하여 그 날에 주주명부에 기재된 주주가 제1항의 권리를 가진다는 뜻과 신주인수권을 양도할 수 있을 경우에는 그 뜻을, 그 날의 2주간전에 공고하여야 한다. 그러나 그 날이 제354조 제1항의 기간중인 때에는 그 기간의 초일의 2주간전에 공고하여야 한다. <신설 1984.4.10>

④ 제2항에 따라 주주 외의 자에게 신주를 배정하는 경우 회사는 제416조 제1호, 제2호, 제2호의 2, 제3호 및 제4호에서 정하는 사항을 그 납입기일의 2주 전까지 주주에게 통지하거나 공고하여야 한다. <신설 2011.4.14>

**제419조(신주인수권자에 대한 최고)** ① 회사는 신주의 인수권을 가진 자에 대하여 그 인수권을 가지는 주식의 종류 및 수와 일정한 기일까지 주식인수의 청약을 하지 아니하면 그 권리를 잃는다는 뜻을 통지하여야 한다. 이 경우 제416조 제5호 및 제6호에 규정한 사항의 정함이 있는 때에는 그 내용도 통지하여야 한다.

② 회사가 무기명식의 주권을 발행한 때에는 제1항의 사항을 공고하여야 한다.

③ 제1항의 통지 또는 제2항의 공고는 제1항의 기일의 2주간전에 이를 하여야 한다.

④ 제1항의 통지 또는 제2항의 공고에도 불구하고 그 기일까지 주식인수의 청약을 하지 아니한 때에는 신주의 인수권을 가진 자는 그 권리를 잃는다. [전문개정 1984.4.10]

**제420조(주식청약서)** 이사는 주식청약서를 작성하여 다음의 사항을 적어야 한다. <개정 1984.4.10, 2011.4.14>

1. 제289조 제1항 제2호 내지 제4호에 게기한 사항
2. 제302조 제2항 제7호·제9호 및 제10호에 게기한 사항
3. 제416조 제1호 내지 제4호에 게기한 사항
4. 제417조에 따른 주식을 발행한 경우에는 그 발행조건과 미상각액(未償却額)
5. 주주에 대한 신주인수권의 제한에 관한 사항 또는 특정한 제삼자에게 이를 부여할 것을 정한 때에는 그 사항
6. 주식발행의 결의연월일

**제420조의2(신주인수권증서의 발행)** ① 제416조 제5호에 규정한 사항을 정한 경우에 회사는 동조 제6호의 정함이 있는 때에는 그 정함에 따라, 그 정함이 없는 때에는 제419조 제1항의 기일의 2주간전에 신주인수권증서를 발행하여야 한다.

② 신주인수권증서에는 다음 사항과 번호를 기재하고 이사가 기명날인 또는 서명하여야 한다. <개정 1995.12.29>
1. 신주인수권증서라는 뜻의 표시
2. 제420조에 규정한 사항
3. 신주인수권의 목적인 주식의 종류와 수
4. 일정기일까지 주식의 청약을 하지 아니할 때에는 그 권리를 잃는다는 뜻

[본조신설 1984.4.10]

**제420조의3(신주인수권의 양도)** ① 신주인수권의 양도는 신주인수권증서의 교부에 의하여서만 이를 행한다.

② 제336조 제2항 및 수표법 제21조의 규정은 신주인수권증서에 관하여 이를 준용한다.

[본조신설 1984.4.10]

**제420조의4(신주인수권의 전자등록)** 회사는 신주인수권증서를 발행하는 대신 정관으로 정하는 바에 따라 전자등록기관의 전자등록부에 신주인수권을 등록할 수 있다. 이 경우 제356조의2제2항부터 제4항까지의 규정을 준용한다. [본조신설 2011.4.14] [종전 제420조의 4는 제420조의 5로 이동 <2011.4.14>]

**제420조의5(신주인수권증서에 의한 청약)** ① 신주인수권증서를 발행한 경우에는 신주인수권증서에 의하여 주식의 청약을 한다. 이 경우에는 제302조 제1항의 규정을 준용한다.

② 신주인수권증서를 상실한 자는 주식청약서에 의하여 주식의 청약을 할 수 있다. 그러나 그 청약은 신주인수권증서에 의한 청약이 있는 때에는 그 효력을 잃는다.

[본조신설 1984.4.10] [제420조의4에서 이동 <2011.4.14>]

**제421조(주식에 대한 납입)** ① 이사는 신주의 인수인으로 하여금 그 배정한 주수(株數)에 따라 납입기일에 그 인수한 주식에 대한 인수가액의 전액을 납입시켜야 한다.

② 신주의 인수인은 회사의 동의 없이 제1항의 납입채무와 주식회사에 대한 채권을 상계할 수 없다. [전문개정 2011.4.14]

**제422조(현물출자의 검사)** ① 현물출자를 하는 자가 있는 경우에는 이사는 제416조 제4호의 사항을 조사하게 하기 위하여 검사인의 선임을 법원에 청구하여야 한다. 이 경우 공인된 감정인의 감정으로 검사인의 조사에 갈음할 수 있다. <개정 1998.12.28>

② 다음 각 호의 어느 하나에 해당할 경우에는 제1항을 적용하지 아니한다. <신설 2011.4.14>
1. 제416조 제4호의 현물출자의 목적인 재산의 가액이 자본금의 5분의 1을 초과하지 아니하고 대통령령으로 정한 금액을 초과하지 아니하는 경우
2. 제416조 제4호의 현물출자의 목적인 재산이 거래소의 시세 있는 유가증권인 경우 제416조 본문에 따라 결정된 가격이 대통령령으로 정한 방법으로 산정된 시세를 초과하지 아니하는 경우
3. 변제기가 돌아온 회사에 대한 금전채권을 출자의 목적으로 하는 경우로서 그 가액이 회사장부에 적혀 있는 가액을 초과하지 아니하는 경우
4. 그 밖에 제1호부터 제3호까지의 규정에 준하는 경우로서 대통령령으로 정하는 경우

③ 법원은 검사인의 조사보고서 또는 감정인

감정결과를 심사하여 제1항의 사항을 부당하다고 인정한 때에는 이를 변경하여 이사와 현물출자를 한 자에게 통고할 수 있다. <개정 1998.12.28, 2011.4.14>

④ 전항의 변경에 불복하는 현물출자를 한 자는 그 주식의 인수를 취소할 수 있다. <개정 2011.4.14>

⑤ 법원의 통고가 있은 후 2주내에 주식의 인수를 취소한 현물출자를 한 자가 없는 때에는 제1항의 사항은 통고에 따라 변경된 것으로 본다. <개정 1998.12.28, 2011.4.14>

**제423조(주주가 되는 시기, 납입해태의 효과)** ① 신주의 인수인은 납입 또는 현물출자의 이행을 한 때에는 납입기일의 다음 날로부터 주주의 권리의무가 있다. 이 경우 제350조제3항 후단의 규정을 준용한다. <개정 1984.4.10, 1995.12.29>

② 신주의 인수인이 납입기일에 납입 또는 현물출자의 이행을 하지 아니한 때에는 그 권리를 잃는다.

③ 제2항의 규정은 신주의 인수인에 대한 손해배상의 청구에 영향을 미치지 아니한다. <개정 1984.4.10>

**제424조(유지청구권)** 회사가 법령 또는 정관에 위반하거나 현저하게 불공정한 방법에 의하여 주식을 발행함으로써 주주가 불이익을 받을 염려가 있는 경우에는 그 주주는 회사에 대하여 그 발행을 유지할 것을 청구할 수 있다.

**제424조의2(불공정한 가액으로 주식을 인수한 자의 책임)** ① 이사와 통모하여 현저하게 불공정한 발행가액으로 주식을 인수한 자는 회사에 대하여 공정한 발행가액과의 차액에 상당한 금액을 지급할 의무가 있다.

② 제403조 내지 제406조의 규정은 제1항의 지급을 청구하는 소에 관하여 이를 준용한다.

③ 제1항 및 제2항의 규정은 이사의 회사 또는 주주에 대한 손해배상의 책임에 영향을 미치지 아니한다. [본조신설 1984.4.10]

**제425조(준용규정)** ① 제302조 제1항, 제3항, 제303조, 제305조 제2항, 제3항, 제306조, 제318조와 제319조의 규정은 신주의 발행에 준용한다.

② 제305조 제2항의 규정은 신주인수권증서를 발행하는 경우에 이를 준용한다. <신설 1984.4.10>

**제426조(미상각액의 등기)** 제417조에 따른 주식을 발행한 경우에 주식의 발행에 따른 변경등기에는 미상각액을 등기하여야 한다. [전문개정 2011.4.14]

**제427조(인수의 무효주장, 취소의 제한)** 신주의 발행으로 인한 변경등기를 한 날로부터 1년을 경과한 후에는 신주를 인수한 자는 주식청약서 또는 신주인수권증서의 요건의 흠결을 이유로하여 그 인수의 무효를 주장하거나 사기, 강박 또는 착오를 이유로하여 그 인수를 취소하지 못한다. 그 주식에 대하여 주주의 권리를 행사한 때에도 같다. <개정 1962.12.12, 1984.4.10>

**제428조(이사의 인수담보책임)** ① 신주의 발행으로 인한 변경등기가 있은 후에 아직 인수하지 아니한 주식이 있거나 주식인수의 청약이 취소된 때에는 이사가 이를 공동으로 인수한 것으로 본다.

② 전항의 규정은 이사에 대한 손해배상의 청구에 영향을 미치지 아니한다.

**제429조(신주발행무효의 소)** 신주발행의 무효는 주주·이사 또는 감사에 한하여 신주를 발행한 날로부터 6월내에 소만으로 이를 주장할 수 있다. <개정 1984.4.10>

**제430조(준용규정)** 제186조 내지 제189조·제190조 본문·제191조·제192조 및 제377조의 규정은 제429조의 소에 관하여 이를 준용한다. [전문개정 1995.12.29]

**제431조(신주발행무효판결의 효력)** ① 신주발행무효의 판결이 확정된 때에는 신주는 장래에 대하여 그 효력을 잃는다.

② 전항의 경우에는 회사는 지체없이 그 뜻과 일정한 기간내에 신주의 주권을 회사에 제출할 것을 공고하고 주주명부에 기재된 주주와 질권자에 대하여는 각별로 그 통지를 하여야

한다. 그러나 그 기간은 3월이상으로 하여야 한다.

**제432조(무효판결과 주주에의 환급)** ① 신주발행무효의 판결이 확정된 때에는 회사는 신주의 주주에 대하여 그 납입한 금액을 반환하여야 한다.
② 전항의 금액이 전조제1항의 판결확정시의 회사의 재산상태에 비추어 현저하게 부당한 때에는 법원은 회사 또는 전항의 주주의 청구에 의하여 그 금액의 증감을 명할 수 있다.
③ 제339조와 제340조제1항, 제2항의 규정은 제1항의 경우에 준용한다.

## 제 5 절 정관의 변경

**제433조(정관변경의 방법)** ① 정관의 변경은 주주총회의 결의에 의하여야 한다.
② 정관의 변경에 관한 의안의 요령은 제363조의 규정에 의한 통지와 공고에 기재하여야 한다.

**제434조(정관변경의 특별결의)** 제433조 제1항의 결의는 출석한 주주의 의결권의 3분의 2 이상의 수와 발행주식총수의 3분의 1 이상의 수로써 하여야 한다. [전문개정 1995.12.29]

**제435조(종류주주총회)** ① 회사가 종류주식을 발행한 경우에 정관을 변경함으로써 어느 종류주식의 주주에게 손해를 미치게 될 때에는 주주총회의 결의 외에 그 종류주식의 주주의 총회의 결의가 있어야 한다. <개정 2011.4.14>
② 제1항의 결의는 출석한 주주의 의결권의 3분의 2 이상의 수와 그 종류의 발행주식총수의 3분의 1 이상의 수로써 하여야 한다. <개정 1995.12.29>
③ 주주총회에 관한 규정은 의결권없는 종류의 주식에 관한 것을 제외하고 제1항의 총회에 준용한다.

**제436조(준용규정)** 제344조 제3항에 따라 주식의 종류에 따라 특수하게 정하는 경우와 회사의 분할 또는 분할합병, 주식교환, 주식이전 및 회사의 합병으로 인하여 어느 종류의 주주에게 손해를 미치게 될 경우에는 제435조를 준용한다. [전문개정 2011.4.14]

**제437조** 삭제 <1995.12.29>

## 제 6 절 자본금의 감소
〈개정 2011.4.14〉

**제438조(자본금 감소의 결의)** ① 자본금의 감소에는 제434조에 따른 결의가 있어야 한다.
② 제1항에도 불구하고 결손의 보전(補塡)을 위한 자본금의 감소는 제368조제1항의 결의에 의한다.
③ 자본금의 감소에 관한 의안의 주요내용은 제363조에 따른 통지와 공고에 적어야 한다.
[전문개정 2011.4.14]

**제439조(자본금 감소의 방법, 절차)** ① 자본금 감소의 결의에서는 그 감소의 방법을 정하여야 한다.
② 자본금 감소의 경우에는 제232조를 준용한다. 다만, 결손의 보전을 위하여 자본금을 감소하는 경우에는 그러하지 아니하다.
③ 사채권자가 이의를 제기하려면 사채권자집회의 결의가 있어야 한다. 이 경우에는 법원은 이해관계인의 청구에 의하여 사채권자를 위하여 이의 제기 기간을 연장할 수 있다. [전문개정 2011.4.14]

**제440조(주식병합의 절차)** 주식을 병합할 경우에는 회사는 1월이상의 기간을 정하여 그 뜻과 그 기간내에 주권을 회사에 제출할 것을 공고하고 주주명부에 기재된 주주와 질권자에 대하여는 각별로 그 통지를 하여야 한다. <개정 1995.12.29>

**제441조(동전)** 주식의 병합은 전조의 기간이 만료한 때에 그 효력이 생긴다. 그러나 제232조의 규정에 의한 절차가 종료하지 아니한 때에는 그 종료한 때에 효력이 생긴다.

**제442조(신주권의 교부)** ① 주식을 병합하는 경우에 구주권을 회사에 제출할 수 없는 자가 있는 때에는 회사는 그 자의 청구에 의하여 3월 이상의 기간을 정하고 이해관계인에 대하여

그 주권에 대한 이의가 있으면 그 기간내에 제출할 뜻을 공고하고 그 기간이 경과한 후에 신주권을 청구자에게 교부할 수 있다.
② 전항의 공고의 비용은 청구자의 부담으로 한다.

**제443조(단주의 처리)** ① 병합에 적당하지 아니한 수의 주식이 있는 때에는 그 병합에 적당하지 아니한 부분에 대하여 발행한 신주를 경매하여 각주수에 따라 그 대금을 종전의 주주에게 지급하여야 한다. 그러나 거래소의 시세있는 주식은 거래소를 통하여 매각하고, 거래소의 시세없는 주식은 법원의 허가를 받아 경매외의 방법으로 매각할 수 있다. <개정 1984.4.10>
② 제442조의 규정은 제1항의 경우에 준용한다. <개정 1984.4.10>

**제444조(동전)** 전조의 규정은 무기명식의 주권으로서 제440조의 규정에 의한 제출이 없는 것에 준용한다.

**제445조(감자무효의 소)** 자본금 감소의 무효는 주주 · 이사 · 감사 · 청산인 · 파산관재인 또는 자본금의 감소를 승인하지 아니한 채권자만이 자본금 감소로 인한 변경등기가 된 날부터 6개월 내에 소(訴)만으로 주장할 수 있다.
[전문개정 2011.4.14]

**제446조(준용규정)** 제186조 내지 제189조 · 제190조 본문 · 제191조 · 제192조 및 제377조의 규정은 제445조의 소에 관하여 이를 준용한다.
[전문개정 1995.12.29]

## 제7절 회사의 회계
〈개정 2011.4.14〉

**제446조의2(회계의 원칙)** 회사의 회계는 이 법과 대통령령으로 규정한 것을 제외하고는 일반적으로 공정하고 타당한 회계관행에 따른다.
[본조신설 2011.4.14]

**제447조(재무제표의 작성)** ① 이사는 결산기마다 다음 각 호의 서류와 그 부속명세서를 작성하여 이사회의 승인을 받아야 한다.
1. 대차대조표
2. 손익계산서
3. 그 밖에 회사의 재무상태와 경영성과를 표시하는 것으로서 대통령령으로 정하는 서류

② 대통령령으로 정하는 회사의 이사는 연결재무제표(聯結財務諸表)를 작성하여 이사회의 승인을 받아야 한다. [전문개정 2011.4.14]

**제447조의2(영업보고서의 작성)** ① 이사는 매결산기에 영업보고서를 작성하여 이사회의 승인을 얻어야 한다.
② 영업보고서에는 대통령령이 정하는 바에 의하여 영업에 관한 중요한 사항을 기재하여야 한다. [본조신설 1984.4.10]

**제447조의3(재무제표등의 제출)** 이사는 정기총회회일의 6주간전에 제447조 및 제447조의 2의 서류를 감사에게 제출하여야 한다.
[본조신설 1984.4.10]

**제447조의4(감사보고서)** ① 감사는 제447조의 3의 서류를 받은 날부터 4주 내에 감사보고서를 이사에게 제출하여야 한다.
② 제1항의 감사보고서에는 다음 각 호의 사항을 적어야 한다.
1. 감사방법의 개요
2. 회계장부에 기재될 사항이 기재되지 아니하거나 부실기재된 경우 또는 대차대조표나 손익계산서의 기재 내용이 회계장부와 맞지 아니하는 경우에는 그 뜻
3. 대차대조표 및 손익계산서가 법령과 정관에 따라 회사의 재무상태와 경영성과를 적정하게 표시하고 있는 경우에는 그 뜻
4. 대차대조표 또는 손익계산서가 법령이나 정관을 위반하여 회사의 재무상태와 경영성과를 적정하게 표시하지 아니하는 경우에는 그 뜻과 이유
5. 대차대조표 또는 손익계산서의 작성에 관한 회계방침의 변경이 타당한지 여부와 그 이유
6. 영업보고서가 법령과 정관에 따라 회사의 상황을 적정하게 표시하고 있는지 여부
7. 이익잉여금의 처분 또는 결손금의 처리가 법령 또는 정관에 맞는지 여부

8. 이익잉여금의 처분 또는 결손금의 처리가 회사의 재무상태나 그 밖의 사정에 비추어 현저하게 부당한 경우에는 그 뜻
9. 제447조의 부속명세서에 기재할 사항이 기재되지 아니하거나 부실기재된 경우 또는 회계장부·대차대조표·손익계산서나 영업보고서의 기재 내용과 맞지 아니하게 기재된 경우에는 그 뜻
10. 이사의 직무수행에 관하여 부정한 행위 또는 법령이나 정관의 규정을 위반하는 중대한 사실이 있는 경우에는 그 사실

③ 감사가 감사를 하기 위하여 필요한 조사를 할 수 없었던 경우에는 감사보고서에 그 뜻과 이유를 적어야 한다. [전문개정 2011.4.14]

**제448조(재무제표등의 비치·공시)** ① 이사는 정기총회회일의 1주간전부터 제447조 및 제447조의 2의 서류와 감사보고서를 본점에 5년간, 그 등본을 지점에 3년간 비치하여야 한다. <개정 1962.12.12, 1984.4.10>

② 주주와 회사채권자는 영업시간내에 언제든지 제1항의 비치서류를 열람할 수 있으며 회사가 정한 비용을 지급하고 그 서류의 등본이나 초본의 교부를 청구할 수 있다. <개정 1984.4.10>

**제449조(재무제표등의 승인·공고)** ① 이사는 제447조의 각 서류를 정기총회에 제출하여 그 승인을 요구하여야 한다. <개정 2011.4.14>

② 이사는 제447조의 2의 서류를 정기총회에 제출하여 그 내용을 보고하여야 한다. <신설 1984.4.10>

③ 이사는 제1항의 서류에 대한 총회의 승인을 얻은 때에는 지체없이 대차대조표를 공고하여야 한다. <개정 1984.4.10>

**제449조의2(재무제표 등의 승인에 대한 특칙)** ① 제449조에도 불구하고 회사는 정관으로 정하는 바에 따라 제447조의 각 서류를 이사회의 결의로 승인할 수 있다. 다만, 이 경우에는 다음 각 호의 요건을 모두 충족하여야 한다.
1. 제447조의 각 서류가 법령 및 정관에 따라 회사의 재무상태 및 경영성과를 적정하게 표시하고 있다는 외부감사인의 의견이 있을 것
2. 감사(감사위원회 설치회사의 경우에는 감사위원을 말한다) 전원의 동의가 있을 것

② 제1항에 따라 이사회가 승인한 경우에는 이사는 제447조의 각 서류의 내용을 주주총회에 보고하여야 한다. [본조신설 2011.4.14]

**제450조(이사, 감사의 책임해제)** 정기총회에서 전조제1항의 승인을 한 후 2년내에 다른 결의가 없으면 회사는 이사와 감사의 책임을 해제한 것으로 본다. 그러나 이사 또는 감사의 부정행위에 대하여는 그러하지 아니하다.

**제451조(자본금)** ① 회사의 자본금은 이 법에서 달리 규정한 경우 외에는 발행주식의 액면총액으로 한다.

② 회사가 무액면주식을 발행하는 경우 회사의 자본금은 주식 발행가액의 2분의 1 이상의 금액으로서 이사회(제416조 단서에서 정한 주식발행의 경우에는 주주총회를 말한다)에서 자본금으로 계상하기로 한 금액의 총액으로 한다. 이 경우 주식의 발행가액 중 자본금으로 계상하지 아니하는 금액은 자본준비금으로 계상하여야 한다.

③ 회사의 자본금은 액면주식을 무액면주식으로 전환하거나 무액면주식을 액면주식으로 전환함으로써 변경할 수 없다.

[전문개정 2011.4.14]

**제452조** 삭제 <2011.4.14>

**제453조** 삭제 <2011.4.14>

**제453조의2** 삭제 <2011.4.14>

**제454조** 삭제 <2011.4.14>

**제455조** 삭제 <2011.4.14>

**제456조** 삭제 <2011.4.14>

**제457조** 삭제 <2011.4.14>

**제457조의2** 삭제 <2011.4.14>

**제458조(이익준비금)** 회사는 그 자본금의 2분의 1이 될 때까지 매 결산기 이익배당액의 10분

의 1 이상을 이익준비금으로 적립하여야 한다. 다만, 주식배당의 경우에는 그러하지 아니하다. [전문개정 2011.4.14]

**제459조(자본준비금)** ① 회사는 자본거래에서 발생한 잉여금을 대통령령으로 정하는 바에 따라 자본준비금으로 적립하여야 한다.
② 합병이나 제530조의2에 따른 분할 또는 분할합병의 경우 소멸 또는 분할되는 회사의 이익준비금이나 그 밖의 법정준비금은 합병·분할·분할합병 후 존속되거나 새로 설립되는 회사가 승계할 수 있다. [전문개정 2011.4.14]

**제460조(법정준비금의 사용)** 제458조 및 제459조의 준비금은 자본금의 결손 보전에 충당하는 경우 외에는 처분하지 못한다.
[전문개정 2011.4.14]

**제461조(준비금의 자본금 전입)** ① 회사는 이사회의 결의에 의하여 준비금의 전부 또는 일부를 자본금에 전입할 수 있다. 그러나 정관으로 주주총회에서 결정하기로 정한 경우에는 그러하지 아니하다. <개정 2011.4.14>
② 제1항의 경우에는 주주에 대하여 그가 가진 주식의 수에 따라 주식을 발행하여야 한다. 이 경우 1주에 미달하는 단수에 대하여는 제443조제1항의 규정을 준용한다.
③ 제1항의 이사회의 결의가 있은 때에는 회사는 일정한 날을 정하여 그 날에 주주명부에 기재된 주주가 제2항의 신주의 주주가 된다는 뜻을 그 날의 2주간전에 공고하여야 한다. 그러나 그 날이 제354조 제1항의 기간중인 때에는 그 기간의 초일의 2주간전에 이를 공고하여야 한다.
④ 제1항 단서의 경우에 주주는 주주총회의 결의가 있은 때로부터 제2항의 신주의 주주가 된다.
⑤ 제3항 또는 제4항의 규정에 의하여 신주의 주주가 된 때에는 이사는 지체없이 신주를 받은 주주와 주주명부에 기재된 질권자에 대하여 그 주주가 받은 주식의 종류와 수를 통지하고, 무기명식의 주권을 발행한 경우에는 제1항의 결의의 내용을 공고하여야 한다.
⑥ 제350조 제3항 후단의 규정은 제1항의 경우에 이를 준용한다. <신설 1995.12.29>
⑦ 제339조의 규정은 제2항의 규정에 의하여 주식의 발행이 있는 경우에 이를 준용한다.
[전문개정 1984.4.10] [제목개정 2011.4.14]

**제461조의2(준비금의 감소)** 회사는 적립된 자본준비금 및 이익준비금의 총액이 자본금의 1.5배를 초과하는 경우에 주주총회의 결의에 따라 그 초과한 금액 범위에서 자본준비금과 이익준비금을 감액할 수 있다.
[본조신설 2011.4.14]

**제462조(이익의 배당)** ① 회사는 대차대조표의 순자산액으로부터 다음의 금액을 공제한 액을 한도로 하여 이익배당을 할 수 있다.
1. 자본금의 액
2. 그 결산기까지 적립된 자본준비금과 이익준비금의 합계액
3. 그 결산기에 적립하여야 할 이익준비금의 액
4. 대통령령으로 정하는 미실현이익

② 이익배당은 주주총회의 결의로 정한다. 다만, 제449조의 2 제1항에 따라 재무제표를 이사회가 승인하는 경우에는 이사회의 결의로 정한다.
③ 제1항을 위반하여 이익을 배당한 경우에 회사채권자는 배당한 이익을 회사에 반환할 것을 청구할 수 있다.
④ 제3항의 청구에 관한 소에 대하여는 제186조를 준용한다.
[전문개정 2011.4.14]

**제462조의2(주식배당)** ① 회사는 주주총회의 결의에 의하여 이익의 배당을 새로이 발행하는 주식으로써 할 수 있다. 그러나 주식에 의한 배당은 이익배당총액의 2분의 1에 상당하는 금액을 초과하지 못한다.
② 제1항의 배당은 주식의 권면액으로 하며, 회사가 종류주식을 발행한 때에는 각각 그와 같은 종류의 주식으로 할 수 있다. <개정 1995.12.29, 2011.4.14>
③ 주식으로 배당할 이익의 금액중 주식의 권면액에 미달하는 단수가 있는 때에는 그 부분에 대하여는 제443조 제1항의 규정을 준용한다. <개정 1995.12.29>

④ 주식으로 배당을 받은 주주는 제1항의 결의가 있는 주주총회가 종결한 때부터 신주의 주주가 된다. 이 경우 제350조 제3항 후단의 규정을 준용한다. <개정 1995.12.29>
⑤ 이사는 제1항의 결의가 있는 때에는 지체없이 배당을 받을 주주와 주주명부에 기재된 질권자에게 그 주주가 받을 주식의 종류와 수를 통지하고, 무기명식의 주권을 발행한 때에는 제1항의 결의의 내용을 공고하여야 한다.
⑥ 제340조 제1항의 질권자의 권리는 제1항의 규정에 의한 주주가 받을 주식에 미친다. 이 경우 제340조 제3항의 규정을 준용한다.
[본조신설 1984.4.10]

**제462조의3(중간배당)** ① 년 1회의 결산기를 정한 회사는 영업년도중 1회에 한하여 이사회의 결의로 일정한 날을 정하여 그날의 주주에 대하여 이익을 배당(이하 이 조에서 "중간배당"이라 한다)할 수 있음을 정관으로 정할 수 있다. <개정 2011.4.14>
② 중간배당은 직전 결산기의 대차대조표상의 순자산액에서 다음 각호의 금액을 공제한 액을 한도로 한다. <개정 2001.7.24, 2011.4.14>
1. 직전 결산기의 자본금의 액
2. 직전 결산기까지 적립된 자본준비금과 이익준비금의 합계액
3. 직전 결산기의 정기총회에서 이익으로 배당하거나 또는 지급하기로 정한 금액
4. 중간배당에 따라 당해 결산기에 적립하여야 할 이익준비금

③ 회사는 당해 결산기의 대차대조표상의 순자산액이 제462조 제1항 각호의 금액의 합계액에 미치지 못할 우려가 있는 때에는 중간배당을 하여서는 아니된다. <개정 2001.7.24>
④ 당해 결산기 대차대조표상의 순자산액이 제462조 제1항 각호의 금액의 합계액에 미치지 못함에도 불구하고 중간배당을 한 경우 이사는 회사에 대하여 연대하여 그 차액(배당액이 그 차액보다 적을 경우에는 배당액)을 배상할 책임이 있다. 다만, 이사가 제3항의 우려가 없다고 판단함에 있어 주의를 게을리하지 아니하였음을 증명한 때에는 그러하지 아니하다. <개정 2001.7.24>
⑤ 제340조 제1항, 제344조 제1항, 제350조 제3항(제423조 제1항, 제516조 제2항 및 제516조의 10에서 준용하는 경우를 포함한다. 이하 이 항에서 같다), 제354조 제1항, 제458조, 제464조 및 제625조 제3호의 규정에 적용에 관하여는 중간배당을 제462조 제1항의 규정에 의한 이익의 배당으로, 제350조 제3항의 규정의 적용에 관하여는 제1항의 일정한 날을 영업년도말로본다. <개정 2011.4.14>
⑥ 제399조 제2항 · 제3항 및 제400조의 규정은 제4항의 이사의 책임에 관하여, 제462조 제3항 및 제4항은 제3항의 규정에 위반하여 중간배당을 한 경우에 이를 준용한다. <개정 2011.4.14>
[본조신설 1998.12.28]

**제462조의4(현물배당)** ① 회사는 정관으로 금전 외의 재산으로 배당을 할 수 있음을 정할 수 있다.
② 제1항에 따라 배당을 결정한 회사는 다음 사항을 정할 수 있다.
1. 주주가 배당되는 금전 외의 재산 대신 금전의 지급을 회사에 청구할 수 있도록 한 경우에는 그 금액 및 청구할 수 있는 기간
2. 일정 수 미만의 주식을 보유한 주주에게 금전 외의 재산 대신 금전을 지급하기로 한 경우에는 그 일정 수 및 금액

[본조신설 2011.4.14]

**제463조** 삭제 <2011.4.14>

**제464조(이익배당의 기준)** 이익배당은 각 주주가 가진 주식의 수에 따라 한다. 다만, 제344조 제1항을 적용하는 경우에는 그러하지 아니하다. [전문개정 2011.4.14]

**제464조의2(이익배당의 지급시기)** ① 회사는 제464조에 따른 이익배당을 제462조 제2항의 주주총회나 이사회의 결의 또는 제462조의 3 제1항의 결의를 한 날부터 1개월 내에 하여야 한다. 다만, 주주총회 또는 이사회에서 배당금의 지급시기를 따로 정한 경우에는 그러하지 아니하다. <개정 2011.4.14>
② 제1항의 배당금의 지급청구권은 5년간 이

를 행사하지 아니하면 소멸시효가 완성한다. [본조신설 1984.4.10] [제목개정 2011.4.14]

**제465조** 삭제 <1984.4.10>

**제466조(주주의 회계장부열람권)** ① 발행주식의 총수의 100분의 3 이상에 해당하는 주식을 가진 주주는 이유를 붙인 서면으로 회계의 장부와 서류의 열람 또는 등사를 청구할 수 있다. <개정 1998.12.28>

② 회사는 제1항의 주주의 청구가 부당함을 증명하지 아니하면 이를 거부하지 못한다. <개정 1998.12.28>

**제467조(회사의 업무, 재산상태의 검사)** ① 회사의 업무집행에 관하여 부정행위 또는 법령이나 정관에 위반한 중대한 사실이 있음을 의심할 사유가 있는 때에는 발행주식의 총수의 100분의 3이상에 해당하는 주식을 가진 주주는 회사의 업무와 재산상태를 조사하게 하기 위하여 법원에 검사인의 선임을 청구할 수 있다. <개정 1998.12.28>

② 검사인은 그 조사의 결과를 법원에 보고하여야 한다.

③ 법원은 제2항의 보고에 의하여 필요하다고 인정한 때에는 대표이사에게 주주총회의 소집을 명할 수 있다. 제310조제2항의 규정은 이 경우에 준용한다. <개정 1962.12.12, 1995. 12. 29>

④ 이사와 감사는 지체없이 제3항의 규정에 의한 검사인의 보고서의 정확여부를 조사하여 이를 주주총회에 보고하여야 한다. <신설 1995. 12.29>

**제467조의2(이익공여의 금지)** ① 회사는 누구에게든지 주주의 권리행사와 관련하여 재산상의 이익을 공여할 수 없다.

② 회사가 특정의 주주에 대하여 무상으로 재산상의 이익을 공여한 경우에는 주주의 권리행사와 관련하여 이를 공여한 것으로 추정한다. 회사가 특정의 주주에 대하여 유상으로 재산상의 이익을 공여한 경우에 있어서 회사가 얻은 이익이 공여한 이익에 비하여 현저하게 적은 때에도 또한 같다.

③ 회사가 제1항의 규정에 위반하여 재산상의 이익을 공여한 때에는 그 이익을 공여받은 자는 이를 회사에 반환하여야 한다. 이 경우 회사에 대하여 대가를 지급한 것이 있는 때에는 그 반환을 받을 수 있다.

④ 제403조 내지 제406조의 규정은 제3항의 이익의 반환을 청구하는 소에 대하여 이를 준용한다. [본조신설 1984.4.10]

**제468조(사용인의 우선변제권)** 신원보증금의 반환을 받을 채권 기타 회사와 사용인간의 고용관계로 인한 채권이 있는 자는 회사의 총재산에 대하여 우선변제를 받을 권리가 있다. 그러나 질권·저당권이나 「동산·채권 등의 담보에 관한 법률」에 따른 담보권에 우선하지 못한다. <개정 2010.6.10>

## 제8절 사 채

### 제1관 통 칙

**제469조(사채의 발행)** ① 회사는 이사회의 결의에 의하여 사채(社債)를 발행할 수 있다.

② 제1항의 사채에는 다음 각 호의 사채를 포함한다.

1. 이익배당에 참가할 수 있는 사채
2. 주식이나 그 밖의 다른 유가증권으로 교환 또는 상환할 수 있는 사채
3. 유가증권이나 통화 또는 그 밖에 대통령령으로 정하는 자산이나 지표 등의 변동과 연계하여 미리 정하여진 방법에 따라 상환 또는 지급금액이 결정되는 사채

③ 제2항에 따라 발행하는 사채의 내용 및 발행 방법 등 발행에 필요한 구체적인 사항은 대통령령으로 정한다.

④ 제1항에도 불구하고 정관으로 정하는 바에 따라 이사회는 대표이사에게 사채의 금액 및 종류를 정하여 1년을 초과하지 아니하는 기간 내에 사채를 발행할 것을 위임할 수 있다.

[전문개정 2011.4.14]

**제470조** 삭제 <2011.4.14>

**제471조** 삭제 <2011.4.14>

**제472조** 삭제 <2011.4.14>

**제473조** 삭제 <2011.4.14>

**제474조(공모발행, 사채청약서)** ① 사채의 모집에 응하고자 하는 자는 사채청약서 2통에 그 인수할 사채의 수와 주소를 기재하고 기명날인 또는 서명하여야 한다. <개정 1995.12.29>

② 사채청약서는 이사가 작성하고 다음의 사항을 적어야 한다. <개정 1984.4.10, 1995.12.29, 2011.4.14>

1. 회사의 상호
2. 자본금과 준비금의 총액
3. 최종의 대차대조표에 의하여 회사에 현존하는 순재산액
4. 사채의 총액
5. 각사채의 금액
6. 사채발행의 가액 또는 그 최저가액
7. 사채의 이율
8. 사채의 상환과 이자지급의 방법과 기한
9. 사채를 수회에 분납할 것을 정한 때에는 그 분납금액과 시기
10. 채권을 기명식 또는 무기명식에 한한 때에는 그 뜻

10의2. 채권을 발행하는 대신 전자등록기관의 전자등록부에 사채권자의 권리를 등록하는 때에는 그 뜻

11. 전에 모집한 사채가 있는 때에는 그 상환하지 아니한 금액
12. 삭제 <2011.4.14>
13. 사채모집의 위탁을 받은 회사가 있는 때에는 그 상호와 주소

13의2. 사채관리회사가 있는 때에는 그 상호와 주소

13의3. 사채관리회사가 사채권자집회결의에 의하지 아니하고 제484조 제4항 제2호의 행위를 할 수 있도록 정한 때에는 그 뜻

14. 제13호의 위탁을 받은 회사가 그 모집액이 총액에 달하지 못한 경우에 그 잔액을 인수할 것을 약정한 때에는 그 뜻
15. 명의개서대리인을 둔 때에는 그 성명·주소 및 영업소

③ 사채발행의 최저가액을 정한 경우에는 응모자는 사채청약서에 응모가액을 기재하여야 한다.

**제475조(총액인수의 방법)** 전조의 규정은 계약에 의하여 사채의 총액을 인수하는 경우에는 이를 적용하지 아니한다. 사채모집의 위탁을 받은 회사가 사채의 일부를 인수하는 경우에는 그 일부에 대하여도 같다.

**제476조(납입)** ① 사채의 모집이 완료한 때에는 이사는 지체없이 인수인에 대하여 각사채의 전액 또는 제1회의 납입을 시켜야 한다.

② 사채모집의 위탁을 받은 회사는 그 명의로 위탁회사를 위하여 제474조제2항과 전항의 행위를 할 수 있다.

**제477조** 삭제 <1984.4.10>

**제478조(채권의 발행)** ① 채권은 사채전액의 납입이 완료한 후가 아니면 이를 발행하지 못한다.

② 채권에는 다음의 사항을 적고 대표이사가 기명날인 또는 서명하여야 한다. <개정 2011.4.14>

1. 채권의 번호
2. 제474조 제2항 제1호·제4호·제5호·제7호·제8호·제10호·제13호·제13호의 2 및 제13호의 3에 규정된 사항

③ 회사는 제1항의 채권(債券)을 발행하는 대신 정관으로 정하는 바에 따라 전자등록기관의 전자등록부에 채권(債權)을 등록할 수 있다. 이 경우 제356조의 2 제2항부터 제4항까지의 규정을 준용한다. <신설 2011.4.14>

**제479조(기명사채의 이전)** ① 기명사채의 이전은 취득자의 성명과 주소를 사채원부에 기재하고 그 성명을 채권에 기재하지 아니하면 회사 기타의 제3자에게 대항하지 못한다.

② 제337조 제2항의 규정은 기명사채의 이전에 대하여 이를 준용한다. <신설 1984.4.10>

**제480조(기명식, 무기명식간의 전환)** 사채권자는 언제든지 기명식의 채권을 무기명식으로, 무기명식의 채권을 기명식으로 할 것을 회사에 청구할 수 있다. 그러나 채권을 기명식 또는 무기명식에 한할 것으로 정한 때에는 그러

하지 아니하다.

**제480조의2(사채관리회사의 지정 · 위탁)** 회사는 사채를 발행하는 경우에 사채관리회사를 정하여 변제의 수령, 채권의 보전, 그 밖에 사채의 관리를 위탁할 수 있다. [본조신설 2011.4.14]

**제480조의3(사채관리회사의 자격)** ① 은행, 신탁회사, 그 밖에 대통령령으로 정하는 자가 아니면 사채관리회사가 될 수 없다.

② 사채의 인수인은 그 사채의 사채관리회사가 될 수 없다.

③ 사채를 발행한 회사와 특수한 이해관계가 있는 자로서 대통령령으로 정하는 자는 사채관리회사가 될 수 없다. [본조신설 2011.4.14]

**제481조(사채관리회사의 사임)** 사채관리회사는 사채를 발행한 회사와 사채권자집회의 동의를 받아 사임할 수 있다. 부득이한 사유가 있어 법원의 허가를 받은 경우에도 같다.
[전문개정 2011.4.14]

**제482조(사채관리회사의 해임)** 사채관리회사가 그 사무를 처리하기에 적임이 아니거나 그 밖에 정당한 사유가 있을 때에는 법원은 사채를 발행하는 회사 또는 사채권자집회의 청구에 의하여 사채관리회사를 해임할 수 있다.
[전문개정 2011.4.14]

**제483조(사채관리회사의 사무승계자)** ① 사채관리회사의 사임 또는 해임으로 인하여 사채관리회사가 없게 된 경우에는 사채를 발행한 회사는 그 사무를 승계할 사채관리회사를 정하여 사채권자를 위하여 사채 관리를 위탁하여야 한다. 이 경우 회사는 지체 없이 사채권자집회를 소집하여 동의를 받아야 한다. <개정 2011.4.14>

② 부득이한 사유가 있는 때에는 이해관계인은 사무승계자의 선임을 법원에 청구할 수 있다. [제목개정 2011.4.14]

**제484조(사채관리회사의 권한)** ① 사채관리회사는 사채권자를 위하여 사채에 관한 채권을 변제받거나 채권의 실현을 보전하기 위하여 필요한 재판상 또는 재판 외의 모든 행위를 할 수 있다.

② 사채관리회사는 제1항의 변제를 받으면 지체 없이 그 뜻을 공고하고, 알고 있는 사채권자에게 통지하여야 한다.

③ 제2항의 경우에 사채권자는 사채관리회사에 사채 상환액 및 이자 지급을 청구할 수 있다. 이 경우 사채권이 발행된 때에는 사채권과 상환하여 상환액지급청구를 하고, 이권(利券)과 상환하여 이자지급청구를 하여야 한다.

④ 사채관리회사가 다음 각 호의 어느 하나에 해당하는 행위(사채에 관한 채권을 변제받거나 채권의 실현을 보전하기 위한 행위는 제외한다)를 하는 경우에는 사채권자집회의 결의에 의하여야 한다. 다만, 사채를 발행하는 회사는 제2호의 행위를 사채관리회사가 사채권자집회 결의에 의하지 아니하고 할 수 있음을 정할 수 있다.

1. 해당 사채 전부에 대한 지급의 유예, 그 채무의 불이행으로 발생한 책임의 면제 또는 화해
2. 해당 사채 전부에 관한 소송행위 또는 채무자회생 및 파산에 관한 절차에 속하는 행위

⑤ 사채관리회사가 제4항 단서에 따라 사채권자집회의 결의에 의하지 아니하고 제4항 제2호의 행위를 한 때에는 지체 없이 그 뜻을 공고하고, 알고 있는 사채권자에게는 따로 통지하여야 한다.

⑥ 제2항과 제5항의 공고는 사채를 발행한 회사가 하는 공고와 같은 방법으로 하여야 한다.

⑦ 사채관리회사는 그 관리를 위탁받은 사채에 관하여 제1항 또는 제4항 각 호에서 정한 행위를 위하여 필요하면 법원의 허가를 받아 사채를 발행한 회사의 업무와 재산상태를 조사할 수 있다. [전문개정 2011.4.14]

**제484조의2(사채관리회사의 의무 및 책임)** ① 사채관리회사는 사채권자를 위하여 공평하고 성실하게 사채를 관리하여야 한다.

② 사채관리회사는 사채권자에 대하여 선량한 관리자의 주의로 사채를 관리하여야 한다.

③ 사채관리회사가 이 법이나 사채권자집회결의를 위반한 행위를 한 때에는 사채권자에 대

하여 연대하여 이로 인하여 발생한 손해를 배상할 책임이 있다. [본조신설 2011.4.14]

**第485조(둘 이상의 사채관리회사가 있는 경우의 권한과 의무)** ① 사채관리회사가 둘 이상 있을 때에는 그 권한에 속하는 행위는 공동으로 하여야 한다.
② 제1항의 경우에 사채관리회사가 제484조 제1항의 변제를 받은 때에는 사채관리회사는 사채권자에 대하여 연대하여 변제액을 지급할 의무가 있다. [전문개정 2011.4.14]

**第486조(이권흠결의 경우)** ① 이권있는 무기명식의 사채를 상환하는 경우에 이권이 흠결된 때에는 그 이권에 상당한 금액을 상환액으로부터 공제한다.
② 전항의 이권소지인은 언제든지 그 이권과 상환하여 공제액의 지급을 청구할 수 있다.

**第487조(원리청구권의 시효)** ① 사채의 상환청구권은 10년간 행사하지 아니하면 소멸시효가 완성한다.
② 제484조 제3항의 청구권도 전항과 같다.
③ 사채의 이자와 전조제2항의 청구권은 5년간 행사하지 아니하면 소멸시효가 완성한다.

**第488조(사채원부)** 회사는 사채원부를 작성하고 다음 각 호의 사항을 적어야 한다.
1. 사채권자(무기명식 채권이 발행되어 있는 사채의 사채권자는 제외한다)의 성명과 주소
2. 채권의 번호
3. 제474조 제2항 제4호, 제5호, 제7호부터 제9호까지, 제13호, 제13호의 2 및 제13호의3에 규정된 사항
4. 각 사채의 납입금액과 납입연월일
5. 채권의 발행연월일 또는 채권을 발행하는 대신 전자등록기관의 전자등록부에 사채권자의 권리를 등록하는 때에는 그 뜻
6. 각 사채의 취득연월일
7. 무기명식 채권을 발행한 때에는 그 종류, 수, 번호와 발행연월일 [전문개정 2011.4.14]

**第489조(준용규정)** ① 제353조의 규정은 사채응모자 또는 사채권자에 대한 통지와 최고에 준용한다.
② 제333조의 규정은 사채가 수인의 공유에 속하는 경우에 준용한다.

### 제2관 사채권자집회

**第490조(결의사항)** 사채권자집회는 이 법에서 규정하고 있는 사항 및 사채권자의 이해관계가 있는 사항에 관하여 결의를 할 수 있다.
[전문개정 2011.4.14]

**第491조(소집권자)** ① 사채권자집회는 사채를 발행한 회사 또는 사채관리회사가 소집한다. <개정 2011.4.14>
② 사채의 종류별로 해당 종류의 사채 총액(상환받은 액은 제외한다)의 10분의 1 이상에 해당하는 사채를 가진 사채권자는 회의 목적인 사항과 소집 이유를 적은 서면 또는 전자문서를 사채를 발행한 회사 또는 사채관리회사에 제출하여 사채권자집회의 소집을 청구할 수 있다. <개정 2011.4.14>
③ 제366조 제2항의 규정은 전항의 경우에 준용한다.
④ 무기명식의 채권을 가진 자는 그 채권을 공탁하지 아니하면 전2항의 권리를 행사하지 못한다.

**第492조(의결권)** ① 각 사채권자는 그가 가지는 해당 종류의 사채 금액의 합계액(상환받은 액은 제외한다)에 따라 의결권을 가진다. <개정 2011.4.14>
② 무기명식의 채권을 가진 자는 회일로부터 1주간전에 채권을 공탁하지 아니하면 그 의결권을 행사하지 못한다.

**第493조(사채발행회사 또는 사채관리회사 대표자의 출석 등)** ① 사채를 발행한 회사 또는 사채관리회사는 그 대표자를 사채권자집회에 출석하게 하거나 서면으로 의견을 제출할 수 있다. <개정 2011.4.14>
② 사채권자집회의 소집은 전항의 회사에 통지하여야 한다.
③ 제363조 제1항과 제2항의 규정은 전항의 통지에 준용한다. [제목개정 2011.4.14]

**제494조(사채발행회사의 대표자의 출석청구)** 사채권자집회 또는 그 소집자는 필요있다고 인정하는 때에는 사채를 발행한 회사에 대하여 그 대표자의 출석을 청구할 수 있다.

**제495조(결의의 방법)** ① 제434조의 규정은 사채권자집회의 결의에 준용한다.
② 제481조부터 제483조까지 및 제494조의 동의 또는 청구는 제1항에도 불구하고 출석한 사채권자 의결권의 과반수로 결정할 수 있다. <개정 2011.4.14>
③ 사채권자집회에 출석하지 아니한 사채권자는 서면에 의하여 의결권을 행사할 수 있다. <신설 2011.4.14>
④ 서면에 의한 의결권행사는 의결권행사서면에 필요한 사항을 적어 사채권자집회 전일까지 의결권행사서면을 소집자에게 제출하여야 한다. <신설 2011.4.14>
⑤ 제4항에 따라 서면에 의하여 행사한 의결권의 수는 출석한 의결권자의 의결권 수에 포함한다. <신설 2011.4.14>
⑥ 사채권자집회에 대하여는 제368조의4를 준용한다. <신설 2011.4.14>

**제496조(결의의 인가의 청구)** 사채권자집회의 소집자는 결의한 날로부터 1주간내에 결의의 인가를 법원에 청구하여야 한다.

**제497조(결의의 불인가의 사유)** ① 법원은 다음의 경우에는 사채권자집회의 결의를 인가하지 못한다.
1. 사채권자집회소집의 절차 또는 그 결의방법이 법령이나 사채모집의 계획서의 기재에 위반한 때
2. 결의가 부당한 방법에 의하여 성립하게된 때
3. 결의가 현저하게 불공정한 때
4. 결의가 사채권자의 일반의 이익에 반하는 때

② 전항 제1호와 제2호의 경우에는 법원은 결의의 내용 기타 모든 사정을 참작하여 결의를 인가할 수 있다.

**제498조(결의의 효력)** ① 사채권자집회의 결의는 법원의 인가를 받음으로써 그 효력이 생긴다. 다만, 그 종류의 사채권자 전원이 동의한 결의는 법원의 인가가 필요하지 아니하다.
② 사채권자집회의 결의는 그 종류의 사채를 가진 모든 사채권자에게 그 효력이 있다.
[전문개정 2011.4.14]

**제499조(결의의 인가, 불인가의 공고)** 사채권자집회의 결의에 대하여 인가 또는 불인가의 결정이 있은 때에는 사채를 발행한 회사는 지체없이 그 뜻을 공고하여야 한다.

**제500조(사채권자집회의 대표자)** ① 사채권자집회는 해당 종류의 사채 총액(상환받은 금액은 제외한다)의 500분의 1 이상을 가진 사채권자 중에서 1명 또는 여러 명의 대표자를 선임하여 그 결의할 사항의 결정을 위임할 수 있다. <개정 2011.4.14>
② 대표자가 수인인 때에는 전항의 결정은 그 과반수로 한다.

**제501조(결의의 집행)** 사채권자집회의 결의는 사채관리회사가 집행하고, 사채관리회사가 없는 때에는 제500조의 대표자가 집행한다. 다만, 사채권자집회의 결의로써 따로 집행자를 정한 때에는 그러하지 아니하다. [전문개정 2011.4.14]

**제502조(수인의 대표자, 집행자가 있는 경우)** 제485조제1항의 규정은 대표자나 집행자가 수인인 경우에 준용한다.

**제503조(사채상환에 관한 결의의 집행)** 제484조, 제485조 제2항과 제487조 제2항의 규정은 대표자나 집행자가 사채의 상환에 관한 결의를 집행하는 경우에 준용한다.

**제504조(대표자, 집행자의 해임등)** 사채권자집회는 언제든지 대표자나 집행자를 해임하거나 위임한 사항을 변경할 수 있다.

**제505조(기한의 이익의 상실)** 삭제 <2011.4.14>

**제506조(기한이익상실의 공고, 통지)** 삭제 <2011.4.14>

**제507조(사채관리회사 등의 보수, 비용)** ① 사채관리회사, 대표자 또는 집행자에게 줄 보수와 그 사무 처리에 필요한 비용은 사채를 발행한 회사와의 계약에 약정된 경우 외에는 법원

의 허가를 받아 사채를 발행한 회사로 하여금 부담하게 할 수 있다.

② 사채관리회사, 대표자 또는 집행자는 사채에 관한 채권을 변제받은 금액에서 사채권자보다 우선하여 제1항의 보수와 비용을 변제받을 수 있다. [전문개정 2011.4.14]

**제508조(사채권자집회의 비용)** ① 사채권자집회에 관한 비용은 사채를 발행한 회사가 부담한다.

② 제496조의 청구에 관한 비용은 회사가 부담한다. 그러나 법원은 이해관계인의 신청에 의하여 또는 직권으로 그 전부 또는 일부에 관하여 따로 부담자를 정할 수 있다.

**제509조(수종의 사채있는 경우의 사채권자집회)** 수종의 사채를 발행한 경우에는 사채권자집회는 각종의 사채에 관하여 이를 소집하여야 한다.

**제510조(준용규정)** ① 제363조, 제368조 제3항, 제4항, 제369조 제2항과 제371조 내지 제373조의 규정은 사채권자집회에 준용한다.

② 사채권자집회의 의사록은 사채를 발행한 회사가 그 본점에 비치하여야 한다.

③ 사채관리회사와 사채권자는 영업시간 내에 언제든지 제2항의 의사록 열람을 청구할 수 있다. <개정 2011.4.14>

**제511조(사채관리회사에 의한 취소의 소)** ① 회사가 어느 사채권자에게 한 변제, 화해, 그 밖의 행위가 현저하게 불공정한 때에는 사채관리회사는 소(訴)만으로 그 행위의 취소를 청구할 수 있다. <개정 2011.4.14>

② 제1항의 소는 사채관리회사가 취소의 원인인 사실을 안 때부터 6개월, 행위가 있은 때부터 1년 내에 제기하여야 한다. <개정 2011.4.14>

③ 제186조와 민법 제406조 제1항 단서 및 제407조의 규정은 제1항의 소에 준용한다.

[제목개정 2011.4.14]

**제512조(대표자등에 의한 취소의 소)** 사채권자집회의 결의가 있는 때에는 대표자 또는 집행자도 전조제1항의 소를 제기할 수 있다. 그러나 행위가 있은 때로부터 1년내에 한한다.

### 제3관 전환사채

**제513조(전환사채의 발행)** ① 회사는 전환사채를 발행할 수 있다.

② 제1항의 경우에 다음의 사항으로서 정관에 규정이 없는 것은 이사회가 이를 결정한다. 그러나 정관으로 주주총회에서 이를 결정하기로 정한 경우에는 그러하지 아니하다.

1. 전환사채의 총액
2. 전환의 조건
3. 전환으로 인하여 발행할 주식의 내용
4. 전환을 청구할 수 있는 기간
5. 주주에게 전환사채의 인수권을 준다는 뜻과 인수권의 목적인 전환사채의 액
6. 주주외의 자에게 전환사채를 발행하는 것과 이에 대하여 발행할 전환사채의 액

③ 주주외의 자에 대하여 전환사채를 발행하는 경우에 그 발행할 수 있는 전환사채의 액, 전환의 조건, 전환으로 인하여 발행할 주식의 내용과 전환을 청구할 수 있는 기간에 관하여 정관에 규정이 없으면 제434조의 결의로써 이를 정하여야 한다. 이 경우 제418조제2항 단서의 규정을 준용한다. <개정 2001.7.24>

④ 제3항의 결의에 있어서 전환사채의 발행에 관한 의안의 요령은 제363조의 규정에 의한 통지와 공고에 기재하여야 한다.

[전문개정 1984.4.10]

**제513조의2(전환사채의 인수권을 가진 주주의 권리)** ① 전환사채의 인수권을 가진 주주는 그가 가진 주식의 수에 따라서 전환사채의 배정을 받을 권리가 있다. 그러나 각 전환사채의 금액중 최저액에 미달하는 단수에 대하여는 그러하지 아니하다.

② 제418조 제3항은 주주가 전환사채의 인수권을 가진 경우에 이를 준용한다. <개정 2011.4.14> [본조신설 1984.4.10]

**제513조의3(전환사채의 인수권을 가진 주주에 대한 최고)** ① 주주가 전환사채의 인수권을 가진 경우에는 각 주주에 대하여 그 인수권을 가지는 전환사채의 액, 발행가액, 전환의 조건, 전환으로 인하여 발행할 주식의 내용, 전환을 청구할 수 있는 기간과 일정한 기일까지 전환

사채의 청약을 하지 아니하면 그 권리를 잃는다는 뜻을 통지하여야 한다.

② 제419조 제2항 내지 제4항의 규정은 제1항의 경우에 이를 준용한다. [본조신설 1984.4.10]

**제514조(전환사채발행의 절차)** ① 전환사채에 관하여는 사채청약서, 채권과 사채원부에 다음의 사항을 기재하여야 한다. <개정 1995.12.29>

1. 사채를 주식으로 전환할 수 있다는 뜻
2. 전환의 조건
3. 전환으로 인하여 발행할 주식의 내용
4. 전환을 청구할 수 있는 기간
5. 주식의 양도에 관하여 이사회의 승인을 얻도록 정한 때에는 그 규정

② 삭제 <1984.4.10>

**제514조의2(전환사채의 등기)** ① 회사가 전환사채를 발행한 때에는 제476조의 규정에 의한 납입이 완료된 날로부터 2주간내에 본점의 소재지에서 전환사채의 등기를 하여야 한다. <개정 1995.12.29>

② 제1항의 규정에 의하여 등기할 사항은 다음 각호와 같다.

1. 전환사채의 총액
2. 각 전환사채의 금액
3. 각 전환사채의 납입금액
4. 제514조제1호 내지 제4호에 정한 사항

③ 제183조의 규정은 제2항의 등기에 대하여 이를 준용한다.

④ 외국에서 전환사채를 모집한 경우에 등기할 사항이 외국에서 생긴 때에는 등기기간은 그 통지가 도달한 날로부터 기산한다. [본조신설 1984.4.10]

**제515조(전환의 청구)** ① 전환을 청구하는 자는 청구서 2통에 채권을 첨부하여 회사에 제출하여야 한다. 다만, 제478조 제3항에 따라 채권(債券)을 발행하는 대신 전자등록기관의 전자등록부에 채권(債權)을 등록한 경우에는 그 채권을 증명할 수 있는 자료를 첨부하여 회사에 제출하여야 한다. <개정 2011.4.14>

② 제1항의 청구서에는 전환하고자 하는 사채와 청구의 연월일을 기재하고 기명날인 또는 서명하여야 한다. <개정 1995.12.29>

**제516조(준용규정)** ① 제346조 제4항, 제424조 및 제424조의 2의 규정은 전환사채의 발행의 경우에 이를 준용한다. <개정 2011.4.14>

② 제339조, 제348조, 제350조 및 제351조의 규정은 사채의 전환의 경우에 이를 준용한다. <개정 1995.12.29> [전문개정 1984.4.10]

### 제4관 신주인수권부사채

**제516조의2(신주인수권부사채의 발행)** ① 회사는 신주인수권부사채를 발행할 수 있다.

② 제1항의 경우에 다음의 사항으로서 정관에 규정이 없는 것은 이사회가 이를 결정한다. 그러나 정관으로 주주총회에서 이를 결정하도록 정한 경우에는 그러하지 아니하다. <개정 2011.4.14>

1. 신주인수권부사채의 총액
2. 각 신주인수권부사채에 부여된 신주인수권의 내용
3. 신주인수권을 행사할 수 있는 기간
4. 신주인수권만을 양도할 수 있는 것에 관한 사항
5. 신주인수권을 행사하려는 자의 청구가 있는 때에는 신주인수권부사채의 상환에 갈음하여 그 발행가액으로 제516조의 9 제1항의 납입이 있는 것으로 본다는 뜻
6. 삭제 <1995.12.29>
7. 주주에게 신주인수권부사채의 인수권을 준다는 뜻과 인수권의 목적인 신주인수권부사채의 액
8. 주주외의 자에게 신주인수권부사채를 발행하는 것과 이에 대하여 발행할 신주인수권부사채의 액

③ 각 신주인수권부사채에 부여된 신주인수권의 행사로 인하여 발행할 주식의 발행가액의 합계액은 각 신주인수권부사채의 금액을 초과할 수 없다.

④ 주주외의 자에 대하여 신주인수권부사채를 발행하는 경우에 그 발행할 수 있는 신주인수권부사채의 액, 신주인수권의 내용과 신주인수권을 행사할 수 있는 기간에 관하여 정관에 규

정이 없으면 제434조의 결의로써 이를 정하여야 한다. 이 경우 제418조 제2항 단서의 규정을 준용한다. <개정 2001.7.24>

⑤ 제513조제4항의 규정은 제4항의 경우에 이를 준용한다. [본조신설 1984.4.10]

**제516조의3(신주인수권부사채의 인수권을 가진 주주에 대한 최고)** ① 주주가 신주인수권부사채의 인수권을 가진 경우에는 각 주주에 대하여 인수권을 가지는 신주인수권부사채의 액, 발행가액, 신주인수권의 내용, 신주인수권을 행사할 수 있는 기간과 일정한 기일까지 신주인수권부사채의 청약을 하지 아니하면 그 권리를 잃는다는 뜻을 통지하여야 한다. 이 경우 제516조의 2 제2항 제4호 또는 제5호에 규정한 사항의 정함이 있는 때에는 그 내용도 통지하여야 한다.

② 제419조 제2항 내지 제4항의 규정은 제1항의 경우에 이를 준용한다. [본조신설 1984.4.10]

**제516조의4(사채청약서 · 채권 · 사채원부의 기재사항)** 신주인수권부사채에 있어서는 사채청약서·채권 및 사채원부에 다음의 사항을 기재하여야 한다. 그러나 제516조의 5 제1항의 신주인수권증권을 발행할 때에는 채권에는 이를 기재하지 아니한다. <개정 1995.12.29, 2011. 4.14>

1. 신주인수권부사채라는 뜻
2. 제516조의 2 제2항 제2호 내지 제5호에 정한 사항
3. 제516조의 9에 따라 납입을 맡을 은행이나 그 밖의 금융기관 및 납입장소
4. 주식의 양도에 관하여 이사회의 승인을 얻도록 정한 때에는 그 규정

[본조신설 1984.4.10]

**제516조의5(신주인수권증권의 발행)** ① 제516조의 2 제2항 제4호에 규정한 사항을 정한 경우에는 회사는 채권과 함께 신주인수권증권을 발행하여야 한다.

② 신주인수권증권에는 다음의 사항과 번호를 기재하고 이사가 기명날인 또는 서명하여야 한다. <개정 1995.12.29>

1. 신주인수권증권이라는 뜻의 표시
2. 회사의 상호
3. 제516조의 2 제2항 제2호·제3호 및 제5호에 정한 사항
4. 제516조의 4 제3호에 정한 사항
5. 주식의 양도에 관하여 이사회의 승인을 얻도록 정한 때에는 그 규정

[본조신설 1984.4.10]

**제516조의6(신주인수권의 양도)** ① 신주인수권증권이 발행된 경우에 신주인수권의 양도는 신주인수권증권의 교부에 의하여서만 이를 행한다.

② 제336조 제2항, 제360조 및 수표법 제21조의 규정은 신주인수권증권에 관하여 이를 준용한다. [본조신설 1984.4.10]

**제516조의7(신주인수권의 전자등록)** 회사는 신주인수권증권을 발행하는 대신 정관으로 정하는 바에 따라 전자등록기관의 전자등록부에 신주인수권을 등록할 수 있다. 이 경우 제356조의 2 제2항부터 제4항까지의 규정을 준용한다. [본조신설 2011.4.14] [종전 제516조의7은 제516조의8로 이동 <2011.4.14>]

**제516조의8(신주인수권부사채의 등기)** ① 회사가 신주인수권부사채를 발행한 때에는 다음의 사항을 등기하여야 한다.

1. 신주인수권부사채라는 뜻
2. 신주인수권의 행사로 인하여 발행할 주식의 발행가액의 총액
3. 각 신주인수권부사채의 금액
4. 각 신주인수권부사채의 납입금액
5. 제516조의 2 제2항 제1호 내지 제3호에 정한 사항

② 제514조의 2 제1항·제3항 및 제4항의 규정은 제1항의 등기에 관하여 이를 준용한다. [본조신설 1984.4.10] [제516조의 7에서 이동, 종전 제516조의 8은 제516조의 9로 이동 <2011. 4.14>]

**제516조의9(신주인수권의 행사)** ① 신주인수권을 행사하려는 자는 청구서 2통을 회사에 제출하고, 신주의 발행가액의 전액을 납입하여야

한다.

② 제1항의 규정에 의하여 청구서를 제출하는 경우에 신주인수권증권이 발행된 때에는 신주인수권증권을 첨부하고, 이를 발행하지 아니한 때에는 채권을 제시하여야 한다. 다만, 제478조 제3항 또는 제516조의 7에 따라 채권(債券)이나 신주인수권증권을 발행하는 대신 전자등록기관의 전자등록부에 채권(債權)이나 신주인수권을 등록한 경우에는 그 채권이나 신주인수권을 증명할 수 있는 자료를 첨부하여 회사에 제출하여야 한다. <개정 2011.4.14>

③ 제1항의 납입은 채권 또는 신주인수권증권에 기재한 은행 기타 금융기관의 납입장소에서 하여야 한다.

④ 제302조 제1항의 규정은 제1항의 청구서에, 제306조 및 제318조의 규정은 제3항의 납입을 맡은 은행 기타 금융기관에 이를 준용한다.

[본조신설 1984.4.10] [제516조의 8에서 이동, 종전 제516조의9는 제516조의10으로 이동 <2011. 4.14>]

**제516조의10(주주가 되는 시기)** 제516조의 9 제1항에 따라 신주인수권을 행사한 자는 동항의 납입을 한 때에 주주가 된다. 이 경우 제350조 제2항 및 제3항의 규정을 준용한다. <개정 1995.12.29, 2011.4.14>

[본조신설 1984.4.10] [제516조의9에서 이동, 종전 제516조의10은 제516조의11로 이동 <2011. 4.14>]

**제516조의11(준용규정)** 제351조의 규정은 신주인수권의 행사가 있는 경우에, 제513조의2 및 제516조제1항의 규정은 신주인수권부사채에 관하여 이를 준용한다. <개정 1995.12.29>

[본조신설 1984.4.10] [제516조의 10에서 이동 <2011.4.14>]

## 제9절 해 산

**제517조(해산사유)** 주식회사는 다음의 사유로 인하여 해산한다. <개정 1998.12.28>

1. 제227조 제1호, 제4호 내지 제6호에 정한 사유

1의2. 제530조의 2의 규정에 의한 회사의 분할 또는 분할합병

2. 주주총회의 결의

**제518조(해산의 결의)** 해산의 결의는 제434조의 규정에 의하여야 한다.

**제519조(회사의 계속)** 회사가 존립기간의 만료 기타 정관에 정한 사유의 발생 또는 주주총회의 결의에 의하여 해산한 경우에는 제434조의 규정에 의한 결의로 회사를 계속할 수 있다.

**제520조(해산판결)** ① 다음의 경우에 부득이한 사유가 있는 때에는 발행주식의 총수의 100분의 10 이상에 해당하는 주식을 가진 주주는 회사의 해산을 법원에 청구할 수 있다.

1. 회사의 업무가 현저한 정돈상태를 계속하여 회복할 수 없는 손해가 생긴 때 또는 생길 염려가 있는 때
2. 회사재산의 관리 또는 처분의 현저한 실당으로 인하여 회사의 존립을 위태롭게 한 때

② 제186조와 제191조의 규정은 전항의 청구에 준용한다.

**제520조의2(휴면회사의 해산)** ① 법원행정처장이 최후의 등기후 5년을 경과한 회사는 본점의 소재지를 관할하는 법원에 아직 영업을 폐지하지 아니하였다는 뜻의 신고를 할 것을 관보로써 공고한 경우에, 그 공고한 날에 이미 최후의 등기후 5년을 경과한 회사로써 공고한 날로부터 2월 이내에 대통령령이 정하는 바에 의하여 신고를 하지 아니한 때에는 그 회사는 그 신고기간이 만료된 때에 해산한 것으로 본다. 그러나 그 기간내에 등기를 한 회사에 대하여는 그러하지 아니하다.

② 제1항의 공고가 있는 때에는 법원은 해당 회사에 대하여 그 공고가 있었다는 뜻의 통지를 발송하여야 한다.

③ 제1항의 규정에 의하여 해산한 것으로 본 회사는 그후 3년 이내에는 제434조의 결의에 의하여 회사를 계속할 수 있다.

④ 제1항의 규정에 의하여 해산한 것으로 본 회사가 제3항의 규정에 의하여 회사를 계속하지 아니한 경우에는 그 회사는 그 3년이 경과

한 때에 청산이 종결된 것으로 본다. [본조신설 1984.4.10]

**제521조(해산의 통지, 공고)** 회사가 해산한 때에는 파산의 경우외에는 이사는 지체없이 주주에 대하여 그 통지를 하고 무기명식의 주권을 발행한 경우에는 이를 공고하여야 한다.

**제521조의2(준용규정)** 제228조와 제229조 제3항의 규정은 주식회사의 해산에 관하여 이를 준용한다. [본조신설 1998.12.28]

## 제10절 합 병

**제522조(합병계약서와 그 승인결의)** ① 회사가 합병을 함에는 합병계약서를 작성하여 주주총회의 승인을 얻어야 한다. <개정 1995.12.29, 1998 · 12 · 28>

② 합병계약의 요령은 제363조에 정한 통지와 공고에 기재하여야 한다.

③ 제1항의 승인결의는 제434조의 규정에 의하여야 한다. <개정 1998.12.28>

**제522조의2(합병계약서 등의 공시)** ① 이사는 제522조제1항의 주주총회 회일의 2주전부터 합병을 한 날 이후 6월이 경과하는 날까지 다음 각호의 서류를 본점에 비치하여야 한다. <개정 1998.12.28>

1. 합병계약서
2. 합병으로 인하여 소멸하는 회사의 주주에게 발행하는 주식의 배정에 관하여 그 이유를 기재한 서면
3. 각 회사의 최종의 대차대조표와 손익계산서

② 주주 및 회사채권자는 영업시간내에는 언제든지 제1항 각호의 서류의 열람을 청구하거나, 회사가 정한 비용을 지급하고 그 등본 또는 초본의 교부를 청구할 수 있다. <개정 1998.12.28> [본조신설 1984.4.10]

**제522조의3(합병반대주주의 주식매수청구권)** ① 제522조 제1항의 규정에 의한 결의사항에 관하여 이사회의 결의가 있는 때에 그 결의에 반대하는 주주는 주주총회전에 회사에 대하여 서면으로 그 결의에 반대하는 의사를 통지한 경우에는 그 총회의 결의일부터 20일 이내에 주식의 종류와 수를 기재한 서면으로 회사에 대하여 자기가 소유하고 있는 주식의 매수를 청구할 수 있다.

② 제527조의 2 제2항의 공고 또는 통지를 한 날부터 2주내에 회사에 대하여 서면으로 합병에 반대하는 의사를 통지한 주주는 그 기간이 경과한 날부터 20일 이내에 주식의 종류와 수를 기재한 서면으로 회사에 대하여 자기가 소유하고 있는 주식의 매수를 청구할 수 있다. <신설 1998.12.28> [본조신설 1995.12.29]

**제523조(흡수합병의 합병계약서)** 합병할 회사의 일방이 합병 후 존속하는 경우에는 합병계약서에 다음의 사항을 적어야 한다. <개정 1998.12.28, 2001.7.24, 2011.4.14>

1. 존속하는 회사가 합병으로 인하여 그 발행할 주식의 총수를 증가하는 때에는 그 증가할 주식의 총수, 종류와 수
2. 존속하는 회사의 증가할 자본금과 준비금의 총액
3. 존속하는 회사가 합병당시에 발행하는 신주의 총수, 종류와 수 및 합병으로 인하여 소멸하는 회사의 주주에 대한 신주의 배정에 관한 사항
4. 존속하는 회사가 합병으로 소멸하는 회사의 주주에게 제3호에도 불구하고 그 대가의 전부 또는 일부로서 금전이나 그 밖의 재산을 제공하는 경우에는 그 내용 및 배정에 관한 사항
5. 각회사에서 합병의 승인결의를 할 사원 또는 주주의 총회의 기일
6. 합병을 할 날
7. 존속하는 회사가 합병으로 인하여 정관을 변경하기로 정한 때에는 그 규정
8. 각 회사가 합병으로 이익배당을 할 때에는 그 한도액
9. 합병으로 인하여 존속하는 회사에 취임할 이사와 감사 또는 감사위원회의 위원을 정한 때에는 그 성명 및 주민등록번호

**제523조의2(합병대가가 모회사주식인 경우의 특칙)** 제342조의 2에도 불구하고 제523조 제4

호에 따라 소멸하는 회사의 주주에게 제공하는 재산이 존속하는 회사의 모회사주식을 포함하는 경우에는 존속하는 회사는 그 지급을 위하여 모회사주식을 취득할 수 있다. [본조신설 2011.4.14]

**제524조(신설합병의 합병계약서)** 합병으로 회사를 설립하는 경우에는 합병계약서에 다음의 사항을 적어야 한다. <개정 2001.7.24, 2011.4.14>

1. 설립되는 회사에 대하여 제289조 제1항 제1호부터 제4호까지에 규정된 사항과 종류주식을 발행할 때에는 그 종류, 수와 본점소재지
2. 설립되는 회사가 합병당시에 발행하는 주식의 총수와 종류, 수 및 각회사의 주주에 대한 주식의 배정에 관한 사항
3. 설립되는 회사의 자본금과 준비금의 총액
4. 각회사의 주주에게 지급할 금액을 정한 때에는 그 규정
5. 전조 제5호와 제6호에 게기한 사항
6. 합병으로 인하여 설립되는 회사의 이사와 감사 또는 감사위원회의 위원을 정한 때에는 그 성명 및 주민등록번호

**제525조(합명회사, 합자회사의 합병계약서)** ① 합병후 존속하는 회사 또는 합병으로 인하여 설립되는 회사가 주식회사인 경우에 합병할 회사의 일방 또는 쌍방이 합명회사 또는 합자회사인 때에는 총사원의 동의를 얻어 합병계약서를 작성하여야 한다.

② 전2조의 규정은 전항의 합병계약서에 준용한다.

**제526조(흡수합병의 보고총회)** ① 합병을 하는 회사의 일방이 합병후 존속하는 경우에는 그 이사는 제527조의5의 절차의 종료후, 합병으로 인한 주식의 병합이 있을 때에는 그 효력이 생긴 후, 병합에 적당하지 아니한 주식이 있을 때에는 합병후, 존속하는 회사에 있어서는 제443조의 처분을 한 후, 소규모합병의 경우에는 제527조의 3 제3항 및 제4항의 절차를 종료한 후 지체없이 주주총회를 소집하고 합병에 관한 사항을 보고하여야 한다. <개정 1998.12.28>

② 합병당시에 발행하는 신주의 인수인은 제1항의 주주총회에서 주주와 동일한 권리가 있다. <개정 1998.12.28>

③ 제1항의 경우에 이사회는 공고로써 주주총회에 대한 보고에 갈음할 수 있다. <신설 1995.12.29>

**제527조(신설합병의 창립총회)** ① 합병으로 인하여 회사를 설립하는 경우에는 설립위원은 제527조의 5의 절차의 종료후, 합병으로 인한 주식의 병합이 있을 때에는 그 효력이 생긴 후, 병합에 적당하지 아니한 주식이 있을 때에는 제443조의 처분을 한 후 지체없이 창립총회를 소집하여야 한다. <개정 1998.12.28>

② 창립총회에서는 정관변경의 결의를 할 수 있다. 그러나 합병계약의 취지에 위반하는 결의는 하지 못한다.

③ 제308조 제2항, 제309조, 제311조, 제312조와 제316조 제2항의 규정은 제1항의 창립총회에 준용한다.

④ 제1항의 경우에 이사회는 공고로써 주주총회에 대한 보고에 갈음할 수 있다. <신설 1998.12.28>

**제527조의2(간이합병)** ① 합병할 회사의 일방이 합병후 존속하는 경우에 합병으로 인하여 소멸하는 회사의 총주주의 동의가 있거나 그 회사의 발행주식총수의 100분의 90이상을 합병후 존속하는 회사가 소유하고 있는 때에는 합병으로 인하여 소멸하는 회사의 주주총회의 승인은 이를 이사회의 승인으로 갈음할 수 있다.

② 제1항의 경우에 합병으로 인하여 소멸하는 회사는 합병계약서를 작성한 날부터 2주내에 주주총회의 승인을 얻지 아니하고 합병을 한다는 뜻을 공고하거나 주주에게 통지하여야 한다. 다만, 총주주의 동의가 있는 때에는 그러하지 아니하다. [본조신설 1998.12.28]

**제527조의3(소규모합병)** ① 합병후 존속하는 회사가 합병으로 인하여 발행하는 신주의 총수가 그 회사의 발행주식총수의 100분의 10을

초과하지 아니하는 때에는 그 존속하는 회사의 주주총회의 승인은 이를 이사회의 승인으로 갈음할 수 있다. 다만, 합병으로 인하여 소멸하는 회사의 주주에게 지급할 금액을 정한 경우에 그 금액이 존속하는 회사의 최종 대차대조표상으로 현존하는 순자산액의 100분의 5를 초과하는 때에는 그러하지 아니하다. <개정 2011.4.14>

② 제1항의 경우에 존속하는 회사의 합병계약서에는 주주총회의 승인을 얻지 아니하고 합병을 한다는 뜻을 기재하여야 한다.

③ 제1항의 경우에 존속하는 회사는 합병계약서를 작성한 날부터 2주내에 소멸하는 회사의 상호 및 본점의 소재지, 합병을 할 날, 주주총회의 승인을 얻지 아니하고 합병을 한다는 뜻을 공고하거나 주주에게 통지하여야 한다.

④ 합병후 존속하는 회사의 발행주식총수의 100분의 20 이상에 해당하는 주식을 소유한 주주가 제3항의 규정에 의한 공고 또는 통지를 한 날부터 2주내에 회사에 대하여 서면으로 제1항의 합병에 반대하는 의사를 통지한 때에는 제1항 본문의 규정에 의한 합병을 할 수 없다.

⑤ 제1항 본문의 경우에는 제522조의3의 규정은 이를 적용하지 아니한다. [본조신설 1998.12.28]

**제527조의4(이사 · 감사의 임기)** ① 합병을 하는 회사의 일방이 합병후 존속하는 경우에 존속하는 회사의 이사 및 감사로서 합병전에 취임한 자는 합병계약서에 다른 정함이 있는 경우를 제외하고는 합병후 최초로 도래하는 결산기의 정기총회가 종료하는 때에 퇴임한다.

② 삭제 <2001.7.24>

[본조신설 1998.12.28]

**제527조의5(채권자보호절차)** ① 회사는 제522조의 주주총회의 승인결의가 있은 날부터 2주내에 채권자에 대하여 합병에 이의가 있으면 1월 이상의 기간내에 이를 제출할 것을 공고하고 알고 있는 채권자에 대하여는 따로따로 이를 최고하여야 한다.

② 제1항의 규정을 적용함에 있어서 제527조의 2 및 제527조의 3의 경우에는 이사회의 승인결의를 주주총회의 승인결의로 본다.

③ 제232조 제2항 및 제3항의 규정은 제1항 및 제2항의 경우에 이를 준용한다.

[본조신설 1998.12.28]

**제527조의6(합병에 관한 서류의 사후공시)** ① 이사는 제527조의5에 규정한 절차의 경과, 합병을 한 날, 합병으로 인하여 소멸하는 회사로부터 승계한 재산의 가액과 채무액 기타 합병에 관한 사항을 기재한 서면을 합병을 한 날부터 6월간 본점에 비치하여야 한다.

② 제522조의 2 제2항의 규정은 제1항의 서면에 관하여 이를 준용한다. [본조신설 1998.12.28]

**제528조(합병의 등기)** ① 회사가 합병을 한 때에는 제526조의 주주총회가 종결한 날 또는 보고에 갈음하는 공고일, 제527조의 창립총회가 종결한 날 또는 보고에 갈음하는 공고일부터 본점소재지에서는 2주내, 지점소재지에서는 3주내에 합병후 존속하는 회사에 있어서는 변경의 등기, 합병으로 인하여 소멸하는 회사에 있어서는 해산의 등기, 합병으로 인하여 설립된 회사에 있어서는 제317조에 정하는 등기를 하여야 한다. <개정 1998.12.28>

② 합병후 존속하는 회사 또는 합병으로 인하여 설립된 회사가 합병으로 인하여 전환사채 또는 신주인수권부사채를 승계한 때에는 제1항의 등기와 동시에 사채의 등기를 하여야 한다. <개정 1984.4.10>

**제529조(합병무효의 소)** ① 합병무효는 각회사의 주주 · 이사 · 감사 · 청산인 · 파산관재인 또는 합병을 승인하지 아니한 채권자에 한하여 소만으로 이를 주장할 수 있다. <개정 1984.4.10>

② 제1항의 소는 제528조의 등기가 있은 날로부터 6월내에 제기하여야 한다. <개정 1984.4.10>

**제530조(준용규정)** ① 삭제 <1998.12.28>

② 제234조, 제235조, 제237조 내지 제240조, 제329조의 2, 제374조 제2항, 제374조의 2 제2항 내지 제5항 및 제439조 제3항의 규정은 주식회사의 합병에 관하여 이를 준용한다. <개정 1995.12.29, 1998.12.28, 2001.7.24>

③ 제440조 내지 제444조의 규정은 회사의 합

병으로 인한 주식병합 또는 주식분할의 경우에 준용한다. <개정 1998.12.28>

④ 제339조와 제340조 제3항의 규정은 주식을 병합하지 아니하는 경우에 합병으로 인하여 소멸하는 회사의 주식을 목적으로 하는 질권에 준용한다.

## 제11절 회사의 분할

**제530조의2(회사의 분할 · 분할합병)** ① 회사는 분할에 의하여 1개 또는 수개의 회사를 설립할 수 있다.

② 회사는 분할에 의하여 1개 또는 수개의 존립중의 회사와 합병(이하 "분할합병"이라 한다)할 수 있다.

③ 회사는 분할에 의하여 1개 또는 수개의 회사를 설립함과 동시에 분할합병할 수있다.

④ 해산후의 회사는 존립중의 회사를 존속하는 회사로 하거나 새로 회사를 설립하는 경우에 한하여 분할 또는 분할합병할 수 있다.

[본조신설 1998.12.28]

**제530조의3(분할계획서 · 분할합병계약서의 승인)** ① 회사가 분할 또는 분할합병을 하는 때에는 분할계획서 또는 분할합병계약서를 작성하여 주주총회의 승인을 얻어야 한다.

② 제1항의 승인결의는 제434조의 규정에 의하여야 한다.

③ 제2항의 결의에 관하여는 제344조의3제1항에 따라 의결권이 배제되는 주주도 의결권이 있다. <개정 2011.4.14>

④ 분할계획 또는 분할합병계약의 요령은 제363조에 정한 통지와 공고에 기재하여야 한다.

⑤ 삭제 <2011.4.14>

⑥ 회사의 분할 또는 분할합병으로 인하여 분할 또는 분할합병에 관련되는 각 회사의 주주의 부담이 가중되는 경우에는 제1항 및 제436조의 결의외에 그 주주 전원의 동의가 있어야 한다. <개정 2011.4.14> [본조신설 1998.12.28]

**제530조의4(분할에 의한 회사의 설립)** ① 이 장 제1절의 회사설립에 관한 규정은 제530조의2의 규정에 의한 회사의 설립에 관하여 이를 준용한다.

② 제1항의 규정에 불구하고 분할에 의하여 설립되는 회사는 분할되는 회사의 출자만으로도 설립할 수 있다. 이 경우 분할되는 회사의 주주에게 그 주주가 가지는 그 회사의 주식의 비율에 따라서 설립되는 회사의 주식이 발행되는 때에는 제299조의 규정을 적용하지 아니한다. [본조신설 1998.12.28]

**제530조의5(분할계획서의 기재사항)** ① 분할에 의하여 회사를 설립하는 경우에는 분할계획서에 다음 각호의 사항을 기재하여야 한다. <개정 2011.4.14>

1. 설립되는 회사의 상호, 목적, 본점의 소재지 및 공고의 방법
2. 설립되는 회사가 발행할 주식의 총수 및 액면주식 · 무액면주식의 구분
3. 설립되는 회사가 분할 당시에 발행하는 주식의 총수, 종류 및 종류주식의 수, 액면주식 · 무액면주식의 구분
4. 분할되는 회사의 주주에 대한 설립되는 회사의 주식의 배정에 관한 사항 및 배정에 따른 주식의 병합 또는 분할을 하는 경우에는 그에 관한 사항
5. 분할되는 회사의 주주에게 지급할 금액을 정한 때에는 그 규정
6. 설립되는 회사의 자본금과 준비금에 관한 사항
7. 설립되는 회사에 이전될 재산과 그 가액
8. 제530조의 9 제2항의 정함이 있는 경우에는 그 내용
9. 설립되는 회사의 이사와 감사를 정한 경우에는 그 성명과 주민등록번호
10. 설립되는 회사의 정관에 기재할 그 밖의 사항

② 분할후 회사가 존속하는 경우에는 존속하는 회사에 관하여 분할계획서에 다음 각호의 사항을 기재하여야 한다. <개정 2011.4.14>

1. 감소할 자본금과 준비금의 액
2. 자본감소의 방법
3. 분할로 인하여 이전할 재산과 그 가액
4. 분할후의 발행주식의 총수

5. 회사가 발행할 주식의 총수를 감소하는 경우에는 그 감소할 주식의 총수, 종류 및 종류별 주식의 수
6. 정관변경을 가져오게 하는 그 밖의 사항

[본조신설 1998.12.28]

**제530조의6(분할합병계약서의 기재사항)** ① 분할되는 회사의 일부가 다른 회사와 합병하여 그 다른 회사(이하 "분할합병의 상대방 회사"라 한다)가 존속하는 경우에는 분할합병계약서에 다음 각호의 사항을 기재하여야 한다.

1. 분할합병의 상대방 회사가 분할합병으로 인하여 발행할 주식의 총수를 증가하는 경우에는 증가할 주식의 총수, 종류 및 종류별 주식의 수
2. 분할합병의 상대방 회사가 분할합병을 함에 있어서 발행하는 신주의 총수, 종류 및 종류별 주식의 수
3. 분할되는 회사의 주주에 대한 분할합병의 상대방 회사의 주식의 배정에 관한 사항 및 배정에 따른 주식의 병합 또는 분할을 하는 경우에는 그에 관한 사항
4. 분할되는 회사의 주주에 대하여 분할합병의 상대방 회사가 지급할 금액을 정한 때에는 그 규정
5. 분할합병의 상대방 회사의 증가할 자본의 총액과 준비금에 관한 사항
6. 분할되는 회사가 분할합병의 상대방 회사에 이전할 재산과 그 가액
7. 제530조의 9 제3항의 정함이 있는 경우에는 그 내용
8. 각 회사에서 제530조의 3 제2항의 결의를 할 주주총회의 기일
9. 분할합병을 할 날
10. 분할합병의 상대방 회사의 이사와 감사를 정한 때에는 그 성명과 주민등록번호
11. 분할합병의 상대방 회사의 정관변경을 가져오게 하는 그 밖의 사항

② 분할되는 회사의 일부가 다른 회사 또는 다른 회사의 일부와 분할합병을 하여 회사를 설립하는 경우에는 분할합병계약서에 다음 각호의 사항을 기재하여야 한다.

1. 제530조의 5 제1항 제1호·제2호·제6호 내지 제10호에 규정된 사항
2. 설립되는 회사가 분할합병을 함에 있어서 발행하는 주식의 총수, 종류 및 종류별 주식의 수
3. 각 회사의 주주에 대한 주식의 배정에 관한 사항과 배정에 따른 주식의 병합 또는 분할을 하는 경우에는 그 규정
4. 각 회사가 설립되는 회사에 이전할 재산과 그 가액
5. 각 회사의 주주에게 지급할 금액을 정한 때에는 그 규정
6. 각 회사에서 제530조의 3 제2항의 결의를 할 주주총회의 기일
7. 분할합병을 할 날

③ 제530조의 5의 규정은 제1항 및 제2항의 경우에 각 회사의 분할합병을 하지 아니하는 부분의 기재에 관하여 이를 준용한다.

[본조신설 1998.12.28]

**제530조의7(분할대차대조표 등의 공시)** ① 분할되는 회사의 이사는 제530조의 3 제1항의 규정에 의한 주주총회의 회일의 2주전부터 분할의 등기를 한 날 또는 분할합병을 한 날이후 6월간 다음 각호의 서류를 본점에 비치하여야 한다.

1. 분할계획서 또는 분할합병계약서
2. 분할되는 부분의 대차대조표
3. 분할합병의 경우 분할합병의 상대방 회사의 대차대조표
4. 분할되는 회사의 주주에게 발행할 주식의 배정에 관하여 그 이유를 기재한 서면

② 제530조의 6 제1항의 분할합병의 상대방 회사의 이사는 분할합병을 승인하는 주주총회의 회일의 2주전부터 분할합병의 등기를 한 후 6월간 다음 각호의 서류를 본점에 비치하여야 한다.

1. 분할합병계약서
2. 분할되는 회사의 분할되는 부분의 대차대조표
3. 분할되는 회사의 주주에게 발행할 주식의 배정에 관하여 그 이유를 기재한 서면

③ 제522조의 2 제2항의 규정은 제1항 및 제2

항의 서류에 관하여 이를 준용한다.
[본조신설 1998.12.28]

**제530조의8(분할 및 분할합병에 관한 계산)** 분할 또는 분할합병으로 인하여 설립되는 회사 또는 분할합병의 상대방 회사가 영업권을 취득한 경우에는 그 취득가액을 대차대조표의 자산의 부에 계상할 수 있다. 이 경우에는 설립등기 또는 분할합병의 등기를 한 후 5년내의 매 결산기에 균등액 이상을 상각하여야 한다.
[본조신설 1998.12.28]

**제530조의9(분할 및 분할합병후의 회사의 책임)** ① 분할 또는 분할합병으로 인하여 설립되는 회사 또는 존속하는 회사는 분할 또는 분할합병전의 회사채무에 관하여 연대하여 변제할 책임이 있다.
② 제1항의 규정에 불구하고 분할되는 회사가 제530조의 3 제2항의 규정에 의한 결의로 분할에 의하여 회사를 설립하는 경우에는 설립되는 회사가 분할되는 회사의 채무중에서 출자한 재산에 관한 채무만을 부담할 것을 정할 수 있다. 이 경우 분할되는 회사가 분할후에 존속하는 때에는 분할로 인하여 설립되는 회사가 부담하지 아니하는 채무만을 부담한다.
③ 분할합병의 경우에 분할되는 회사는 제530조의 3 제2항의 규정에 의한 결의로 분할합병에 따른 출자를 받는 존립중의 회사가 분할되는 회사의 채무중에서 출자한 재산에 관한 채무만을 부담할 것을 정할 수 있다. 이 경우에는 제2항 후단의 규정을 준용한다.
④ 제439조 제3항 및 제527조의 5의 규정은 제2항의 경우에 이를 준용한다.
[본조신설 1998.12.28]

**제530조의10(분할 또는 분할합병의 효과)** 분할 또는 분할합병으로 인하여 설립되는 회사 또는 존속하는 회사는 분할하는 회사의 권리와 의무를 분할계획서 또는 분할합병계약서가 정하는 바에 따라서 승계한다.
[본조신설 1998.12.28]

**제530조의11(준용규정)** ① 분할 또는 분할합병의 경우에는 제234조, 제237조부터 제240조까지, 제329조의 2, 제440조부터 제444조까지, 제526조, 제527조, 제527조의 6, 제528조 및 제529조를 준용한다. 다만, 제527조의 설립위원은 대표이사로 한다. <개정 2011.4.14>
② 제374조 제2항, 제439조 제3항, 제522조의 3, 제527조의 2, 제527조의 3 및 제527조의 5의 규정은 분할합병의 경우에 이를 준용한다. <개정 1999.12.31> [본조신설 1998.12.28]

**제530조의12(물적 분할)** 이 절의 규정은 분할되는 회사가 분할 또는 분할합병으로 인하여 설립되는 회사의 주식의 총수를 취득하는 경우에 이를 준용한다. [본조신설 1998.12.28]

## 제12절 청 산

**제531조(청산인의 결정)** ① 회사가 해산한 때에는 합병 · 분할 · 분할합병 또는 파산의 경우외에는 이사가 청산인이 된다. 다만, 정관에 다른 정함이 있거나 주주총회에서 타인을 선임한 때에는 그러하지 아니하다. <개정 1998.12.28>
② 전항의 규정에 의한 청산인이 없는 때에는 법원은 이해관계인의 청구에 의하여 청산인을 선임한다.

**제532조(청산인의 신고)** 청산인은 취임한 날로부터 2주간내에 다음의 사항을 법원에 신고하여야 한다. <개정 1995.12.29>
1. 해산의 사유와 그 연월일
2. 청산인의 성명 · 주민등록번호 및 주소

**제533조(회사재산조사보고의무)** ① 청산인은 취임한 후 지체없이 회사의 재산상태를 조사하여 재산목록과 대차대조표를 작성하고 이를 주주총회에 제출하여 그 승인을 얻어야 한다.
② 청산인은 전항의 승인을 얻은 후 지체없이 재산목록과 대차대조표를 법원에 제출하여야 한다.

**제534조(대차대조표 · 사무보고서 · 부속명세서의 제출 · 감사 · 공시 · 승인)** ① 청산인은 정기총회회일로부터 4주간전에 대차대조표 및 그 부속명세서와 사무보고서를 작성하여 감사에게 제출하여야 한다.

② 감사는 정기총회회일로부터 1주간전에 제1항의 서류에 관한 감사보고서를 청산인에게 제출하여야 한다.
③ 청산인은 정기총회회일의 1주간전부터 제1항의 서류와 제2항의 감사보고서를 본점에 비치하여야 한다.
④ 제448조 제2항의 규정은 제3항의 서류에 관하여 이를 준용한다.
⑤ 청산인은 대차대조표 및 사무보고서를 정기총회에 제출하여 그 승인을 요구하여야 한다. [전문개정 1984.4.10]

**제535조(회사채권자에의 최고)** ① 청산인은 취임한 날로부터 2월내에 회사채권자에 대하여 일정한 기간내에 그 채권을 신고할 것과 그 기간내에 신고하지 아니하면 청산에서 제외될 뜻을 2회이상 공고로써 최고하여야 한다. 그러나 그 기간은 2월이상이어야 한다.
② 청산인은 알고 있는 채권자에 대하여는 각별로 그 채권의 신고를 최고하여야 하며 그 채권자가 신고하지 아니한 경우에도 이를 청산에서 제외하지 못한다.

**제536조(채권신고기간내의 변제)** ① 청산인은 전조 제1항의 신고기간내에는 채권자에 대하여 변제를 하지 못한다. 그러나 회사는 그 변제의 지연으로 인한 손해배상의 책임을 면하지 못한다.
② 청산인은 전항의 규정에 불구하고 소액의 채권, 담보있는 채권 기타 변제로 인하여 다른 채권자를 해할 염려가 없는 채권에 대하여는 법원의 허가를 얻어 이를 변제할 수 있다.

**제537조(제외된 채권자에 대한 변제)** ① 청산에서 제외된 채권자는 분배되지 아니한 잔여재산에 대하여서만 변제를 청구할 수 있다.
② 일부의 주주에 대하여 재산의 분배를 한 경우에는 그와 동일한 비율로 다른 주주에게 분배할 재산은 전항의 잔여재산에서 공제한다.

**제538조(잔여재산의 분배)** 잔여재산은 각 주주가 가진 주식의 수에 따라 주주에게 분배하여야 한다. 그러나 제344조 제1항의 규정을 적용하는 경우에는 그러하지 아니하다.

**제539조(청산인의 해임)** ① 청산인은 법원이 선임한 경우외에는 언제든지 주주총회의 결의로 이를 해임할 수 있다.
② 청산인이 그 업무를 집행함에 현저하게 부적임하거나 중대한 임무에 위반한 행위가 있는 때에는 발행주식의 총수의 100분의 3이상에 해당하는 주식을 가진 주주는 법원에 그 청산인의 해임을 청구할 수 있다. <개정 1998.12.28>
③ 제186조의 규정은 제2항의 청구에 관한 소에 준용한다. <개정 1998.12.28>

**제540조(청산의 종결)** ① 청산사무가 종결한 때에는 청산인은 지체없이 결산보고서를 작성하고 이를 주주총회에 제출하여 승인을 얻어야 한다.
② 전항의 승인이 있는 때에는 회사는 청산인에 대하여 그 책임을 해제한 것으로 본다. 그러나 청산인의 부정행위에 대하여는 그러하지 아니하다.

**제541조(서류의 보존)** ① 회사의 장부 기타 영업과 청산에 관한 중요한 서류는 본점소재지에서 청산종결의 등기를 한 후 10년간 이를 보존하여야 한다. 다만, 전표 또는 이와 유사한 서류는 5년간 이를 보존하여야 한다. <개정 1995.12.29>
② 전항의 보존에 관하여는 청산인 기타의 이해관계인의 청구에 의하여 법원이 보존인과 보존방법을 정한다.

**제542조(준용규정)** ① 제245조, 제252조 내지 제255조, 제259조, 제260조와 제264조의 규정은 주식회사에 준용한다.
② 제362조, 제363조의 2, 제366조, 제367조, 제373조, 제376조, 제377조, 제382조 제2항, 제386조, 제388조 내지 제394조, 제396조, 제398조 내지 제408조, 제411조 내지 제413조, 제414조 제3항, 제449조 제3항, 제450조와 제466조의 규정은 청산인에 준용한다. <개정 1962.12.12, 1984.4.10, 1998.12.28>

## 제13절 상장회사에 대한 특례
〈신설 2009.1.30〉

**제542조의2(적용범위)** ① 이 절은 대통령령으로 정하는 증권시장(증권의 매매를 위하여 개설된 시장을 말한다)에 상장된 주권을 발행한 주식회사(이하 "상장회사"라 한다)에 대하여 적용한다. 다만, 집합투자(2인 이상에게 투자권유를 하여 모은 금전이나 그 밖의 재산적 가치가 있는 재산을 취득·처분, 그 밖의 방법으로 운용하고 그 결과를 투자자에게 배분하여 귀속시키는 것을 말한다)를 수행하기 위한 기구로서 대통령령으로 정하는 주식회사는 제외한다.
② 이 절은 이 장 다른 절에 우선하여 적용한다. [본조신설 2009.1.30]

**제542조의3(주식매수선택권)** ① 상장회사는 제340조의 2 제1항 본문에 규정된 자 외에도 대통령령으로 정하는 관계 회사의 이사, 집행임원, 감사 또는 피용자에게 주식매수선택권을 부여할 수 있다. 다만, 제542조의 8 제2항 제5호의 최대주주 등 대통령령으로 정하는 자에게는 주식매수선택권을 부여할 수 없다. <개정 2011.4.14>
② 상장회사는 제340조의 2 제3항에도 불구하고 발행주식총수의 100분의 20의 범위에서 대통령령으로 정하는 한도까지 주식매수선택권을 부여할 수 있다.
③ 상장회사는 제340조의 2 제1항 본문에도 불구하고 정관으로 정하는 바에 따라 발행주식총수의 100분의 10의 범위에서 대통령령으로 정하는 한도까지 이사회가 제340조의 3 제2항 각 호의 사항을 결의함으로써 해당 회사의 집행임원·감사 또는 피용자 및 제1항에 따른 관계 회사의 이사·집행임원·감사 또는 피용자에게 주식매수선택권을 부여할 수 있다. 이 경우 주식매수선택권을 부여한 후 처음으로 소집되는 주주총회의 승인을 받아야 한다. <개정 2011.4.14>
④ 상장회사의 주식매수선택권을 부여받은 자는 제340조의 4 제1항에도 불구하고 대통령령으로 정하는 경우를 제외하고는 주식매수선택권을 부여하기로 한 주주총회 또는 이사회의 결의일부터 2년 이상 재임하거나 재직하여야 주식매수선택권을 행사할 수 있다.
⑤ 제1항부터 제4항까지에서 규정한 사항 외에 상장회사의 주식매수선택권 부여, 취소, 그 밖에 필요한 사항은 대통령령으로 정한다.
[본조신설 2009.1.30]

**제542조의4(주주총회 소집공고 등)** ① 상장회사가 주주총회를 소집하는 경우 대통령령으로 정하는 수 이하의 주식을 소유하는 주주에게는 정관으로 정하는 바에 따라 주주총회일의 2주 전에 주주총회를 소집하는 뜻과 회의의 목적사항을 둘 이상의 일간신문에 각각 2회 이상 공고하거나 대통령령으로 정하는 바에 따라 전자적 방법으로 공고함으로써 제363조 제1항의 소집통지를 갈음할 수 있다.
② 상장회사가 이사·감사의 선임에 관한 사항을 목적으로 하는 주주총회를 소집통지 또는 공고하는 경우에는 이사·감사 후보자의 성명, 약력, 추천인, 그 밖에 대통령령으로 정하는 후보자에 관한 사항을 통지하거나 공고하여야 한다.
③ 상장회사가 주주총회 소집의 통지 또는 공고를 하는 경우에는 사외이사 등의 활동내역과 보수에 관한 사항, 사업개요 등 대통령령으로 정하는 사항을 통지 또는 공고하여야 한다. 다만, 상장회사가 그 사항을 대통령령으로 정하는 방법으로 일반인이 열람할 수 있도록 하는 경우에는 그러하지 아니하다.
[본조신설 2009.1.30]

**제542조의5(이사·감사의 선임방법)** 상장회사가 주주총회에서 이사 또는 감사를 선임하려는 경우에는 제542조의 4 제2항에 따라 통지하거나 공고한 후보자 중에서 선임하여야 한다.
[본조신설 2009.1.30]

**제542조의6(소수주주권)** ① 6개월 전부터 계속하여 상장회사 발행주식총수의 1천분의 15 이상에 해당하는 주식을 보유한 자는 제366조(제542조에서 준용하는 경우를 포함한다) 및 제467조에 따른 주주의 권리를 행사할 수 있다.
② 6개월 전부터 계속하여 상장회사의 의결권

없는 주식을 제외한 발행주식총수의 1천분의 10(대통령령으로 정하는 상장회사의 경우에는 1천분의 5) 이상에 해당하는 주식을 보유한 자는 제363조의 2(제542조에서 준용하는 경우를 포함한다)에 따른 주주의 권리를 행사할 수 있다.
③ 6개월 전부터 계속하여 상장회사 발행주식총수의 1만분의 50(대통령령으로 정하는 상장회사의 경우에는 1만분의 25) 이상에 해당하는 주식을 보유한 자는 제385조(제415조에서 준용하는 경우를 포함한다) 및 제539조에 따른 주주의 권리를 행사할 수 있다.
④ 6개월 전부터 계속하여 상장회사 발행주식총수의 1만분의 10(대통령령으로 정하는 상장회사의 경우에는 1만분의 5) 이상에 해당하는 주식을 보유한 자는 제466조(제542조에서 준용하는 경우를 포함한다)에 따른 주주의 권리를 행사할 수 있다.
⑤ 6개월 전부터 계속하여 상장회사 발행주식총수의 10만분의 50(대통령령으로 정하는 상장회사의 경우에는 10만분의 25) 이상에 해당하는 주식을 보유한 자는 제402조(제408조의 9 및 제542조에서 준용하는 경우를 포함한다)에 따른 주주의 권리를 행사할 수 있다. <개정 2011.4.14>
⑥ 6개월 전부터 계속하여 상장회사 발행주식총수의 1만분의 1 이상에 해당하는 주식을 보유한 자는 제403조(제324조, 제408조의 9, 제415조, 제424조의 2, 제467조의 2 및 제542조에서 준용하는 경우를 포함한다)에 따른 주주의 권리를 행사할 수 있다. <개정 2011.4.14>
⑦ 상장회사는 정관에서 제1항부터 제6항까지 규정된 것보다 단기의 주식 보유기간을 정하거나 낮은 주식 보유비율을 정할 수 있다.
⑧ 제1항부터 제6항까지 및 제542조의 7 제2항에서 "주식을 보유한 자"란 주식을 소유한 자, 주주권 행사에 관한 위임을 받은 자, 2명 이상 주주의 주주권을 공동으로 행사하는 자를 말한다. [본조신설 2009.1.30]

**제542조의7(집중투표에 관한 특례)** ① 상장회사에 대하여 제382조의 2에 따라 집중투표의 방법으로 이사를 선임할 것을 청구하는 경우 주주총회일(정기주주총회의 경우에는 직전 연도의 정기주주총회일에 해당하는 그 해의 해당일. 이하 제542조의 8 제5항에서 같다)의 6주 전까지 서면 또는 전자문서로 회사에 청구하여야 한다.
② 자산 규모 등을 고려하여 대통령령으로 정하는 상장회사의 의결권 없는 주식을 제외한 발행주식총수의 100분의 1 이상에 해당하는 주식을 보유한 자는 제382조의 2에 따라 집중투표의 방법으로 이사를 선임할 것을 청구할 수 있다.
③ 제2항의 상장회사가 정관으로 집중투표를 배제하거나 그 배제된 정관을 변경하려는 경우에는 의결권 없는 주식을 제외한 발행주식총수의 100분의 3을 초과하는 수의 주식을 가진 주주는 그 초과하는 주식에 관하여 의결권을 행사하지 못한다. 다만, 정관에서 이보다 낮은 주식 보유비율을 정할 수 있다.
④ 제2항의 상장회사가 주주총회의 목적사항으로 제3항에 따른 집중투표 배제에 관한 정관변경에 관한 의안을 상정하려는 경우에는 그 밖의 사항의 정관 변경에 관한 의안과 별도로 상정하여 의결하여야 한다.
[본조신설 2009.1.30]

**제542조의8(사외이사의 선임)** ① 상장회사는 자산 규모 등을 고려하여 대통령령으로 정하는 경우를 제외하고는 이사 총수의 4분의 1 이상을 사외이사로 하여야 한다. 다만, 자산 규모 등을 고려하여 대통령령으로 정하는 상장회사의 사외이사는 3명 이상으로 하되, 이사 총수의 과반수가 되도록 하여야 한다.
② 상장회사의 사외이사는 제382조 제3항 각 호 뿐만 아니라 다음 각 호의 어느 하나에 해당되지 아니하여야 하며, 이에 해당하게 된 경우에는 그 직을 상실한다. <개정 2011.4.14>
1. 미성년자, 피성년후견인 또는 피한정후견인
2. 파산선고를 받고 복권되지 아니한 자
3. 금고 이상의 형을 선고받고 그 집행이 끝나거나 집행이 면제된 후 2년이 지나지 아니한 자
4. 대통령령으로 별도로 정하는 법률을 위반하

여 해임되거나 면직된 후 2년이 지나지 아니한 자
5. 상장회사의 주주로서 의결권 없는 주식을 제외한 발행주식총수를 기준으로 본인 및 그와 대통령령으로 정하는 특수한 관계에 있는 자(이하 "특수관계인"이라 한다)가 소유하는 주식의 수가 가장 많은 경우 그 본인(이하 "최대주주"라 한다) 및 그의 특수관계인
6. 누구의 명의로 하든지 자기의 계산으로 의결권 없는 주식을 제외한 발행주식총수의 100분의 10 이상의 주식을 소유하거나 이사·집행임원·감사의 선임과 해임 등 상장회사의 주요 경영사항에 대하여 사실상의 영향력을 행사하는 주주(이하 "주요주주"라 한다) 및 그의 배우자와 직계 존속·비속
7. 그 밖에 사외이사로서의 직무를 충실하게 수행하기 곤란하거나 상장회사의 경영에 영향을 미칠 수 있는 자로서 대통령령으로 정하는 자

③ 제1항의 상장회사는 사외이사의 사임·사망 등의 사유로 인하여 사외이사의 수가 제1항의 이사회의 구성요건에 미달하게 되면 그 사유가 발생한 후 처음으로 소집되는 주주총회에서 제1항의 요건에 합치되도록 사외이사를 선임하여야 한다.

④ 제1항 단서의 상장회사는 사외이사 후보를 추천하기 위하여 제393조의 2의 위원회(이하 이 조에서 "사외이사 후보추천위원회"라 한다)를 설치하여야 한다. 이 경우 사외이사 후보추천위원회는 사외이사가 총위원의 과반수가 되도록 구성하여야 한다. <개정 2011.4.14>

⑤ 제1항 단서에서 규정하는 상장회사가 주주총회에서 사외이사를 선임하려는 때에는 사외이사 후보추천위원회의 추천을 받은 자 중에서 선임하여야 한다. 이 경우 사외이사 후보추천위원회가 사외이사 후보를 추천할 때에는 제363조의 2 제1항, 제542조의 6 제1항·제2항의 권리를 행사할 수 있는 요건을 갖춘 주주가 주주총회일(정기주주총회의 경우 직전연도의 정기주주총회일에 해당하는 해당 연도의 해당일)의 6주 전에 추천한 사외이사 후보를 포함시켜야 한다. <개정 2011.4.14> [본조신설 2009.1.30]

**제542조의9(주요주주 등 이해관계자와의 거래)**

① 상장회사는 다음 각 호의 어느 하나에 해당하는 자를 상대방으로 하거나 그를 위하여 신용공여(금전 등 경제적 가치가 있는 재산의 대여, 채무이행의 보증, 자금 지원적 성격의 증권 매입, 그 밖에 거래상의 신용위험이 따르는 직접적·간접적 거래로서 대통령령으로 정하는 거래를 말한다. 이하 이 조에서 같다)를 하여서는 아니 된다. <개정 2011.4.14>
1. 주요주주 및 그의 특수관계인
2. 이사(제401조의 2 제1항 각 호의 어느 하나에 해당하는 자를 포함한다. 이하 이 조에서 같다) 및 집행임원
3. 감사

② 제1항에도 불구하고 다음 각 호의 어느 하나에 해당하는 경우에는 신용공여를 할 수 있다. <개정 2011.4.14>
1. 복리후생을 위한 이사·집행임원 또는 감사에 대한 금전대여 등으로서 대통령령으로 정하는 신용공여
2. 다른 법령에서 허용하는 신용공여
3. 그 밖에 상장회사의 경영건전성을 해칠 우려가 없는 금전대여 등으로서 대통령령으로 정하는 신용공여

③ 자산 규모 등을 고려하여 대통령령으로 정하는 상장회사는 최대주주, 그의 특수관계인 및 그 상장회사의 특수관계인으로서 대통령령으로 정하는 자를 상대방으로 하거나 그를 위하여 다음 각 호의 어느 하나에 해당하는 거래(제1항에 따라 금지되는 거래는 제외한다)를 하려는 경우에는 이사회의 승인을 받아야 한다.
1. 단일 거래규모가 대통령령으로 정하는 규모 이상인 거래
2. 해당 사업연도 중에 특정인과의 해당 거래를 포함한 거래총액이 대통령령으로 정하는 규모 이상이 되는 경우의 해당 거래

④ 제3항의 경우 상장회사는 이사회의 승인 결의 후 처음으로 소집되는 정기주주총회에 해당 거래의 목적, 상대방, 그 밖에 대통령령으로

정하는 사항을 보고하여야 한다.

⑤ 제3항에도 불구하고 상장회사가 경영하는 업종에 따른 일상적인 거래로서 다음 각 호의 어느 하나에 해당하는 거래는 이사회의 승인을 받지 아니하고 할 수 있으며, 제2호에 해당하는 거래에 대하여는 그 거래내용을 주주총회에 보고하지 아니할 수 있다.

1. 약관에 따라 정형화된 거래로서 대통령령으로 정하는 거래
2. 이사회에서 승인한 거래총액의 범위 안에서 이행하는 거래 [본조신설 2009.1.30]

**제542조의10(상근감사)** ① 대통령령으로 정하는 상장회사는 주주총회 결의에 의하여 회사에 상근하면서 감사업무를 수행하는 감사(이하 "상근감사"라고 한다)를 1명 이상 두어야 한다. 다만, 이 절 및 다른 법률에 따라 감사위원회를 설치한 경우(감사위원회 설치 의무가 없는 상장회사가 이 절의 요건을 갖춘 감사위원회를 설치한 경우를 포함한다)에는 그러하지 아니하다. <개정 2011.4.14>

② 다음 각 호의 어느 하나에 해당하는 자는 제1항 본문의 상장회사의 상근감사가 되지 못하며, 이에 해당하게 되는 경우에는 그 직을 상실한다. <개정 2011.4.14>

1. 제542조의 8 제2항 제1호부터 제4호까지 및 제6호에 해당하는 자
2. 회사의 상무(常務)에 종사하는 이사·집행임원 및 피용자 또는 최근 2년 이내에 회사의 상무에 종사한 이사·집행임원 및 피용자. 다만, 이 절에 따른 감사위원회위원으로 재임 중이거나 재임하였던 이사는 제외한다.
3. 제1호 및 제2호 외에 회사의 경영에 영향을 미칠 수 있는 자로서 대통령령으로 정하는 자 [본조신설 2009.1.30]

**제542조의11(감사위원회)** ① 자산 규모 등을 고려하여 대통령령으로 정하는 상장회사는 감사위원회를 설치하여야 한다.

② 제1항의 상장회사의 감사위원회는 제415조의 2 제2항의 요건 및 다음 각 호의 요건을 모두 갖추어야 한다.

1. 위원 중 1명 이상은 대통령령으로 정하는 회계 또는 재무 전문가일 것
2. 감사위원회의 대표는 사외이사일 것

③ 제542조의 10 제2항 각 호의 어느 하나에 해당하는 자는 제1항의 상장회사의 사외이사가 아닌 감사위원회위원이 될 수 없고, 이에 해당하게 된 경우에는 그 직을 상실한다.

④ 상장회사는 감사위원회위원인 사외이사의 사임·사망 등의 사유로 인하여 사외이사의 수가 다음 각 호의 감사위원회의 구성요건에 미달하게 되면 그 사유가 발생한 후 처음으로 소집되는 주주총회에서 그 요건에 합치되도록 하여야 한다.

1. 제1항에 따라 감사위원회를 설치한 상장회사는 제2항 각 호 및 제415조의 2 제2항의 요건
2. 제415조의 2 제1항에 따라 감사위원회를 설치한 상장회사는 제415조의 2 제2항의 요건 [본조신설 2009.1.30]

**제542조의12(감사위원회의 구성 등)** ① 제542조의 11 제1항의 상장회사의 경우 제393조의2에도 불구하고 감사위원회위원을 선임하거나 해임하는 권한은 주주총회에 있다.

② 제542조의11 제1항의 상장회사는 주주총회에서 이사를 선임한 후 선임된 이사 중에서 감사위원회위원을 선임하여야 한다. 다만, 감사위원회위원 중 1명(정관에서 2명 이상으로 정할 수 있으며, 정관으로 정한 경우에는 그에 따른 인원으로 한다)은 주주총회 결의로 다른 이사들과 분리하여 감사위원회위원이 되는 이사로 선임하여야 한다.

③ 제1항에 따른 감사위원회위원은 제434조에 따른 주주총회의 결의로 해임할 수 있다. 이 경우 제2항 단서에 따른 감사위원회위원은 이사와 감사위원회위원의 지위를 모두 상실한다.

④ 제1항에 따른 감사위원회위원을 선임 또는 해임할 때에는 상장회사의 의결권 없는 주식을 제외한 발행주식총수의 100분의 3(정관에서 더 낮은 주식 보유비율을 정할 수 있으며, 정관에서 더 낮은 주식 보유비율을 정한 경우에는 그 비율로 한다)을 초과하는 수의 주식을 가진 주주(최대주주인 경우에는 사외이사가 아닌 감

사위원회위원을 선임 또는 해임할 때에 그의 특수관계인, 그 밖에 대통령령으로 정하는 자가 소유하는 주식을 합산한다)는 그 초과하는 주식에 관하여 의결권을 행사하지 못한다.
⑤ 상장회사가 주주총회의 목적사항으로 감사의 선임 또는 감사의 보수결정을 위한 의안을 상정하려는 경우에는 이사의 선임 또는 이사의 보수결정을 위한 의안과는 별도로 상정하여 의결하여야 한다.
⑥ 상장회사의 감사 또는 감사위원회는 제447조의 4 제1항에도 불구하고 이사에게 감사보고서를 주주총회일의 1주 전까지 제출할 수 있다. [본조신설 2009.1.30]
⑦ 제4항은 상장회사가 감사를 선임하거나 해임할 때에 준용한다. 이 경우 주주가 최대주주인 경우에는 그의 특수관계인, 그 밖에 대통령령으로 정하는 자가 소유하는 주식을 합산한다.
⑧ 회사가 제368조의4 제1항에 따라 전자적 방법으로 의결권을 행사할 수 있도록 한 경우에는 제368조 제1항에도 불구하고 출석한 주주의 의결권의 과반수로써 제1항에 따른 감사위원회위원의 선임을 결의할 수 있다.

**제542조의13(준법통제기준 및 준법지원인)** ① 자산 규모 등을 고려하여 대통령령으로 정하는 상장회사는 법령을 준수하고 회사경영을 적정하게 하기 위하여 임직원이 그 직무를 수행할 때 따라야 할 준법통제에 관한 기준 및 절차(이하 "준법통제기준"이라 한다)를 마련하여야 한다.
② 제1항의 상장회사는 준법통제기준의 준수에 관한 업무를 담당하는 사람(이하 "준법지원인"이라 한다)을 1명 이상 두어야 한다.
③ 준법지원인은 준법통제기준의 준수여부를 점검하여 그 결과를 이사회에 보고하여야 한다.
④ 제1항의 상장회사는 준법지원인을 임면하려면 이사회 결의를 거쳐야 한다.
⑤ 준법지원인은 다음 각 호의 사람 중에서 임명하여야 한다.
1. 변호사 자격을 가진 사람
2. 「고등교육법」 제2조에 따른 학교에서 법률학을 가르치는 조교수 이상의 직에 5년 이상 근무한 사람
3. 그 밖에 법률적 지식과 경험이 풍부한 사람으로서 대통령령으로 정하는 사람
⑥ 준법지원인의 임기는 3년으로 하고, 준법지원인은 상근으로 한다.
⑦ 준법지원인은 선량한 관리자의 주의로 그 직무를 수행하여야 한다.
⑧ 준법지원인은 재임 중뿐만 아니라 퇴임 후에도 직무상 알게 된 회사의 영업상 비밀을 누설하여서는 아니 된다.
⑨ 제1항의 상장회사는 준법지원인이 그 직무를 독립적으로 수행할 수 있도록 하여야 하고, 제1항의 상장회사의 임직원은 준법지원인이 그 직무를 수행할 때 자료나 정보의 제출을 요구하는 경우 이에 성실하게 응하여야 한다.
⑩ 제1항의 상장회사는 준법지원인이었던 사람에 대하여 그 직무수행과 관련된 사유로 부당한 인사상의 불이익을 주어서는 아니 된다.
⑪ 준법지원인에 관하여 다른 법률에 특별한 규정이 있는 경우를 제외하고는 이 법에서 정하는 바에 따른다. 다만, 다른 법률의 규정이 준법지원인의 임기를 제6항보다 단기로 정하고 있는 경우에는 제6항을 다른 법률에 우선하여 적용한다.
⑫ 그 밖의 준법통제기준 및 준법지원인에 관하여 필요한 사항은 대통령령으로 정한다.
[본조신설 2011.4.14]

# 제 5 장 유한회사

## 제1절 설 립

**제543조(정관의 작성, 절대적 기재사항)** ① 유한회사를 설립함에는 사원이 정관을 작성하여야 한다. <개정 2001.7.24>
② 정관에는 다음의 사항을 기재하고 각 사원이 기명날인 또는 서명하여야 한다. <개정 1984.4.10, 1995.12.29, 2001.7.24, 2011.4.14>
1. 제179조제1호 내지 제3호에 정한 사항
2. 자본금의 총액
3. 출자1좌의 금액
4. 각사원의 출자좌수

5. 본점의 소재지

③ 제292조의 규정은 유한회사에 준용한다.

**제544조(변태설립사항)** 다음의 사항은 정관에 기재함으로써 그 효력이 있다.

1. 현물출자를 하는 자의 성명과 그 목적인 재산의 종류, 수량, 가격과 이에 대하여 부여하는 출자좌수
2. 회사의 설립후에 양수할 것을 약정한 재산의 종류, 수량, 가격과 그 양도인의 성명
3. 회사가 부담할 설립비용

**제545조** 삭제 <2011.4.14>

**제546조(출자 1좌의 금액의 제한)** 출자 1좌의 금액은 100원 이상으로 균일하게 하여야 한다. [전문개정 2011.4.14]

**제547조(초대이사의 선임)** ① 정관으로 이사를 정하지 아니한 때에는 회사성립전에 사원총회를 열어 이를 선임하여야 한다.

② 전항의 사원총회는 각 사원이 소집할 수 있다.

**제548조(출자의 납입)** ① 이사는 사원으로 하여금 출자전액의 납입 또는 현물출자의 목적인 재산전부의 급여를 시켜야 한다.

② 제295조 제2항의 규정은 사원이 현물출자를 하는 경우에 준용한다.

**제549조(설립의 등기)** ① 유한회사의 설립등기는 제548조의 납입 또는 현물출자의 이행이 있은 날로부터 2주간내에 하여야 한다. <개정 1995.12.29>

② 제1항의 등기에서 다음 각 호의 사항을 등기하여야 한다. <개정 1995.12.29, 2011.4.14>

1. 제179조 제1호·제2호 및 제5호에 규정된 사항과 지점을 둔 때에는 그 소재지
2. 제543조 제2항 제2호와 제3호에 게기한 사항
3. 이사의 성명·주민등록번호 및 주소. 다만, 회사를 대표할 이사를 정한 때에는 그외의 이사의 주소를 제외한다.
4. 회사를 대표할 이사를 정한 때에는 그 성명, 주소와 주민등록번호
5. 수인의 이사가 공동으로 회사를 대표할 것을 정한 때에는 그 규정
6. 존립기간 기타의 해산사유를 정한 때에는 그 기간과 사유
7. 감사가 있는 때에는 그 성명 및 주민등록번호

③ 유한회사의 지점 설치 및 이전 시 지점소재지 또는 신지점소재지에서 등기를 하는 때에는 제2항 제3호부터 제6호까지에 규정된 사항과 제179조 제1호·제2호 및 제5호에 규정된 사항을 등기하여야 한다. 다만, 회사를 대표할 이사를 정한 때에는 그 외의 이사는 등기하지 아니한다. <개정 2011.4.14>

④ 제181조 내지 제183조의 규정은 유한회사의 등기에 준용한다. <개정 1962.12.12>

**제550조(현물출자등에 관한 회사성립시의 사원의 책임)** ① 제544조 제1호와 제2호의 재산의 회사성립당시의 실가가 정관에 정한 가격에 현저하게 부족한 때에는 회사성립당시의 사원은 회사에 대하여 그 부족액을 연대하여 지급할 책임이 있다.

② 전항의 사원의 책임은 면제하지 못한다. <신설 1962.12.12>

**제551조(출자미필액에 대한 회사성립시의 사원등의 책임)** ① 회사성립후에 출자금액의 납입 또는 현물출자의 이행이 완료되지 아니 하였음이 발견된 때에는 회사성립당시의 사원, 이사와 감사는 회사에 대하여 그 납입되지 아니한 금액 또는 이행되지 아니한 현물의 가액을 연대하여 지급할 책임이 있다. <개정 1962.12.12>

② 전항의 사원의 책임은 면제하지 못한다. <신설 1962.12.12>

③ 제1항의 이사와 감사의 책임은 총사원의 동의가 없으면 면제하지 못한다. <신설 1962.12.12>

**제552조(설립무효, 취소의 소)** ① 회사의 설립의 무효는 그 사원, 이사와 감사에 한하여 설립의 취소는 그 취소권있는 자에 한하여 회사설립의 날로부터 2년내에 소만으로 이를 주장할 수 있다.

② 제184조 제2항과 제185조 내지 제193조의 규정은 전항의 소에 준용한다.

[전문개정 1962.12.12]

## 제 2 절 사원의 권리의무

**제553조(사원의 책임)** 사원의 책임은 본법에 다른 규정이 있는 경우외에는 그 출자금액을 한도로 한다.

**제554조(사원의 지분)** 각사원은 그 출자좌수에 따라 지분을 가진다.

**제555조(지분에 관한 증권)** 유한회사는 사원의 지분에 관하여 지시식 또는 무기명식의 증권을 발행하지 못한다.

**제556조(지분의 양도)** 사원은 그 지분의 전부 또는 일부를 양도하거나 상속할 수 있다. 다만, 정관으로 지분의 양도를 제한할 수 있다. [전문개정 2011.4.14]

**제557조(지분이전의 대항요건)** 지분의 이전은 취득자의 성명, 주소와 그 목적이 되는 출자좌수를 사원명부에 기재하지 아니하면 이로써 회사와 제삼자에게 대항하지 못한다.

**제558조(지분의 공유)** 제333조의 규정은 지분이 수인의 공유에 속하는 경우에 준용한다.

**제559조(지분의 입질)** ① 지분은 질권의 목적으로 할 수 있다.
② 제556조와 제557조의 규정은 지분의 입질에 준용한다.

**제560조(준용규정)** ① 사원의 지분에 대하여는 제339조, 제340조 제1항 · 제2항, 제341조의 2, 제341조의 3, 제342조 및 제343조 제1항을 준용한다. <개정 2011.4.14>
② 제353조의 규정은 사원에 대한 통지 또는 최고에 준용한다.

## 제 3 절 회사의 관리

**제561조(이사)** 유한회사에는 1인 또는 수인의 이사를 두어야 한다.

**제562조(회사대표)** ① 이사는 회사를 대표한다.
② 이사가 수인인 경우에 정관에 다른 정함이 없으면 사원총회에서 회사를 대표할 이사를 선정하여야 한다.
③ 정관 또는 사원총회는 수인의 이사가 공동으로 회사를 대표할 것을 정할 수 있다.
④ 제208조 제2항의 규정은 전항의 경우에 준용한다.

**제563조(이사, 회사간의 소에 관한 대표)** 회사가 이사에 대하여 또는 이사가 회사에 대하여 소를 제기하는 경우에는 사원총회는 그 소에 관하여 회사를 대표할 자를 선정하여야 한다.

**제564조(업무집행의 결정, 이사와 회사간의 거래)** ① 이사가 수인인 경우에 정관에 다른 정함이 없으면 회사의 업무집행, 지배인의 선임 또는 해임과 지점의 설치 · 이전 또는 폐지는 이사과반수의 결의에 의하여야 한다. <개정 1984.4.10>
② 사원총회는 제1항의 규정에 불구하고 지배인의 선임 또는 해임을 할 수 있다. <개정 1984.4.10>
③ 이사는 감사가 있는 때에는 그 승인이, 감사가 없는 때에는 사원총회의 승인이 있는 때에 한하여 자기 또는 제삼자의 계산으로 회사와 거래를 할 수 있다. 이 경우에는 민법 제124조의 규정을 적용하지 아니한다. <신설 1962.12.12>

**제564조의2(유지청구권)** 이사가 법령 또는 정관에 위반한 행위를 하여 이로 인하여 회사에 회복할 수 없는 손해가 생길 염려가 있는 경우에는 감사 또는 자본금 총액의 100분의 3 이상에 해당하는 출자좌수를 가진 사원은 회사를 위하여 이사에 대하여 그 행위를 유지할 것을 청구할 수 있다. <개정 2011.4.14>
[본조신설 1999.12.31]

**제565조(사원의 대표소송)** ① 자본금 총액의 100분의 3 이상에 해당하는 출자좌수를 가진 사원은 회사에 대하여 이사의 책임을 추궁할 소의 제기를 청구할 수 있다. <개정 1999.12.31, 2011.4.14>
② 제403조 제2항 내지 제7항과 제404조 내지 제406조의 규정은 제1항의 경우에 준용한다. <개정 1998.12.28>

**제566조(서류의 비치, 열람)** ① 이사는 정관과 사원총회의 의사록을 본점과 지점에, 사원명부를 본점에 비치하여야 한다.
② 사원명부에는 사원의 성명, 주소와 그 출자좌수를 기재하여야 한다.
③ 사원과 회사채권자는 영업시간내에 언제든지 제1항에 게기한 서류의 열람 또는 등사를 청구할 수 있다.

**제567조(준용규정)** 제209조, 제210조, 제382조, 제385조, 제386조, 제388조, 제395조, 제397조, 제399조 내지 제401조, 제407조와 제408조의 규정은 유한회사의 이사에 준용한다. 이 경우 제397조의 "이사회"는 이를 "사원총회"로 한다. <개정 1962.12.12, 1998.12.28, 1999.12.31>

**제568조(감사)** ① 유한회사는 정관에 의하여 1인 또는 수인의 감사를 둘 수 있다.
② 제547조의 규정은 정관에서 감사를 두기로 정한 경우에 준용한다.

**제569조(감사의 권한)** 감사는 언제든지 회사의 업무와 재산상태를 조사할 수 있고 이사에 대하여 영업에 관한 보고를 요구할 수 있다.

**제570조(준용규정)** 제382조, 제385조 제1항, 제386조, 제388조, 제400조, 제407조, 제411조, 제413조, 제414조와 제565조의 규정은 감사에 준용한다.

**제571조(사원총회의 소집)** ① 사원총회는 이 법에서 달리 규정하는 경우 외에는 이사가 소집한다. 그러나 임시총회는 감사도 소집할 수 있다.
② 사원총회를 소집할 때에는 사원총회일의 1주 전에 각 사원에게 서면으로 통지서를 발송하거나 각 사원의 동의를 받아 전자문서로 통지서를 발송하여야 한다.
③ 사원총회의 소집에 관하여는 제363조제2항 및 제364조를 준용한다. [전문개정 2011.4.14]

**제572조(소수사원에 의한 총회소집청구)** ① 자본금 총액의 100분의 3 이상에 해당하는 출자좌수를 가진 사원은 회의의 목적사항과 소집의 이유를 기재한 서면을 이사에게 제출하여 총회의 소집을 청구할 수 있다. <개정 1999.12.31, 2011.4.14>
② 전항의 규정은 정관으로 다른 정함을 할 수 있다.
③ 제366조 제2항과 제3항의 규정은 제1항의 경우에 준용한다.

**제573조(소집절차의 생략)** 총사원의 동의가 있을 때에는 소집절차없이 총회를 열 수 있다.

**제574조(총회의 정족수, 결의방법)** 사원총회의 결의는 정관 또는 본법에 다른 규정이 있는 경우외에는 총사원의 의결권의 과반수를 가지는 사원이 출석하고 그 의결권의 과반수로써 하여야 한다.

**제575조(사원의 의결권)** 각사원은 출자1좌마다 1개의 의결권을 가진다. 그러나 정관으로 의결권의 수에 관하여 다른 정함을 할 수 있다.

**제576조(유한회사의 영업양도 등에 특별결의를 받아야 할 사항)** ① 유한회사가 제374조제1항 제1호부터 제3호까지의 규정에 해당되는 행위를 하려면 제585조에 따른 총회의 결의가 있어야 한다. <개정 2011.4.14>
② 전항의 규정은 유한회사가 그 성립후 2년내에 성립전으로부터 존재하는 재산으로서 영업을 위하여 계속하여 사용할 것을 자본금의 20분의 1이상에 상당한 대가로 취득하는 계약을 체결하는 경우에 준용한다. <개정 2011.4.14> [제목개정 2011.4.14]

**제577조(서면에 의한 결의)** ① 총회의 결의를 하여야 할 경우에 총사원의 동의가 있는 때에는 서면에 의한 결의를 할 수 있다.
② 결의의 목적사항에 대하여 총사원이 서면으로 동의를 한 때에는 서면에 의한 결의가 있은 것으로 본다.
③ 서면에 의한 결의는 총회의 결의와 동일한 효력이 있다.
④ 총회에 관한 규정은 서면에 의한 결의에 준용한다.

**제578조(준용규정)** 제365조, 제367조, 제368조 제3항 · 제4항, 제369조 제2항, 제371조 제2항,

제372조, 제373조와 제376조 내지 제381조의 규정은 사원총회에 준용한다.

**제579조(재무제표의 작성)** ① 이사는 매결산기에 다음의 서류와 그 부속명세서를 작성하여야 한다. <개정 2011.4.14>

1. 대차대조표
2. 손익계산서
3. 그 밖에 회사의 재무상태와 경영성과를 표시하는 것으로서 제447조 제1항 제3호에 따른 서류

② 감사가 있는 때에는 이사는 정기총회회일로부터 4주간전에 제1항의 서류를 감사에게 제출하여야 한다.

③ 감사는 제2항의 서류를 받은 날로부터 3주간내에 감사보고서를 이사에게 제출하여야 한다. [전문개정 1984.4.10]

**제579조의2(영업보고서의 작성)** ① 이사는 매결산기에 영업보고서를 작성하여야 한다.

② 제579조 제2항 및 제3항의 규정은 제1항의 영업보고서에 관하여 이를 준용한다.

[본조신설 1984.4.10]

**제579조의3(재무제표등의 비치·공시)** ① 이사는 정기총회회일의 1주간전부터 5년간 제579조 및 제579조의 2의 서류와 감사보고서를 본점에 비치하여야 한다.

② 제448조 제2항의 규정은 제1항의 서류에 관하여 이를 준용한다. [본조신설 1984.4.10]

**제580조(이익배당의 기준)** 이익의 배당은 정관에 다른 정함이 있는 경우외에는 각사원의 출자좌수에 따라 하여야 한다.

**제581조(사원의 회계장부열람권)** ① 자본금의 100분의 3 이상에 해당하는 출자좌수를 가진 사원은 회계의 장부와 서류의 열람 또는 등사를 청구할 수 있다. <개정 1999.12.31, 2011.4.14>

② 회사는 정관으로 각사원이 제1항의 청구를 할 수 있다는 뜻을 정할 수 있다. 이 경우 제579조 제1항의 규정에 불구하고 부속명세서는 이를 작성하지 아니한다. <개정 1984.4.10>

**제582조(업무, 재산상태의 검사)** ① 회사의 업무집행에 관하여 부정행위 또는 법령이나 정관에 위반한 중대한 사유가 있는 때에는 자본금 총액의 100분의 3 이상에 해당하는 출자좌수를 가진 사원은 회사의 업무와 재산상태를 조사하게 하기 위하여 법원에 검사인의 선임을 청구할 수 있다. <개정 1999.12.31, 2011.4.14>

② 검사인은 그 조사의 결과를 서면으로 법원에 보고하여야 한다.

③ 법원은 전항의 보고서에 의하여 필요하다고 인정한 경우에는 감사가 있는 때에는 감사에게, 감사가 없는 때에는 이사에게 사원총회의 소집을 명할 수 있다. 제310조제2항의 규정은 이 경우에 준용한다. <개정 1962.12.12>

**제583조(준용규정)** ① 유한회사의 계산에 대하여는 제449조 제1항·제2항, 제450조, 제458조부터 제460조까지, 제462조, 제462조의 3 및 제466조를 준용한다. <개정 2011.4.14>

② 제468조의 규정은 유한회사와 피용자간에 고용관계로 인하여 생긴 채권에 준용한다. <개정 1999.12.31>

## 제 4 절 정관의 변경

**제584조(정관변경의 방법)** 정관을 변경함에는 사원총회의 결의가 있어야 한다.

**제585조(정관변경의 특별결의)** ① 전조의 결의는 총사원의 반수이상이며 총사원의 의결권의 4분의 3이상을 가지는 자의 동의로 한다.

② 전항의 규정을 적용함에 있어서는 의결권을 행사할 수 없는 사원은 이를 총사원의 수에, 그 행사할 수 없는 의결권은 이를 의결권의 수에 산입하지 아니한다.

**제586조(자본금 증가의 결의)** 다음 각 호의 사항은 정관에 다른 정함이 없더라도 자본금 증가의 결의에서 정할 수 있다.

1. 현물출자를 하는 자의 성명과 그 목적인 재산의 종류, 수량, 가격과 이에 대하여 부여할 출자좌수
2. 자본금 증가 후에 양수할 것을 약정한 재산의 종류, 수량, 가격과 그 양도인의 성명

3. 증가할 자본금에 대한 출자의 인수권을 부여할 자의 성명과 그 권리의 내용
[전문개정 2011.4.14]

**제587조(자본금 증가의 경우의 출자인수권의 부여)** 유한회사가 특정한 자에 대하여 장래 그 자본금을 증가할 때 출자의 인수권을 부여할 것을 약속하는 경우에는 제585조에서 정하는 결의에 의하여야 한다. [전문개정 2011.4.14]

**제588조(사원의 출자인수권)** 사원은 증가할 자본금에 대하여 그 지분에 따라 출자를 인수할 권리가 있다. 그러나 전2조의 결의에서 출자의 인수자를 정한 때에는 그러하지 아니하다. <개정 2011.4.14>

**제589조(출자인수의 방법)** ① 자본금증가의 경우에 출자의 인수를 하고자 하는 자는 인수를 증명하는 서면에 그 인수할 출자의 좌수와 주소를 기재하고 기명날인 또는 서명하여야 한다. <개정 1995.12.29, 2011.4.14>
② 유한회사는 광고 기타의 방법에 의하여 인수인을 공모하지 못한다.

**제590조(출자인수인의 지위)** 자본금증가의 경우에 출자의 인수를 한 자는 출자의 납입의 기일 또는 현물출자의 목적인 재산의 급여의 기일로부터 이익배당에 관하여 사원과 동일한 권리를 가진다. <개정 2011.4.14>

**제591조(자본금 증가의 등기)** 유한회사는 자본금 증가로 인한 출자 전액의 납입 또는 현물출자의 이행이 완료된 날부터 2주 내에 본점소재지에서 자본금 증가로 인한 변경등기를 하여야 한다. [전문개정 2011.4.14]

**제592조(자본금 증가의 효력발생)** 자본금의 증가는 본점소재지에서 제591조의 등기를 함으로써 효력이 생긴다. [전문개정 2011.4.14]

**제593조(현물출자등에 관한 사원의 책임)** ① 제586조 제1호와 제2호의 재산의 자본금증가당시의 실가가 자본금증가의 결의에 의하여 정한 가격에 현저하게 부족한 때에는 그 결의에 동의한 사원은 회사에 대하여 그 부족액을 연대하여 지급할 책임이 있다. <개정 2011.4.14>
② 제550조 제2항과 제551조 제2항의 규정은 전항의 경우에 준용한다. <개정 1962.12.12>

**제594조(미인수출자등에 관한 이사등의 책임)** ① 자본금증가후에 아직 인수되지 아니한 출자가 있는 때에는 이사와 감사가 공동으로 이를 인수한 것으로 본다. <개정 1962.12.12, 2011.4.14>
② 자본금증가후에 아직 출자전액의 납입 또는 현물출자의 목적인 재산의 급여가 미필된 출자가 있는 때에는 이사와 감사는 연대하여 그 납입 또는 급여미필재산의 가액을 지급할 책임이 있다. <개정 1962.12.12, 2011.4.14>
③ 제551조제3항의 규정은 전항의 경우에 준용한다. <개정 1962.12.12>

**제595조(증자무효의 소)** ① 자본금증가의 무효는 사원, 이사 또는 감사에 한하여 제591조의 규정에 의한 본점소재지에서의 등기를 한 날로부터 6월내에 소만으로 이를 주장할 수 있다. <개정 1962.12.12, 2011.4.14>
② 제430조 내지 제432조의 규정은 전항의 경우에 준용한다.

**제596조(준용규정)** 제421조제2항, 제548조와 제576조제2항의 규정은 자본금증가의 경우에 준용한다. <개정 1962.12.12, 2011.4.14>

**제597조(동전)** 제439조 제1항, 제2항, 제443조, 제445조와 제446조의 규정은 자본금감소의 경우에 준용한다. <개정 2011.4.14>

## 제5절 합병과 조직변경

**제598조(합병의 방법)** 유한회사가 다른 회사와 합병을 함에는 제585조의 규정에 의한 사원총회의 결의가 있어야 한다.

**제599조(설립위원의 선임)** 제175조의 규정에 의한 설립위원의 선임은 제585조의 규정에 의한 사원총회의 결의에 의하여야 한다.

**제600조(유한회사와 주식회사의 합병)** ① 유한회사가 주식회사와 합병하는 경우에 합병후 존속하는 회사 또는 합병으로 인하여 설립되는 회사가 주식회사인 때에는 법원의 인가를

얻지 아니하면 합병의 효력이 없다.

② 합병을 하는 회사의 일방이 사채의 상환을 완료하지 아니한 주식회사인 때에는 합병후 존속하는 회사 또는 합병으로 인하여 설립되는 회사는 유한회사로 하지 못한다.

**제601조(물상대위)** ① 유한회사가 주식회사와 합병하는 경우에 합병후 존속하는 회사 또는 합병으로 인하여 설립되는 회사가 유한회사인 때에는 제339조의 규정은 종전의 주식을 목적으로 하는 질권에 준용한다.

② 전항의 경우에 질권의 목적인 지분에 관하여 출자좌수와 질권자의 성명 및 주소를 사원명부에 기재하지 아니하면 그 질권으로써 회사 기타의 제삼자에 대항하지 못한다.

**제602조(합병의 등기)** 유한회사가 합병을 한 때에는 제603조에서 준용하는 제526조 또는 제527조의 규정에 의한 사원총회가 종결한 날로부터 본점소재지에서는 2주간, 지점소재지에서는 3주간내에 합병후 존속하는 유한회사에 있어서는 변경등기, 합병으로 인하여 소멸되는 유한회사에 있어서는 해산등기, 합병으로 인하여 설립되는 유한회사에 있어서는 제549조 제2항에 정한 등기를 하여야 한다.

**제603조(준용규정)** 제232조, 제234조, 제235조, 제237조 내지 제240조, 제443조, 제522조 제1항·제2항, 제522조의 2, 제523조, 제524조, 제526조 제1항·제2항, 제527조 제1항 내지 제3항 및 제529조의 규정은 유한회사의 합병의 경우에 준용한다. <개정 1962.12.12, 1984.4.10, 1998. 12.28>

**제604조(주식회사의 유한회사에의 조직변경)** ① 주식회사는 총주주의 일치에 의한 총회의 결의로 그 조직을 변경하여 이를 유한회사로 할 수 있다. 그러나 사채의 상환을 완료하지 아니한 경우에는 그러하지 아니하다.

② 전항의 조직변경의 경우에는 회사에 현존하는 순재산액보다 많은 금액을 자본금의 총액으로 하지 못한다. <개정 2011.4.14>

③ 제1항의 결의에 있어서는 정관 기타 조직변경에 필요한 사항을 정하여야 한다.

④ 제601조의 규정은 제1항의 조직변경의 경우에 준용한다.

**제605조(이사, 주주의 순재산액전보책임)** ① 전조의 조직변경의 경우에 회사에 현존하는 순재산액이 자본금의 총액에 부족하는 때에는 전조제1항의 결의당시의 이사와 주주는 회사에 대하여 연대하여 그 부족액을 지급할 책임이 있다. <개정 2011.4.14>

② 제550조 제2항과 제551조 제2항, 제3항의 규정은 전항의 경우에 준용한다. <개정 1962.12.12>

**제606조(조직변경의 등기)** 주식회사가 제604조의 규정에 의하여 그 조직을 변경한 때에는 본점소재지에서는 2주간, 지점소재지에서는 3주간내에 주식회사에 있어서는 해산등기, 유한회사에 있어서는 제549조 제2항에 정하는 등기를 하여야 한다.

**제607조(유한회사의 주식회사로의 조직변경)** ① 유한회사는 총사원의 일치에 의한 총회의 결의로 주식회사로 조직을 변경할 수 있다. 다만, 회사는 그 결의를 정관으로 정하는 바에 따라 제585조의 사원총회의 결의로 할 수 있다.

② 제1항에 따라 조직을 변경할 때 발행하는 주식의 발행가액의 총액은 회사에 현존하는 순재산액을 초과하지 못한다.

③ 제1항의 조직변경은 법원의 인가를 받지 아니하면 효력이 없다.

④ 제1항에 따라 조직을 변경하는 경우 회사에 현존하는 순재산액이 조직변경으로 발행하는 주식의 발행가액 총액에 부족할 때에는 제1항의 결의 당시의 이사, 감사 및 사원은 연대하여 회사에 그 부족액을 지급할 책임이 있다. 이 경우에 제550조 제2항 및 제551조 제2항·제3항을 준용한다.

⑤ 제1항에 따라 조직을 변경하는 경우 제340조 제3항, 제601조 제1항, 제604조 제3항 및 제606조를 준용한다. [전문개정 2011.4.14]

**제608조(준용규정)** 제232조의 규정은 제604조와 제607조의 조직변경의 경우에 준용한다. <개정 1984.4.10>

### 제 6 절 해산과 청산

**제609조(해산사유)** ① 유한회사는 다음의 사유로 인하여 해산한다. <개정 2001.7.24>

1. 제227조 제1호·제4호 내지 제6호에 규정된 사유
2. 사원총회의 결의

② 전항 제2호의 결의는 제585조의 규정에 의하여야 한다.

**제610조(회사의 계속)** ① 제227조 제1호 또는 전조 제1항 제2호의 사유로 인하여 회사가 해산한 경우에는 제585조의 규정에 의한 사원총회의 결의로써 회사를 계속할 수 있다.

② 삭제 <2001.7.24>

**제611조(준용규정)** 제229조 제3항의 규정은 전조의 회사계속의 경우에 준용한다.

**제612조(잔여재산의 분배)** 잔여재산은 정관에 다른 정함이 있는 경우외에는 각사원의 출자좌수에 따라 사원에게 분배하여야 한다.

**제613조(준용규정)** ① 제228조, 제245조, 제252조 내지 제255조, 제259조, 제260조, 제264조, 제520조, 제531조 내지 제537조, 제540조와 제541조의 규정은 유한회사에 준용한다. <개정 1962.12.12>

② 제209조, 제210조, 제366조 제2항·제3항, 제367조, 제373조 제2항, 제376조, 제377조, 제382조 제2항, 제386조, 제388조, 제399조 내지 제402조, 제407조, 제408조, 제411조 내지 제413조, 제414조 제3항, 제450조, 제466조 제2항, 제539조, 제562조, 제563조, 제564조 제3항, 제565조, 제566조, 제571조, 제572조 제1항과 제581조의 규정은 유한회사의 청산인에 준용한다. <개정 1962.12.12, 1984.4.10>

## 제 6 장 외국회사

**제614조(대표자, 영업소의 설정과 등기)** ① 외국회사가 대한민국에서 영업을 하려면 대한민국에서의 대표자를 정하고 대한민국 내에 영업소를 설치하거나 대표자 중 1명 이상이 대한민국에 그 주소를 두어야 한다. <개정 2011.4.14>

② 전항의 경우에는 외국회사는 그 영업소의 설치에 관하여 대한민국에서 설립되는 동종의 회사 또는 가장 유사한 회사의 지점과 동일한 등기를 하여야 한다.

③ 전항의 등기에서는 회사설립의 준거법과 대한민국에서의 대표자의 성명과 그 주소를 등기하여야 한다.

④ 제209조와 제210조의 규정은 외국회사의 대표자에게 준용한다. <개정 1962.12.12>

**제615조(등기기간의 기산점)** 전조 제2항과 제3항의 규정에 의한 등기사항이 외국에서 생긴 때에는 등기기간은 그 통지가 도달한 날로부터 기산한다.

**제616조(등기전의 계속거래의 금지)** ① 외국회사는 그 영업소의 소재지에서 제614조의 규정에 의한 등기를 하기 전에는 계속하여 거래를 하지 못한다.

② 전항의 규정에 위반하여 거래를 한 자는 그 거래에 대하여 회사와 연대하여 책임을 진다.

**제616조의2(대차대조표 또는 이에 상당하는 것의 공고)** ① 외국회사로서 이 법에 따라 등기를 한 외국회사(대한민국에서의 같은 종류의 회사 또는 가장 비슷한 회사가 주식회사인 것만 해당한다)는 제449조에 따른 승인과 같은 종류의 절차 또는 이와 비슷한 절차가 종결된 후 지체 없이 대차대조표 또는 이에 상당하는 것으로서 대통령령으로 정하는 것을 대한민국에서 공고하여야 한다.

② 제1항의 공고에 대하여는 제289조제3항부터 제6항까지의 규정을 준용한다.

[본조신설 2011.4.14]

**제617조(유사외국회사)** 외국에서 설립된 회사라도 대한민국에 그 본점을 설치하거나 대한민국에서 영업할 것을 주된 목적으로 하는 때에는 대한민국에서 설립된 회사와 같은 규정에 따라야 한다. [전문개정 2011.4.14]

**제618조(준용규정)** ① 제335조 내지 제338조, 제340조 제1항, 제355조 내지 제357조, 제478조

제1항, 제479조와 제480조의 규정은 대한민국에서의 외국회사의 주권 또는 채권의 발행과 그 주식의 이전이나 입질 또는 사채의 이전에 준용한다.

② 전항의 경우에는 처음 대한민국에 설치한 영업소를 본점으로 본다.

**제619조(영업소폐쇄명령)** ① 외국회사가 대한민국에 영업소를 설치한 경우에 다음의 사유가 있는 때에는 법원은 이해관계인 또는 검사의 청구에 의하여 그 영업소의 폐쇄를 명할 수 있다. <개정 1962.12.12>

1. 영업소의 설치목적이 불법한 것인 때
2. 영업소의 설치등기를 한 후 정당한 사유없이 1년내에 영업을 개시하지 아니하거나 1년이상 영업을 휴지한 때 또는 정당한 사유없이 지급을 정지한 때
3. 회사의 대표자 기타 업무를 집행하는 자가 법령 또는 선량한 풍속 기타 사회질서에 위반한 행위를 한 때

② 제176조 제2항 내지 제4항의 규정은 전항의 경우에 준용한다.

**제620조(한국에 있는 재산의 청산)** ① 전조 제1항의 규정에 의하여 영업소의 폐쇄를 명한 경우에는 법원은 이해관계인의 신청에 의하여 또는 직권으로 대한민국에 있는 그 회사재산의 전부에 대한 청산의 개시를 명할 수 있다. 이 경우에는 법원은 청산인을 선임하여야 한다.

② 제535조 내지 제537조와 제542조의 규정은 그 성질이 허하지 아니하는 경우외에는 전항의 청산에 준용한다.

③ 전2항의 규정은 외국회사가 스스로 영업소를 폐쇄한 경우에 준용한다.

**제621조(외국회사의 지위)** 외국회사는 다른 법률의 적용에 있어서는 법률에 다른 규정이 있는 경우외에는 대한민국에서 성립된 동종 또는 가장 유사한 회사로 본다.

## 제7장 벌 칙

**제622조(발기인, 이사 기타의 임원등의 특별배임죄)** ① 회사의 발기인, 업무집행사원, 이사, 집행임원, 감사위원회 위원, 감사 또는 제386조 제2항, 제407조 제1항, 제415조 또는 제567조의 직무대행자, 지배인 기타 회사영업에 관한 어느 종류 또는 특정한 사항의 위임을 받은 사용인이 그 임무에 위배한 행위로써 재산상의 이익을 취하거나 제삼자로 하여금 이를 취득하게 하여 회사에 손해를 가한 때에는 10년이하의 징역 또는 3천만원 이하의 벌금에 처한다. <개정 1984.4.10, 1995.12.29, 1999.12.31, 2011.4.14>

② 회사의 청산인 또는 제542조 제2항의 직무대행자, 제175조의 설립위원이 제1항의 행위를 한 때에도 제1항과 같다. <개정 1984.4.10>

**제623조(사채권자집회의 대표자등의 특별배임죄)** 사채권자집회의 대표자 또는 그 결의를 집행하는 자가 그 임무에 위배한 행위로써 재산상의 이익을 취하거나 제삼자로 하여금 이를 취득하게하여 사채권자에게 손해를 가한 때에는 7년이하의 징역 또는 2천만원 이하의 벌금에 처한다. <개정 1984.4.10, 1995.12.29>

**제624조(특별배임죄의 미수)** 전2조의 미수범은 처벌한다.

**제624조의2(주요주주 등 이해관계자와의 거래 위반의 죄)** 제542조의 9 제1항을 위반하여 신용공여를 한 자는 5년 이하의 징역 또는 2억원 이하의 벌금에 처한다. [본조신설 2009.1.30]

**제625조(회사재산을 위태롭게 하는 죄)** 제622조 제1항에 규정된 자, 검사인, 제298조 제3항 · 제299조의 2 · 제310조 제3항 또는 제313조 제2항의 공증인(인가공증인의 공증담당변호사를 포함한다. 이하 이 장에서 같다)이나 제299조의 2, 제310조 제3항 또는 제422조 제1항의 감정인이 다음의 행위를 한 때에는 5년이하의 징역 또는 1천500만원 이하의 벌금에 처한다. <개정 2009.2.6, 2011.4.14>

1. 주식 또는 출자의 인수나 납입, 현물출자의 이행, 제290조, 제416조 제4호 또는 제544조에 규정된 사항에 관하여 법원 · 총회 또는 발기인에게 부실한 보고를 하거나 사실을 은폐한 때

2. 누구의 명의로 하거나를 불문하고 회사의 계산으로 부정하게 그 주식 또는 지분을 취득하거나 질권의 목적으로 이를 받은 때
3. 법령 또는 정관에 위반하여 이익배당을 한 때
4. 회사의 영업범위외에서 투기행위를 하기 위하여 회사재산을 처분한 때

**제625조의2(주식의 취득제한 등에 위반한 죄)** 제342조의 2 제1항 또는 제2항을 위반한 자는 2천만원 이하의 벌금에 처한다. [전문개정 2011.4.14]

**제626조(부실보고죄)** 회사의 이사, 집행임원, 감사위원회 위원, 감사 또는 제386조 제2항, 제407조 제1항, 제415조 또는 제567조의 직무대행자가 제604조 또는 제607조의 조직변경의 경우에 제604조 제2항 또는 제607조 제2항의 순재산액에 관하여 법원 또는 총회에 부실한 보고를 하거나 사실을 은폐한 경우에는 5년 이하의 징역 또는 1천500만원 이하의 벌금에 처한다. [전문개정 2011.4.14]

**제627조(부실문서행사죄)** ① 제622조 제1항에 게기한 자, 외국회사의 대표자, 주식 또는 사채의 모집의 위탁을 받은 자가 주식 또는 사채를 모집함에 있어서 중요한 사항에 관하여 부실한 기재가 있는 주식청약서, 사채청약서, 사업계획서, 주식 또는 사채의 모집에 관한 광고 기타의 문서를 행사한 때에는 5년이하의 징역 또는 1천500만원 이하의 벌금에 처한다. <개정 1984.4.10, 1995.12.29>
② 주식 또는 사채를 매출하는 자가 그 매출에 관한 문서로서 중요한 사항에 관하여 부실한 기재가 있는 것을 행사한 때에도 제1항과 같다. <개정 1984.4.10>

**제628조(납입가장죄등)** ① 제622조 제1항에 게기한 자가 납입 또는 현물출자의 이행을 가장하는 행위를 한 때에는 5년이하의 징역 또는 1천500만원 이하의 벌금에 처한다. <개정 1984.4.10, 1995.12.29>
② 제1항의 행위에 응하거나 이를 중개한 자도 제1항과 같다. <개정 1984.4.10>

**제629조(초과발행의 죄)** 회사의 발기인, 이사, 집행임원 또는 제386조 제2항 또는 제407조 제1항의 직무대행자가 회사가 발행할 주식의 총수를 초과하여 주식을 발행한 경우에는 5년 이하의 징역 또는 1천500만원 이하의 벌금에 처한다. [전문개정 2011.4.14]

**제630조(발기인, 이사 기타의 임원의 독직죄)** ① 제622조와 제623조에 규정된 자, 검사인, 제298조 제3항·제299조의 2·제310조 제3항 또는 제313조 제2항의 공증인이나 제299조의 2, 제310조 제3항 또는 제422조 제1항의 감정인이 그 직무에 관하여 부정한 청탁을 받고 재산상의 이익을 수수, 요구 또는 약속한 때에는 5년이하의 징역 또는 1천500만원 이하의 벌금에 처한다. <개정 1984.4.10, 1995.12.29, 1998.12.28>
② 제1항의 이익을 약속, 공여 또는 공여의 의사를 표시한 자도 제1항과 같다. <개정 1984.4.10>

**제631조(권리행사방해등에 관한 증수뢰죄)** ① 다음의 사항에 관하여 부정한 청탁을 받고 재산상의 이익을 수수, 요구 또는 약속한 자는 1년이하의 징역 또는 300만원 이하의 벌금에 처한다. <개정 1962.12.12, 1984.4.10, 1995.12.29, 1998.12.28, 1999.12.31, 2011.4.14>
1. 창립총회, 사원총회, 주주총회 또는 사채권자집회에서의 발언 또는 의결권의 행사
2. 제3편에 정하는 소의 제기, 발행주식의 총수의 100분의 1 또는 100분의 3이상에 해당하는 주주, 사채총액의 100분의 10이상에 해당하는 사채권자 또는 자본금의 100분의 3 이상에 해당하는 출자좌수를 가진 사원의 권리의 행사
3. 제402조 또는 제424조에 정하는 권리의 행사

② 제1항의 이익을 약속, 공여 또는 공여의 의사를 표시한 자도 제1항과 같다. <개정 1984.4.10>

**제632조(징역과 벌금의 병과)** 제622조 내지 전조의 징역과 벌금은 이를 병과할 수 있다.

**제633조(몰수, 추징)** 제630조 제1항 또는 제631조 제1항의 경우에는 범인이 수수한 이익은 이를 몰수한다. 그 전부 또는 일부를 몰수하기 불능한 때에는 그 가액을 추징한다.

**제634조(납입책임면탈의 죄)** 납입의 책임을 면하기 위하여 타인 또는 가설인의 명의로 주식 또는 출자를 인수한 자는 1년이하의 징역 또는 300만원 이하의 벌금에 처한다. <개정 1984.4.10, 1995.12.29>

**제634조의2(주주의 권리행사에 관한 이익공여의 죄)** ① 주식회사의 이사, 집행임원, 감사위원회 위원, 감사, 제386조 제2항·제407조 제1항 또는 제415조의 직무대행자, 지배인, 그 밖의 사용인이 주주의 권리 행사와 관련하여 회사의 계산으로 재산상의 이익을 공여(供與)한 경우에는 1년 이하의 징역 또는 300만원 이하의 벌금에 처한다. <개정 2011.4.14>

② 제1항의 이익을 수수하거나, 제3자에게 이를 공여하게 한 자도 제1항과 같다.

[본조신설 1984.4.10]

**제634조의3(양벌규정)** 회사의 대표자나 대리인, 사용인, 그 밖의 종업원이 그 회사의 업무에 관하여 제624조의 2의 위반행위를 하면 그 행위자를 벌하는 외에 그 회사에도 해당 조문의 벌금형을 과(科)한다. 다만, 회사가 제542조의13에 따른 의무를 성실히 이행한 경우 등 회사가 그 위반행위를 방지하기 위하여 해당 업무에 관하여 상당한 주의와 감독을 게을리하지 아니한 경우에는 그러하지 아니하다. <개정 2011.4.14> [본조신설 2009.1.30]

**제635조(과태료에 처할 행위)** ① 회사의 발기인, 설립위원, 업무집행사원, 업무집행자, 이사, 집행임원, 감사, 감사위원회 위원, 외국회사의 대표자, 검사인, 제298조 제3항·제299조의 2·제310조 제3항 또는 제313조 제2항의 공증인, 제299조의 2·제310조 제3항 또는 제422조 제1항의 감정인, 지배인, 청산인, 명의개서대리인, 사채모집을 위탁받은 회사와 그 사무승계자 또는 제386조 제2항·제407조 제1항·제415조·제542조 제2항 또는 제567조의 직무대행자가 다음 각 호의 어느 하나에 해당하는 행위를 한 경우에는 500만원 이하의 과태료를 부과한다. 다만, 그 행위에 대하여 형(刑)을 과(科)할 때에는 그러하지 아니하다. <개정 2011.4.14>

1. 이 편(編)에서 정한 등기를 게을리한 경우
2. 이 편에서 정한 공고 또는 통지를 게을리하거나 부정(不正)한 공고 또는 통지를 한 경우
3. 이 편에서 정한 검사 또는 조사를 방해한 경우
4. 이 편의 규정을 위반하여 정당한 사유 없이 서류의 열람 또는 등사, 등본 또는 초본의 발급을 거부한 경우
5. 관청, 총회, 사채권자집회 또는 발기인에게 부실한 보고를 하거나 사실을 은폐한 경우
6. 주권, 채권 또는 신주인수권증권에 적을 사항을 적지 아니하거나 부실하게 적은 경우
7. 정당한 사유 없이 주권의 명의개서를 하지 아니한 경우
8. 법률 또는 정관에서 정한 이사 또는 감사의 인원수를 궐(闕)한 경우에 그 선임절차를 게을리한 경우
9. 정관·주주명부 또는 그 복본(複本), 사원명부·사채원부 또는 그 복본, 의사록, 감사록, 재산목록, 대차대조표, 영업보고서, 사무보고서, 손익계산서, 그 밖에 회사의 재무상태와 경영성과를 표시하는 것으로서 제287조의 33 및 제447조 제1항 제3호에 따라 대통령령으로 정하는 서류, 결산보고서, 회계장부, 제447조·제534조·제579조 제1항 또는 제613조 제1항의 부속명세서 또는 감사보고서에 적을 사항을 적지 아니하거나 부실하게 적은 경우
10. 법원이 선임한 청산인에 대한 사무의 인계(引繼)를 게을리하거나 거부한 경우
11. 청산의 종결을 늦출 목적으로 제247조 제3항, 제535조 제1항 또는 제613조 제1항의 기간을 부당하게 장기간으로 정한 경우
12. 제254조 제4항, 제542조 제1항 또는 제613조 제1항을 위반하여 파산선고 청구를 게을리한 경우
13. 제589조 제2항을 위반하여 출자의 인수인

을 공모한 경우
14. 제232조, 제247조 제3항, 제439조 제2항, 제527조의 5, 제530조 제2항, 제530조의 9 제4항, 제530조의 11 제2항, 제597조, 제603조 또는 제608조를 위반하여 회사의 합병·분할·분할합병 또는 조직변경, 회사재산의 처분 또는 자본금의 감소를 한 경우
15. 제260조, 제542조 제1항 또는 제613조 제1항을 위반하여 회사재산을 분배한 경우
16. 제302조 제2항, 제347조, 제420조, 제420조의 2, 제474조 제2항 또는 제514조를 위반하여 주식청약서, 신주인수권증서 또는 사채청약서를 작성하지 아니하거나 이에 적을 사항을 적지 아니하거나 또는 부실하게 적은 경우
17. 제342조 또는 제560조 제1항을 위반하여 주식 또는 지분의 실효 절차, 주식 또는 지분의 질권 처분을 게을리한 경우
18. 제343조 제1항 또는 제560조 제1항을 위반하여 주식 또는 출자를 소각한 경우
19. 제355조 제1항·제2항 또는 제618조를 위반하여 주권을 발행한 경우
20. 제358조의 2 제2항을 위반하여 주주명부에 기재를 하지 아니한 경우
21. 제363조의 2 제1항, 제542조 제2항 또는 제542조의 6 제2항을 위반하여 주주가 제안한 사항을 주주총회의 목적사항으로 하지 아니한 경우
22. 제365조 제1항·제2항, 제578조, 제467조 제3항, 제582조 제3항에 따른 법원의 명령을 위반하여 주주총회를 소집하지 아니하거나, 정관으로 정한 곳 외의 장소에서 주주총회를 소집하거나, 제363조, 제364조, 제571조 제2항·제3항을 위반하여 주주총회를 소집한 경우
23. 제374조 제2항, 제530조 제2항 또는 제530조의 11 제2항을 위반하여 주식매수청구권의 내용과 행사방법을 통지 또는 공고하지 아니하거나 부실한 통지 또는 공고를 한 경우
24. 제287조의 34 제1항, 제396조 제1항, 제448조 제1항, 제510조 제2항, 제522조의 2 제1항, 제527조의 6 제1항, 제530조의 7, 제534조 제3항, 제542조 제2항, 제566조 제1항, 제579조의 3, 제603조 또는 제613조를 위반하여 장부 또는 서류를 갖추어 두지 아니한 경우
25. 제412조의 5 제3항을 위반하여 정당한 이유 없이 감사 또는 감사위원회의 조사를 거부한 경우
26. 제458조부터 제460조까지 또는 제583조를 위반하여 준비금을 적립하지 아니하거나 이를 사용한 경우
27. 제464조의 2 제1항의 기간에 배당금을 지급하지 아니한 경우
28. 제478조 제1항 또는 제618조를 위반하여 채권을 발행한 경우
29. 제536조 또는 제613조 제1항을 위반하여 채무 변제를 한 경우
30. 제542조의 5를 위반하여 이사 또는 감사를 선임한 경우
31. 제555조를 위반하여 지분에 대한 지시식 또는 무기명식의 증권을 발행한 경우
32. 제619조 제1항에 따른 법원의 명령을 위반한 경우

② 발기인, 이사 또는 집행임원이 주권의 인수로 인한 권리를 양도한 경우에도 제1항과 같다. <개정 2011.4.14>

③ 제1항 각 호 외의 부분에 규정된 자가 다음 각 호의 어느 하나에 해당하는 행위를 한 경우에는 5천만원 이하의 과태료를 부과한다. <신설 2009.1.30>

1. 제542조의 8 제1항을 위반하여 사외이사 선임의무를 이행하지 아니한 경우
2. 제542조의 8 제4항을 위반하여 사외이사 후보추천위원회를 설치하지 아니하거나 사외이사가 총위원의 2분의 1 이상이 되도록 사외이사 후보추천위원회를 구성하지 아니한 경우
3. 제542조의 8 제5항에 따라 사외이사를 선임하지 아니한 경우
4. 제542조의 9 제3항을 위반하여 이사회 승인 없이 거래한 경우

5. 제542조의 11 제1항을 위반하여 감사위원회를 설치하지 아니한 경우
6. 제542조의 11 제2항을 위반하여 제415조의 2 제2항 및 제542조의 11 제2항 각 호의 감사위원회의 구성요건에 적합한 감사위원회를 설치하지 아니한 경우
7. 제542조의 11 제4항 제1호 및 제2호를 위반하여 감사위원회가 제415조의 2 제2항 및 제542조의 11 제2항 각 호의 감사위원회의 구성요건에 적합하도록 하지 아니한 경우
8. 제542조의 12 제2항을 위반하여 감사위원회 위원의 선임절차를 준수하지 아니한 경우

④ 제1항 각 호 외의 부분에 규정된 자가 다음 각 호의 어느 하나에 해당하는 행위를 한 경우에는 1천만원 이하의 과태료를 부과한다. <신설 2009.1.30>

1. 제542조의 4에 따른 주주총회 소집의 통지·공고를 게을리하거나 부정한 통지 또는 공고를 한 경우
2. 제542조의 7 제4항 또는 제542조의 12 제5항을 위반하여 의안을 별도로 상정하여 의결하지 아니한 경우

**제636조(등기전의 회사명의의 영업등)** ① 회사의 성립전에 회사의 명의로 영업을 한 자는 회사설립의 등록세의 배액에 상당한 과태료에 처한다.

② 전항의 규정은 제616조 제1항의 규정에 위반한 자에 준용한다.

**제637조(법인에 대한 벌칙의 적용)** 제622조, 제623조, 제625조, 제627조, 제628조 또는 제630조제1항에 규정된 자가 법인인 경우에는 이 장의 벌칙은 그 행위를 한 이사, 집행임원, 감사, 그 밖에 업무를 집행한 사원 또는 지배인에게 적용한다. [전문개정 2011.4.14]

**제637조의2(과태료의 부과·징수)** ① 제635조(제1항 제1호는 제외한다) 또는 제636조에 따른 과태료는 대통령령으로 정하는 바에 따라 법무부장관이 부과·징수한다.

② 제1항에 따른 과태료 처분에 불복하는 자는 그 처분을 고지받은 날부터 60일 이내에 법무부장관에게 이의를 제기할 수 있다.

③ 제1항에 따른 과태료 처분을 받은 자가 제2항에 따라 이의를 제기한 때에는 법무부장관은 지체 없이 관할 법원에 그 사실을 통보하여야 하며, 그 통보를 받은 관할 법원은 「비송사건절차법」에 따른 과태료 재판을 한다.

④ 제2항에서 규정하는 기간 내에 이의를 제기하지 아니하고 과태료를 납부하지 아니한 때에는 국세 체납처분의 예에 따라 징수한다. [본조신설 2009.1.30]

## 부 칙

### <제10696호, 2011.5.23>

이 법은 공포 후 6개월이 경과한 날부터 시행한다.

## 이 래 풍

**약 력**

국립인천대학교 대학원 경영학박사
현, (사) 글로벌 녹색경영연구원 행정원장
여주도시공사 비상임이사
경영지도사
여주대학교 세무회계정보과 교수

**주요저서**

전략적 경영혁신 기법(학문사)
회사법(학문사)
글로벌시대의 경영학원론(법문사)
회계원리(학문사)
소자본 창업과 경영(두남)외 다수

## 박 상 섭

**약 력**

중앙대학교 경영학과 졸업
한국방송통신대학교 법학과 졸업
회계학석사(중앙대학교)
회계학박사(중앙대학교)
세무사(제35회)
현, 수원대학교 경영학부 교수

**주요저서**

NCS 지방세실무(공저), 2025, 탑21북스
NCS 법인세실무(공저), 2025, 탑21북스
NCS 소득세실무, 2025, 탑21북스
NCS 부가가치세실무(공저), 2023, 탑21북스
소득세법강의(공저), 2023, 탑21북스
세무입문, 2021, 탑21북스
세무신고실무(공저), 2021, 탑21북스
중소기업 조세지원(공저), 중소기업청
재무(경영)상태진단(공저), 한국세무사회
세무사의 경영컨설팅 접근 및 사례분석(공저)
경영 및 세무컨설팅 실무, 한국세무사회
세무조사전후 조세회피차이에 관한 연구
세무조사전후 적발위험과 조세회피행위의 관련성
대체적 조세회피대용변수의 실증적 타당성 검토
The system about accounting transparency and the introduction of the accounting standards for unlisted small and medium sized companies 외


# 기업법강의


**발행일** / 2025년 3월 5일 초 판 인쇄
2025년 3월 7일 초 판 발행
**저 자** / 이래풍 · 박상섭
**발행인** / 김 원 술
**발행처** / 세 학 사
**주 소** / 04607 서울특별시 중구 다산로15길 28 (다산동)
**전 화** / (02) 2231－4640(代)
**팩 스** / (02) 2253－2209
**등 록** / 제2－1311호
**E-mail** / book@saehaksa.co.kr
http://www.saehaksa.co.kr

저자와의 협의하에 인지생략





정가 **30,000** 원　　ISBN 978-89-6622-708-2 93320